章太炎說文解字授課筆記

章太炎 講授

朱希祖 錢玄同 周樹人 記録

陸宗達 章念馳 顧問

王寧 主持整理

中華書局

圖書在版編目(CIP)數據

章太炎説文解字授課筆記:縮印本/章太炎講授;朱希祖,錢玄同,周樹人記録;陸宗達,章念馳顧問;王寧整理.—北京:中華書局,2010.1(2024.3 重印)
ISBN 978-7-101-07136-8

Ⅰ.章… Ⅱ.①章…②朱…③錢…④周…⑤陸…⑥章…⑦王… Ⅲ.①漢字-古文字學②説文解字-研究
Ⅳ.H161

中國版本圖書館 CIP 數據核字(2009)第 215219 號

責任編輯:俞國林
責任印製:陳麗娜

章太炎説文解字授課筆記(縮印本)
章太炎 講授
朱希祖 錢玄同 周樹人 記録
陸宗達 章念馳 顧問
王 寧 主持整理
梁天俊 繕寫
*
中華書局出版發行
(北京市豐臺區太平橋西里 38 號 100073)
http://www.zhbc.com.cn
E-mail:zhbc@zhbc.com.cn
三河市中晟雅豪印務有限公司印刷
*
880×1230 毫米 1/32 · 22¾印張 · 500 千字
2010 年 1 月第 1 版 2024 年 3 月第 14 次印刷
印數:29401-30300 册 定價:118.00 元

ISBN 978-7-101-07136-8

章太炎先生（1906年）

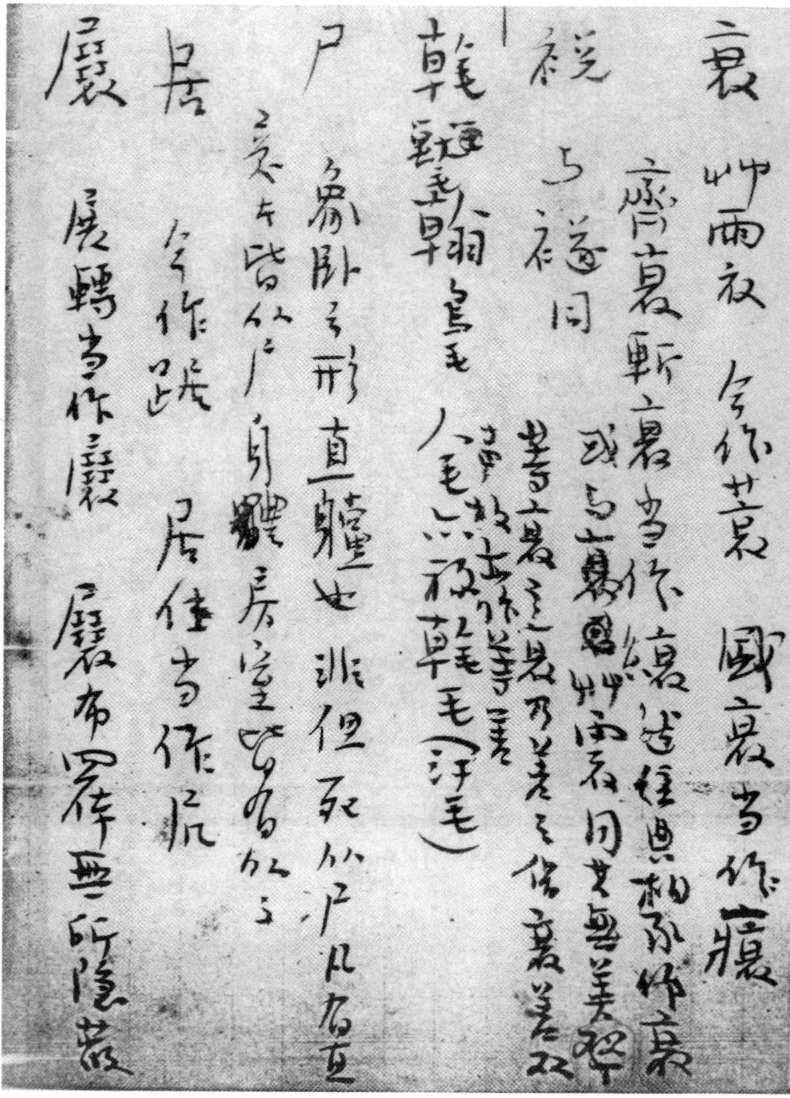

衰 艸雨衣 今作蓑 國衰當作[illegible]
齊衰斬衰當作縗 [illegible]
或與衰與[illegible]艸雨衣同其無[illegible]
[illegible]衰之衰乃差之借 衰[illegible]
[illegible] 与[illegible]同
毳 [illegible]翰 鳥毛 人毛亦稱毳毛（汗毛）
尸 象卧之形 直軆也 非但死从尸 凡[illegible]
[illegible]古皆从尸 身軆 房室皆可从之
居 今作踞 居住當作凥
[illegible] [illegible]當作[illegible] [illegible]布[illegible]無所隱蔽

朱希祖筆記之一

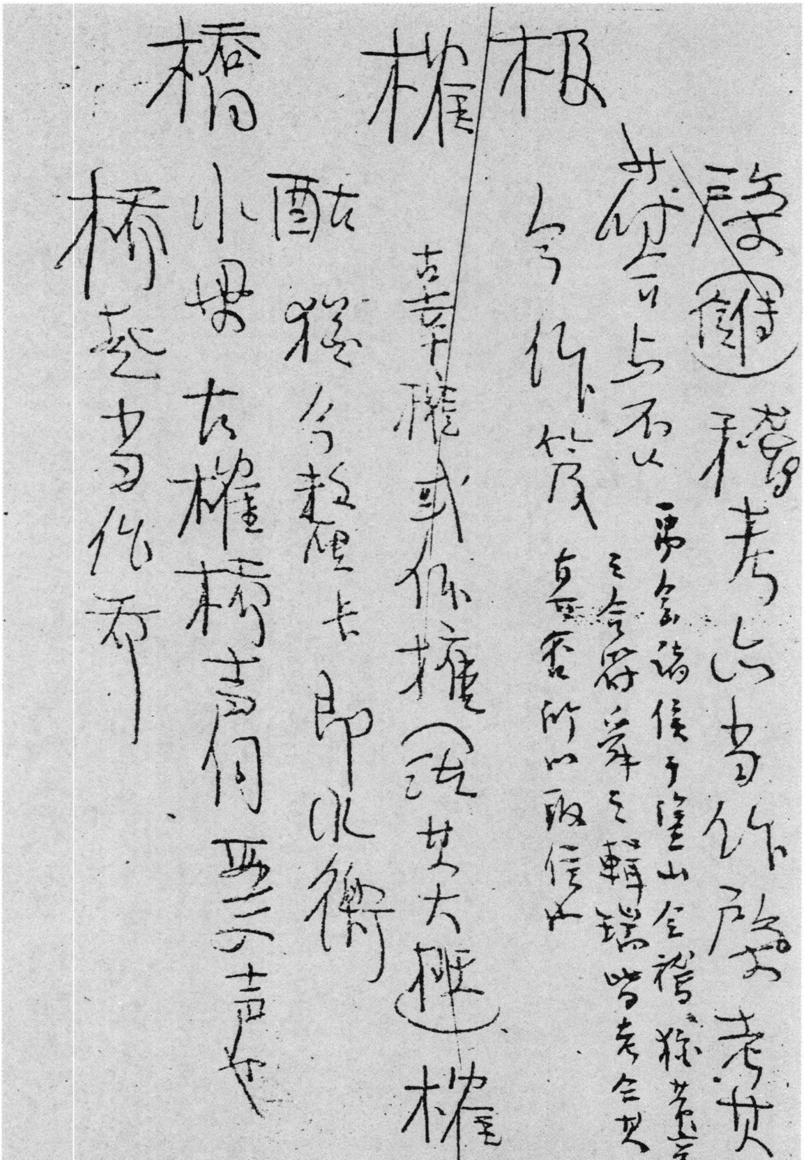

朱希祖筆記之二

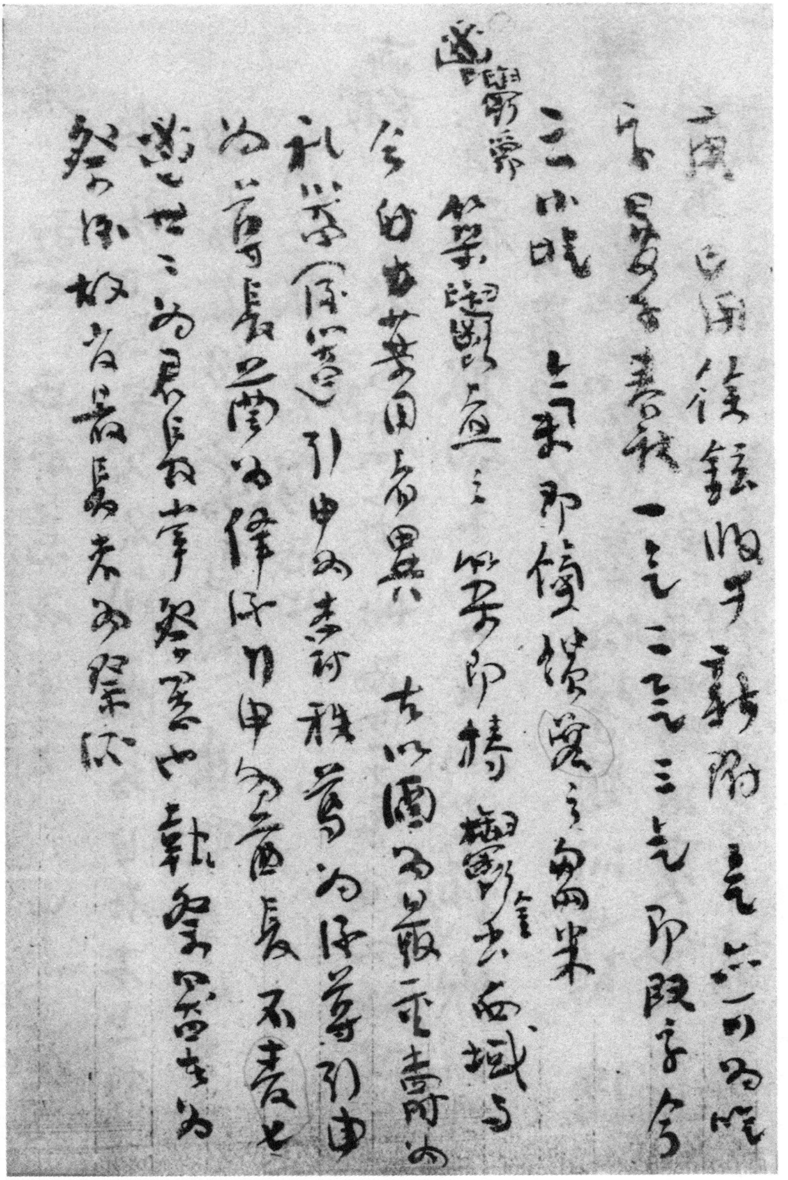

朱希祖筆記之三

東 字 西本鳥在巢上引申為西方

本為□詞高麥之名詞 東為旦在木上引申

為動名詞喜詞動詞 更為動詞作更更

更西攘 東動西□

森 夾 為撰字 卅為□二十字 後文所云似

宜補 皴裂大□□□與□□□□其

教莫庸疑乎

楚 叢木皆小意 故楚薋鶬訓叢鶬□

楚乃韻之僞 又□□陽的葑以爽故又云楚

薋□之□□□ 夜裳楚之訓叢□龐之僞

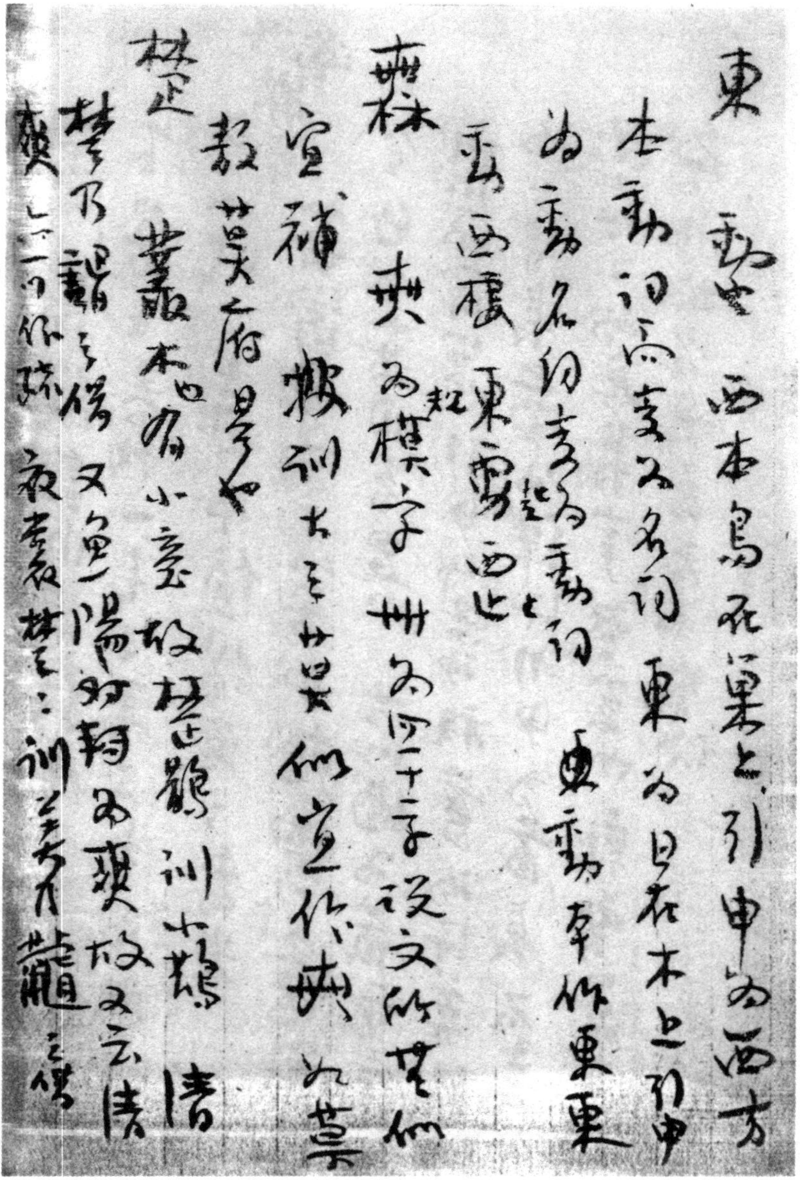

朱希祖筆記之四

𡿨 古文𡿨字亦作[illegible]

川 毌穿通流水也 川穿雙聲訓

泉 錢帶之錢古只作泉 蓋用其流不息也(乙)

錢鎛本田器之列

永 永与羕為一義之轉

𠂢 今之派字從多无当作𠂢

仌 此冰凍之正字 冰即凝之本字

[illegible] [illegible]以‖鉗以

龍 古人于動物字多从肉如豚能龍是也

卂 即今之迅字

錢玄同筆記之一

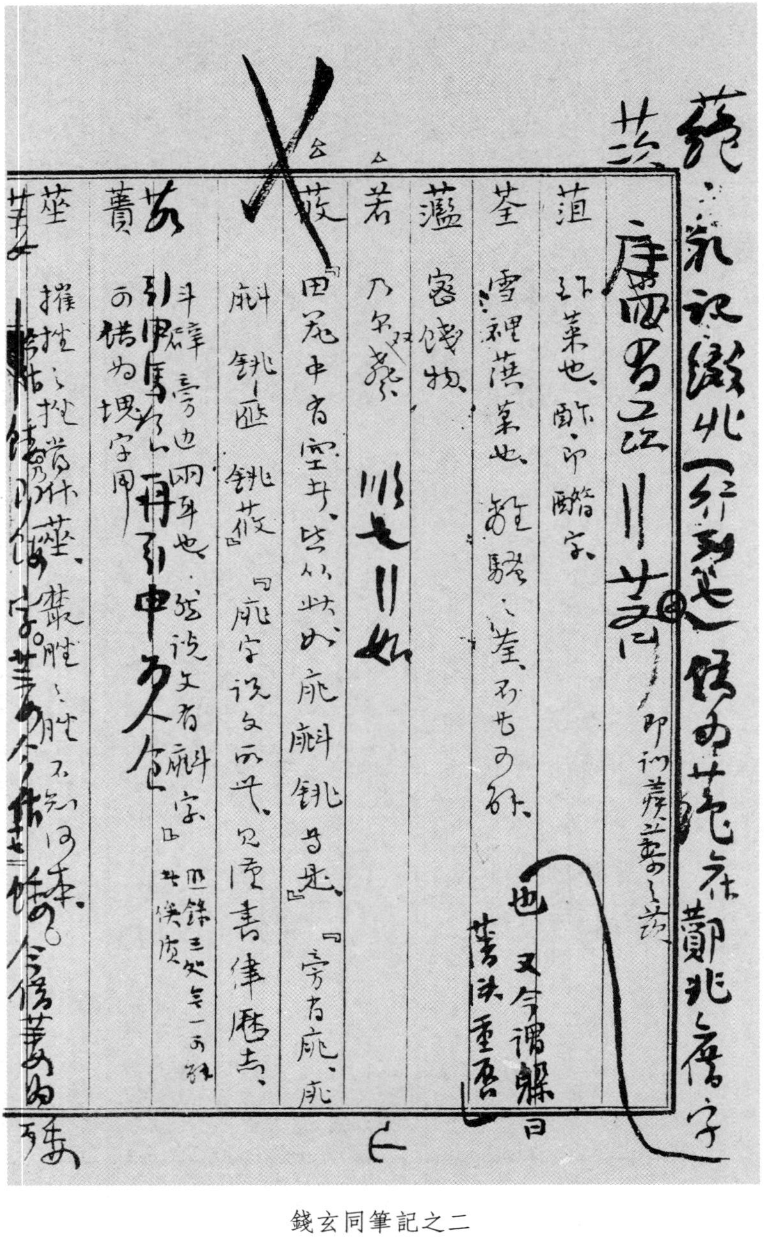

錢玄同筆記之二

半

◯凡基址字其泛指者皆當用丌字惟用土之基則當用基字（如牆基）

◯凡展視之展正當作㠭

◯豈字說文有三解（一）還師振旅樂也此即凱歌之正字（凱乃俗字）（二）欲也此段為覬字（三）登也此段為隥字（隥訓梯見方言注）

◯、即今之這字

◯

◯說文云亼三合也从入一象三合之形按字形本作三合不必言从入一也凡集合之集皆當用亼

3

錢玄同筆記之三

1

說文七篇上

高寫授　錢氏錄

日

時　四時也　爾疋釋詁訓時為是　因時从寺聲　寺从之聲　之可訓是也

早　揚雄說「甲在毳下以口」　甲者也　凡初生甲　故早从甲　□後說

昒　尚冥也　與昧爽一字　昒从勿　昧从未　皆屬[illegible]

漢人昧爽亦作昒爽

聲字、轉爲巴聲者、因魚是模部轉入麻部也、

縣（新睦音正）漢人稱皇帝曰縣官、史記、赤

縣神州天子掌之故稱縣、直隸於天子故

訓繫者尚通、

彣彰　有形而美曰彣彰、僅有形可見曰文章、

彥　漢人多以彥取名、猶今人多用甫也、

斄（厘）彊毛、斄厘二字當作斄尾、段謂當作斄

鬗、指髮長、曼只指通長、既有曼字何必

再造鬗字、

鬄（鬀）髲也、髲並益髮也、即今假髮也、

說文解字札記第一篇上

一部

一　古文作弌。此與弍、弎等皆後起之古文，最初當止作一、二、三等。从弋者，𣏕（槷）杙也。古算計以𥮚（籌），故取𣏕（槷）杙。今必然之必，即古文八，蓋从八，八从弋。篆文作𠧪，與弍、弎同。

元　始也。引申為人首之偁。　兀為元之入聲。兀在古韻十五部，元在古韻十四部，十五部、十四部同入，故从元聲。段注：古音元兀相為平入也。

天　顛也。天、顛音近。𥄉其人天且劓，天即顛之段借，訓髡，則頂見，故曰顛名之。　漢人讀天有二音，一他連切，一如𤋮。劉熙《釋名》：天，豫司兗冀以舌腹言之，天，顯也，在上高顯也。青徐以舌頭言之，天，坦也。是其證（證）。

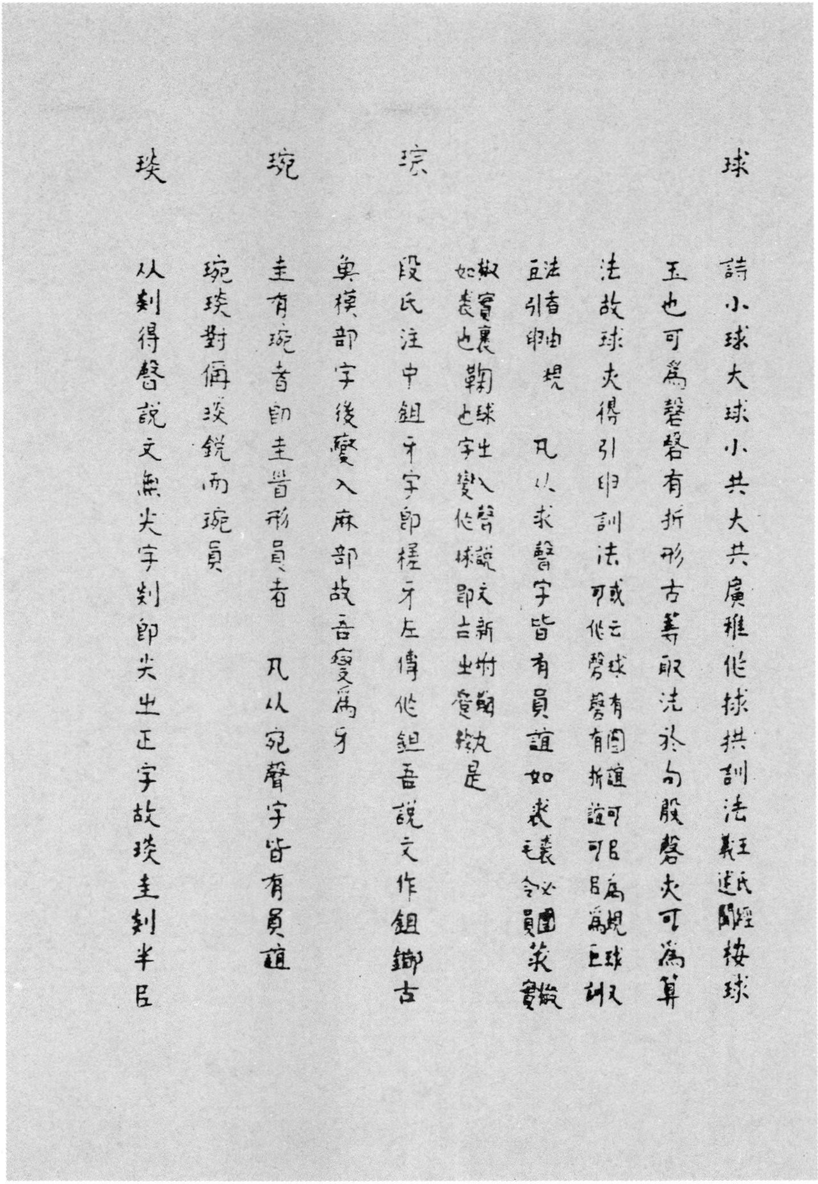
球

詩小球大球小共大共廣雅作捄拱訓法(王氏經義述聞)梂球

玉也可爲磬磬有折形古籌取法於句股磬矢可爲算

法故球矢得引申訓法(或云球有圓誼可㠯爲規球又可作磬磬有折誼可㠯爲巨訓)

法者由規巨引申 凡从求聲字皆有員誼如裘(裘必圓毛令員)莍(椒實)

椒實裏如裘也 鞠 球生入聲說文新附鞠丸是 也字變作梂即古虫變毬

琮

段氏注中鉏牙字即槎牙左傳作鉏吾說文作鉏鋙古

與模部字後變入麻部故吾變爲牙

琬

圭有琬者即圭首形員者 凡从宛聲字皆有員誼

琬琰對偁琰銳而琬員

琰

从剡得聲說文無尖字剡即尖出正字故琰圭剡半巳

周樹人筆記之二

茇　木根曰本艸根曰茇

芃　艸盛皃　古凡字　凡乃俗字

右黄字上　蔫之芒从眈想　生艸眸俗字

⿱艹造　造合非湊々俗字也

茲　艸木多益也引申爲凡多益之偁　今茲即今年自去年言之又多一年　也又引申爲今字

⿱艹歊　橋暴不平也　坂隆上曰暴陷下曰橋々　即⿱艹歊也

右黄字上　蘇對文如左傳於　叢不韡之之於之　浸　芼十又芼上當作規　此段今

葻　艸得風皃　旋嵐風　今嵐解作山峯　但古無此字或葻从屮作嵐形誤成嵐　似較是

萃　艸皃引申爲聚　聚必有正副故引申

目次

第五篇下

第六篇上

第六篇下

章太炎說文解字授課筆記字頭索引

前言

王寧

這部《章太炎説文解字授課筆記》（以下簡稱《筆記》），是太炎先生一九〇八年四月至九月在日本講授《説文解字》的課堂實録，根據錢玄同、朱希祖、周樹人（魯迅）三人現場所記和事後整理的筆記整合在一起編排。這份《筆記》記録了太炎先生研究《説文》的具體成果，反映了太炎先生創建的以《説文》學爲核心的中國語言文字學的思路與方法，也記載了三位原記録者向太炎先生學習《説文》的經歷，是一部中國近現代學術史上難得的原始資料。爲了使更多的讀者瞭解章太炎先生二十世紀初在日本講《説文》的背景，認識太炎先生《説文》學的重大意義，瞭解本書材料的真實性和整理的過程，在本書付梓之時，我們需要作一些必要的説明。

一

章太炎（一八六八—一九三六），初名學乘，改爲炳麟，又曾名絳，字枚叔，太炎本是他的别號，章氏的弟子、後學和仰慕者都以這個别號相稱。十九、二十世紀之交，這位中國思想史、學術史和民主革命史上的巨擘，生活在中國最後一個封建王朝覆滅的前夜，世界的進步與中國政治、經濟的腐朽、落後産生了尖鋭的矛盾，與此同時，中華文化也在遭受清王朝的閹割篡改和西化的沖擊而面臨危機。這位偉大的革命家、思想家和國學家肩負着完成革命和推進國學的雙重任務躍上時代的高峰，他一方面以不屈不撓的革命精神和激越的思想站在反對民族壓迫、推翻封建帝制救亡圖存的鬥爭前沿，另一方面又以自己創新的國學思想與實踐站在走向峰巔的乾嘉經學、史學、文學和「小學」的學術制高點上。太炎先生一生的成就十分豐厚，這些成就深刻的思想内涵、鮮明的民族特點和獨創的風格與形式，在近現代歷史上是不多見的。

太炎先生有着獨特的學習經歷，他少年時代從父親章濬和外祖父朱有虔（左卿）讀書，一八九〇年父親去世後，則到杭州詁經精舍從學術大師俞樾學習經史，其間曾問學於黄以周、孫詒讓、譚獻等樸學家與文學家，在打下乾嘉學術根底的同時，也接受了明末清初乾嘉學派開創者顧炎武反對民族壓迫思想的深刻影響。對太炎先生來説，革命志向與學術探究來自同一根源，在他的頭腦中融爲一體，畢生未能分離。

爲了説明太炎先生一生的活動與著述是將革命與學術融爲一體的，這裏將他一九一一年以前的行年略述如下：太炎先生一九〇〇年反對唐才常「勤王」而與清廷和保皇派決裂，割辮革命。一九〇一年遂赴蘇州，至東吴大學發表關於國學教育的演説；同年發表《正仇滿論》，遭到俞樾反對而作《謝本師》。一九〇二年避難日本，回國後删革《訄書》，同年着手編寫《中國通史》。一九〇三年應蔡元培邀請至上海愛國學社任教；同年撰《駁康有爲論革命書》，爲鄒容的《革命軍》作序，並與鄒容爲《蘇報》事件法庭抗爭。一九〇四年因革命入獄，受盡虐待，卻在獄中閱讀《瑜伽師地論》、《因明入正理論》、《成唯識論》等書籍。一九〇六年出獄赴日本加入同盟會，接任《民報》總編輯與發行人，與孫中山、黄興共商革命方略；同年舉辦國學講習會，作《論語言文字之學》、《論文學》、《論諸子學》等演講，在《民報》發表有關思想道德方面多篇論文。一九〇七年在《民報》發表《討滿洲檄》、《中華民國解》等論文；同年撰《新方言》連載於《國粹學報》。一九〇八至一九〇九年揭露清廷僞立憲，發表多篇尖鋭犀利的論文與時評；同時開設講座，講授《説文》及《莊子》、《楚辭》等典籍。一九〇九年繼續在東京講學，撰寫《莊子解詁》、《小學答問》，完成《新方言》；同年撰寫《僞民報檢舉狀》，斥責汪精衛。一九一〇年在東京重建光復會，再次修訂《訄書》；同年在《學林》雜誌上刊登《文始》和《封建考》、《秦政記》、《秦獻記》等一批重要的學術論著，當年還撰寫《齊物論釋》，編定《國故論衡》並在日本出版。一九一一年仍在東京講學，聽説武昌起義消息，停止講學，以中國革命本部名義在東京發佈《中國革命宣言書》和《致滿洲留日學生書》，上海光復後回國。這裏列舉太炎先生辛亥革命以前的活動與著述概況，不能表達其貢獻的萬一，爲的是説明太炎先生一方面爲了偉大而艱巨的革命事業奔走呼號，是鼓吹民族民主革命最猛最力者，取得了反清革命的首席代言人的地位。魯迅先生説他「七被追捕，三入牢獄，而革命之志終不屈撓者，並世亦無第二人」，評價是不過分的。而另一方面則不停頓地從事學術研究，產生了許多深刻精湛的創新論著。這兩方面的行動逐年逐月齊頭並進，相互激發，正是太炎先生將革命與學術融爲一體的明證，不僅辛亥革命以前如此，辛亥革命以後，國内的政治形勢更爲複雜，太炎先生經常處於險境，但他一直初衷未改，從來没有停止學術研究和國學傳播。

革命與學術融合，成就了太炎先生革命活動的特點。十九、二十世紀之交，中國的民族民主革命家衆多，太炎先生並非唯一與第一，但他的貢獻十分獨特：作爲一個思想家和學問家，他以史爲鑒，極爲深刻地瞭解中國的國情；他的革命思想不僅着眼在制度的革命，同時在更深的層面上，關注着民族精神的振興和社會文化的變革，對建設中國的新文化和新道德有系統的理論和全面的設想，是文化變革和思想建設的領軍人物。在這方面，没有第二個人可以和他匹比。

革命與學術融合，也成就了太炎先生學術研究的特點。在新的時代，太炎先生以極大的熱忱爲革命和建設來治經治史，提出了「用國粹激動種性，增進愛國的熱腸」（《民報》第六號）的口號，他深刻地闡述了國學與立國的關係。他說：「吾聞處競爭之世，徒恃國學固不足以立國矣，而吾未聞國學不興而國能自立者也；吾聞有國亡而國學不亡者矣，而吾未聞國學先亡而國仍立者也，故今日國學之無人興起，即將影響於國家之存滅，是不亦視前世爲尤岌岌乎？」（《民報》第七號）他以宏揚國粹、振興民族精神爲己任，曾在《癸卯獄中自記》中自負地寫道：「上天以國粹付余，自炳麟之初生，迄于今兹三十有六歲，鳳鳥不至，河不出圖，惟余亦不任宅其位……至于支那閎碩壯美之學而遂斬其統緒，國故民紀絶于余手，是則余之罪也！」（《文録初編》）這種忘記個人安危、將國學存亡繫於己身的高度的責任感，至今仍使我們深深感動。一九一一年以後，他在西學至上、國學衰微的狂潮中堅守國學陣地，最終的目標是要辨明民族大義，弘揚中華文化，建立愛國信念，培養國民道德。太炎先生的國學研究與傳播，是他從精神層面救國圖强方略的一個重要部分，是與他創建新型民族文化的宏偉目標緊密相連的。

二

太炎先生的學術恢宏博大，涉及面非常廣泛。他博通經史，佔領着國學諸多領域的前沿，同時或精研或涉獵西方的哲學、社會學、宗教學、語言學、天文學、地理學、生物學等科學論著，汲取其中的科學精神和有用的營養。在論及近現代學術史的許多學科時，都免不了要提到他的名字。但是他的學術最基礎的根底，是國學中的「小學」。

太炎先生的「小學」是乾嘉學術的直接繼承。一九一四年，他修訂《訄書》，更名《檢論》，在《清儒》一篇中，他梳理了乾嘉「小學」家傳承的脈絡。他說：「始故明職方郎崑山顧炎武爲《唐韻正》、《易（音）》、《詩本音》，古韻始明，其後言聲音訓詁者稟焉。」在批評了顧炎武以後的一些學者「草創未精博，時糅雜元明讕言」之後，他又說：「其成學箸系統者，自乾隆朝始，一自吳，一自皖南。吳始惠棟，其學好博而尊聞。皖南始江永、戴震，綜形名，任裁斷，此其所異也。……震生休寧，受學婺原江永，治小學、禮經、算術、輿地皆深通……弟子最知名者金壇段玉裁、高郵王念孫。玉裁爲《六書音韻表》以解《說文》，《說文》明。念孫疏《廣雅》以經傳、諸子轉相證明，諸古書文義詰詘者皆理解。授子引之，爲《經傳釋詞》，明三古辭氣，漢儒所不能理繹，其小學訓詁自魏以來未嘗有也。近世德清俞樾、瑞安孫詒讓皆承念孫之學，樾爲《古書疑義舉例》，辨古人稱名牴牾者，各從條例，使人無所疑眩，尤微至。世多以段、王、俞、孫爲經儒，卒最精者乃在小學，往往得名家支流，非漢世《凡將》《急就》之儕也。凡戴學數家，分析條理，皆𠫵密嚴瑮，上溯古義而斷以己之律令，與蘇州諸學殊矣。」這裏梳理出的乾嘉「小學」發展主線，以顧炎武爲開端，相承的吳、皖兩派，又以皖派傳承爲烈。戴震師承江永，二人均爲太炎先生所崇敬，戴學的傳人中又以段、王成就最高，而俞樾與孫詒讓直接繼承王念孫，時間則居於最後。太炎先生師事俞樾七年，又直接問學於孫詒讓，這種經歷已經從學術淵源上確立了他乾嘉學派殿軍的地位。

太炎先生的「小學」繼承以顧、戴爲代表的乾嘉主流學派，是他自覺的選擇。他選擇這條道路的原因，除了仰慕這個學派的代表人物在學術上取得的極高成就以外，還因爲他們的崇高品德與思想境界是太炎先生十分崇敬的。顧炎武世稱亭林先生，是太炎先生從幼時就緊緊追隨的人物。亭林原名絳，太炎先生也曾自名爲絳，他號爲「太炎」，也與亭林的大名「炎武」有關。顧炎武爲明末人士，立志排滿，不仕清廷。他的治學目的在明道救世，治學精神是實事求是，治學方法主張立根基、重創獲。他樹起「經學」大旗，就是要用「小學」和經學來保護民族意識，以達到警醒國人，排滿抗清，反對民族壓迫，抵制文化專制的目的。他强調做學問必須先立人格，提倡「禮義廉恥，是謂四維」，以爲「國家興亡，匹夫有責」，這些高貴的品德都爲太炎先生全面繼承、終身不渝。戴氏之師江慎修深知民族大義，淡於功名利禄，授徒數十年，不仕清朝，正與太炎先生的志向一致。戴震更是清代傑出的思想家，他治學志在聞道，有着强烈的經世色彩，既重廣博又以追求精專爲最高目標，注重漢學師承又鋭意創新，在考據的基礎上闡發義理，形成獨特的學術風格，這些都在太炎先生學術發展的道路上留下了深深的印記。其實，自晚清以來，乾嘉學派初期那種帶着明確的愛國思想和民族精神的經學、「小學」研究，已經較少見到；迫於清廷文字獄的壓力，埋頭梳爬故訓、「爲考據而考據」而不問是非的學人漸漸增多，僅靠權勢附庸風雅的半官半學的編纂也擠進學壇，甚至迎合統治者毁藏篡改典籍的不義文徒也不乏其人。太炎先生越過當代的低谷而遷於喬木，在他身上體現出來的學術研究與愛國思想相結合的精神，正是直接銜接着顧炎武、戴震等乾嘉主流學派高峰時期的治學特點的。在這種背景下，太炎先生「謝本師」的舉動，是不難理解的。

太炎先生「小學」上的成就不是僅僅承襲前人，而在接受了時代精神的陶冶，經歷了深入縝密的思考，吸收了西方科學思想後，有大量的創新和突破。他把附庸於經學的舊「小學」改造爲獨立的中國語言文字學；他繼承了中國古代樸素的辯證方法論，關注事物的聯繫，擺脱了繁瑣的微觀考據，並吸收了邏輯學的推理方法，體會到「學術無大小，所貴在成條貫」的道理。他深化了古人「因聲求義」的傳統方法，開創了建立在音義系統基礎上的漢語詞源學……他是踏着前人脚印走出前人地域而超越前人終點的學術巨人。

三

太炎先生的「小學」又是以《説文》學爲基礎的。根據太炎先生的自定年譜，他一八八四年十七歲時初讀《説文》，十八歲「知不明訓詁不能治《史》、《漢》」，開始讀段玉裁《説文解字注》和郝懿行《爾雅義疏》，懂得運用《説文》、《爾雅》以説經。一八九〇年入詁經精舍後，寫下大量的課藝，例如《膏蘭室札記》三卷、《詁經札記》、《春秋左傳讀》等，都是當時的成果。這些考據文章雖然只是當時的作業，太炎先生生前一直認爲僅僅是「略識微言」、「隨順舊義」、「一時時改文立訓」而「自覺非當」，一直不肯正式刊行，也從未收入他自己的論著，這些課藝都是他去世後才收入全集的；但細讀起來，已經可以看出他運用《説文》和《爾雅》解決經史問題用心之良苦。三十歲以後，太炎先生的《説文》研究漸漸深入，他在認真學習繼承乾嘉「小學」之後，捨棄了乾嘉舊路，對《説文》比合全文，窮盡繫聯，追根溯源，採用了超越前人的系統方法，形成了自己的理論體系。

代表太炎先生《説文》學最高成就、比較集中體現他的學術理念的，是他的三部代表作：《文始》、《新方言》和《小學答問》。他曾經宣告自己寫作三部語言文字學代表作的動機説：「余以寡昧，屬兹衰亂，悼古義之淪喪，愍民言之未理，故作《文始》以明語原；次《小學答問》以見本字；述《新方言》以一萌俗。」（《國故論衡·小學略説》）——「明語原」、「見本字」與「一萌俗」，充分體現了太炎先生用語言文字統一民衆思想、激發愛國熱情的强烈願望，而這三部著作，都是在《説文》基礎上寫成的。

太炎先生的《説文》學，有四個重要的特點，由於《説文》學即是太炎先生語言文字學的核心，所以這四個特點也就是太炎先生語言文字學的特點：

第一，民族的。太炎先生雖然也吸收了西學的一些科學的方法，但他清醒地認爲，語言文字有獨特的民族性，研究語言文字不可一味追隨域外。他説：「中國之小學及歷史，此二者，中國獨有之學，非共同之學。」他又説：「凡在心在物之學，體自周圓，無間方國，獨于言文、歷史，其體自方，自以己國爲典型，而不能取之域外。」（《自述學術次第》）正因爲語言文字和社會歷史帶有鮮明的民族特點，它才能起到「激動種性」的作用。也正因爲語言文字和歷史是具有民族特性的，語言文字學和歷史學才必須在自己本國創建，用中國特有之方法。「飴豉酒酪，其味不同而皆可於口，今中國不可以委心遠西，猶遠西之不可委心中國也。」（《國故論衡·原學》）

第二，語言的。早期中國傳統「小學」注重形體，本質上是「字本位」的，所以古代没有典型的語言學，只有從「小學」生發出的文字學。太炎先生受到乾嘉學者音韻學的影響，又受到西方古典語言學的啓發，認識到音韻訓詁本爲一體，也就是説，詞語的意義首先是與聲音結合，然後才與形體結合，音義系統是第一性的，形義系統是第二性的。因此，他從重視形體的表層研究深化到以聲音爲線索的深層研究。他在敍述自己學術理念轉變的過程時明確説：「三十以後有著書之意……及亡命東瀛，行篋惟《古經解彙函》、《小學彙函》二書。客居寥寂，日披大徐《説文》，久之，覺段、桂、王、朱見俱未諦。適錢夏、黄侃、汪東輩相聚問學，遂成《小學答問》一卷。又以爲學問之道不當但求文字，文字用表語言，當進而求之語言；語言有所起，人、仁，天、顛，義率有緣，由此尋索，覺語言統系秩然。」學術理念轉變後，太炎先生進一步尋找統帥這個語言統系的操作方法。「轉注假借」的概念給了他一個抓手。他進一步明確：「余治小學，不欲爲王棻友輩滯於形體將流爲《字學舉隅》之陋也。顧、江、戴、段、王、孔音韻之學，好之甚深，終以戴、孔爲主。明本字、辨雙聲則取諸錢曉徵。既通其理，亦猶所歉然。在東閒暇，嘗取二徐原本讀十餘過，乃知戴、段而言轉注猶有泛濫，繇專取同訓，不顧聲音之異。於是類其音訓，凡説解大同而又同韻或雙聲得轉者，則歸之於轉注。假借亦非同音通用，正小徐所謂引申之義也。」（《自述學術次第》）

第三，歷史的。在利用聲音探求語言的過程中，太炎先生已經認識到「語言有所起」、「義率有緣」而「統系秩然」，就必然要去進一步追究這個有秩序的統系究竟是怎樣的狀態。在深究這個問題時，他認識到積澱在《説文》中的九千多字代表的詞語，並不是共時的產物，而是歷時孳乳的結果。他説：「轉復審念，古字至少，而後代孳乳爲九千，唐宋以來，字至二三萬矣，自非域外之語，字雖轉繁，其語必有所根本。蓋義相引申者，由其近似之聲，轉成一語，轉造一字，此語言文字自然之則也。」（《自述學術次第》）在這個理念的指引下，他設計了「語根」的概念，訂立了「孳乳」、「變異」兩大條例，以聲音爲線索，撰成了《文始》一書，其目的是想尋求積聚在表層平面上的由漢字負載的詞語深層的歷史發展脈絡。《文始》是漢語詞源學的初創之作，雖從微觀的字詞關係考察，頗多疑義，顯然不很成熟，但太炎先生旨在將《説文》平面的形義系統重組爲歷史的音義系統的理念，實在是難得的創新，他爲傳統「小學」向現代科學的歷史語言學發展，開拓出一條嶄新的道路，也爲《説文》學走向現代邁出了極有意義的一步。

第四，理論的。太炎先生在發展《説文》學的過程中，突破了清代末流學者繁瑣的考據，以追求「所以然」的科學精神，把中國語言文字學引向理論的探討。他繼承「小學」重視第一手材料的求實作風，善於從大量語言文字材料中歸納條例，但也多次表明要明其條例，貫其會通，要其義理，探其根本。這是他的語言文字學能夠較好地與現代語言學接軌的重要原因。

四

一九〇三年，太炎先生因宣傳革命、發表反滿言論被捕，清外務部會同各國公使判章太炎與鄒容監禁三年。兩人在獄中受到虐待，不屈不撓，絶食抗議。一九〇五年，鄒容慘死獄中。一九〇六年，太炎先生出獄，在同盟會的保護下東渡日本避難，並從事革命活動。與革命活動同時，太炎先生多次舉辦國學講習班，一九〇八年四月至九月，太炎先生在給留學生開設國學講座之餘，又爲朱希祖、錢夏（玄同）、周樹人（魯迅）、周作人、龔寶銓、許壽裳、朱宗萊、錢家治等人單獨開設一班，專門講授《説文》。本書整理的《筆記》，就是這幾次講授的記録。

關於一九〇八年太炎先生東京講習《説文》的内容與課堂情形，當事人或撰文回憶，或有日記傳世。這裏將可以收集到的資料加以引述：

錢玄同在《我對於周豫才君之追憶與略評》文中曾提及這次講座説：「民元前四年，我與豫才都在日本東京留學。我與幾個朋友請先師章太炎（炳麟）先生講語言文字之學（音韻、《説文》），借日本的大成中學裏一間教室開講。過了些日子，同門龔未生（寶銓，先師之長婿）君與先師商談，説有會稽周氏兄弟及其友數人要來聽講，但希望另設一班，先師允許即在其寓所開講。（先師寓牛込區新小川町二丁目八番地民報社中，《民報》爲孫中山先生所主辦，即『同盟會』之機關報也。）豫才即與其弟啓明（作人）、許季茀（壽裳）、錢均甫（家治）諸君同去聽講，我亦與未生、朱蓬仙（宗萊）、朱逖先（希祖）諸君再去聽講。周氏兄弟那時正譯《域外小説集》，志在灌輸俄羅斯、波蘭等國之崇高的人道主義，以藥我國人卑劣、陰險、自私等齷齪心理。他們的思想超卓，文章淵懿，取材嚴謹，翻譯忠實，故造句選辭，十分矜慎；然猶不自滿足，欲從先師瞭解故訓，以期用字妥帖。所以《域外小説集》不僅文筆雅馴，且多古言古字，與林紓所譯之小説絶異。同時他在《河南》雜誌中做過幾篇文章，我現在記得的有《文化偏至論》、《破惡聲論》、《摩羅詩力説》等篇，斥那時淺薄新黨之俗論，極多勝義。我那時雖已與他相識，但僅於每星期在先師處晤面一次而已，没有談過多少話。」

許壽裳在《亡友魯迅印象記》一書中，追記「從章先生學」的情況時説：「章先生出獄以後，東渡日本，一面爲《民報》撰文，一面爲青年講學，其講學之地，是在大成中學裏一間教室。我和魯迅極願往聽，而苦與學課時間相衝突，因托龔未生（名寶銓）轉達，希望另設一班，蒙先生慨然允許。地址就在先生的寓所——牛込區二丁目八番地民報社，每星期日清晨，我們前往受業，在一間陋室之内，師生環繞一張矮矮的小桌，席地而坐。先生講段氏《説文解字注》、郝氏《爾雅義疏》等，神解聰察，精力過人，逐字講解，滔滔不絶，或則闡明語原，或則推見本字，或則旁證以各處方言。自八時至正午，歷四小時毫無休息，真所謂誨人不倦。」又説：「章先生講書這樣活潑，所以新誼創見，層出不窮。就是有時隨便談天，也復詼諧間作，妙語解頤。其《新方言》及《小學答問》兩書，都是課餘寫成的，其體大思精的《文始》，初稿也起於此時。我們同班聽講的，是朱蓬仙（名宗萊）、龔未生、錢玄同（夏）、朱逷先（希祖）、周豫才（樹人，即魯迅）、周起孟（作人）、錢均夫（家治）和我，共八人。前四人是由大成再來聽講的。聽講時，以逷先筆記爲最勤；談天時以玄同説話爲最多，而且在席上爬來爬去。所以魯迅給玄同的綽號曰『爬來爬去』。魯迅聽講，極少發言，只有一次，因爲章先生問及文學的定義如何，魯迅答道：『文學和學説不同，學説所以啓人思，文學所以增人感。』先生聽了説：『這樣分法雖較勝於前人，然仍有不當。郭璞的《江賦》，木華的《海賦》，何嘗能動人哀樂呢。』魯迅默然不服，退而和我説：『先生詮釋文學，範圍過於寬泛，把有句讀的和無句讀的悉數歸入文學。其實文字與文學固當有分別的，《江賦》、《海賦》之類，辭雖奥博，而其文學價值就很難説。』這可見魯迅治學『愛吾師尤愛真理』的態度！」

周作人《知堂回想録》説起聽課情況：「一間八席的房子，當中放了一張矮桌子；先生坐在一面，學生圍着三面聽。用的書是《説文解字》，一個字一個字的講上去，有的沿用舊説，有的發揮新義，乾燥的材料卻運用説來很有趣味。」

中國國家圖書館藏《朱希祖日記》第二册記「明治四十一年」（一九〇八年）事，逐次記載了這年講《説文》的進度，最爲詳盡：

「四月四日：下午，至清風亭，請章先生講段注《説文》，先講《六書音韻表》，爲立古合音之旁轉、對轉、雙聲諸例」；

「四月八日：聆章先生講《説文》序，先生之講轉注、假借，與許稍異，因舉例數多」；

「四月十一日：聆講《説文》，講至五篇部首完」；

「四月十五日：聆講《説文》自木部至象部之部首」；

「四月十八日：聆講《説文》部首完，講至王部」；

「四月二十二日：聆講《説文》」；

「四月二十五日：聆講《説文》艸部，講完」；

「四月二十九日：聆講《説文》」；

「五月二日：聆講《説文》」；

「五月六日：聆講《説文》」；
「五月九日：聆講《説文》至四篇之眉部」；
「五月十三日：聆講《説文》」；
「五月十六日：聆講《説文》」；
「五月二十日：聆講《説文》至五篇上」；
「五月二十三日：聆講《説文》至六篇」；
「五月二十七日：聆講《説文》」；
「六月三、六、十、二十日：聆講《説文》」；
「七月一日：聆講《説文》」；
「七月十一日：講音韻（上午），下午講《説文》」；
「七月十六、十八日：聆講《説文》」；
「七月二十五日：聆講《説文》，至亥部完畢」；（在神田大成中學）
「七月二十八日：至太炎先生寓，重上《説文》，自一部講起」；
「七月三十一日：上午上《説文》」；（在神田大成中學）
「九月二十三日：新制《説文》部首均語」；
「九月二十七日：聆講《説文》」。（在民報社先生寓所）

黄季剛先生是太炎先生《説文》學的直接繼承人，而且終身追隨太炎先生研究「小學」，並有《説文同文》補足《文始》，以《蘄春語》回應《新方言》，也是太炎先生在東京講《説文》的受業者。他在《太炎先生行事記》（《制言》第三十一期）評述了太炎先生講授國學的動因和目的：「日本政府受言於清廷，假事封民報館，禁報不得刊鬻。先生與日本政府訟，數月，卒不得勝，遂退居，教授諸遊學者以國學。睹國事愈壞，黨人無遠略，則大憤，思適印度爲浮屠，資斧困絶，不能行。寓廬至數月不舉火，日以百錢市麥餅以自度，衣被三年不浣。困阨如此，而德操彌厲。其授人國學也，以謂國不幸衰亡，學術不絶，民猶有所觀感，庶幾收碩果之效，有復陽之望。故勤勤懇懇，不憚其勞，弟子至數百人。」

當年在東京聽太炎先生講《説文》的學生有百數十人之多，最重要的是民報社特别班的幾位。許壽裳記道：「同班聽講者是朱宗萊、龔寶銓、錢玄同、朱希祖、周樹人、周作人、錢家治與我，共八人。前四人是由大成再來聽講的。其他同門尚甚衆，如黄侃、汪東、馬裕藻、沈兼士等，不備舉。」（許壽裳《章炳麟》）太炎先生這些弟子，不論是新學派還是國故派，後來多成爲大家。太炎先生對這批弟子有如下評價：「弟子成就者，蘄黄侃季剛、歸安錢夏季中、海鹽朱希祖逖先。季剛、季中皆明小學，季剛尤善音韻文辭；逖先博覽，能知條理。其他修士甚衆，不備書也。」（《太炎先生自定年譜》）

以上幾家所記太炎先生在東京講《説文》的時間、地點、主要聽衆與當時情形，大致相同，一百年前這件中國學術史上的大事，得以存其真相。這些記載，對我們此次整理《筆記》，也有極大的參考價值。

五

本書用來整理筆記時，見到的原始材料共有四家八種。計朱希祖的筆記三套，第一套二百二十三頁，第二套二百二十七頁，第三套三十五頁。錢玄同的筆記兩套，第一套三百三十六頁，第二套七十七頁。魯迅的筆記二套，第一套十六頁，第二套二十七頁。許壽裳的筆記一套，一百六十二頁。整理時，我們只用了前面三家七種。許壽裳筆記一套，藏北京魯迅博物館，有《説文轉注考》七頁，《説文部首》六頁，正文一篇上至十四篇下一百四十九頁，共六册。許氏在《紀念先師太炎先生》明言他只是參加了《民報》班聽講，並説：「我聽講時間既短，所得又極微，次年三月，便因事而告歸耳。」這套筆記抄寫極爲工整清晰，篇目雖全，總量卻很少，内容只撮其大要，且多與朱希祖第一套筆記一致，顯然是後來轉抄摘録的第二手材料；加之未能徵得捐贈者的同意，故整理時未加採用。

錢玄同筆記兩套，第一套十一册，各册封面依次署有「東潛、胡雅、竅民、錢怡、錢潛」等名（均爲其又名或筆名）。這套筆記字迹前後統一，出錢玄同手無疑。第一册首記音韻知識，再記部首講解，正文起於第二册，依《説文》篇序分册，從《一篇上·一部·一字》至《十四篇下·亥部·亥字》，十分完整，五百四十部首依次標入正文中，每字下先出《説文》原訓，第一册開始幾頁用工筆小楷抄得十分清晰，後漸變得潦草，抄定後又有别種筆迹添補内容，有濃墨補、淡墨補、硬筆别種字體補（前兩册僅有的少數硬筆補非玄同筆迹，疑是後人所補）。凡此種種，可看出錢氏這套筆記不是原始記録，而是參照他人筆記整理重抄過的。錢玄同筆記會抄過的其他人條目計有朱（希祖）、龔（寶銓）、錢（家治）等數家，二篇「嘖」字後列四種不同記録，最後寫上自己的原始記録，並按曰：「四人所記無一同者，並録俟質。」可見錢氏至少借過三家筆記來彙抄整理，加他自己筆記便有五家。錢氏一九〇八年二十二歲，年輕好動，多疑問，好爭執，課中他是向太炎先生提問最多的一個，筆記中有數百個表示對太炎先生所講不解或不同意的問號，還有一些玩笑式的旁記，例如「莫明其妙」、「俟質」、「可疑」、「不明白」等。最後又用空體大書「完工大吉」四字。從各册署名或同或異看，這套筆記整理的過程較長，三篇上「對」字下按：「檢《小學答問》。」《小學答問》寫成於一九〇九年，出版更遲，亦可見他整理的時段至少包括聽講的次年。第二套筆記共兩册，從《七卷上·日部·早字》開始，至《十四卷下·酉部·醇字》終，涵蓋了《説文》後半部份的內容，因其筆迹與第一套差別較大，我們最初以爲是另一人的筆録，經錢秉雄先生確認後，才肯定仍爲錢玄同的。

錢玄同這兩套筆記的複印稿，與此次整理的動因直接相關。一九八六年四月在杭州召開紀念章太炎先生逝世五十周年學術研討會後，太炎先生之孫章念馳先生面見穎明師時首次提及這份複印件，當時他準備將此稿編入《章太炎全集》，因系課堂筆記，難以處理，希望我們先行整理，單獨出版後再行收入。穎明師囑我與念馳先生聯繫。但因太炎先生遺稿尚需詳細清理，念馳先生未能馬上將這部份複印稿交給我們，不幸穎明師於一九八七年即因病入院，並于一九八八年元月逝世，始終未能親自指導「筆記」的整理工作。先生去世後，諸事未遑處理，直到一九九〇年，念馳先生才託別人將複印稿轉交給我。爲了弄清錢玄同筆記中的諸多問題，一九九三年經念馳先生介紹，我們由錢秉雄先生處借到筆記原件，本書錢玄同部分即根據複印件並核對原件整理。

魯迅所存筆記共兩種，一種藏紹興魯迅紀念館，卷端有「一九〇八年在東京民報社聽章太炎先生講《説文》時之筆記二種」，不是魯迅手迹，應爲後人標注。但紹興所藏只有一種原稿，較短，題爲《説文解字札記》，從《一篇上·一部·一字》至《一篇下·艸部·蔦字》，抄寫規整清晰，顯然是整理過的。另一種藏中國國家圖書館，題爲「説文解字」，從《一篇下·中部·屯字》至《三篇下·卜部·貞字》，抄寫也較清晰，不像原始筆記，也是整理過的；但天頭上眉批甚多，系轉抄他人筆記以補自己所缺。魯迅素嚴謹，行文簡約，根據周作人的回憶，魯迅曾借龔未生（寶銓）的筆記抄録（《魯迅的故家》)。此外，前一種附有兩頁散頁，工整抄録「象形、形聲、轉注、假借」的講解，內容與朱希祖第一套所記録完全一樣。許壽裳明記魯迅没有聽大成中學第一遍講授，可證魯迅還曾借抄了朱希祖的部分筆記。從現有筆記看，魯迅尚有原始筆記，但未能發現。魯迅的兩種筆記，一九八六年四月在杭州召開紀念章太炎先生逝世五十周年學術研討會時，章念馳先生合此二種筆記影印紀念本二百册，供內部參考。本書整理時徵得念馳先生同意，就依據這個影印本。

進入整理的七種材料，以朱希祖（字逖先，又作逷先）的三套筆記最爲詳盡。根據多種資料記載，朱氏從太炎先生受《説文》最爲勤奮，太炎先生誇他「博覽，能知條理」，師兄弟們公認他「筆記最勤」。他作了三套《説文筆記》，無參照他人的迹象，也無後來補改的墨迹，確屬當場所記的原始記録。第一套筆記四册，前有部首講解，中間夾轉注、假借等知識的講解，正文從《一篇上·一部·元字》至《十四篇下·酉部·尊字》，十分完整。《朱希祖日記》記一九〇八年四月四日始聽講《説文》，到七月二十五日「下午，至大成學校聆講《説文》，至亥部完畢」，應是他第一套筆記四册所記之內容。第二套筆記標明「二之一」至「二之五」，共五册，中間夾有他讀其他人《説文》著作的讀書筆記，正文從《一篇上·一部·一字》至《十四篇下·亥部·亥字》，也十分完整。細察其所記內容，有第一套缺記和所記不全的，還有太炎先生講法改變了的，完全與第一套重複的不多。《朱希祖日記》一九〇八年七月二十八日「上午，至太炎先生寓，重上《説文》，自一部講起」，至九月二十三日「下午，上《爾雅》及新制《説文》部首均語」，這期間太炎先生所講，應是朱氏第二套筆記五册所記內容。第三套筆記只存一册，封面題爲「説文札記，第三次第一册，逷先」，內容自《四篇上·目部》至《六篇下·口部·圂字》，《朱希祖日記》僅九月二十七日記「下午，至民報社聆講《説文》」一條，可見因他已聽完兩遍，全面記録兩次，第三次去民報班所聽所記甚少，自標「第一册」從四篇上記起，到六篇下未完，後面完全可能因他留學早稻田大學後又有别的課業而未能聽完。綜觀朱氏三套筆記，因是原始紀録，故最忠實於太炎先生講解，其中缺記、語意未詳處也較他人筆記爲多，這是當堂聽記必有的特點，反映了記録者自身聽講和記録的狀態以及課堂的實況。這三套筆記後轉入錢玄同家，「文革」中由錢秉雄先生交北京魯迅博物館，保留完好。我們在整理筆記時得到魯迅博物館的大力支持，徵得了捐贈者的同意，得到全部的複印稿，遂將這三種筆記編入。

爲了讓讀者瞭解本書整理的第一手材料，書中選擇了一些原稿影印，從這些原稿的影印件中，讀者可以更直接的看到筆記記録者工作的狀態和他們優美的書法，知情者也可判斷我們上述的介紹是否合乎事實。

《筆記》是一份寶貴的資料。它的意義起碼有三個方面：最直接的，它是研究太炎先生《説文》學從而研究章氏思想與學術的重要資源；太炎先生「小學」的三大代表作的原始資料，很多可以從《筆記》中見到；太炎先生治小學創新的思路和理念，《筆記》也有充分的反映；同時，太炎先生在革命的緊要關頭、自己的危難時期於異國進行國學傳播的舉動，又一次證明了他把革命和學術融爲一體的卓絶思想。其次，《筆記》也是研究新文化運動史的重要資料，在東京聽太炎先生講座並認真保留筆記的，大多是新文化運動中的主將或前衛人物，其中有些人後來站在反對舊學的前沿，但他們對太炎先生的尊重和學習「小學」的熱情説明，文化的傳承是有延續性的，是難以用口號和激烈的行動沖斷的；《筆記》還反映了記録者鮮明的個性和學養，對研究歷史人物也有很多可參考之處。第三，《筆記》是太炎先生從時代的需要出發，以發展和創新的精神將革命和學術融爲一體的具體實踐，即使在今天，這一實踐還有現實意義：一方面，它告訴我們，任何時候都不能放棄繼承，問題在於用什麼態度和選擇何種内容去繼承，這一點，給我們在新時代研究和傳播國學許多珍貴的啓示；另一方面，《筆記》也給後學提供了一個繼承與創新的範例，向我們提出了在繼承基礎上發展中國語言文字學的重要意義，它告訴我們，放棄自己的文化走全盤西化的道路，是無法建立自己的新文化的，我們需要深入瞭解自己的語言文字學的傳統。《筆記》中對《説文》的一些微觀解釋雖然也有可商榷之處，但是其中研究《説文》的思路和方法，需要我們細細去體會。

六

《筆記》的整理是一個艱苦而漫長的過程。一九九〇年我拿到錢玄同筆記的複印件和魯迅筆記的影印本，仔細閲讀了原稿。整理《筆記》是穎明師的遺願，又受到章黄後人的重托，更加之對太炎先生的崇敬，我不敢有絲毫的懈怠。《筆記》是課堂實録，記録者雖然認真整理，但錢玄同筆記中衆多的符號説明，他並没有公開出版這些記録的打算。魯迅的筆記爲數很少，不足以與錢玄同筆記核對。如何整理才能最大限度地反映太炎先生這次講解《説文》的原貌和全貌，成爲我當時思考的中心問題。感謝一位魯迅博物館的蕭振鳴同志，他向我提供了魯迅博物館藏有朱希祖筆記的信息。師弟謝棟元和我一起找到了當時在魯博工作的陳漱渝教授，同時找到魯博副館長王得厚師兄，他們對這項整理工作給予了極大的支持，並提供了朱希祖筆記的複印件，還提供了錢秉雄先生的地址。許壽裳的筆記也是在那裏看到的。没有想到朱希祖的筆記共有三次，而且非常完整，這使我萌發了一種體例的設計方案：將數人多次筆記完全按原樣照録，按條目排在一起，既保持整理者的原始工作狀態，又能使記録通過相互參照與太炎先生所講最大限度契合。在經過試作後，定下了這個體例，並寫出了詳細的凡例。

三家七種筆記情況複雜，大體順序和内容雖近，但具體的體例、行文、語序、詳略、字體不但因人而異，而且因次而異，加上文無標點，筆記字迹潦草，有的則年久褪墨難認，要把它整理清楚確非易事。一九九二年，我請當年在我這裏做訪問學者的萬獻初先將五種筆記分别抄録（魯迅兩種整理清楚，無須再行抄録），再按體例分條重抄，獻初在抄寫時十分盡力，我每周一次到他宿舍去看稿，七種稿子平鋪，還要一條一條對起來，桌上、牀上、地上都堆滿了稿子，這第二遍抄寫讓他喫了大苦頭。兩位從我學習的博士李國英、李運富加上我，三人流水作業，連校五次。當時的電腦嚴重缺字，無法印刷。我們請抄寫書稿十分有經驗的梁天俊先生負責抄寫。梁先生是穎明師輔仁大學的學生，除了硬筆書法得過大獎外，還有很好的國學功底。由於筆記篆隸楷夾用，繁體字、異體字、出於分析字理的半個字很多，又經不同的人多次校對，校條重疊，梁先生不但一一分辨，在抄寫時又對照原稿，改正了不少錯漏，等於直接參加了我們的整理工作。梁先生在初稿抄寫中，每抄一部分，就複印送到北師大再次由李運富博士複校，運富也是整理書稿出力極多的。爲了保證整理工作儘量減少錯誤，出版前，學科點的幾位博士卜師霞、凌麗君、陳曉强、石勇、孟琢再次用流水作業的辦法對照五種原稿逐條仔細複校一遍，請梁天俊先生最後修改，才交付出版。

這裏還要特别感謝錢秉雄先生，他不但熱情而信任地把錢玄同筆記原稿交給我們，而且負責地回答了我們的很多問題。他知道我們的整理工作没有經費，從來没有提出任何關於報酬的要求。但我們自己非常過意不去，希望對他有微薄的酬謝。這裏要特别感謝高校古委會安平秋教授和各位項目評委，爲了這項整理實在難以回避的支出，我向高校古委會申請了很少的經費。其實，整理章太炎先生的著作不能稱作古籍整理，這一點，我們心裏是清楚的；但當我致信安平秋教授説明情況時，古委會通過正式評審，批給這個項目八千元經費。這些年，我一直爲這種同行的理解和雪中送炭十分感動。然而遺憾的是，當我們再次與錢秉雄先生聯繫時，他已經搬家，打聽到他馬甸橋的新址，我們趕忙送還所借原稿同時送去微薄的酬謝時，不幸他已於幾天前因心臟病突發去世。這位名人的後代倆夫婦一生在中學從事教育工作，他們的樸素無華和無私精神爲我們永久懷念。《筆記》整理時，未得與朱希祖先生後代聯繫。此次出版前，在得知本書將要出版時，朱元春女士（朱希祖先生孫女）主動和我們聯繫，他們爲將這珍貴的遺稿奉獻給社會表示熱情支持，這些都令我們十分感動。

稿件的出版並不順利，拖了整整十年，還要感謝俞國林編輯的努力，得以在中華書局正式出版。整理工作雖盡了力，但仍然不敢説没有錯漏，請内行和讀者批評。今年是太炎先生誕生一百四十周年，距太炎先生在日本講《説文》也已經整整一百年了，《筆記》的出版算是我們對這位十分崇敬的國學大師的一種深切的緬懷吧！

一九九八年四月初稿

二〇〇八年十月改定

凡例

一、本書為章太炎先生一九〇八年在日本講授《説文解字》時學生們所作的筆記輯録。計有朱希祖的筆記三套、錢玄同的筆記兩套、周樹人（魯迅）的筆記兩套。各套内容均按原稿整理，以便使讀者互相參照，求得章氏講授原意。

二、為區别各套筆記，每一字頭下分别標以「朱一」、「朱二」、「朱三」、「錢一」、「錢二」、「周一」、「周二」。排列的次序朱希祖三套按記録時間先後為次；錢玄同兩套無法考定記録時間，則以完整的一套放在前面；周樹人兩套以始於「一」的一套放在前面。

三、章氏講解《説文解字》以段玉裁《説文解字注》為主要教本，同時參考徐鉉本，故本書的字頭排列大致按段注順序，個别次序異於段注者如係記録者之誤，均校正之；如係講授者原意，悉按原稿並加注釋予以説明。兩個以上的字併釋者，悉依原稿數字頭併出。

四、筆記原稿竪行書寫，字頭多為隸定字，雜有篆文，或隸定形、篆體併出。本書除用隸定形作字頭外，在隸定形上均補出篆字，篆字字形悉按段注本，個别異於段注本的，如係記録者之誤，均校正之；如係講授者因故改用徐鉉本字形，則依原稿並加注釋予以説明。

五、因方言之故，各家筆記所注直音多有不一致者，本書一律從原文，不加訂正。

六、原筆記用字紛紜，本書整理時，凡叙述語，均採用通行的繁體字；凡直接引語，用字均按通行版本；凡字頭所用之隸定字與釋形所用之字，一律用原形。

七、原筆記或無標點，或用空格斷句，或用朱墨、黑墨點斷，本書一律採用新式標點。

八、以下符號為原筆記所有，依錢玄同所作《符號釋義》，或推考其意義，應分别是：

〇 置於右側。各家均以為着重號；

8 置於右側。各家均以為特別着重號；

‖ 各家均以為「某當作某」；

⊙ 置於右側。錢氏用以標識正字；

△ 置於右側。錢氏用以標識俗字；

（）括號中為對正文的補充、說明與夾注；

？ 錢氏用以標識記録者於此處有疑問。

九、以下符號為整理者所設，其含義分別是：

〈〉衍文，括號内字應刪除；

［］脱文，括號内字應補入；

□ 字跡不清，疑有一字脱漏，不能補入；

⊠ 字跡不清，疑有多字脱漏。

【】置於右側，標音。

「」内置中文數字，為注釋序號。

○ 筆記的尾批、旁批與正文無直接關係的，均置於此號之後。

十、本書所作注釋，均就整理中的問題加以說明以示讀者，不對章氏所講之内容本身作任何解釋。

部首[一]

丵　丵　錢　族類之族正當作丵。《説文》云：「丵，叢生艸也。」引申即為丵類之誼。族者，矢鏠也（俗借用鏃字，鏃之本誼訓利也）。又一簇（集合之意）之簇，俗字也，正字亦當作丵。

舁　舁　錢　凡輿騢、輿轎、輿人、輿尸、輿論之輿字，正字皆當作舁。《説文》云：「舁，共舉也。」

丮　丮　錢　戟手之戟，正當作丮。

史　史　錢　史上从中。中，古作𠁩，即冊字之渻文。《國語》「左執鬼中」，《禮記·禮器》「升中于天」，《周禮·秋官·小司寇》「登中于天府」，《論語·子張》「允執厥中」，諸「中」字皆冊也。又漢有「治中」之官（即秘書官），治中者，亦治冊也。○治中即今「主簿」。

聿　聿　錢　事業、基業之業，皆當作聿。「聿，手之疌巧也。尼輒切。」事業、基業皆起自手，故當用聿。業，大板也。肄業字當用此（肄業即肄板也）。○聿，觚之類也。（？）

隶　隶　錢　逮捕之逮當作隶。《説文》云：「隶，及也，从又尾省。又持尾者，从後及之也。」

[一] 錢所錄部首由「丵」部起，朱所錄從「木」部起。此前缺記。

臣　錢一臣之訓牽，以聲為訓。臣在真韻，牽在先韻。真先古通，故臣得訓牽。

攴　錢一扑〔擊之扑〕，正當作攴。

㸚　錢一㸚，力几切。笊籬之籬。當作㸚。

雈　錢一《說文》云：「雈，鴟張毛羽自奮也。讀若睢。」按恣睢之睢，正當作雈。

𦫳　錢一拐角之拐，當作𦫳。𦫳，羊角也。拐乃俗字，不知所從，無以下筆。

雔　錢一儔類之儔，《說文》所無，《漢書》中多借㽮字為之。尋其本字，實應作雔。《說文》云：「雔，雙鳥也。」又仇讎之讎，正字亦當作雔。誼反而字同，在古固有斯例也。

鳥　錢一鳥鳥。能从匕匕，鹿从比，皆象其四足。鳥烏皆二足，故从匕。乃俗于下皆作四點，于象形之誼，大相刺謬矣。

𠦒　錢一畚箕之畚，正當作𠦒。

玄　錢一「玄，幽遠也。」玄色之玄，當作从二玄之玆。《說文》云：「玆，黑也。」

𠬪　錢一今俗書之拋字，正當作𠬪。拋字左手右力，中之「九」不知所從，無以下筆。徐鉉補為新附字，謬甚。

𣦼　錢一𣦼、殘皆訓殘賊。至殘餘之殘，則當作殉。

丰　錢一《說文》云：「丰，艸蔡也。讀若介。」凡艸芥之芥，正當作丰。

丌　錢一凡基址字，其泛指者，皆當用丌字（抽象）。惟用土之基（具體），則當用基字（如牆基）。

㠭　錢一凡展視之展，正當作㠭。

豈　錢一豈字《說文》有三解：（一）「還師振旅樂也」。此即凱歌之正字（凱乃俗字）。（二）「欲也」。此假為覬字。（三）「登也」。此假為隑字（隑訓梯，見《方言》注）。

丶 丶 錢一 丶即今之逗字。

青 青 錢一 [一]

亼 亼 錢一 《說文》云：「亼，三合也。从入一，象三合之形。」按字形本作三合，不必言从入一也。凡集合之集，皆當用亼字。「集，羣鳥在木上也」（本作雧），引伸為安集之誼。凡安集字當用集。

倉 倉 錢一 《說文》云：「倉，穀藏也。倉黃取而藏之，故謂之倉。」案今之搶字，字書所無，正當作倉。蓋古者謂藏倉黃劫取之物之處曰倉，適與今「搶」字之誼合。

亭 亭 錢一 《說文》云：「亭，度也，民所度居也。」按度為宅字之借。度居者，宅居也。今文《尚書·堯典》「宅南交」、「宅西」諸宅字，皆作度。是二字通用之證。〇《漢書》往往借度為宅。

亯 亯 錢一 今俗書之享、亨、烹三字，皆《說文》所無，其正字皆當作亯（篆文作亯）。

畐 畐 錢一 今俗書之逼、偪二字，皆《說文》所無，其正字皆當作畐。

來 來 麥 麥

錢一 《說文》云：「來，周所受瑞麥來麰也。二麥一夆，象其芒朿之形。天所來也，故為行來之來。《詩》曰『詒我來麰』。」「麥，芒穀。秋種厚薶，故謂之麥。麥，金也。金王而生，火王而死。从來，有穗者也；从夊。」案《說文》之解「來」字，說甚支離難通。其實，「來」宜訓麥，「麥」則宜訓行來之來字。从夊，與行動義合。此二字自古互譌，故二部所从之字亦因之而互誤。

夊 夊 錢一 今謂脛為骸，亦作腿。二字皆《說文》所無，正當作夊。

舜 舜 錢一 舜即今之旋復花。

[一] 凡此類在原稿均有字頭而無解說，依原樣錄存，下同。

韋　錢：違背之違，正當作韋。違者，離也。

久　錢：《說文》云：「久，從後灸之。象人兩脛後有歫也。」案久、己、㠱、跽，實皆一字。

木　朱：形［一］。

東　朱：形。

林　朱：意。

才　朱：意。
錢：《說文》云：「才，艸木之初也。」引伸為凡始之偁。至才能之才，則當用材字。

叒　朱：形。若即（假借）𦱴、䓁。叒，籀文作⿱叒⿰口乙。按，叒即䓁或籀文所變，蓋叒如艸而䓁從之與？
錢：榑桑若木之若字，當用叒。籀文作⿱叒⿰口乙，疑即若字。

之　朱：生（往）。

帀　朱：形。

出　朱：形。茁。凡草木出本用出，不用茁。

市　朱：「沛然」之沛宜用𣎵。「其葉肺肺」，即此字之借。
錢：《孟子·梁惠王上》「沛然下雨」之沛，毛詩《東門之楊》「其葉肺肺」之肺，均假借字，正當作市。《說文》云：「市，艸木盛市市然。」

生　朱：胜熟之生宜用胜，不用生。此生乃草木出土。
錢：《說文》云：「生，進也。象草木生出土上。」是發生為生之本義（人生之生亦作生）。至生熟之生則當用胜字。《肉部》曰：「胜，一曰不孰也。」

［一］朱希祖部首字頭下之「形」「意」「事」為標明六書之用，「形」指象形，「意」指會意，「事」為指事。下同。

乇 乇 朱頊、託【則】。

𠂹 𠂹 朱

𠌶 𠌶 朱𠌶【書】。名詞。
錢𠌶，《説文》云「草木華也」，《唐韻》「況于切」。今俗之花字、蘤字，正皆當作𠌶。
皆名字也。

華 華 朱花開之意。蘤（三國時有此）。
錢華，𠌶開也。動字。

禾 禾 朱禾【其】。先有禾字，後變為稽、為棨稽。

稽 稽 朱《國語》「擁鐸拱稽」，唐固以為戟，有枝兵也。
錢稽之本義為留止。《國語·吳語》「擁鐸拱稽」，唐固（三國時人）謂稽即棨【戟】字〔一〕。戟，有枝兵也。枝為木別生條，與禾之「木之曲頭止不能上」之義近。禾變為稽，故戟得借用稽字。後世棨字，亦係「拱稽」之稽之變。

巢 巢 朱形。

桼 桼 朱形。
錢木汁之漆當用桼字。漆，水名也。

束 束 朱意。

㯻 㯻 朱㯻【渾】

囗 囗 朱凡有範囗字从此。圍，守也。範囗字宜用此。
錢範圍之圍當用囗字。圍者，守也。

員 員 朱

〔一〕《國語·吳語》「擁鐸拱稽」韋昭注：「稽，唐尚書云『棨戟也』。」

錢一 員在諄部，口在灰部，灰諄對轉，故員得从口聲[一]。

貝 朱一 鐘鼎作㊂，小篆改方矣。
錢一 貝字鐘鼎有作㊂者，頗象貝形。小篆改方正之作貝，義與形相失矣。

邑 朱一

𨛜 朱一 𨛜【向漾】。
錢一 𨛜字許書闕其音，《唐韻》依鄉字（巷之本字）音作胡絳切。

日 朱一 形。

旦 朱一 形。

倝 朱一 倝【翰】。漢賦「采色晧旰（鮮明）」，旰本用倝。
錢一 《說文》云：「倝，日始出光倝倝也。」漢賦：「采色晧旰。」[二] 旰者假借字，正當用倝。

㫃 朱一 即偃字。

冥 朱一 《說文》之說亦不明。
錢一 《說文》云：「冥，窈也。从日六，从冖。日數十，十六日而月始虧，冥也。冖亦聲。」按「十六日」之解頗為迂曲，殆非本義。惟此字从「六」，義本可疑，不能强解。

晶 朱一 水精之精不當从晶。
錢一 「晶，精光也」此其本義。若水晶字，當作水精，俗說用晶，非也。

月 朱一 形。

[一] 此處「灰」部，即章太炎古韻二十三部中的「脂隊」部。
[二] 《史記·司馬相如傳》引《上林賦》作「采色澔旰」。

有

朱— 日食，「不宜有」。有所張蔽為有。囿無从口。宥，「九有」从囿，有無也。

錢— 《說文》云：「有，不宜有也。《春秋傳》曰：『日有食之。』从月，又聲。」按《開元占經》曰：「月食時有巨靈以手障月，故从又从月。」此說足以證明《說文》之義。故囿蔽之囿當作有，而有無之有當作囿。《詩·商頌》「九月」即「九囿」也。

朙

朱—

囧

朱— 即炯。

錢— 炯炯之炯即由囧字所變。

夕 多

朱— 凡夕有邪。凡从多聲亦有邪，如哆、侈是也。

錢— 夕有邪義，多从重夕，故亦有邪義。而如哆、侈等从多之字，亦皆有邪義。

毌

朱— 貫穿之貫當从毌。

錢— 凡貫穿之貫，皆當作毌。（俗書有串、弗二文，皆毌之譌體。）

马

朱— 嘾，含於口内尋味意。菡萏本从马。

錢— 菡、萏二字即由马字孳乳而生。

東

朱— 東【含】。

卤

朱— 卤【調】。《詩·江漢》「秬鬯一卣」不可从此。

錢— 「卤，草木實垂卤卤然。讀若調。」或謂即卣字，非也。卣乃酉之俗字。

齊

朱—

朿

朱— 从刺，直刺。朿，木朿。

錢— 「木芒也。」名詞（木朿）。動字之刺，仍當作刺。

片

朱— 事。

鼎　鼎　朱「以鼎爲貞」，貞實貝字之誤，寶器也。

克　克　朱　本爲肩，後轉爲能意。
　　　　錢　肩也，故引伸爲能任事之稱。古刻木之刻即作克。

彔　彔　朱

禾　禾　朱

秝　秝　朱　秝【歷】。
　　　　錢　調和也。(?)

黍　黍　朱　黍【雨】。段五部。孔曰「爲酒」不可從。
　　　　錢　从雨省聲，雨、黍皆在第五部也[一]。「孔子曰」之訓[二]不可從。

香　香　朱

米　米　朱

毇　毇　朱　毇【毀】。

臼　臼　朱　臼，所以舂也；簸，所以……。

凶　凶　朱

朩　朩　朱　朩【并】。

林　林　朱　林【盼】。

麻　麻　朱　分析麻也。
　　　　錢　古用爲分析麻之義，係動字。今作名字用。

尗　尗　朱　尗【獨】，三部。古人稱尗，今人稱豆(四部)。俶，始也。與頭字音近。

[一] 凡用數目字言第幾部者，皆指段玉裁十七部而言。下同。

[二] 《說文解字》「黍」下有「孔子曰：黍可爲酒，故从禾入水也」之訓。

錢一「豆也」。豆本俎豆之豆，漢人始呼尗曰豆。許以今字釋古字也。尗在三部（齒），豆在四部（舌頭），三、四合音最近，古齒音往往作舌頭音，故尗讀如豆。「俶，始也」（《爾雅》），今人謂始曰頭，即俶字之變，與尗、豆同例。

耑 朱一端正。耑始。褍章甫。

錢一耑⊙始（耑⊙業？耑⊙倪？），端⊙正，玄褍⊙（褍⊙章甫），三字各異。

韭 朱一

瓜 朱一

瓠 朱一

宀 朱一宀【面】。𦣻。宀密＝深密。

錢一緜密之緜當作宀，或借用（作？）𦣻。緜乃絲緜字。密亦無本字。宀密雙聲，故祕密之密可作宀（？）。宀，交覆深屋也。宀密＝深密。緜密二字本字實即一宀字。

宮 朱一

呂 朱一形。脊骨＝从旅[一]。

穴 朱一

錢一八、穴疊韻，故穴从八聲。

㝱 朱一疒，疾。夢本作濛。

錢一夢寐＝㝱⊙。夢，不明也。（夢本作蒙？）

疒 朱一疾。

[一] 此句意為「脊骨」當作从旅的「膂骨」。

冖 朱一 冖【密】。即變為幎。
錢一 幎即冖之引申字（古作冂）。

𠔼 朱一 《楚辭·大招》：「成梟而牟。」王注：「倍勝曰牟。」牟即𠔼之假。
錢一 《楚辭·大招》「成梟而牟」，王逸注：「倍勝曰牟。」牟之本義為牛鳴，信勝之意即𠔼字也。

冃 朱一 今變帽。
錢一 俗作帽。

㒳 朱一 一㒳。兩為二十四銖[一]。
錢一 參㒳。兩，二十四銖也。

网 朱一 罔【陽】即無【魚】之假借。
錢一 或體作罔。《論語·為政》「學而不思則罔」之罔借為無字，因古讀無如模，魚（無）陽（罔）對轉，故罔得借為無。

襾 朱一

巾 朱一

市 朱一 韍。

帛 朱一

白 朱一 《說文》解不明。皀【必】。
錢一 《說文》之訓不憭。或謂白字與皀之上半相似，當是象米形，由米色白，故引申訓白。其說較是。

[一] 章意謂「㒳」為數詞，「兩」為量詞，二者有別。此用段說。參段氏「㒳」字注。

㡀 朱」即今破敝、利敝字。幣帛當从敝，因幣二巾。獘。斃。

錢」敗衣也。破敝之敝當作㡀，利獘之獘亦當作㡀（敝？），幣帛（貨幣？）之幣當作敝。幣係俗字，敝既从巾，復加一巾，从二巾，不合。獘，原訓犬死之意，後乃引申作斃。（？）

黹 朱」絺繡之借字。希當从黹。

錢」《尚書·益稷》之「絺繡」，絺即黹之借字。希即黹之或體。[一]

人 朱」

匕 朱」从倒人。人死曰匕。變匕。教化。

錢」變匕。教化。◎

匕 朱」从反人。本意借為柶，同在段十五部。比較當作匕。

錢」匕例，排匕，朋比。「一名柶」者即借為柶字。匕、柶同在段十五部。◎◎◎

从 朱」從从走。◎

錢」聽从，隨從。◎

比 朱」朋比。

錢」密也。朋比之訓乃是其本義。

北 朱」背。本作違北（背），後借為北方之北。

[一]「希」字《說文》所無。《正韻》：「希，與黹同。」《周禮·春官·司服》：「祭社稷五祀則希冕。」孔疏：「鄭讀希為黹。」

 丘

錢一 本訓背，後借（?）為北方之北。

朱一 引申為空。《漢書》「丘嫂」，寡嫂也[一]。

錢一 人所為曰京，非人所為曰丘。昆侖最高，在中國北，故从北。丘又訓空。《漢書》「丘嫂」即寡嫂也……（?）。丘謂之虛。虛本大丘，引申為空虛之虛，故丘亦引申為虛空之義。

 㐺

朱一 㐺【林】。从三人，乑。木多曰林，人多曰乑。

錢一 木多曰林，人衆為㐺。其會如㐺⊙，㐺⊙立。

 𡈼

朱一 挺。打死曰挺。挺拔當从𡈼。𡈼好，𡈼厚。

錢一 挺，擊（打死？）也。𡈼⊙出，𡈼⊙拔，𡈼⊙生。又𡈼⊙好（頂好），𡈼⊙厚（頂厚）。

 重

朱一 厚，引申為輕重。

錢一 厚也。引申為輕重。

 臥

朱一

錢一 仰臥曰寢，〈府〉[俯]臥曰臥。

 身

朱一 从刀，𦥑（𦥑）省聲。，曲身，故省。信曲。

錢一 段改是。屈身曰躬，直身曰身。「侯執信圭，伯執躬圭。」[二]信正當作身。『从人，𦥑省聲。曲身故省。』（?）[三]

[一]《漢書·楚元王傳》：「高祖微時，嘗與賓客過其丘嫂食。」注引孟康曰：「西方謂亡女婿為丘婿。丘，空也。兄亡空有嫂也。」

[二]「侯執」兩句見《周禮·春官》。鄭玄注：「信圭刻人形伸也，躬圭刻人形屈也。」

[三]『』非引號，乃錢玄同所標存疑之起訖。下同。

㐆 朱：㐆【衣】。歸也。變為販、皈。
錢：後之販、皈皆即此字。

衣 朱：

裘 朱：求告亦从此，求借為祈。
錢：古文作求。請求之求『與祈字雖為雙聲，然究不知何字之借。』（？）〇『』內費解。

老 朱：

毛 朱：

毳 朱：

尸 朱：陳也。古人尸作屍。尸，刀斜轉。尸引伸為主，祭時有之。
錢：引申為主。古祭有尸，所以作主故也。

尺 朱：指斥當作尺。卻屋。
錢：《漢書》中「指斥乘輿」之斥，當作尺[一]。斥即拆房子之拆。卻屋（？）。

尾 朱：

履 朱：
錢：中之「舟」非舟字也。

方 朱：并船。引申為比方。方圓从匚。
錢：併船也，引申為比方字（如《論語·憲問》「子貢方人」）。方圓之方當作匚。

儿 朱：

兄 朱：長短之長也。尊長古讀況。長、況疊韻，引伸為兄弟。
錢：即今況字。《詩》皆作兄。兄弟之兄無正字。兄古讀如荒，與長為疊韻，同在陽部。

[一]《後漢書·孔融傳》：「擬斥乘輿。」注：「斥，指也。」與章引不同。

『增長，故有況意。』（?）

先 朱 先【尊】。

皃 朱

兆 朱 兆【古顏】。固敝當从兆。

錢 固蔽之固=兆。⊙

先 朱

秃 朱 《説文》不通。《周禮·秋官》「髡者使守積【致】」之意。

錢 《説文》之訓非。《周禮·秋官》曰：「髡者使守積。」殆秃字制字之義。

見 朱 意。

覞 朱 覞【遥】。

欠 朱

㱃 朱

次 朱 泉，醫書但作泉，今作涎。盜亦从次【羡】。

錢 醫書作泉，俗作涎。

旡 朱

頁 朱 頁【首】，今讀亦。惟稽首字从此，一葉之頁不从頁。

錢 《唐韻》雖胡結切，其實當讀首。首、百、頁殆一字。書頁之頁則當作葉。

百 朱 首

面 朱

丏 朱 丏【勉】。

首 朱

県 朱 梟首从県。梟，鳥也。
錢 県首示衆。梟，鳥也。

須 朱

彡 朱 彡【三】。

彣 文 文
朱 彣采。文理。紋，俗。
錢 文采 彣采。「郁郁乎彣哉」。俗以文代彣字，乃別造紋字代文理字用矣。文為文理之本字。

髟 朱 髟【標】。

后 朱 「繼體君也」。與後同。
錢 不从厂一（?）。繼體君也，與後同。（?）

司 朱

卮 朱 卮【支】。有節。「卮言」（亂說），無節亦謂之卮。
錢 《莊子》之「卮言」者[一]，無條理之言也。卮原有節，兹訓為無節者，蓋以相反為訓。

卩 朱 卩【節】。

印 朱 从爪卩。

色 朱

[一] 見《莊子·寓言篇》：「卮言日出。」注：「酒器滿則傾，空則仰。比之于言，因物隨變也。」

錢一 人之气象有卪度，故色从卪。

卯 （𠨍 卯大徐）

朱一 卯【卿】。

辟 朱一 辟【闢】。

錢一 法也。因法令由君出，故辟亦訓君。

勹 朱一 勹【包】。勹裹。

錢一 勹裹。⊙

包 朱一 懷孕。巳 未成形包於中。

茍 朱一 急也。

鬼 朱一 禺。凡人歸為鬼，非死人。死人不可見。

錢一 甶从甶（鬼頭也）觀之，知古之所謂鬼者，不必專指人死後，而是凡可怖之物皆得稱為鬼。何以故？因禺為母猴亦从甶故。

甶 朱一 甶【勿】。鬽、魅、曶爽，皆十五部。

錢一 與魅鬽本一字，如昧爽亦作曶爽。蓋曶爽之曶為勿聲，昧字為未聲，勿、未本音通故也（皆十五部）。○不可解。

厶 朱一 公厶。私，禾也。

錢一 公厶。⊙ 私，禾也。

嵬 朱一

山 朱一 山、宣，十四部。

屾 朱一 屾【生】。

屵 屵 朱：屵【業】。
广 广 朱：广【儼】。庵。
錢：庵字《說文》無，正即广字。
厂 厂 朱：厂 岸。
丸 丸 朱：
危 危 朱：
錢：「在高而懼也。从产，人在厓上，自卪止之。」案，高處本可稱為卪（卪本可訓高？），不必定訓卪止也。
長 長 朱：
勿 勿 朱：《周禮》作「物」。禁止之弗作弗。
錢：「州里所建旗也」。《周禮》作「物」。禁止之勿當作弗（勿？）。
冄 冄 朱：髯。
錢：即髯字也。
而 而 朱：
豕 豕 朱：豕【豨】
錢：豕、尾皆十五部字，《說文》以聲訓（豕即从尾來？）。
㣇 㣇 朱：㣇【夷】
彑 彑 朱：彑【剌】
豚 豚 朱：
豸 豸 朱：
𤉡 𤉡 朱：
易 易 朱：「守宮也」。變易、不易之易从敡。容傷。蜴即易。《周易》之易當作覡。《禮記·

祭統》：「易抱龜南面」。

錢「守宮也」，即今壁虎，俗作蝪。難傷◎，變數◎，蜥易◎，周覸◎。《禮記．祭統》：「易抱龜南面」。是主卜筮之官曰易，即覡字（易、覡同部）。

 象 朱

 馬 朱 馬，怒，以疊韻為訓。武＝母，《左傳》「司馬」亦作「司武」。

錢 怒也，武也。馬怒以疊韻為訓。古音馬、武皆讀姥，音同。故「司馬」作「司武」。

 麠 朱 麠【才】。《左傳》「庶有豸乎」＝麠。

錢 解麠也。麠通豸，《左傳》「庶有豸乎」即「庶有解乎」。

 鹿 朱 形。

 麤 朱 與粗不同，非粗細之粗。

錢 與粗不同。麤莽，非粗細之粗。

 㲋 朱 㲋【尺】。

 兔 朱

 萈 朱 萈【丸】。俗作豲。《論語．陽貨》「夫子莞爾而笑」亦作此。

錢 大徐謂首非聲，疑是象形，是也。此即今俗之豲字。「莞爾而笑」，莞萈亦通（？）。

 犬 朱

 㹜 朱 㹜

 鼠 朱

錢 首鼠兩端之首鼠＝首尾，以鼠尾長故，故古人稱尾亦謂之鼠。

能　朱」《左傳·昭公七年》「夢黃熊入於寢門」作此。《爾雅》：「三足鼈曰能」〔一〕。古音難。三台三足，今作此〔二〕，之蒸通轉。

錢」古音讀奴來切，今讀奴登切者，以之蒸對轉故也。三台（魁下大星）似鼈三足，台即能。《左傳·昭公七年》「〔晉侯〕夢黃熊入於寢門」作此（？）。《爾雅》：「三足鼈謂曰能。」

熊　朱」从炎。

錢」从炎省聲者，東覃對轉〔三〕。

火　朱」古讀火如燬，今福建人猶如此。

錢」燬也。古讀火如燬，今福建人猶然。

炎　朱」

黑　朱」

囪　朱」古讀充。

焱　朱」焰。

炙　朱」意。

赤　朱」从大火。从土，不知其意。

大　朱」

亦　朱」俗作腋。

錢」俗作腋。

〔一〕《爾雅·釋魚》原文作：「鼈三足能，龜三足賁。」

〔二〕《廣韻》：「三台，星。亦作能。」《周禮·春官·大宗伯》「司中」注：「司中，三能，三階也。」疏：「武陵太守《星傳》云：三台，一名天柱。上台司命，為太尉；中台司中，為司徒；下台司祿，為司空。」

〔三〕原文如此。

夨 朱：夨【側】。與仄聲意相同。

錢：側轉之正字(?)。與仄聲同義近。

夭 朱。

交 朱。

尣 朱：尣【汪】。尰。

壺 朱：从大，象其蓋。

壹 朱：天地絪縕，絪或作壹。

㚔 朱。

奢 朱：張也。引申為奢侈。

錢：張也。引申為奢侈。

亢 朱。

錢：「頡頏」本作亢。

夲 朱：夲【滔】。進取快應作夲。

錢：滔滔，水之滔滔也。凡一切之進趣當作夲。

夰 朱。

亣 朱。

夫 朱。

立 朱。

竝 朱。

囟 朱：囟【信】。

思 朱。

錢：囟思雙聲。《左傳·僖公二十四年》：「沐則心覆，心覆則圖反。」(?)

心　朱一　博士，今文學派。

惢　朱一　古讀瑣，今惢。

錢一　古讀瑣，即今之惢字（？）。

水　朱一　水【醉】。與準支、蒸對轉。

錢一　準也。古水讀追上聲，與準為雙聲。（之諄對轉）（支蒸？）[一]。

沝　朱一　沝【醉】。

瀕　朱一　賓與瀕以聲為訓。賓附、賓、比雙聲。《尚書》「璸珠」亦作玭珠。古無瀕字，只作瀕。頻頻亦假借比字，比，相次也。

錢一　「水厓，人所賓附也。」瀕、賓以聲為訓。賓、比雙聲，「賓附」，比附也。如《尚書·禹貢》「玭珠」亦作「蠙珠」。頻頻之頻亦比字之借。比，相次也。瀕，古無比字，正作頻。

𡿨　朱一　𡿨即甽

巜　朱一　巜即澮。

川　朱一　以穿訓川，聲訓。

錢一　「毌穿通流水也」，川、穿聲訓。

泉　朱一　从白从水，俗字，然漢已如此。古無錢字，只作〈錢〉泉。錢本田器。

錢一　錢幣之錢古正作泉，蓋用其流不息也（？）。錢鎛本田器，義別。

灥　朱一　灥【羣】

永　朱一

錢一　永與羕為一聲之轉。

[一] 原文如此。

𠂢　朱：派字當作𠂢。
錢：今之派字《說文》無，當作𠂢。

谷　朱：

仌　朱：今作冰字，非。冰，凝字也。
錢：此冰凍之正字。冰即凝之本字。

雨　朱：

雲　朱：

魚　朱：

𩺰　朱：

燕　朱：籋口‖鉗口。
錢：籋口‖鉗口。

龍　朱：古人獸類字多从肉，熊、豚、龍皆是。
錢：古人于動物字多从肉，如豚、能、龍是也。

飛　朱：

非　朱：

卂　朱：卂【迅】。今之迅字。
錢：即今之迅字。

乚　朱：乚音挖。

不　朱：本鳥飛上翔不下來，後以相違借作不，非是。不，古讀否，《詩》不、柎爲韻。
錢：古讀丕，故不之正字即丕字。『《詩》鄂不韡、鄂柎，不與柎雙聲轉。』(?)○費解。

至　朱：

西 朱 本為棲，引申為東西。

鹵 朱

鹽 朱

户 朱

門 朱

錢 院子之門曰門，在室中者曰户。

耳 朱

臣 朱 須橫看，象頷。

手 朱 拳，在《說文》應作卷。

𠦬 朱

女 朱

毋 朱

民 朱

丿 朱 丿【匆】。㇏【拂】。

厂 朱 今曳字本作厂。

錢 牽曳之曳當作厂。

乁 朱

氏 朱 古作阺（儀禮）。三國有氏儀，因孔融謂「民無上」，改姓是。

錢 《文選》中有阺字（阺，巴蜀名山也），即氏之俗字(?)。引申為氏姓之氏。其實氏姓之氏當作是，氏、是古通。三國時有氏儀，孔融謂「氏，民無上」，因改姓是。

氐 朱 今抵字當作氐。《說文》無底字，亦應作氐。

錢一　抵某處之抵當作氐。底字《說文》所無，亦當作氐【一】。

戈　朱一

戉　朱一　鉞當作戉，鉞乃「鑾聲鉞鉞」。

錢一　斧戉。鉞即《詩》「鑾聲噦噦」之噦【二】，故斧戉不當作鉞，作鉞者非。

我　朱一　傾頓＝俄。

錢一　《說文》：「或說，我頃頓也。」此即今之俄字，此殆「我」之本義。

亅　朱一　亅【撅】，乚【蹷】。

琴　朱一

乚　朱一　隱。

錢一　古隱字。

亾　朱一

匸　朱一　匸【徯】。

錢一　匸與衺徯聲訓。

匚　朱一　方員之方當作匚。

錢一　此方圓之正字。

曲　朱一　蠶薄之曲今加竹。

錢一　「蠶薄」之訓後作筁。

甾　朱一

【一】朱、錢所記皆如此，《說文》九篇下广部實有「底」字，解云：「山居也。一曰下也。从广氐聲。」

【二】《詩·小雅·庭燎》「鑾聲噦噦」，毛傳：「噦噦，徐行有節也。」《集韻》：「本作鉞，同鐬。」

瓦 朱

弓 朱 錢 窮也。聲訓。

弜 朱 倔強之強當作弜。強，蟲名也。堅彊从畺。

錢 倔弜，堅彊。強，蟲名也。

弦 朱

糸 朱 糸【細】。「糸虒」轉為「赫虒」。

糸 朱 糸【密】。

素 朱 白絹曰素。引申為質素，又為空。鄭康成《儀禮》注：「形法定為素」【一】。後變為壞，又變為塑。

錢 白絹曰素，引申作白地（質素）之物皆謂之素（?）。又引申為模型之素（?）。鄭康成《儀禮》注：「形法定為素」，俗作壞、塑。

絲 朱

率 朱 後借為草率。

錢 「捕鳥畢也」。率爾之率不過假其音，無意義，亦無正字。

虫 朱 虫【虺】。虺本作虫。今尚有土骨蛇，即此。

錢 虺蛇之虺‖虫，即今之土骨蛇也。

蚰 朱 蚰【昆】。昆蟲之昆應作蚰。

【一】《儀禮·士喪禮》「獻素獻成亦如之」。鄭注：「形法定為素。」

蟲 朱
錢 昆蟲||蚰蟲。

風 朱

它 朱 它〔垂〕，唐讀佗。古無他，作佗。佗，今馱字。

龜 朱 舊也。長壽者。
錢 古讀龜如鳩，龜舊聲訓。以壽長，故曰舊也。

黽 朱
錢 黽即蛙，蛙行如仟(?)。〇不可解。

卵 朱

二 朱

土 朱
錢 「地之吐生萬物者也」。土、吐聲訓。

垚 朱
錢 堯舜之堯當即垚字。

堇 朱 ⿰黍刃，俗字。
錢 ⿰黍刃，俗字。〔正〕當作堇。

里 朱

田 朱 田〔陳〕，當讀停。古無上古音。

畕 朱 畕〔畺〕。

黃 朱

男 朱

 力 朱 筋也。水之條理曰泐。

錢 筋也。凡有條理者皆从力。水之條理曰泐，石曰阞，皆有力義。

 劦 朱

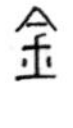 金 朱

 幵 朱 幵【兼】。《漢書·郡國志》「幵頭山」，服、顔音牽。

錢 《漢書》有「幵頭山」，幵音牽。今之俗語「和牽」【謙】［一］當作「和幵」(?)。

 勺 朱

 几 朱

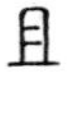 且 朱 且【朱】。《說文》：「蒩，薦也。」

錢 薦也。引申之，凡从且聲字皆有薦意，如「蒩」，薦（藉？）也。〇此條大可疑。

 斤 朱 《爾雅》：「斤斤，明也。」《列子》「斤」訓明，誤。古人以斤小，大約重一斤，故斤兩借此。

錢 《爾雅》：「斤斤，明也。」《列子》「斤」訓明，誤。古人以斤小，大約重一斤，故斤兩借此。〇此條尤不可解。

 矛 朱

 車 朱

 𠂤 朱 𠂤【堆】。本小阜。古人喜居高地，故師字从𠂤，衆人聚居。

錢 古人喜居高地（聚于山？），故師亦从𠂤。「師，衆也」，聚人之處(?)。今言一堆，猶𠂤也。堆為俗𠂤字。

 阜 朱

［一］「幵頭山」見《漢書·地理志》。「和牽」不辭，疑「牽」為「謙」之聲誤。

 𨺅 朱一

 厽 朱一 俗作壘字。大索為纍。

錢一 增累之累＝絫⊙，亦可作厽⊙，厽、絫義近。牽累＝纍之引申，「纍，大索也。」累係俗字。

 四 朱一

 宁 朱一 後變為貯。「當宁」之「宁」為著明之著。

錢一 即今貯字。「當宁而立」[一]之「宁」，「著」之借。

 叕 朱一

錢一 叕、綴義同。

 亞 朱一 古無惡字，即作此。貌醜應作亞，不作惡。古無麻部聲，故讀烏聲。

錢一 心之美惡＝惡⊙，貌之美惡＝亞⊙（古無麻部字，亞讀如「お」[二]。「賈侍中說以為次弟也」。次弟者，言第二等物，故引申訓不好。

 五  六  七  九

朱一 古人造此等，本無意可會，不必如許說。

錢一 一二……十，皆指事，無甚意可會，故五、六、七等字不必如許所說，《說文》之言不盡然。

 内 朱一 内【柔】。

[一]「當宁而立」句見《禮記・曲禮》。

[二]「お」為日語字母，讀音如[ɔ]。

嘼 嘼 朱：畜牲之畜當作嘼。畜，畜積也。

錢：嘼牲。畜本貯畜之意。

甲 甲 朱：《說文》「卑」字从甲从ナ，象其頭也。

錢：从木戴孚甲之象（不錯？）。人頭為甲，卑字从甲，即象人頭也。

乙 乙 朱：其本意亦不可知。

錢：其本意亦不可知。

丙 丙 朱：

丁 丁 朱：丁之本意為釘。鐘鼎篆丁字作●。《說文》朾（打）字亦朾釘也。《詩》「椓之丁丁」，象敲釘之聲。成人即丁壯，丁、成本一字。老成人之成則否，《急就篇》：「老不還丁」。

錢：丁之本義為釘。鐘鼎有作●者，即釘字也。朾（俗作打）即敲釘也。《詩·兔罝》「椓之丁丁」，丁丁，象敲釘之聲。敲得很實，故引申為丁實。丁壯之丁由實義來。成人與丁壯義同，成、丁實一字也（成从丁聲）。「老成人」之成則義與丁異。《急就篇》：「老不還丁」。（？）

戊 戊 朱：拘絞，即矛字。

錢：或曰即矛字。

己 己 朱：箕踞之箕即己字。

錢：己、久雙聲，己同㠱，亦當作踞解。

巴 巴 朱：

庚 庚 朱：《漢書·文帝本紀》：「大橫庚庚，予為天王。」庚庚，有條理也。漢「更卒」，更即兵。兵从斤廾，庚亦从廾作𠩺，兵執戟，故庚即兵字。

辛　辛　朱：辠。

錢：《漢書·文帝紀》：「大横庚庚。」庚庚者，有條理也。庚、更音同，秦兵曰更卒，更即庚字之借。[illegible][illegible]相近。

辡　辡　錢：言从辛，辛亦从辛（？）。

朱：⊙辡論當作辡。辯，治也，今辦字。《漢書》辦皆作辯。

錢：辡論。辦事當作辯⊙，辦係俗字。《漢書》中猶作辯（辯，治也）。

壬　壬　朱：

癸　癸　朱：《尚書》「一人冕執戣」，癸即今劘叉。

錢：《尚書·顧命》「一人冕執戣」，癸即鋼（义）〔叉〕。

了　了　朱：小孩在胎手拱，故無臂。明憭、完了之了乃己之假借。己、里音近。《考工記》：「里為式」。里、了雙聲，了一里二〔一〕繚忘……

錢：了戾字（了之本義？），與繚義近。明了＝憭⊙。完了（蕭）＝已⊙。古文已、里（之）音近，《考工記》「里為式」即「已為式」。里、了雙聲，了一里二（了二里一？）。

孨　孨　朱：孨弱。

錢：⊙孨弱。

𠫓　𠫓　朱：突。

丑　丑　朱：杻，手梏。

〔一〕「了」在段玉裁二部，「里」在段玉裁一部。此處誤倒，見後「錢」。

錢」杻，手梏也。丑象手梏。

寅　寅

朱」無可解。《爾雅》寅訓敬。

錢」無可解。《爾雅》寅訓敬，或是。

卯　卯

朱」

辰　辰

朱」許亦不了解。即振字未可知。

錢」許解甚迂曲。辰之本義或是震動也（或即振字？）。

巳　巳

朱」《說文》「包」中之「巳」訓小孩在胎。

錢」巳反為㠯。「包」从巳，訓小孩在胎。〇不可解。

午　午

朱」

未　未

朱」「六月滋味」，果實多於此時熟。

錢」「六月滋味」，果實多於此時熟（？）。

申　申

朱」今伸字古只作申。引曲為直曰申。

錢」本義即「引申」，引曲使直曰申。

酉　酉

朱」古人酒只作酉【巨久】，卣亦作酉。《說文》無「卣」字。〇丣，關門。古留字或只作丣，古聖（坐）字或亦只作丣。

錢」酉即古酒字。《詩·大雅》「秬鬯一卣」，卣當作酉，酒也。《說文》無卣字。古文之丣字，疑是留之古文，閉門則留而不能出也，與酉當是二字。（古聖字或亦只作丣？）

酋　酋

朱」酋【抽】，繹酒。酋長於祭時奉酒，故後人領袖者稱祭酒。

錢」酋長於祭時奉酒，故後人領袖者稱為祭酒。

戌　戌

朱」

亥　亥

朱」荄。古人孩字或只作〈荄〉亥，故一人男一人女，在胎中未知也。

錢」古孩字或只作亥，故一人男一人女，在胎中未知也（？）。根荄，古亦作亥。

第一篇上

一部

一 一 朱[二]：弌（一）、弍（二）、弎（三），後出之古文。小徐《繫傳》：「檃，弋也。」古無筆算、珠算，惟用籌算。

錢[一]：弌弍弎為後出之古文。从弋者，《繫傳》：弋者，檃栝。古人以籌算，故一二三从栝。

周[一]：古文作弌，此與弍、弎等皆後起之古文，最初當止作一、二、三等。从弋者，檃栝也。古算計以籌，故誼取檃栝。今「必然」之必即古文八，蓋从八从弋，篆文作，與弌、弎同。

 元 朱[一]：引申為人之頭。

朱[二]：元，十四部；兀，十五部。

錢[一]：由始之義，引申為人首之稱。元，十四（平）；兀，十五（入）。十四部無入，借十五部為入，故从兀。

周[一]：始也，引申為人首之稱。兀為元之入聲（元在古韻十四部，兀在古韻十五部，十四、五同部同入），故从兀聲。

 天 朱[一]：顛，頂雙聲，天即顛。《易經》：「其人天且劓」。《釋名》二聲：天‖顛，天‖宣。後人造「祆」字，讀宣。（唐祆教从天，神意。）宣‖身，身毒‖天竺。

朱二　在身之頂曰顛，在萬物之頂曰天。

錢一　顛也。天、顛音近。《易·睽》「其人天且劓」，天，即假為顛字。因「天且劓」之天字訓髡髮，髡則頂現，故即以顛名之（顛即頂也）。祆教（回教）之祆字，亦天字之變。天，古讀如顯（見《釋名》），印度古稱天竺，亦曰身毒，唐稱賢豆，音皆如顯，蓋聲之轉也。在身之頂曰顛，在萬物之頂曰天。

周一　顛也。天、顛音近。《易》：「其人天且劓」。天即顛之假借，訓髡，髡則頂見，故以顛名之。漢人讀天有二音：一他連切，一如顯。（劉熙《釋名》：「天，豫司兗冀以舌腹言之，天，顯也，在上高顯也。青徐以舌頭言之，天，坦也。」是其證。）讀如顯者，祆教之祆是，祆即天字之變。又印度古稱天竺，亦曰身毒，唐曰賢豆，音皆如顯，蓋音之轉也。《說文》於人所習知之字，不訓其誼，第說明其所以然，如「天，顛也」、「門，聞也」之類是。

丕

錢一　不古讀浮，故丕音〈丕〉「不」。〔一〕

吏

朱一　漢人書辦稱史，今稱吏。古人唯官稱吏。吏、史音近，故轉史為吏。

朱二　初惟有武官，至後有文官，乃掌册史，故从史。

錢一　古惟官稱吏。掌書者，古謂之史，《周禮》之府史胥徒是也。漢時猶然。不知何時從稱為吏。今之書辦皆稱吏矣。初唯有武官，至後有文官，入掌册史，故「从史」。

周一　吏必有奏記，故从一从史。史，記事者也。古惟官稱吏，掌書者謂之史，《周官》府史胥徒（今謂之書辦）是。漢世猶然（如「尚書令史十八人二百石主事」等是），今則抄胥皆稱吏矣。

〔一〕丕字「从一，不聲」，段注：「丕與不音同，故古多用不為丕。」因而疑「丕」為「不」之誤。

上部

帝 朱一 以聲為訓。最明白之人乃可為帝。

錢一 帝為舌頭音，朿為齒音。古齒音皆作舌頭音，故帝从朿聲。帝、諦聲訓。古以最明察之人可為帝，故訓諦。

周一 諦也。以聲為訓。古以最明察之人為帝也，故曰審諦如帝。帝為舌頭音，朿為齒音，古齒音皆作舌頭音，故帝从朿聲。

旁 朱一 旁、溥雙聲。旁，十部；溥，五部。陽唐，[魚模]對轉。膨，俗。本作㑭，即旁（溥）。溥、博音意近。《漢書》「方聞」即博聞，方即旁之假借。

朱二 旁，陽唐（十部），溥，魚模（五部），可以對轉，猶方與甫之轉同。膀脹當作旁。

錢一 旁訓溥，以聲為訓。旁在十部（陽唐），溥在五部（魚模），對轉（同入對轉），猶方與甫之對轉也。俗作膨。《漢書》之「方聞」，即博聞也。博、溥音義皆近，旁訓溥，故方聞之方即為旁字之借。近旁字則為傍字之借。坿著也，引申。謗，亦由旁孳乳。○方纔亦作甫與旁、溥。

周一 溥也，以聲為訓。（旁在古韻十部，溥在古韻五部，陽唐與魚模同入，故對轉，猶方與甫之對轉也。方纔亦作甫。）俗作膨。《漢書》之「方聞」即博聞也。博、溥音誼皆近，旁訓溥，故「方聞」之「方」即旁之假借。傍、滂皆孳乳字。

示部

示 朱一 《周禮》「神祈」即「示」字。

祥 朱二 古只作羊字。善、美、義等皆从羊，古人重羊如此。

錢一 古只作羊。古以羊為最好，故祥、善、美、義皆从羊。

福

福

周一　古只作羊字。古人以羊為最美之物，故祥、善、美等字皆从羊。

朱一　備也。《祭統》「福者，備也。」畐者，滿也。滿即備矣。

朱二　福【僕】，備［也］。輕脣。富从畐，福从畐。富為人之福，福為天降之福。

錢一　古無輕脣音，讀福（入）如僕，故與備（去）為聲訓。福从畐，畐訓滿，滿則備矣。古福、富義近，富為人為之福，福為天降之福，故富、備義亦近。

周一　古輕脣音皆作重脣音，讀福如僕，故與備為聲訓。福从畐，畐訓滿，［滿］則備矣。古福、富誼近，福从畐，富亦从畐。富為人為之福，福為天授之福。

祇

祇　祇

錢一　古讀氏，齒［音］作舌頭也。

朱二　後為語助詞，亦作只。

錢一　借為語詞，今作只。

祕

祕

朱一　神也。神祕。閟密。

朱二　訓神，引申為神祕。密與祕皆从必聲。

錢一　神祕字作此。密與祕皆从必聲。

周一　神也。《詩》「閟宮」，神宮也，為祕之假借，引申為神祕。祕密字正當作閟。

禋

禋

朱二　燔柴祭天，故取煙以為義。

錢一　禋自煙來，祭天有煙也。

祭

祭

朱一

祀

祀

朱一　以聲為訓。祠，春祭。喉音斂，則為齒音；齒音侈，則為喉音。

錢一　「祭無已也」，以聲為訓。凡喉音斂，則為齒音，齒音侈，則為喉音，故祀（齒）亦从異（喉）作禩。

周一　「祭無已也」，以聲為訓。凡喉音斂則為齒音，齒音侈則為喉音，故祀（齒）亦从異（喉）作禩。

柴 柴 朱一

錢一 柴从此聲，在十六部。古文之𥛚从隋省聲，在十七部。十六、十七兩部音轉最近。

周一 柴从此聲，在十六部，古文柴作𥛚，从隋省聲，在十七部。十六、十七兩部音轉最近。

祖 祖 朱一 始廟也，古人所謂太祖。後，父之考為王父，曰祖。古人王父在，不稱祖。祖，廟也。

朱二 本訓為祖廟，引申生者亦稱祖，如考妣，古皆稱死者，亦間有稱生者。又訓為。為，作也。作，始也。「述而不作」，述，繼也，作，創始也。

錢一 始廟也。後人謂王父曰祖，非古也。且祖从示，義與禰同，故不得以之呼生人，猶父在不得呼父為禰也。考妣，古人亦有活時之稱。○俶、作皆訓始，亦訓為，故祖亦訓為也。

周一 始廟也。古者王父在不稱祖。祖从示，與禰同。王父在不得稱祖，猶父在不得稱禰也。然於誼亦可引申。《爾雅》父母死稱考妣，然父母在時，古人亦偶有稱考妣者。則王父在時亦可稱祖矣。祖訓始，故又引申訓為。為，作也；作，始也。（《尚書·禹貢》「萊夷作牧」、「雲土夢作乂」，皆與「既」對文，訓始。《詩·駉》傳曰：「作，始也。」《廣雅》同。王念孫曰：「作之言乍也。乍者，始也。」）《論語》「述而不作」，《易》「作者之為聖，述者之為明」[一]，作，創始也。

祏 祏 朱一 宗廟主。

祠 祠 錢一 春祭也。今人所用，殆借為祀字。

[一]《易》無此語。《禮記·樂記》有「作者之謂聖，述者之謂明」句。

礿　礿

朱一　春夏祭薄（稀少），秋冬祭厚（多）。瀹，《説文》有〈鬻〉［鬻］字，有新菜，只〈灼〉［汋］之，故甚薄也。

朱二　汋。《説文》作「鬻」，後或作瀹。

錢一　古者祭祀，春夏薄，秋冬厚。夏祭曰礿者，《説文·䰜部》有鬻字，義謂煮菜于湯。夏祭薄，故僅用煮菜。礿（經典亦作禴，同）即鬻字之變也。鬻亦作汋、瀹。

周一　夏祭也。古者祭祀，春夏薄而秋冬厚。夏祭曰礿者，即《説文》「鬻」字之變，誼謂煮菜於湯也。礿，經典亦作禴，以鬻亦作汋與瀹，故形變為礿、禴。

禘祫　禘　祫

朱一　五歲一禘，三歲一祫。五歲再閏，故五歲再祭。

錢一　五歲一禘，三歲一祫。五歲再閏，故五歲再祭。

祼　祼

朱一　灌洒地下，以鬼神在地下。祼、灌雙聲，十七（歌）、十四（元）對轉。段氏音頗拘。

朱二　祼與灌，歌與寒對轉。即今奠酒。

錢一　从果聲而得讀如灌者，因果、灌雙聲，果在十七部（歌），灌在十四部（元），歌、元對轉（歌寒對轉），故祼得讀如灌也。段氏音頗拘。

周一　从果聲而得讀如灌者，果、灌雙聲，果在十七部，灌在十四部，歌、元（在寒韻）對轉也。段氏之説音頗拘。祼訓灌者，古人以為人死則居地下，故灌注于地以招神也。

祝　祝

朱一　引申為斷。《穀梁傳》「祝髮」（斷髮），《公羊傳》「天祝予」（斷）［一］。殊

［一］《穀梁傳·哀公十三年》：「吳，夷狄之國也，祝髮文身。」范寧注：「祝，斷也。」《公羊傳·哀公十四年》：「子路死。子曰：『噫，天祝予！』」何休注：「祝，斷也。」

（四部侯），祝（三部幽），音近。殊，殺；誅，責也（非殺）。《墨子》「祝」作「祩」[一]，故祝、殊一字也。祝由，有由辟也[二]。由，祭也。

朱二　詛呪當作祝，兄既从口，又加口，不通。訓斷者，或即斵字之假借。

錢一　《穀梁》「吳祝髮」，《公羊》「天祝予」，祝皆訓斷，皆殊（斵）字之借（殊在四部侯，祝在三部幽，三部、四部合音甚近）。殊，殺也；一曰斷也。《墨子》「祝」亦作「祩」。○詛祝，俗作呪，非。呪从兩口，不通。

周一　《穀梁》「吳祝髮」，《公羊》「天祝予」，皆訓斷，殊之假借也（或云斵字）。殊在古韻四部（侯），祝在三部（幽），合韻最近。殊，殺也，一曰斷也。《墨子》祝亦作祩。詛祝俗作呪，非。

䄍

錢一　祝䄍，今亦作祝由。《禮記·郊特牲》「祭有由辟焉」，由即䄍字之借。

周一　祝䄍，亦作祝由。《素問》：「黄帝曰：古之治病，可祝由而已。」《禮記·郊特牲》：「祭有由辟焉」。「由」即「䄍」之假借。

祈

朱一　祈求也。

錢一　祈从斤聲，在諄部，本讀如芹，因諄部與〈之〉[脂]部對轉[三]，故得讀如旂。

周一　祈从斤聲，本讀如芹，在諄部（欣韻），諄、〈之〉[脂]對轉，故讀如旂。

禱

朱一　禱、告、求，疊韻。《詩》……

禜

朱一　冂

周一　祭必有壇廟，惟禜則設綿蕝為營而已。

[一]《墨子·明鬼下》：「祩子仗揖出與言」。孫詒讓《墨子閒詁》引畢沅曰：「祩，祝字異文。祩子，即祝史也。」

[二]《禮記·郊特牲》：「祭有由辟焉」。

[三] 諄部與之部無對轉關係，祈字當歸章氏脂部，脂諄正對轉。故疑「之」字為脂字之音誤。

襛 朱一殺狗以祭，故曰磔襛。

錢一殺狗以祭，以除厲也。破狗肚，故曰磔襛。

周一殺狗以祭，以除厲也。刳狗腹，故曰磔襛。

禪 朱一封禪。單，鐘鼎丫，三長。阮氏以為三人，不可通。《詩》：「其軍三單」，毛傳：「三單，相襲也。」（古人更番徵兵，相襲補缺。）單字訓襲，三長相連襲，故禪位可訓襲位。《鵩鳥賦》之「嬗」，系也。《反離騷》「有周氏之蟬聯兮」，蟬聯亦即丫字之假借。禪，嬗，蟬聯。

錢一朱二此乃封禪字，本作墠。（封，增山高也。墠，闢土廣也。）禪位之禪與封禪不涉，止應作單。《詩·大雅·公劉》「其軍三單」，毛傳訓單為相襲，此乃單字之本義。「其軍三單」者，謂徵兵更番相襲也。（單，鐘鼎有作丫者，象繫連之形。（蓋古止作丫，為象形字。小篆方整之，作單，義與形相失耳。）阮雲臺《鐘鼎款識》謂丫象三長之形，引《左傳》「三長旂旗」，謂《詩》「其軍三單」，單即是旂。此說非也。）由訓襲之本義，引申乃為單位之單。單位，即襲位也。又賈誼《鵩鳥賦》「變化而嬗」，揚雄《反離騷》「有周氏之蟬嫣兮」（蟬嫣，系也；系，相襲也。蟬嫣（蟬聯）本雙聲，蓋即一單字），及近人所用之「蟬聯」二字，其本字亦皆是「單」字。故「禪」、「嬗」、「蟬」三字皆「單」之借也。至于《說文》訓單為大，此乃「奲」字之借，非其本義。許書于「單」字實為誤解。

周一此乃封禪字，本作〈禪〉〔墠〕。封，增山高也；墠，闢土廣也。（應劭曰：封者，增天之高，歸功於天；禪者，廣土地。）禪位之禪與封禪不涉，止應作單。《詩》「其軍三單」，毛傳訓單為相襲，此乃單之本誼。「其軍三單」者，謂徵兵更番相襲也。由訓襲之本誼引申為單位之單，單位即襲位也。又賈誼《鵩鳥賦》

「變化而嬗」，揚雄《反離騷》「有周氏之蟬嫣兮」（蟬嫣，系也；系，相襲也。蟬、嫣本雙聲，實即一單字。）及近人所用蟬聯字，其本字皆當作單，故禪、嬗、蟬三字皆單之假借字也。單，鐘鼎文有作Y者，象連綴之形。蓋古止作Y，為象形字，小篆方整之作單，形與誼遂相失耳。阮元《鐘鼎款識》謂Y象三長之形，引《左傳》「三長旂旗」，謂《詩》「其軍三單」，單即是旂。非也。《説文》訓「單」為大者，乃嚲之假借，非其本誼。許書於「單」字實誤。

禦 禦 朱一 从午聲。《説文》枝梧、牴牾皆相拒意；御，駕馬勒住不許其走，亦是相午。

錢一 禦从御聲，御从午聲，午，啎也。御馬者能使馬不行，有啎之之意，故从午。本為祭名，引申為禁禦字者，蓋禦為逐鬼之祭也。

周一 禦从御聲，御从午聲，午，啎也。御馬者止馬不行，有啎之之意，故从啎。禦本祭名，引申為禁禦字者，以禦為逐鬼之祭也。

禖 禖 朱一

朱二 女人求子之祭也。

𥛱 𥛱 朱一

祳 祳 朱一 祳，蜃，以聲為訓。

祴 祴 朱一 晐備。

禡 禡 朱一 禡牙。

朱二 唐人禡牙，即出軍祭旗也。

錢一 唐有禡牙，即祭旂也。

周一 唐時有禡牙酒，今之出軍祭旗也。

禂 禂 朱一

社 社 朱一 社，齒音歛為舌音，同土。

朱二 古讀杜，或作土，後魚模轉麻部，故……。引申為集合之地。然古惟強盜聚合為社，明以後士人結為社，其名甚非古意。

錢一 社从土聲，因古齒音斂歸舌頭音故。社古讀杜，因魚模轉麻，故讀若……

祲 祲

朱一

禍 禍

朱一 《漢書》作「猧」，《說文》以為「屰惡驚詞也」。《陳涉世家》「夥」與此同。

錢一 害也。禍、害雙聲，以聲為訓。《漢書》多假猧為之。猧，屰惡驚詞也。讀若夥。

周一 害也。禍、害雙聲，以聲為訓。《漢書》多借「猧」字為之。猧，屰惡驚詞也。《史記．陳涉世家》之「夥」字，音誼皆與猧同。

䄏 䄏

朱一 今作妖。

錢一 此䄏異之正字，今多用妖字為之，俗作妖。妖，巧也，與此義別。

周一 此䄏異之正字，今多用妖（俗作妖）字為之。妖，巧也，誼別。

祘 祘

朱一 今通用算。

朱二 算，算籌，名詞。祘，動詞。从示者，三垂，日月星也，所以測天也。今尚曰天祘，故「明視以筭之」。

錢一 筭，筭籌（名）。算，動詞。祘，天算、歷算之祘。

周一 明視以筭之，故从二示。筭，名詞，筭籌也。算，動詞也。祘為天祘、歷祘。从示者，三垂為日月星，所以測天也。

禁 禁

朱一 禁、忌雙聲。引申皇居曰禁中。漢元后父曰禁，故避為省，曰省中。《爾雅》：「林，君也。」故皇居曰禁，御園曰籞。古帝王皆居山林，有神秘思想。引申不許開口曰噤。

朱二 籞（禦祀也）。二字皆避鬼之祭也。引申為帝室皇居，不許人進也。从林从竹，古皇帝住於山林之上。《爾雅》：「林，君也。」

錢：禁與禦義近，皆避鬼之（祭）意，禁使不入也。引申為帝室皇居，不許人進也。故秦漢時天子所居之處曰禁中。禁从林聲，蓋古者天子居山以示神祕，故《爾雅》訓林為君也。漢元后父曰王禁，乃改禁中為省中。由禁止義引申為止令勿言，變為噤字。○皇帝之花園曰禁籞，从林从竹。古者天子居山，故《爾雅》曰：「林，君也。」

周：禁與禦誼近，皆辟鬼之意，禁使不入也。引申之，則天子所居之處曰禁中，天子之苑囿曰籞。禁从林聲，曰禁中者，古者天子居山以示近神，故《爾雅》訓林為君也。漢元后父曰王禁，乃改禁中為省中。由禁止誼引申為止令勿言，後變為噤字。

禫

禫

朱：禫【導】。七部侵、三部幽對轉。

錢：禫从覃聲，在七部（侵），導从道聲，在三部（幽），幽、侵對轉，禫、導雙聲，故「禫服」亦作「導服」。

周：禫从覃聲，在古韻七部（侵），導从道聲，在古韻三部（幽）。侵、幽對轉，禫、「導」雙聲，故「禫服」亦作「導服」。

三部

王部

閏

閏

朱：

皇

皇（皇 皇大徐）

朱：始皇也。

錢：始皇也。从自王。自與鼻音義同。今俗以始生子為鼻子，其證也。○人在胎中，先有鼻。

玉部

璠　璠

朱一　璠、璵雙聲。兩字合成一語，不是雙聲，必是疊韻。

錢一　璠璵之「璵」，《説文》雖無，然古或有是字，亦未可知。（古或只作與）。凡兩字合成一語，非雙聲，即疊韻。璠、璵雙聲。（?）

瑾　瑾　瑜　瑜

朱一　瑾、瑜雙聲。

錢一　皆喉音，二字為雙聲（旁紐?）。

周一　瑾瑜。凡二字合成一語者，非雙聲即疊韻。瑾、瑜皆喉音，故于古亦為雙聲（瑾在羣紐，深喉音，瑜在喻紐，淺喉音；古雖旁紐，亦為雙聲）。

瓊　瓊

朱一　段説甚武斷。赤玉也。

朱二　或作[角夐]，毛傳訓環。環與瓊聲近，其入聲即為[角夐]。

錢一　大徐本作「赤玉也」，段妄改為「亦玉」，非。瓊之入聲即矞。

周一　「赤玉也」，段氏改為「亦玉也」，非。古讀瓊音似環，環有員誼，故瓊亦有員誼。凡从夐聲字皆有員誼，《詩》「獨行睘睘」，亦作「煢煢」；《書》「夐求」，亦作「營求」；營、環古通用，自營為厶，自環亦為厶，故營有員誼，夐亦有員誼。「瓊璣」亦作「璇璣」，旋與還、環音誼皆近，有員誼，故瓊亦有員誼。瓊或从矞作璚，或从巂作瓗，故璚、瓗亦皆有員誼。（「立視五巂」亦有員誼。）

珣　珣

朱一　珣玗璂，錦州（外國）語。三字成一語，中國所無，乃譯外音，如《説文》「璧珋」，印度云「吠瑠璃」。

錢一　珣玗璂，此依聲訓字（?），當係東夷語（錦州語）。三字合成一語，中國所無，必是譯外國語，如「璧瑠（珋?）」即印度之「吠瑠璃」是。

瓚 瓚 朱[一] 凡贊〔聲〕字必有雜意，如囋、饡字皆是。段氏以圭瓚字用贊，非。盞、琖，《說文》無；錢，《文選》「離離列錢」。凡員而……者皆用戔、贊。

朱[二] 玉瓚乃盞或琖之假借。《禮記》有「琖」，《方言》有「盞」，《說文》皆無。

錢[一] 三玉二石也。凡从贊之字，皆有雜襍義，如問一告二曰囋〔一〕，以羹澆飯曰饡〔二〕等，皆是。段氏謂圭瓚字當用贊，非。《禮記·明堂位》「灌用玉瓚」，〔乃盞或琖〕之借。〔盞、琖〕，《說文》無。盞（《方言》），琖（《禮記》），錢（《文選》「離離列錢」），凡从戔之字皆有圓而中空可容物之意，如「錢鎛」之錢是也。

〇此條所記，甚為費解，俟質。

周[一] 凡从贊之字皆有雜誼，如問一告二曰囋（《荀子》），以羹澆飯曰饡（《說文·食部》）。段氏謂「圭瓚」當作「贊」，非。《說文》無琖、盞字，玉琖當是「瓚」之假借。凡从戔之字皆有員而中空可以容物誼，如盞（《方言》）、琖（《禮記》）、錢（《文選》「離離列錢」，《詩》「錢鎛」）之類是。

璑 璑 錢[一] 碔砆，《灋言》作「武夫」，殆即「璑」字。

玊 玊（珛 珛大徐）

朱[一] 玊【畜】，凡唐朝引《說文音隱》，亦未必準。

朱[二] 段氏改「珛」，妄也。

錢[一] 大徐本作珛。段改作玊，非也。但「公玊帶」之玊，究不知是何字，或別有其字，或即珛或體。

〔一〕見《荀子·勸學》。

〔二〕見《說文·食部》。

璿

璿〔一〕

朱一「夐求」＝營求（《尚書》），營，厶也。自營為厶，自環為厶。琁亦有圜環意，瓗【規】（「立視五巂」）亦有員意，璚【橘】亦有圜意，旋機〔亦〕圜，皆相通。況琁、瓊音近，故可通用。

朱二《周髀算經》等皆作「旋機玉衡」，「旋機」或訓渾天儀，或訓北極星。

錢一『「夐求」通「營求」。營有員意，琁亦有員意，故「瓊璣」亦作「璇璣」，以員故也。夐與旋為十四、五部合韻。瓊、環、琁、旋〔皆通〕。今文《尚書》「旋機玉衡」，後改為「琁」（旋機即北極）。

璿或〔作〕琁。夐求，《尚書》作「營求」。營，厶也（厶，營也），自營為厶，自環亦為厶。琁亦有圓環意，瓗【規】（立視五巂）亦有圓意，璚【橘】亦有圓意，以上諸字皆相通。（以琁瓊音近，故可通用？）旋機，圓器也。

瓊从夐（夐求之義），即《書》之「營求」。營、夐古通。營，圓物也。凡从夐聲者有圓義。合以璿之☒・瓊琁（皆圓）、睿，十五、十四合韻最近。』

○自『至』係錄三人所記，均不能憭，姑照錄俟質。

周一 或作琁，環與琁聲近，又與瓊聲近，故誼亦相通。「璇璣玉衡」之璇為旋之假借。《周髀經》曰：「旋璣，北極星也。」

球

球

朱一《廣雅》「小拱大拱」、「小捄大捄」，王氏注：「𤃡也。」凡从求聲多有圓意：裘，莍，鞠（平聲，球）。

朱二 球訓𤃡者，以球為規，以磬為矩。

錢一《詩・商頌》「小球大球」，《廣雅・釋詁》作「小捄大捄」（又「小拱大拱」），

〔一〕此字朱、錢均作「琁」，周作「璿」。大徐本、段注均作「璿」。

王氏注，拱捄皆訓灋。凡从求聲之字，多有圓意。如裘（裘必團毛使之圓？）、莍（莍食？）、鞠（平聲為球）。○訓灋者，以球為規，以磬為矩。磬可為灋，故引申訓灋。

周一 《詩》「小球大球」、「小共大共」，《廣雅》作「捄」、「拱」，訓灋（王氏《經義述聞》〔一〕）。按球，玉也，可為磬；磬有折形，古算取灋於句股，磬亦可為算灋，故球亦得引申訓灋。（或云球有圓誼，可以為規；球又可作磬，磬有折誼，可以為矩；訓灋者，由規矩引申。）○凡从求聲字皆有員誼，如裘（裘必團毛令員）、莍（椒實，椒實裹如裘也）、鞠（球之入聲，《說文新附》：「〔毬〕，鞠丸也。」字變作捄，即古之蹵鞠）是。

璧 朱一

環 朱一 環，古人祇作營。《詩·周頌》「嬛嬛在宊」〔二〕，亦作「煢煢在宊」。

朱二 旋還，循環。段以為還字。煢、縈聲義皆近，睘、煢通用可證。

錢一 環轉之環，古只作營。環、營所以相通者，因古人睘與煢通用，《詩·周頌》「煢在宊」，亦作「嬛嬛在宊」。環營雖非雙聲，然環還聲近，還、營為雙聲，故可通借。○還旋環營縈聲相近，皆可作環繞用。

璜 朱一

錢一 段謂黌由璜字變來，是也。因辟廱水環。

琮 朱一 《周禮》鄭注之「鉏牙」＝槎牙，《左傳》作「鉏吾」，《說文》作「鉏鋙」。古魚部變入麻部，故吾變為牙。

〔一〕亦見王念孫《廣雅疏證·卷一》「灋」也條引王引之說。
〔二〕《詩》作「疚」，《說文》作「宊」。

錢：段注引「鉏牙」‖槎牙，《左傳》作「鉏吾」，《說文》作「鉏鋙」。古魚模部字後變入麻部，故吾變為牙。

周：段氏注中「鉏牙」字即「槎牙」，《左傳》作「鉏吾」，《說文》作「鉏鋙」。古魚模部字後變入麻部，故吾變為牙。

琥　琥

瓏　瓏

朱：此二字段注亦未確。《子虛賦》「和氏瓏玲」非本意，不過雙聲。

錢：此二字段注未確。《子虛賦》之「和氏瓏玲」不過雙聲字，與本字無涉。

琬　琬

朱：圓而……。

朱：凡从宛聲皆有圓意。

錢：凡从宛聲字皆有圓意。琬，員形玉。

周：圭有琬者，即圭首形員者。凡从宛聲字皆有圓誼。琬、琰對稱，琰銳而琬員。

璋　璋

朱：璋，；圭，。《爾雅》：「上正章丘」。

錢：半圭為璋。圭，璋。

琰　琰

朱：古無尖字，炎或即尖字。

朱：《周禮》注「為」本訓，與「琬」相對。「璧上起美色」乃引申意。

周：从剡得聲。《說文》無尖字，剡即尖之正字，故「琰圭剡半以上」為琰之本誼。許訓「璧上起美色」，殆為引申之誼。

玠　玠

朱：《爾雅》：「夵，大也。」故「玠，大圭也。」

錢：《爾雅》：「夵，大也。」故玠訓大圭。

瑒　瑒

朱：瑒【[illegible]】。

瓛　瓛

朱：桓圭。鐘鼎作‖，華表也。

錢：桓圭也。鐘鼎作‖。

珽 珽

周一：桓圭也。桓，鐘鼎作‖，即華表也。

朱一：挺然無所屈也。笏，古只有忽字。

錢一：挺然無所屈也。王所執之笏。（笏，古只用忽。）

瑁 瑁

朱一：

瑞 瑞

朱一：兩卩合符曰瑞，引申為祥瑞。亦取与合符意。

錢一：兩卩合符曰瑞，引申為祥瑞。作祥瑞解起於戰國，燕齊方士之言以為天子行善政，則天應以祥瑞。亦取与合符意(?)。

珩 珩

朱一：亦取衡平意。

朱二：古亦作衡。

錢一：亦取衡平意。古文多用「衡」字。

玦 玦

朱一：圜而缺者，从缺聲。

錢一：班指之類，中有缺。

珥 珥

朱一：瑱。《莊子·德充符》篇：「不穿耳」。女子佩於耳者曰珥。

錢一：瑱也。

琫 琫

朱一：手所捧處。

珌 珌

朱一：

璲 璲

朱一：扇璲，今作「隧」，誤。

朱二：今扇璲（隧）亦即此字。

錢一：今之扇墜（飾扇玉）當作扇璲，作墜，非。

周一：直例切。今之扇璲字，俗作墜，非。

瑑 瑑

朱一：《易》「彖」與「瑑」意相近，有文理也。

錢一：《易》之「彖」字與瑑義近，有文理也。彫刻(?)。

周一「圭璧上起兆瑑也」，引申爲彫刻玉石之稱。《易》之「彖」字與「瑑」誼近，言有文理也。

琱

琱

朱一《方言》「琱」訓「好」，《詩》「衣裳黼黼（楚楚）」，好也。

錢一《方言》「琱」訓「好也」，即黼字之借。《詩·曹風·蜉蝣》「衣裳楚楚」，正當作「衣裳黼黼」。黼亦好也（?）。段謂兆瑑之美，非也。

周一《方言》「好也」，爲「黼」字之假借（《詩》「衣裳楚楚」正當作此字），黼，美也。許意謂「兆瑑之美曰琱」，非。

璂

璂

錢一綦，結也。下馱上之ㄟ，古曰綦。

周一飾綦玉也。（日本袞上之云□□者，亦謂之綦。）

璪

璪

朱二因「如水藻之文」，後「文藻」即用藻字。

瑬

瑬

朱一冕瑬當从瑬，从旒，非。旒乃游之俗字，旗上之游也。游乃正字，遊乃俗字。

錢一此冕瑬之正字，俗作旒，非。旒乃游之俗字，旗上之游也。遨游之游，係由游字引申。游，正字；遊，俗字。

周一此冕瑬之正字，俗作旒，非。旒爲游之俗字，旗上游也。引申爲遨游，俗作遊，非。

瓃

瓃

朱一凡从畾聲，亦有圓意。

錢一凡从畾聲之字，皆有圓意，如靁、藟、瓃（可旋轉?）。

周一玉器也。凡从畾聲字皆有員誼，如靁（象回轉形）、藟（説者謂即今之蒲陶）、瓃（可旋轉）等是。

玼

玼

朱一此、斯音同，《詩》「有兔斯首」訓「斯」爲鮮，故「玼」亦訓色鮮。以聲爲訓也，段氏未明。

錢一此、斯音同。《詩·小雅·瓠葉》：「有兔斯首」，《傳》訓斯爲鮮，故玼亦訓玉色鮮，以聲爲訓也。段氏未明。玼由十五部轉入十六部，音豈。

周—與斯音同，《詩》「有兔斯首」訓鮮，故玼亦訓玉色鮮，以聲為訓也。段氏未明此誼。玼由十五部轉入十六部，音豈。

瑮

瑮

朱—秩、栗疊韻。《考工記》「栗氏為量」，栗乃秩之假借。

錢—瑮（栗？）、秩疊韻。《周禮・考工記》「栗氏為量」，栗乃秩之借，秩米之多少(?)。

周—玉英華羅列秩秩也。瑮、秩疊韻，《周禮・考工記》「栗氏為量」，即「秩」之假借（秩本訓禾之積，引申為秩序）。

璊

璊

朱—凡从㒼聲有赤意。

錢—凡从㒼聲之字，皆有赤意。

瑕

瑕

朱—古無霞字，即作瑕字，後作赮字（說文新附）。馬帶赤曰騢，紅蝦曰鰕。霞，《說文》所無，《史記・天官書》「霞」作「蝦」。古人「瑕」字假作「胡」，《詩・大雅》「遐不作人」即「胡不作人」也。〇蝦為蝦蟆，可食之蝦當作鰕（日本稱海老色，因煮紅也）。

錢—玉小赤也。凡紅色者多从叚聲，如騢（馬帶赤也）、鰕（紅蝦也）、霞（雲霞。此霞字《說文》所無，古只作瑕。《史記・天官書》作蝦。瑕，正字；蝦，假字；霞，俗字）等，皆是。後造赮字，實即瑕字。古瑕字亦假作胡（何？），如「〈瑕〉〔遐〕不作人」＝胡不作人。蓋古人讀瑕本如「何」也。

周—玉小赤也。白玉小赤則玉玷矣，故引申為瑕玷、瑕瑜。凡赤色者多从叚聲，如騢（馬帶赤色也）、鰕（蝦之正字，煮則赤也；蝦為蝦蟆之字）、霞（《說文》無此字，古止作瑕，《史記・天官》作蝦；故瑕為霞之正字，蝦為借字，霞，俗字也）等是。後造赮字（見《說文新附》），實則瑕字。瑕，古亦假借為「何」，《詩》「〈瑕〉

「遐」不作人」即「何不作人」，蓋古無麻部，凡麻部字皆讀如歌部也。

琢　琢

琱　琱

朱一　琱，舌頭；琢，舌上。古無舌上音，故此二字雙聲。

錢一　琢，舌上；琱，舌頭。古無舌上音，故琱、琢爲雙聲。

周一　琢與琱皆訓治玉。琢，舌上音；琱，舌頭音。古無舌上音。故琱、琢雙聲，可通用也。

理　理

朱一　治亂之治當从理。治，水名也。

錢一　治亂之治當作理。治，水名也。引申爲條理、文理。

周一　治玉也。治玉必分析，故引申爲條理、事理。治亂之治亦當作理；治，水名也。

瑣　瑣

朱一　瑣碎之瑣當作貨（貝小）。鎖，《説文》所無，鎖乃自「鋋」引申而來。《漢書》「青瑣門」，瑣即鋋之假字，有相聯繫意，故鎖實可作瑣。

朱二　凡訓小之「瑣瑣」，當作「〈肖肖〉〔貨貨〕」。「鎖」，古無其字，惟用「瑣」，亦用「鋋」。「青瑣門」者，即連環意，故郎當鐵瑣，即連環之鐵瑣也。「胥靡」，胥即鋋字，蓋罪人鎖住者也。

錢一　玉聲。瑣碎字當作貨。鎖，《説文》所無。鎖鍊之鎖，《漢書》借用瑣字（青瑣門）。其正字當作「鋋」（青鋋門），義由青鋋門引申爲鎖鍊（牆上彫爲郎當聯繫形曰鋋，故引申爲鎖之義），又引申爲鎖起來也。郎當鐵鎖，亦當作鋋。胥靡＝鋋（靡餘聲）。

周一　玉之小聲。瑣碎字當作貨，訓小之瑣，瑣亦當作貨。瑣即今鎖（《説文》無此）字，《漢書》「青瑣門」，其正字當作鋋。「青鋋門」者，牆上彫爲郎當聯繫之形，故名。由青鋋門之誼，引申爲鋋練。郎當鐵鎖，亦當作鋋。「胥靡」即「鋋」字也，引申則凡被齔之人亦稱胥靡。《莊子》：「胥靡登高而不懼。」

碧　碧　朱一　或即石青，或即翡翠，皆未可知。

錢一　或即石青，或即翡翠，皆未可知。

瓅　瓅　朱一　玓瓅。鑠，《爾雅》訓美，光明也。古人銷金為鑠，後假瓅字為鑠字，訓美。

周一　玓瓅，明珠光也。《爾雅》訓「鑠」為美，乃「瓅」之假借字。鑠，銷金也。

珧　珧　錢一　即江珧柱。

玫　玫瑰　瑰

朱一　瑰，十四[一]，玫，十三部，雙聲。玫‖門，一轉為玟。「琦瑰」之「瑰」不可用此字。《周禮》「大傀異災」，故奇瑰字當作傀。傀加玉，猶偉加玉作瑋。

錢一　「琦瑰」字不宜用瑰字，當作傀。傀，怪異也，《周禮·春官·大司樂》：「大傀異災」。

周一　玫瑰。玫古讀如門，在十三部，今轉為枚，在十四部[二]。「琦瑰」當作「傀」，《周禮》：「大〈瑰〉[傀]異災。」傀从玉作瑰，猶偉从玉作瑋，皆非本誼。

瑚　瑚　朱二　「瑚連」當作「胡」，其本字《說文》有〈𥁕〉[盬]。

錢一　「瑚璉」之本字作「盬」，亦借用「胡」。

靈　靈　朱一　引申為精明為靈，最昏昧者亦曰靈。宗教教主即王，故稱最善者曰靈；後迷信漸破，故靈為不善之誼。

錢一　巫也。引申謂精明曰靈；後人不信宗教，故最昏昧者亦曰靈，如謚𣽏之靈是。

[一] 依段注，「瑰」在十五部。

[二] 段注：「玫」之「二義古音皆讀如文，在十三部；今音則前義讀如枚，入十五部，後義讀如罠，入十二部。」

玨部

班

班

朱：分古讀奔。班分从玨；頒，大頭也，假借。又作辨，《左傳》：「上下以辨」。斑駁之斑，亦是假借。班固之班當作虨（令尹子文乳虎）。班次之班當作⿱龹八，《廣雅》有「⿰番去」。

錢：古無輕唇，讀分爲奔，班、奔相通（？）。班，分瑞玉，引申爲分之義，「班分」正作班。作頒，義别；頒，大頭也，假借字。《左傳》「上下以辨」，辨即班字之借。《書》「班瑞于羣后」（分也）亦作「辨瑞于羣后」。「班剝陸離」之班係借字，正作辬。辬，駁文也；駁文，駁雜之意。俗作斑。「班固」之班亦是假借，正當作虨（令尹子文乳虎？）。〇班布＝分。班列，古只作辨，正疑作⿱龹八，《廣韻》作「⿰番去」。

周：分瑞玉也，引申爲「班分」之班。古無輕唇音，讀分如奔。班、分雙聲，故相通。《周禮》以「頒」爲「班」，假借字也。頒，大頭也。古「班」與「辨」通用，《左傳》「上下以辨」，辨即班之假借，《書》「班瑞於羣后」亦作「辨瑞於羣后」。「班布」與「班列」古或作「辨」，正疑作「⿱龹八」，《廣韻》作「⿰番去」。「班駁陸離」之班正當作「辬」，辬，駁文也；俗作斑。班姓之班正當作虨，虨，令尹子文之後也，因乳虎，故从虍。

⿲王車王

⿲王車王

朱：⿲王車王【服】。皮包可作⿲王車王，包、服一聲之轉。包服又有「箙」字。

錢：皮匧可作⿲王車王。包服，當作勹⿲王車王。（包、服一聲之轉（？）。）

周：讀與服同，車笭間皮匧也。包服當作勹⿲王車王，勹與⿲王車王一聲之轉。服本作箙，見《説文・竹部》。服乃假借字。

气部

气 气 朱一 「气食」之气从气，本作氣＝餼。故給食為氣，气食亦為氣。

朱二 氣食、氣與。餼，給與，引申為氣食。匄、借亦有兩義。

錢一 雲气也。「气丐」之气，正當作氣。與人食曰氣（或作餼，給食也），引申求人與之食亦可作氣。至于雲氣及凡一切氣，皆當作气。今二字互用。（匄、借亦有兩義？）

周一 雲气也。气匄之气（俗作气，為气之形誤），正當作氣（後以氣為雲气，故又以餼為氣）。與人食曰氣，引申之，从人求食亦曰氣（借貸等誼亦互用）。至雲氣及一切氣皆當作气。今人于「气」、「氣」二字互誤。

士部

士 士 朱二 从一从十，即一件也，一件事。能辨事曰士；牛能作事，故亦訓事；男能辨事，故男訓士。

周一 事也。古言一事，猶今言一件。士大夫者，能治事之稱也。《說文》：牛，事也，亦以其能治事故也。男子能治事，故男亦訓任（見《白虎通》）。

壻 壻 朱一 有才曰倩，《說文》作「婿」。壻、婿雙聲。

錢一 有才曰壻，亦曰婿，今借用倩字。壻、倩雙聲。

周一 从士胥，胥為有才知之稱。亦曰婿，《說文》：「婿，有才也。」今以「倩」字假借之。壻、婿雙聲。

丨部

中 中 朱二 古「納」字只作「內」。內兼二訓，故「中」亦兼二訓。在內曰中。「中傷」者，亦納義也。《禮記》「其中退然若不勝衣」，中乃身也；日本云「胴」。此引申義。

錢：中，內也（古納入字只作內）；中傷、中矢。中，內也。因訓內，故身亦曰中，《禮》「其中退然若不勝衣」，中，身也，即日本之「胴」字。此為引申義。「內」兼二訓，故「中」亦兼二訓：在內曰中；「中傷」者即有納義。

周：內也。內兼二訓，故中亦兼二訓。舉內別外，一誼也；中外猶內外。納，一誼也（古納字只作內）；中傷猶納（受也）傷。中外之中引申為身，《禮記》「其中退然若不勝衣」，中，身也。此「中」字之誼猶日本之「胴」字。

第一篇下

屮部

屮　屮　周一　與艸實係一字。

屯　屯　朱一　易出曰利，難出曰鈍。引申為屯聚，師亦有屯聚意。

朱二　本義為難。訓「盈」者，《詩》「有敦瓜苦」，敦，聚也。敦、屯、團、墩，皆有聚意。聚則盈。其本字皆當作𠂤。

錢一　難也。易出曰利，難出曰鈍。鈍者，屯之孳乳字。屯聚之屯，則从𠂤轉。師从𠂤，故亦有屯聚意。○敦、屯皆有聚意，團練亦近，墩（本作𠂤）亦同。故屯，行也。借為𠂤字，《莊子・至樂》：「生于陵屯。」[一]

周一　難也。易出曰利，難出曰鈍，故利鈍之鈍从屯聲，鈍即屯之孳乳字也。訓「盈」之屯，為訓「聚」之敦（《詩》「敦彼行葦」）、團（俗云團練，亦有聚誼）、𠂤（俗作墩）等字之引申誼（聚則盈），實即「𠂤」之假借字。屯聚之屯从𠂤音轉，𠂤、屯雙聲。師从𠂤，故師亦有屯聚意。《莊子》「生於陵屯」，即「陵堆」也。

周二　難也。易出曰利，難出曰鈍。鈍乃屯之孳乳字。引申為屯聚。師从𠂤（即今堆字），亦有屯聚意。○屯、敦、𠂤、堆皆有聚意，故亦可訓盈。《莊子》「生于陵屯」，即「陵堆」也。

[一]《莊子・至樂》「生于陵屯」釋文引司馬注及《列子・天瑞》「生于陵屯」釋文皆作「屯，阜也。」

 毒

朱[一] 毒，三部。害。古人「毒」音近「篤」，篤，厚也，故為訓。天竺＝篤、身毒。

錢[一] 古音如篤。篤，厚也；故毒亦訓厚。訓厚之篤（篤，鈍也），正字作竺，因音同，故天竺亦稱身毒。《國語》：「厚味實腊毒」，毒，好也。

周[一] 厚也。古音如竺（竺為篙之重文），讀若篤。古竺、篤通用，訓厚（篤之本誼「馬行頓遲也」），故毒亦訓厚，《國語》：「厚味實腊毒」。古竺、毒音同，故天竺亦作身毒。

周[二] 古音篤。篤，厚也；故毒訓厚。竺，《爾雅》訓厚，古音篤，故天竺亦稱身毒。

 圥（ 大徐）

朱[一] 圥【六】。訓跳也，其行圥圥。《莊子·馬蹄》：「翹足而陸」。司馬云：跳也。陸梁＝跳踉，踉即梁，陸即圥，跳也。鼀，其行圥圥。夌，跳也。

錢[一] 又訓跳也。《莊子·馬蹄篇》「翹足而陸」，陸即圥字之借。跳稱為陸，亦稱為梁，陸、梁雙聲。後世有踉字，即梁字也。故陸梁＝跳踉。〇鼀，其行圥圥。夌，跳也。

周[一] 菌圥。又訓跳，《莊子·馬蹄篇》「翹足而陸」，陸即圥之假借。陸訓跳，陸、梁雙聲，故梁亦訓跳。後世有「踉」字，為梁之變。陸梁即跳踉也。凡从圥之字皆有跳行誼，如鼀（《說文》：「圥鼀，詹諸也，其行圥圥。」）、夌（跳也。按《說文》：「越也」）是。

周[二] 又訓跳也。《莊子·馬蹏篇》「翹足而陸」，陸即圥字之假。跳稱為陸，亦稱為梁，陸、梁雙聲。後有踉字，即梁字也。故陸梁即跳踉。鼀，其行圥圥。夌从圥，跳也，《說文》：「越也」。

艸部

莊　莊　錢一　《爾雅》有「奘」字，訓駔。駔，馬大也。引申為莊嚴之意，故莊嚴當作奘嚴（段謂當作「壯嚴」，亦通）。「六達謂之莊」，此義未詳所出，但山莊之義，即由此出。

周一　《爾雅》有「奘」字，訓駔。駔，馬大也。引申為莊嚴之莊，故莊嚴當作奘嚴（段氏謂當作壯嚴，亦通，取壯盛精嚴誼）。「六達謂之莊」，誼未詳，然山莊之莊為其引申誼。

周二　《爾雅》有「奘」字，訓駔。駔，馬大也。引申為莊嚴之意，故莊嚴當作奘嚴（段謂當作壯嚴，亦通）。「六達謂之莊」，此義未詳所出，但山莊之義即由此出。

萐　萐　周一　萐莆，瑞艸也。今作箑。

周二　萐，今作箑。

虋　虋　錢一　凡音門之字皆有赤意。虋，莫奔切。

周一　赤苗，嘉穀也。凡音門之字皆有赤意，如「璊」、「穈」皆莫奔切。

周二　赤苗，嘉穀也。凡音門之字皆有赤意，如「璊」、「穈」皆莫奔切。

荅　荅　朱二　荅、對雙聲，「應荅」為「對」之假借。

周一　小尗也。對荅之荅為對之假借，對、荅雙聲。

藿　藿　錢一　尗之苗也。藿香之藿，無關本意。

周一　尗之苗也。藿香之藿，無關本誼。

周二　尗之苗也。藿香之藿，無關本誼。

萉　萉　錢一　或體作黂。賁、〈萉〉〔肥〕雙聲。

周一　枲實也。或體作黂，賁、肥雙聲。

茡　茡　錢一　枲之實也。《爾雅》作 茡 。

蘇　蘇　朱一　樵（刈）蘇，當作穌。蘇醒，當作朔；《釋名》：「朔，蘇也。」

茬　荏

錢一　桂荏也（即紫蘇）。樵蘇，穌之借（穌，把取禾若也）。「死而復生曰蘇」，殆「朔」之借，《釋名》曰：「朔，蘇也。」

周一　桂荏（即紫蘇）也。樵蘇之蘇爲穌之假借。穌，把取禾若也。「死而復生曰蘇」爲「朔」之假借，《釋名》：「朔，蘇也。月死復蘇生也。」

周二　紫蘇也，一曰桂荏。樵蘇字當作穌。穌，把取禾若也。訓「復生」當作「疏」，疏，通也。〇刈禾曰穌，引申爲樵穌字。「再生」當作「朔」。

朱二　荏染，雙聲連語。「色厲而内荏」，荏訓柔弱，當作恁，下齎也，即下資也（下劣同意）。

錢一　荏染，雙聲連語。「色厲而内荏」之荏訓柔，係借爲恁。《說文·心部》：「恁，下齎（資）也。」

周一　桂荏也。「色厲而内荏」之「荏」爲「恁」之假借。恁，下齎也。齎通資，下資謂天資下劣，即柔弱也。「荏染」爲雙聲聯語。

周二　「色厲而内荏」即「内恁」，恁，下齎也；齎即資字，天資也。

葵　葵

朱一　揆假借字。

錢一　《詩·采菽》「天子葵之」之「葵」，借爲「揆」字。

周一　《詩》「天子葵之」之葵爲「揆」之假借。

周二　《詩》「天子葵之」字，係「揆」之假借。

蒩　蒩

朱一　蒩＝菹。

錢一　醃菜也，亦可用菹。

周一　醃菜也，亦可作菹。

周二　醃菜也，亦可用菹。

蒙　蒙

朱一　苦苣。

錢一 即苦苣，今之萵苣笋也。

周一 苦苴，今之萵苴也。

周二 苦蒙菜也，俗作烏蒙笋。

芋 朱一 聲大即呼莒。

錢一 齊人呼為莒者，芋聲大，即為莒音。

周一 大葉實根駭人，故謂之芋。凡于聲字多訓大。齊人謂芋為莒者，芋聲侈即為莒音。

蘧 朱一 《莊子》「蘧廬」當作「遽」；遽，傳也；傳，驛傳也。蘧乃遽之假字。遽廬者，旅舍也。客棧當作客傳。

錢一 即洛陽花也。《莊子》之「蘧廬」，係「遽」字之借。遽，傳也；傳，即驛傳也。暫居之所曰「遽廬」。

周一 蘧麥，即今洛陽華也。《莊子》之「蘧廬」乃「遽」字之假借。「遽，傳也」（見辵部）。輕捷之車曰遽、曰傳，引申之，則凡遽與傳所止之處亦曰遽、曰傳，故遽訓傳舍，傳亦訓驛傳。更引申之，則凡暫居之處亦曰遽廬。（遽廬，傳，言旅舍；今客棧當云客傳）。

周二 蘧麥也。《莊子》「蘧廬」字當作「遽」。遽，傳也；傳，驛傳也。暫居之所曰「遽廬」。○傳，今作棧。

菊 朱二 大菊，洛陽花。

錢一 即洛陽花。本義今廢而不用，誤用為鞠花之鞠（蘜）。

周一 大菊，蘧麥，即洛陽華也。今誤為蘜華之蘜，本誼廢矣。

周二 本義廢而不用，誤用為蘜花之蘜。

葷 朱一 古文作「薰」。

蘘 錢一 蘘荷也。蘘荷即芭蕉（正作巴且）之類。

菁

周一 蘘荷也，即今巴且之類。

錢一 菁華之菁，為引申之義。

周一 韭華也，引申為菁華。

蘆 菔

朱一 今變為「蘆菔」。蘆花當作葭，讀為歌。歌與蘆音相近，故變。

朱二 蕪菁，今大頭菜也。

錢一 蘆菔，俗作蘿蔔，非。菔，古音如薄。蘆花之蘆，當作葭。古無麻部，故讀葭如歌，歌、蘆疊韻，故葭花借用蘆字。

周一 蘆菔，俗作蘿蔔，非。菔，古音如薄。蘆葦之蘆，當作葭。古無麻部，讀葭如歌，與蘆音近，故假葭為蘆字。

周二 今俗作蘆蔔。蘆花字當作葭。葭古音姑，姑蘆疊韻，故變。菔音薄，正合江北人之聲。

苹

朱一 萍、蓱同，庚部。

錢一 苹、萍、蓱（蘋？）三字同，在庚部。

周一 萍、蘋皆在侵部，蕡在真部。

周二 萍、蘋皆在侵部，蕡在真部。[一]

蕡

朱一 蕡、蘋古今字，真部。

錢一 在真部。蕡、蘋古今字。

藼

朱二 亦引申為忘，《詩》「終不可諼兮」，乃藼之假字。

錢一 引申為忘，《詩》「終不可藼兮」，忘也。

[一] 此條各字諸家所記韻部互異，依段注，苹、萍、蓱皆在十一部，蘋蕡在十二部。

周一 或作萱，忘憂之艸也，引申訓忘。《詩》「終不可諼兮」之「諼」，乃「萱」之假借。諼，詐也。

营 营

朱一 营藭。营與鞠雙聲。

錢一 营藭。《左傳》作「鞠窮」，营、鞠雙聲。

周一 营藭，《左傳》作「鞠藭」，营、鞠雙聲。

周二 [营]藭，香艸也。《左傳》作「鞠窮」，营、鞠雙聲。

蘭 蘭

朱一 澤蘭。引申「宋有蘭子者」，服虔注：「縱失曰蘭」。[一]即輕縱。今曰「濫」者，即蘭字也。

朱二 澤蘭。

錢一 澤蘭，香草也。《列子》「宋有蘭子者」，《通俗文》（服虔注？）曰：「縱失曰蘭」。引申無規矩而放縱者曰蘭，即今用「濫」字之義。

周一 澤蘭，香艸也。《列子》「宋有蘭子者」，服虔《通俗文》：「縱失曰蘭」。引申無規矩而放縱者曰蘭，即今「濫」字誼也。

周二 即澤蘭，香艸也。《列子》「宋有蘭子者」，放縱曰蘭，今曰「濫」者，即蘭字也。

茝 茝

朱一 茝【采】，即今芷字。

朱二 白芷字《說文》△無，即茝字。

錢一 茝，昌改切。白芷，應作白茝⊙。茝，芷之正字。

周一 芷之正字。白芷當作白茝。

周二 茝【采】，即今白芷。

薰 薰

朱一 零陵香也。

[一]「宋有蘭子者」見《列子·說符》篇，「蘭子」為人名。「縱失曰蘭」見《一切經音義》引《通俗文》。

錢一 零陵香也。

周一 零陵香也。

蒚 蒚 芎 芎

朱二 蒚、芎實一字，聲音相同。

錢一 二字音義皆同，《説文》雖分為二字，實是一字。

周一 蒚、芎二字音誼皆同，實是一字。

周二 蒚、芎音義皆同，實一字耳。

苷 苷

錢一 甘艸之正字。

芧 芧

錢一 栗之實曰「柔」，《莊子》借用「芧」字為之。芧，三棱也。

周一 三稜也。栗實曰「柔」，《莊子》借「芧」字為之。

藎 藎

朱一 進也。「藎臣」，王所引進之臣，稱為「忠臣」者，不通。

錢一 「藎臣」之「藎」，《毛傳》訓為「進」、藎臣者，王所引進之臣也。今以藎臣為忠臣而稱為「忠藎」者，實欠通。

周一 艸也。藎臣之藎，《毛傳》訓「進」。藎臣者，王所引進之臣也。今人以藎臣作忠臣解，殊誤。

周二 艸也。又《詩》［傳］訓進，「藎臣」者，王所引進之臣。今解作忠臣，不通。

蓳 蓳

朱一

蓡 蓡

錢一 人蓡，今作人參。

周一 《本艸經》之「人參」當从《説文》作「人蓡」。

虊 虊

朱二 蒓菜，當作虊，二字聲相近。蒓，蓴蒲也。

錢一 即蓴菜之本字；蓴，義别。（蒓，蓴蒲也？）

周一 蓴菜之蓴，《説文》訓蒲，正當作虊。蒓亦假借字。

周二今謂「蓴菜」。

䓞 䓞

朱一戾，犬背曲也。漢假「盭」為戾。

錢一莀草之莀，《漢書》中有借「盭」字為之者。

周一漢以「盭」字假之。戾，曲也，象犬出户下；亦有以「盭」字假之。二字皆音麗。

周二漢以「盭」字假之。戾，曲也，象犬出户下；亦有以「盭」字假之。二字皆音麗。

莜 莜

朱一今大頭菜。

錢一今之大頭菜也。

周一俗名大頭菜。

菩 菩

朱一古或作蒷（王瓜）。

錢一古或借蒷為之。蒷，王瓜也。

周一古或假蒷為之。蒷，王瓜也，音婦，與菩同音。

周二草也。古或作蒷，蒷本訓王瓜，音婦，與菩同音。

茅 茅

朱一《爾雅》「茅，明也」，以反意訓。《爾雅》：「顯髳，不明也。」[一]「霧」亦然。「前矛」者，旌旗所以著明也。茅、明雙聲。

錢一凡从矛聲字，皆有不明之意。如《爾雅》「顯髳」訓不明，「霧」亦取不明意。《爾雅·釋言》：「茅，明也」，是相反為訓。

周一凡从矛聲字，皆有不明誼。如《爾雅》「顯髳」訓不明，「霧」亦取不明誼。《爾雅》：「茅，明也」，以反誼為訓。《左傳》「前茅」，旌旗所以著明也。茅、明雙聲。

周二菅也。凡从矛聲字皆有不明意，如《爾雅》「顯髳」訓不明，「霧」亦取不明意。

[一]《爾雅·釋詁》：「顯髳，茀離也。」郭璞注：「茀離即彌離，彌離猶蒙蘢耳。」

《爾雅》：「茅，明也」，是以反義相訓也。

蘄　蘄

朱一　借為祈字。

錢一　鐘鼎中有借為祈求字用者。

周一　古鐘鼎款識多借為祈字（今祈求字亦借用之）。

周二　草也。今有借作「祈求」字用。

蓷　蓷

朱一　今益母草也。

錢一　今益母草也。

周一　今益母草也。

周二　今益母草。

莙　莙

朱一　莙即薀字。莙，支部；薀，灰部，對轉。[一]

朱二　莙、威聲近，今云薀。《左傳》「蘋蘩薀藻之菜」，薀即假為莙。

錢一　莙與威聲近。《左傳》「蘋蘩薀藻之菜」，薀字借為莙字。諄、脂對轉（十三、十五部相轉），故薀得借為莙。

周一　牛藻也，讀若威。《左傳》「蘋蘩薀藻之菜」，薀即莙之假借。諄、灰對轉，故薀得假借為莙。俗有薀草字，亦莙之假。

周二　莙音威，係諄、灰對轉，故威姑即君姑。

芺　芺

朱一　漢人作為「笑」。古無笑字，此芺字亦未為定論。

莩　莩

朱一　即莩。餓莩。

朱二　餓莩或作殍，實即𠬪字，死而倒也。葭莩乃稃（禾皮）之假借。孚，抱也。鷄孚卵者，抱卵也。與稃意近。又〈郭〉［郛］郭（城周也），从孚者。

[一] 支、灰非對轉。「支」疑為「文」之誤。段《注》此二字皆為十三部。讀若威則轉入十五部。

錢一 餓莩之莩（殍）本作𠬪⊙，死而倒也。「葭莩之親」[一]，莩，皮也，殆借為稃⊙（禾皮也）。凡从孚聲，皆有皮意，郛、孚是也。

周一 草也。餓莩之莩或作殍，正當作𠬪。餓死曰孚（《孟子》趙注：「《說文》：𠬪，落也。」）。「葭莩之親」，莩訓皮，為稃之假借（《說文》：「稃，䅣也。」「䅣，穅也。」「穅，穀之皮也。」）。凡从孚字，皆有外皮意，如字孚（莩卵也。鳥抱卵恒以爪）、郛（郭也）、脬（旁光也。《釋名》：「脬，鞄也。」）是。

周二 草也。又音殍，用作「餓莩」字者，乃𠬪字也。○餓莩字當作𠬪；葭莩字當作稃，稃，米皮也。葭莩、稃、郛皆有皮意，孚本義抱也。

夢 夢

朱一 灌渝，即《爾雅》「權輿」。

錢一 灌渝也。灌渝即「權輿」（《爾雅》）之正字。

周一 灌渝也，讀若萌。灌渝即《爾雅》「權輿」之正字。凡萌芽字作萌，葭蘆之萌作夢。

周二 灌渝也。即《爾雅》「權輿」。○萌也，始也。

⿱艹畗 ⿱艹畗

葍 葍

朱二 ⿱艹畗、葍同一字。

錢一 ⿱艹畗、葍一字。

周一 ⿱艹畗與葍實係一字。

蓨 蓨

苗 苗

朱二 蓨、苗同一字。

錢一 蓨、苗一字。

周一 蓨與苗實係一字。

[一]《漢書·中山靖王勝傳》「非有葭莩之親」，注：「莩，葭裏之白皮也。」

薚 朱一 商陸，毒草。
錢一 即商陸，毒草。
周一 毒草也。即商陸，俗名章陸，又轉為章柳。

蔽 朱二 今變作蒯。
周一 菅蔽之蔽如此，俗蒯字為蔽之形誤。

藟 朱一 有藤草曰藟。
錢一 有藤之草也。
周一 有藤草也。
周二 有藤之草也。

茈 朱一 即《爾雅》「藐」，染紫草。
錢一 即《爾雅》之「藐」，染紫之草也。
周一 即《爾雅》之「藐」，染紫草也。

藐 朱二 《孟子·盡心下》「說大人則藐之」，假為「眇」字，小也。
錢一 藐視之藐，當作杪（眇？），杪，小也。
周一 茈草也。藐視之藐，乃杪之假借，杪，小也。
周二 茈草也。藐視字當作杪，杪，小也。

萴 朱一

蒐 朱一 鄭康成以「韎」為「茅蒐」之合聲（讀回）。
錢一 鄭康成以「韎」為「茅蒐」之合音。
周一 茅蒐，人血所生，可以染絳。鄭康成以「韎」為「茅蒐」之合音。
周二 鄭康成以「韎」為「茅蒐」（人血所生，可以染絳）之合音。

苞 朱二 〈藳〉[藨]草。草木漸苞當作勹，今作包；包裹當作勹。

錢一 許誤。段駁之，是也。
周一 許書誤，段氏正之，是也。包裹字正當作勹。
周二 許誤，段駁之，是也。

艾

朱一 少艾，以訓養意訓；艾，老也，以其色相似為訓。艾、育、養同訓。《尚書·舜典》「教冑[子]」，《說文》引作「教育子」。今福建人稱小孩曰養子，古人稱為育子。

朱二 懲艾，當作刈。

錢一 老也(?)，以其色相似為訓；少艾，以訓養意訓。《爾雅·釋詁》：「艾，養也。」艾、育、養三字義同（《爾雅》訓）。《尚書》「教冑子」，《說文》引作「教育子」。今福建人稱小孩曰豰子，古人稱育子，亦作鬻子。此三字，皆幼之義也。〇艾養。懲艾借為刈。

周一 氷臺也。又訓老也（《禮記·曲禮》：「五十曰艾」。《周書》「保民耆艾」闇注：「七十曰艾」。），以色相似為訓。少艾之艾，訓養。艾、育、養三字同誼。《書》「教冑子」，《說文》作「教育子」。今閩人呼小兒曰豰子，古人稱育子，亦作〈育〉[鬻]子。此三字 皆幼之誼也。懲艾之艾，為刈之假借；艾訓治，為乂之假借。

周二 老也，以其色相似為訓。少艾，美好也。艾，養也。艾、育、養三字同義。《尚書》「教冑子」，《說文》引作「教育子」。今福建人稱小孩曰養子，古人稱育[子]，亦作鬻子。此三字皆幼義也。

茦

朱二 茦、莿實一字。

錢一 茦、莿一字。

周一 草之芒茦也。茦、莿實係一字。

苦 朱一 今瓜蔞。
朱二 苦蔞，今天花粉。
錢一 瓜蔞也。今天花粉。
周一 苦蔞，今云瓜蔞，天花粉也。
周二

葑 朱一 青菜、白菜。
朱二 白菜也。
錢一 青菜、白菜之類。
周二 青菜、白菜之類。○須從也，今云菘。

蕫 朱一 蕫＝董。蕫，正也，故假為「督」。蕫，錮也。《史記·倉公列傳》「气當大蕫（錮也）」。
朱二 蕫之入聲為督，故借為督。督有正意，故又訓正。
錢一 蕫事之蕫訓正，係借為督字（蕫之入聲為督），督有正意，故蕫事乃督事也。《史記·倉公列傳》「气當大蕫」，蕫，錮也（「錮也」之訓見《方言》）。
周一 鼎童也。蕫事（亦作董，古董、蕫通用）之蕫訓正，為督之假借字，蕫事即督事也。《史記·倉公傳》「气當大蕫」，蕫，錮也（見《方言》）。
周二 蕫即董，古童、重通用。蕫訓正，故假為督用，故蕫事即督事也。《史記·倉公傳》「气當大蕫」，蕫，錮也。

荼 錢一 黃芩，正當作黃荼，作芩者非，芩乃青蒿也。
周一 黃芩，正當作荼；芩，青蒿也。
周二 黃荼非「芩」，芩，青蒿也。

芩 朱一 青蒿。

 菱

朱一 因有棱角，故稱。

錢一 因菱有棱角，故稱。

周二 有稜角，故稱。

 蘜

朱一 即今菊字。古人所謂蘜，特指小而黃者耳，今藥品所用是也。

錢一 菊花之菊，當作此，今用菊，非。但古之所謂蘜者，特指小而黃者耳（即今藥品內所用者）。

周一 菊華字當作此，今用菊，非。

周二 今菊字。古人所謂蘜者，特指小而可為藥者耳。

 蒹

朱二 蒹、蒹同一字，皆从兼聲。

周一 蒹與蒹實係一字，皆从兼聲。

 艻

朱一 艻＝苕，蘆根之苕當作艻。

朱二 今苕帚當作艻。

錢一 蘆根之苕當作艻。（？）今苕帚＝艻⊙。

周一 今苕帚字當作艻。

 菡

朱一 菡蔄，疊韻。

 茄

朱一 讀哿，音近荷，何。、加。相同。

錢一 讀如哥，音近荷，故負何。、加。相同。（？）

周一 古讀如哥，音近荷，故負荷即負加也。荷本訓扶渠葉。

周二 扶渠莖也。讀哥，音近荷，故負、何、加相同。

 莪

朱一 莪、蘿，猶蛾、羅（馬蟻）音近，轉為螻。

錢一 莪，蘿，以聲為訓，故蛾即羅，羅轉螻，故蟻亦可稱蛾。

周一 莪，蘿也。以聲為訓，故蛾即羅，羅轉螻，故蟻亦稱蛾。

周二 莪，蘿也。以聲為訓，故蛾即羅，羅轉螻，故蟻亦可稱蛾。《虫部》曰：「蛾，羅也」，即今蟻也。「蠶蛾」字當作「𧖣」。

蔚

蔚 朱一 蔚然之蔚當作鬱，蔚之入聲也。

錢一 《易》「其文蔚也」、「蔚然」等「蔚」字，當作鬱。鬱即蔚之入聲也。

周一 牡蒿也。「其文蔚也」、「蔚然」等「蔚」字，為「鬱」之假借。鬱即蔚之入聲。

周二 牡松也。「蔚然」字當作鬱，鬱即蔚之入聲。

蕭

蕭 朱一 蕭【肅】牆，即今門外照牆。蕭假為肅，肅牆者，起敬也。然未必是。蕭、萩實即一字。○秀才作茂才，亦音轉。

錢一 艾蒿也。萩，蕭也。蕭、萩實只一字。蕭牆，即今門外照牆，當作肅牆。蕭斧之蕭，不知何字之借（段謂是肅之借，非也。）。

周一 蕭與萩實係一字。蕭牆即今門外照牆，為肅之假借。蕭斧之蕭，未詳所本；段氏謂亦肅之假借，非也。

周二 艾蒿也。萩，蕭也。蕭、萩實即一字。

芍

芍 朱一 芍藥疊韻，當作勺。芍，鳧茈。

朱二 鳧茈，今音轉云〈勃齊〉［荸薺］。

錢一 芍音胡了切，鳧茈也，即俗字之荸薺。今人作芍藥花用，非。芍藥當作勺藥，勺藥係疊韻字，無正字。

周一 鳧茈也。今人用作芍藥華字，非。勺藥，疊韻聯語，故無正字。鳧茈，今曰荸薺，一聲之轉。

周二 鳧茈也。芍藥字當作勺。勺藥疊韻。

蔿

蔿 朱一 後為蘤，即今花字。

朱二 或云即蘤字，《説文》無「花」字，三國時用蘤爲花，然《説文》此字訓草，未必是花。

錢一 草也。或曰後變爲蘤，即今花字。

周一 草也。或云即蘤字，《説文》無「花」字，《三國志》以蘤爲花。然《説文》「蘤」字訓草，未必是花。

苑

周二

朱一 「苑枯」、「蔚然」之入聲同作「鬱」。

錢一 「苑枯」、「蔚然」之「苑」、「蔚」皆借爲「鬱」字，鬱即蔚、苑之入聲也。（《詩》「苑彼中林」，亦借爲「鬱」字。）

周二 茈菀，即紫菀。《詩》「苑彼中林」，假作「鬱」字用，蓋鬱亦苑之入聲也。

苿

朱一 倉苿。秫，另字。

錢一 倉秫、白朮之秫、[朮]，皆當作苿。

周二 「蒼秫」，當作「倉苿」。

蕛

朱一 邵晉涵作「蕛稗」、「荑稗」。

蔣

錢一 即今之茭白。

周二 苽也，即今茭白。

苽

錢一 即今之茭白。

蘾

朱二 古借爲「然」字。

薖

朱一 薖、寬雙聲，引申爲寬大，歌、元對轉。中空之薖，當作窠。

朱二

錢一 薖、寬雙聲，歌、元對轉，故引申爲寬大，《詩》「碩人之薖」。訓中空之薖，當爲窠字之借。

周二　邁、寬雙聲，故引申為寬大。訓竅空者，當作窠。

蕣

朱二　堯舜當為蕣字之借，故曰「重華」。

周二　舜名重華，疑即此字。

茮

朱一　即椒（後人所造）字。

錢一　即椒之正字，椒係俗字，《說文》所無。

周二　即椒字，椒係後人所造。

菭

朱一　今省作苔。

錢一　俗省作苔。

周二　今省作苔。

萌

朱一　芽也。引申為甿、氓，古人視民如草萌。

朱二　古視民如草，故曰萌。「蒼生」亦然。

錢一　芽也。引申為甿、氓，可見古人視民如草，如「蒼生」。

周二　芽也。引申為甿（音門，田民也）、氓（民也）之稱，於此可知古人之視民為何如矣！○視民如草。

葉

朱一　古人假為世字。

朱二　葉，樹木之葉；枼，木片；鍱，金葉。又借為世，以从世聲。《詩》：「昔在中葉」。

錢一　葉从世，故古人多假作世字用，如《詩》「昔在中葉」，世也。○葉，草木之葉；枼，木之薄片（一枼扁舟）；鍱，金葉子。

周二　从世，故古人多假作世字。○枼，木片也；鍱，金葉也。《詩》：「昔在中葉」。

葩

朱一　葩、華疊韻。

錢一　葩、華疊韻，草木華也。(?)

周二　葩、華疊韻，草木華也。

芛

朱一 花棻也；棻，垂也。

朱二 芛（蒷，委）。今花心作棻，俗作蕊。

錢一 花心曰棻，即芛字之借，俗作蕊。

周二 芛本華字，後作棻，蕊乃俗字。

蔈

朱一 與標、鏢同訓杪末。

朱二 草末曰蔈，木末曰標（又作杪），金末曰鏢。

錢一 「一曰末也」。凡从票聲字，皆有末意，如鏢、標等字，皆訓杪末，今用杪，同。

〇蔈，草末；標，木末，又曰杪；鏢，金末。

周二 「一曰末也」。凡从票聲字皆有末意，如鏢、標字。

薾

錢一 爾，一切之盛；薾，草木盛。

蕤

周二 草木華垂也，引申為凡物垂。

芒

朱二 草端，引申為鋒芒。

周二 草端也，引申為鋒芒字。

荄

朱一 荄茲，引申為孩。

錢一 草根也，引申為荄茲。小咳（亦作孩）子之咳，當是由草根之荄字引申。

周二 草根也。孩童字當作荄。

茇

朱一 本茇音。木根曰本，草根曰茇。

錢一 木根曰本，草根曰茇

周二 木根曰本，草根曰茇

芃

朱一 古梵字，梵乃俗字。

錢一 今俗之梵字，《說文》所無，正當作芃。

周二 草盛貌，古〈凡〉〔梵〕字，〈凡〉〔梵〕乃俗字。

 ⿱艹暘　朱一　暘字，田不生也。暢，俗字。
朱二　暘茂當作⿱艹暘；暘，田不生也。
錢一　草茂也。暘茂之暘，即⿱艹暘之借。暘，不生也，義反。（俗作暢，非。）
周二　⿱艹暘茂非暘；暘，田不生也。暢，俗字。

 ⿱艹造　朱一　「湊數」之湊當作⿱艹造，湊乃俗字。
朱二　同艁、造。《爾雅·釋水》「天子造舟」，湊舟也。湊，俗字。
錢一　「湊合」、「雜湊」之湊，當作⿱艹造；湊，水流也。「天子造舟」，造舟，數舟併攏也。
引申併攏之義為副倅。湊數之湊，即⿱艹造弄。
周二　「⿱艹造合」非湊，湊，俗字也。

 茲　朱一　引申為凡多益之字。稔、年皆禾一熟。茲，益也。今茲，茲，年；年，益多，故曰今茲。又引申為今字。
錢一　草木多益也，引申為凡多益之稱。今茲者，今年也，自去年言之又多一年也，故曰今茲。由上義又引申為今之義。古人以年、稔之禾熟為年，茲亦同，〈此〉〔茲〕訓「此」者，由今茲引申。
周二　草木多益也，引申為凡多益之稱。今茲即今年，自去年言之又多一年也。又引申為今字。

 藃　朱一　藃【敲】。板槁（凹下）暴（凸上），不平也。
錢一　《荀子·勸學》「槁暴」，不平也，即喬起來。板凸上曰暴，凹下曰槁。槁即藃之借。
周二　槁暴，不平也。板隆上曰暴，陷下曰槁，槁即藃也。

 蔇　朱一　及也。暨，臮。
錢一　《左傳》「猶懼不蔇」之「蔇」，訓「及也」，係借為臮字。
周二　蔇訓及，如《左傳》「猶懼不蔇」，蔇係臮之假。

芼 芼 朱二《詩》毛氏訓「擇」者，「覒」之借字。

錢一《詩·關雎》「左右芼之」之「芼」，《毛傳》借為覒。

周二「左右芼之」當作「覒」，此假字。

葻 葻 朱一 旋葻風。嵐山，古無此字，或葻从屮作嵐而誤傳歟？

錢一 草得風也，旋葻風。今嵐解作山峰，古無此義，或葻字从屮作嵐（古艸屮通），因形誤成嵐，似較是（依日本解？）。

周二 草得風貌，旋葻風。今嵐解作山峰，但古無此字，或葻从屮作嵐，形誤成嵐。似較是。

萃 萃 朱一 聚必有正有副。倅乃俗字，當作萃。

朱二 聚也。《說文》無「倅」（訓副），因聚必有正副，故「造」亦有副義。

錢一 引申為聚也。聚必有正副，故引申為副。副倅之倅，《說文》無，正當作萃。（故造亦有副義？）

周二 草貌，引申為聚。聚必有正副，故引申為副。今作倅，俗字也。

荒 荒 朱一 古無輕唇音，當讀芒。荒、蕪音近（疊韻）。引申荒大、荒唐。

錢一 古無輕唇音，荒讀如芒。荒、蕪疊韻，荒蕪者，猶言尨雜也。荒大之荒，及「荒，淹也」之荒，均當作巟；《說文》：「巟，水廣也。」荒唐？

周二 古無輕唇，讀如芒。荒、蕪疊韻，荒蕪者，猶言尨雜也。引申為荒大、荒唐。但訓大者，似宜作巟，《說文》：「巟，水廣也。」

落 落 朱一

朱二 古絡字。圈圍之處皆作落，籬落、村落今尚作落。

錢一 今之絡，古作落。然如籬落、村落（外有圈也），今仍作落。

周二 落，今多作絡。籬落、村落，皆有圈義。

蔽 蔽 朱一 小草。茀，小。障蔽當作茀。

蔦

朱二　遮蔽當作茀。古作韍市，遮生殖器者也，引申為蔽膝，市亦作茀。
錢一　小草也。障蔽之蔽或當作茀，正當作市（遮陰也，引申為蔽膝）。
周二　蔽蔽，小草也。障蔽字當作茀。
朱一　今人稱顏色變曰蔦，或曰菸。
錢一　顏色不鮮曰蔦，或曰菸。
周二　菸也，色不鮮也。古人稱顏色敗曰蔦，或曰菸。

蔡

朱一　草丰。「蔡蔡叔」[一]當作「䊮」，竄、䊮音義同𡨄。
朱二　草丰也。蔡稱大龜者[二]，因蔡國多此物。
錢一　草丰也。草芥＝丰。「蔡蔡叔」之上蔡字，當作「䊮」。（言放蔡叔也？）竄、䊮音義皆同。𡨄，塞也；與竄、䊮字近。蔡訓大龜者，因蔡國多此物。
周二　草丰也。

茷

朱一　績茷。讀為迫，古多借為旆。
錢一　績茷。借為旆。

薄

朱一　段解迫為薄，誤。《虢季子盤》「博」，迫也。「日薄」當作日普（日無色也）[三]。《書・益稷》「外薄四海」，溥也。「普遍」當作溥。《荀子・禮論》「薄器」，以柳條作器之稱。
朱二　相迫之薄當作傅。「外薄四海」當作溥。厚薄當作泊，泊，淡泊也。凡編成之物皆可名薄，音轉為箔。〈幃〉[帷]薄（竹簾，亦用竹編）、蘺薄（亦用竹編），薄

[一]《左傳・昭公元年》：「周公殺管叔而蔡蔡叔」。杜預注：「蔡，放也。」
[二]《論語・公冶長》：「臧文仲居蔡」。皇疏：「蔡，大龜也。」
[三]《史記・天官書》：「日月薄蝕」。裴駰《集解》引孟康曰：「日月無光曰薄」。

錢一　皆音轉為箔，又轉入麻部則轉為笆（籬笆）。「日月薄食」當作普；普，日無色也。段解訓迫，非。《虢季子盤》「博」，迫也。「日月薄蝕」當作普；普，日無色也。「外薄四海」字當作溥；溥，大也。普遍亦當作溥。《荀子·禮論》之「薄器」者，以竹柳所作之器也。「林薄」者，樹多也。厚薄＝泊（水淺也，引申為淡泊）。「帷薄」之簾，用竹編成也；「籬薄」同（俗作笆）。

周二　段解作「迫」，誤。《虢季子盤》「博」，迫也。「日薄」字當作普；《說文》：「普，日無色也。」「外薄四海」字當作溥；溥，大也。《荀子》「薄器」者，竹柳所作之器也。今讀為□。「林薄」者，樹多也。○「厚薄」字當作泊；泊，水淺也，引申為淡泊字。「籬薄」非笆，笆字《說文》所無。「帷薄」亦竹所製也。○凡从甫聲字，往往轉入麻部，讀如巴。

藪

錢一　有水曰澤，無水曰藪。

周二　有水曰澤，無水曰藪。

蕾

朱一　海寧陳氏說通假字，以「不」字解之，未是。傳、剸，《說文》無，皆當作蕾。

朱二　《漢書·溝洫志》「楗石蕾」，石椿也。

錢一　古無傳、剸二字，皆當作蕾。《漢書》之「楗石蕾」，打椿也。『海寧陳氏說通假字，以「不」字解之，未是。』○『』內語不明。

薙

朱一　「雉門」，《史記·四公子傳》作「夷」字。段解武斷。

錢一　除草也。《史記·四公子傳》「雉門」＝夷門（？）。除草曰薙，殺人曰夷（？）。段解非。

周二　除草也。《史記》「雉門」即「夷門」。殺盡曰夷。

葝

朱一　《毛詩》「倬彼甫田」，倬乃葝之假字。

錢一　《毛詩》「倬彼甫田」，倬乃葝之假字。

苐 朱一 苐。障蔽當从苐。
朱二 遮蔽當作苐，古作韍巿。
錢一 「道多草，不可行」，故障蔽字當作苐。
周二 「道多草，不可行」，故障蔽字當作苐。〇巿，蔽前物也，即韍。

苾 朱二 苾【鼻】、馥同。

蕡 錢一 香噴噴＝香蕡蕡。

蘼 錢二 麗，一切之麗，草木之麗＝蘼。

荐 朱一 荐讀謝。薦居當作薦，不作荐。薦居，草居也。
錢一 薦居當作薦，作荐者非。薦居者，草居也；蓋戎狄逐水草而居也。〇《爾雅·釋言》：「荐，再也。」《左傳·僖公三十年》：「晉荐饑」。
周二 薦席也。「薦居」非荐；薦居者，草居也；蓋戎狄逐水草而居也。〇《爾雅》：「荐，再也。」如「晉荐饑」。

藉 朱一 《說文》無借字，古只用藉字：藉手即借手，耤田即借田。
錢一 《說文》無借字。藉手＝借手，耤田＝借田。古藉、耤通用，借貸字當作耤。
周二 《說文》無借（非真也）貸字。藉手即借手，耤田即借田。古藉、耤通用，借貸字當作耤。

蒩 朱二 《說文》：「且，薦也。」
周二 凡有陳藉義者，多从且聲，如苴。

蕝 朱二 《禮記·樂記》「綴兆」，即「蕝」之假借。編纂之本字亦當作蕝；纂，組也。
錢一 《禮記》「綴兆」（行列也），借為「蕝」；亦作「劗兆」，亦借字。
周二 《禮記》「綴兆」，即「蕝」字。何云「纂」字亦然。

茨 朱二 訓蒺藜之茨（《詩》「牆有茨」）當作薺。
錢一 《詩》「牆有茨」＝薺，即訓蒺藜之茨。

蓋 蓋 朱一《左傳》：「備苫蓋」。苫，七談；𦀓，八寒〔一〕。

周二苫也。《左傳》：「備苫蓋」。苫後作𦀓，即今傘字。

苫 苫 朱二《通俗文》有「𦀓」字，其本字當作苫。古音讀添，故「帖」字等从其音。

錢一蓋也，《左傳》「備苫蓋」。後出之「𦀓」（八寒），見《通俗文》，俗字也，正當作苫（七談）。江北稱傘曰天，即苫字。（沾即添之正字）。

周二苫，古音如天，故即今添字，其入聲有帖字。

藩 藩 朱一藩、屏雙聲，音轉為疊韻。《詩·采菽》：「平平左右」，《左傳·襄公十一年》：「便蕃左右」。

朱二古重唇音，讀為蹯。浙人有「藩【叛】在那里」，即屏蔽之義，乃藩之古音耳。

錢一古讀重唇，藩、屏雙聲，音轉為（？）疊韻。《詩》「平平左右」，《左傳》「便蕃左右」，皆屏藩也。又今謂躲曰藩，讀重唇。

周二藩、屏雙聲，音轉為疊韻。《詩》「平平左右」、《左傳》「便蕃左右」，皆屏藩也。

菹 菹 錢一酢菜也。酢即醋字。

周二酢菜也。酢即醋字。

荃 荃 朱一雪裏紅菜。

錢一雪裏蕻菜也。《離騷》之「荃」，不甚可解。

周二雪裏紅菜也。

蘫 蘫 朱一蜜餞物。

錢一蜜餞物。

周二蜜餞物。

〔一〕段氏七部當侵覃部；寒部則當段氏十四部。

蓛 蓛 朱二 乾梅之屬。今浙人稱「蓛菜」即是。

若 若 朱一 乃爾雙聲。
錢一 乃爾雙聲。順也＝如。○引申馬食，再引申為人食。

蓴 蓴 朱二 今又作「虊」。
錢一 蓴無，係借為「虊」。

茷 茷 朱一 旁有庬。庬斛、鉳匜、鉳茷。

蕢 蕢 朱一 可借為塊字。
錢一 可借為塊字用。
周二 草器也，可假為塊字。

莝 莝 朱一 挫摧同。叢莝。
錢一 摧挫之挫當作莝。菆脞之脞不知何本。
周二 与摧挫字同。

萎 萎 朱二 今作餧，乃餒（㱣）字，非萎義。
錢一 今作餧，即餒字。萎今作餧，今借萎為矮。
周二 今作餧，古餒字也。萎，今假作矮字。

苣 苣 錢一 俗作炬，非。
周二 今作炬。

蒸 蒸 朱二 菆，燭也。「蒸民」[一]訓眾，亦束麻（眾也）之引申。
錢一 訓眾之烝（如「烝民」）即蒸之借。因「析麻中榦」（束麻？）必叢，故引申為眾。

蕉 蕉 朱一 芭蕉，只當作巴苴。

[一]《詩·大雅·烝民》：「天生烝民」。《毛傳》：「烝，眾也。」

錢一 芭蕉，當作巴且，用蕉者非。〇逋租，古讀プツウ【一】，疊韻字，變為芭蕉。

周二 生臬也。芭蕉字當作巴且。

菌

朱一 即今矢字。

錢一 糞也。今借用矢字。

周二 即今作小便解之矢字。

芥

朱一 草丰、纖丰，不當作芥。

朱二 草芥當作丰，塵芥當作壒。

錢一 草芥、纖芥，皆當作丰，塵芥=壒。芥蒂係疊韻字，不取其義。

周二 草芥、纖芥皆當作丰。心中不悅曰芥蒂（帝），係疊韻字。塵芥當作壒。

茍

朱一 茍杞之茍或作枸。茍，誠也；茍且之訓，以相反義。茍、敬从丫，非从草。

朱二 訓誠之義或為茍【亟】字，非茍字。茍且者，姑且也；茍、姑音近。

錢一 枸杞之枸當作此茍字（或作枸？）。訓誠之茍，殆茍之誤。訓茍且者，無義；（姑且，茍且；姑、茍音近。）茍且之意不知何本。

周二 草也。茍杞字或作枸。茍訓誠者，殆茍字之誤。訓且者，以反義為訓也；或猶姑且，从音而無義。〇茍、敬从丫，非从草。

菲

朱一 菲、芴雙聲，皆在十五部。

朱二 菲、芴一平一入，其實一字。

錢一 菲，芴也。菲、芴雙聲，皆在十五部，恐即一字，不過平、入之分耳。

周二 菲，芴也。二字雙聲，皆在十五部，恐即一字。

萊

朱一 蔓華或即蔓菁（大頭菜）。萊菔=蘆菔。

【一】プツウ為日語假名記音，轉換為通用拼音，約當［pu zsu］。

錢一　蔓華或即蔓菁（大頭菜）。萊菔＝蘆菔。《爾雅》之「釐」，别是一字。
周二　蔓華也，或即蔓菁，大頭菜也。

荔　荔
朱二　荔枝，譯音字。
錢一　荔枝之荔，譯音也。

蒙　蒙
朱一　冡，童昏也。冡、蔑音轉。蠛蠓，小蟲也。冡童，小童也。冡蔽。
錢一　昏蒙當作冡。蒙、蔑音轉。蠛蠓，小蟲也。蒙（冡）童，小童也。《易·蒙卦》之蒙，亦當作冡。
周二　童昏也。蒙、蔑一聲之轉。蠛蠓，小蟲也。蒙童，小童也。

藻　藻
朱一　藻或體。

萄　萄
朱一　古人只作蒲陶，或作蒲桃，亦譯音字。後从艸。「萄」字無。
錢一　葡萄，古只作「蒲陶」，亦作「蒲桃」；漢時自西域來之果。萄，義别，俗誤用之。更造為「葡」字，甚謬。
周二　艸也。葡萄，古人只作蒲陶，後从艸作萄。葡，《說文》無。

薔　薔
朱一　薔【設】。今作「薔薇」，荒謬。今之薔薇乃蕣之屬。
錢一　音嗇。今用作薔薇字，謬甚。今之薔薇，殆近古之蕣。
周二　蓼類。今作薔薇字，大謬。

荼　荼
朱一　《爾雅》：「檟，苦荼」，即今茶字。荼、茶魚麻韻近。三國孫皓、韋昭傳「茶荈」[一]，故吃茶起於三國。茶，俗字；當作荼。
朱二　古無茶字，只有荼字。古無麻部，故音徒，後轉入麻部，乃讀茶。《詩》「有女如

[一]《三國志·韋曜傳》：「皓每饗宴，無不竟日坐席，無能否，率以七升為限。雖不悉入口，皆澆灌取盡。曜素飲酒不過二升，初見禮異，時常為裁減，或密賜茶荈以當酒。」

錢一 荼」，訓曰：「柳絮也」。

《爾雅·釋草》：「櫝，苦荼」，即今之「茶」字。茶、荼魚、麻韻近，古無麻，正音塗。《三國志·韋昭傳》：昭不飲酒，孫皓飲以茶荈。故飲茶始于三國。茶即荼之俗字。

周二 《爾雅》：「櫝，苦荼」，即今茶字。荼、茶，魚麻音近。《三國志》：韋昭不飲酒，孫皓飲以茶荈（尺兖切，茶之老者）。故飲茶起於三國。茶係荼之俗字。○《詩·鄭風·出其東門》「有女如荼」字，柳絮也。

蘇 朱一 音轉皤。

蓬 錢一 《漢書·武五子傳》「頭如蓬葆」者，係蓬亂也。

葆 朱二 「羽葆」，旄。

錢一 「羽葆」者，旄也，形與葆亂近。

茸 朱二 茸，从艸从叢之或體。

草 朱一 草斗。艸，正字，今作草；而草斗作皁。而皁隸，古尚未賤視，《周禮》「臥造士」，漢人稱領造士曰「大上造」，皆無賤意。今皁、草相亂，古人稱造次或曰草次，草創或曰造創。惟皁俗字可作早，蓋草作早已古耳。

朱二 象斗、橡斗＝樣斗。皂者，俗字。皂隸，後以為衣黑衣，故稱。

錢一 艸木字今借用草，而別造皁字為草斗之用。皁隸，即古之造士（《王制》），新入內而未為官者曰造士。秦爵有大上造，同。蓋古人不輕視皁隸也。草、造古通，故草創＝造創，造次＝草次。皁係俗字，可作早，蓋古者草、早可通也。

周二 造次＝草次，草創＝造創。今草、皁相混，古草、造相通。古之造士即今皁隸之類，蓋古人非輕視皁隸也。○艸木字今假用草，而別造皁字為皁斗之用。秦之「上造」與「造士」同。皁係俗字，可用作早，蓋古者草、早可通也。

蓐部

蓐　蓐　朱一　厚也。「蓐食」者，厚也[一]。蓐（被褥）亦厚。藉與蓐同義，亦有厚意。

錢一　厚也。「蓐食」者，飽食也。藉、蓐皆有厚意（因褥子厚也）。

周二　厚也。「蓐食」者，好好既一等也[二]。

茻部

茻　茻　周二　草茻非莽，莽乃鹵莽也。

莫　莫　朱一　今作暮，最無理。既从茻中日，又加日字，豈有此理？漠、寞皆起於莫。

朱二　莫假為無，又假為毋。《論語・述而》「文莫吾猶人也」，當為忞慔之假字。

錢一　今俗作暮，最為無理。莫中既从日，而復加日字于下，緟複無理，不合六書。漠、寞皆莫之孳乳字。亦借為無。禁止之莫＝毋。文莫＝忞慔。

周二　日且冥也。今暮字不合六書，以从二日也。漠、寞皆莫之孳乳字。○「文莫」即「忞慔」，勉勵也。《論語》：「文莫吾猶人也」。

莽　莽　朱一　鹵莽。草莽當作茻。草多密茂曰莽，浙人俗語有「密莽」一語。

錢一　此鹵莽之莽。草莽當作茻。《漢書》之「莽若雲」，亦即茻字，今曰「稀茻」。

[一]《左傳・文公七年》：「訓卒利兵，秣馬蓐食，潛師夜起。」王引之《經義述聞》：「食之豐厚于常，因謂之蓐食。」

[二]「既一等」疑有誤，其意為「吃一頓」。

第二篇上

小部

少 錢一 丿非聲，乃指事。

尐 朱二【則】

八部

八 朱二 段氏謂「八與人」，當為「把」之誤。

尒 錢一 入、尒雙聲，在形容詞之下者如「鏗尒」、「莞尒」等，不能謂之「詞之必然也」。

周二「莞尒」、「鏗尒」不能云「詞之必然」。

曾 朱一 乃，古讀仍，故通。

朱二 後作怎。曾經當作嘗，雙聲，故轉用耳。

錢一 古乃讀如仍，仍、曾同部，故曾得訓乃。曾訓嘗，雙聲假借。曾祖、曾孫之曾，即層字之借。俗作怎。

周二 古讀如仍，仍、曾同部，故曾訓乃。曾、嘗雙聲相假借，何曾，何嘗也。曾祖、曾孫字即層字。（今作怎）。

尚 朱一 儻，《說文》所無。《漢書》「黨」，庶幾也；乃尚之假。

朱二 庶幾。「余尚〈或〉得天下」，今作倘字。高尚乃上之假借。訓主者，漢有尚方、尚書、尚值等，皆掌之假字。「尚公主」之尚，又訓當。《司馬相如傳》：「使女轉尚司馬長卿」、「尚公主」，尚皆訓配，即當也。

錢一　訓庶幾也。《說文》無儻字，《漢書》作黨，黨即尚字之借（庶幾之訓），曾也、尚且也。高尚‖上。《周禮》借為掌，訓主。漢之尚方、尚食（值）、尚書皆借為掌。「尚公主」及《司馬相如傳》之「使女得尚司馬長卿」，諸尚字皆訓配，即當也，皆借為當（惧不得相當也）。

周二　《說文》無儻字，《漢書》作黨。尚，一訓庶幾，黨乃尚之假字也。○《左傳》：「予尚得天下」，即作庶幾解。漢時又為掌字之假，如尚方、尚食、尚書。「尚公主」之尚，當也，配也，如「使女得尚司馬長卿」，「惧不得當也」。

家

錢一　今皆借遂字為之。

詹

朱一　《爾雅》詹訓至。古用為撍，《易·豫》「朋盍撍」——聚。又用為占，「詹尹」是也。

朱二　《楚辭》「詹尹」亦訓占。

錢一　《爾雅》詹訓至，義與撍（《易》「朋盍撍」）同。（詹、撍雙聲），有聚集意(?)。「詹尹」為占之借。

周二　訓至者當與撍（《易》「朋盍撍」，撍，速也）同，有聚集意。「詹尹」字即占字。

介

朱一　一個稱介，古當作孑，孓、介音近。

朱二　《漢書》「介人之寵」（介訓恃）。介紹、介特（一个、二个）皆可稱介。一介或為孑之假借。

錢一　介特（一介臣、一介行李）係孑字之借。「介人之寵」、「欲介使者權」，恃也。

間、介雙聲，間介當作丰（?）[一]。
周二 介特字假自孑字。間、介雙聲。

 仌

朱一 《說文》本有字，段氏以為此乃兆字，恐非。
朱二 當作別。段改為兆，非。
錢一 分別之別當作仌（上下有仌）。冎，切肉也。段氏謂仌即兆字，恐非。
周二 今兆字。分別之別當作仌，剮，切肉也。段氏謂仌即兆字，恐非。

 公

朱二 平分。稱公侯，發聲詞。君、公雙聲。
錢一 公婆、公侯，皆發聲詞，無正字。君、公雙聲。

 必

朱一 此疑即古文八字。一、二、三皆从弋，故八亦可从弋。
朱二 即八字。八、必、分、兆（別）意同。从八从弋，猶一、二、三从弋同。
錢一 一、二、三，古文从弋，作弌、弍、弎。必从弋从八，故必當為八字之古文。八，別也；必，分極也，義亦相同，因分極引申為必定。
周二 一、二、三古文作弌、弍、弎，故必當為八字之古文。八，別也；必，分極也。義亦同。

 余

朱一 余、舒音近。《孟子·滕文公》「舍皆取諸其宮中」，舍即余。
朱二 （舒从舍聲），後轉入麻部，稱為「咱（舍）家」（《水滸傳》）。
錢一 「舍皆取諸其宮中而用之」之舍字即余之借。𥾯，殆籀文余字。
周二 从舍省，故「舍皆取諸宮中而用之」，舍字即余字。

[一] 《左傳·文公六年》：「介人之寵，非勇也。」杜預注：「介，因也。」《史記·南越列傳》：「乃置酒，介漢使者權，謀誅嘉等。」裴駰集解：「《志林》云：介者，因也，欲因使者權誅呂嘉。」《莊子·田子方》：「其神經乎大山而無介。」成玄英疏：「介，礙也」；《說文》：「丰，艸蔡，象艸生之散亂也，讀若介。」則介與丰均有散亂、間碍意，故章云兩字通。

釆部

釆 釆

錢一 辨別也，象獸爪，故凡从釆之字皆有辨別意，亦有獸爪意。

番 番

朱一 腳版即番，古無輕唇，故版讀番。生番、土番，蕃字之假借也。

朱二 番，古讀重唇音，音板。唐人稱一張紙曰番，今稱一板，更番即其引申義。生番猶吐番，吐番乃禿髮之轉音。故西方回部稱蕃，南洋台灣亦稱蕃，此乃譯音字，無意義。

錢一 手板、腳板之板字皆即番字，古無輕唇音，故番讀若蟠。唐人稱一張紙曰一番紙，今猶讀一板，更番為其引申義(?)。生番、土番之稱，由於《周禮》九服，最外之服曰「蕃服」，番即蕃字之借。（吐蕃，禿髮、圖伯特）。

周二 生番、土番（蕃字之假）之稱，皆因蕃服，以蕃服為九服最外之服也。手板、腳板字皆番字。古音重唇，作蟠。

半部

半 半

朱二 《國語》：「全烝」，全牛也；「房烝」，半牛也。

胖 胖

錢一 凡从半之字皆有大義，故胖亦訓廣肉。

周二 凡从半之字皆有大意，故胖一訓廣肉。

叛 叛

朱一 革命黨可稱反（自主），服從外國可稱叛（依他）。

錢一 有自主權而抗政府者曰反（革命黨），服從外國而侵本國者曰叛（反，犯上也；叛，犯上而媚外也。）言反于此而不反于彼，故从半反。

周二 有自主權而抗政府者曰反，藉手外人而侵本國之土地者曰叛。

牛部

牛 牛

朱二 牛，事也、理（治也）也。

周二 牛，理也；理，治事也。牛善治事。

牡 牡

錢一 段謂當从士，是也。

周二 古人土、士二字無別，故可假作士。

特 特

朱一 匹。特本一，可訓二；匹本二，可訓一。

錢一 特本訓一，可訓二；匹本訓二，可訓一。此皆相反為義也。

周二 ［特］本訓一，可引申為二；匹本訓二，可引申為一。

牝 牝

朱二 妣、妃、媲皆从匕聲。

周二 匕聲，妃、媲、妣从之。

犗 犗

朱一 割去牛之生殖器曰犗。

錢一 閹去牛之生殖器曰犗，見《莊子》。

周二 閹牛為犗，見《莊子》。

牻 牻　㹁 㹁

朱一 尨涼

錢一 此即《左傳》中「尨涼」之正字。

周二 尨涼當作「牻㹁」。

㹊 㹊

朱一 凡从隺聲有白義。

錢一 白牛也。凡从隺聲之字皆有白義，如「皠，鳥之白也」是。

牟 牟

朱一 《漢書》「兜牟」，又亦有寫「兜鍪」，然鍪乃釜也。

朱二 侵牟乃冒之假借，牟追亦同之假借。

牽　牢

錢一《漢書》之「兜牟」亦書作鍪（釜也）字，皆非本字。侵牟＝冒⊙，牟追當作冃⊙。

周二《漢書》「兜牟」，牟亦作鍪，皆非本意，其正字當為冃。侵牟＝侵冒。

朱一 引申凡活牛曰牽，牲牽。

朱一 从牛冬，冬＝終（）。

朱二 从冬。終，束也，故牢訓閑。

錢一 从，古終字。終，窮也（或曰作束縛解？）。引申為牢獄。○从冬。終，束也，故牢訓閑（？）。

周二 終，窮也（或曰作束縛解）。篆文作，故牢字从之。，从牛在束中。

犪

朱一《說文》有犪字，後作擾。

錢一 此馴擾之正字，今借用犪。

周二 牛勤也。馴犪非擾。

犕

朱一《易經》「服牛乘馬」當作犕。

錢一「服牛乘馬」之服之本字當作犕（駕牛也）。服，車兩旁也。

周二 犕牛乘馬。

犛　犀

朱二 襍文

朱一 犀利當作屖，《說文》有屖字。

錢一 犀利之犀係屖之借。

周二 犀利字當作屖（《說文》有此字）。

物

朱一 古人物字又訓事字。古人稱死曰物故，乃歾之假借，今作歿。

錢一 亦訓為事。死曰物故者，乃歾之借，俗作歿。

周二 死曰物故，歾之假也。

犧 朱一 古讀我。《周禮·地官》「義舞」實「翌舞」[一]，鄭注：「犧尊，刻鳳翌」是也。[二]

錢一 犧从羲聲，羲从義聲，義从我聲。我在歌部，故犧亦得讀沙，犧尊即沙尊。《周禮·地官》之「義舞」即「翌舞」。蓋義即羲，鄭注「犧尊，刻鳳翌」是也。鳳皇之皇正當作翌。

周二 [犧]从羲聲，羲从義聲，義从我聲，我在歌韻。故羲亦得讀沙，犧尊即沙尊。鄭注：犧尊即鳳翌。翌舞＝羲舞。

犛部

氂 朱二 犛牛之尾。故豪氂當作氂。

斄 朱一 古亦作邰。

錢一 古亦作邰。

告部

告 朱二 从口牛聲。牛，事也，所以告事也。

錢一 从口牛者，牛，事也，所以告事也。

口部

噭 朱一 噭然而哭，噭即今叫字。

[一]《周禮·地官·舞師》：「教皇舞」，鄭司農注：「皇舞，蒙羽舞。書或爲翌，或爲義。」

[二]《周禮·春官·司尊彝》：「春祠夏禴，祼用雞彝、鳥彝……其朝踐用兩獻尊，其再獻用兩象尊。」鄭玄注：「雞彝、鳥彝謂刻而畫之爲雞鳳皇之形。……獻讀爲犧，犧尊飾以翡翠，象尊以象鳳皇」。

喙　喙

錢一 音考，與口為雙聲。「噭然而哭」之噭。

朱一 《國語》困極曰喙。

錢一 《國語》困極曰喙。

吻　吻

朱一 吻合＝泯合。

朱二 吻合當為芇之假借字。[一]

錢一 吻合即泯合，言適合無縫也。○《莊子》「滑涽」、「吻合」皆芇之借。

周二 吻合，泯合也。

咽　咽

嗌　嗌

錢一 均食管。

周二 嗌，咽也，係食管。

呱　呱

啾　啾

錢一 小兒嗁聲。古有歌部無麻部，故作「古乎切」。

錢一 悄悄說話之悄即啾字也。小聲曰啾，大聲曰喤（小兒泣聲）。

周二 悄悄說話之悄即啾字也。小聲曰啾，大聲曰喤（小兒泣聲）。

咳　咳

錢一 本謂小兒笑，引申則小兒亦稱「咳子」矣（亦作孩）。

嗛　嗛

朱一 銜怨亦作嗛。

朱二 有所不足亦曰嗛，引申義。

錢一 銜恨之銜即嗛字。有所不足亦謂嗛，引申義。

周二 嗛、銜音義同。銜恨。

噍　噍

朱一 【即】。福建人稱吃飯曰「噍賁」。

錢一 今福建人謂喫飯聲如「爵棓」，爵即噍字。

[一]《說文・艸部》：「芇，相當也」，正有吻合意。

周二 福建人謂吃飯曰「腳飯」，即噍字。

吃 吃 朱一 吃＝忍。

啐 啐 朱一

噬 噬 錢一 《詩》「噬肯適我」，毛傳訓「噬」為「逮」。蓋古之齒音皆讀成舌頭音，噬（齒），逮（舌頭）。

周二 《詩》「噬肯適我」，毛曰：「噬，逮也」。蓋古之齒音多讀成舌頭音。

嘰 嘰 朱一 小食也。既亦小食也。即吃字。

朱二 與既同，皆訓小食。其入聲為氣（吃），《論語》「不使勝食（飯）氣（吃）」。

錢一 小食也。既，亦小食也。當是一字，即今吃飯之吃字（亦通借氣。《論語》「不使勝食（飯）氣（吃）」）。

周二 嘰、既字皆訓小食，吃飯字當從此。⧅

嚛 嚛 錢一 今有「油嚛」之語，讀成平聲（本火沃切）。

周二 「油呼輿」，字當從此。

噫 噫 朱一 噫＝乙。噫、嘻各有本義，連語而成噫嘻。鄭注「噫歆」，又作「噫興」，即今人至人家必揚聲「恩亨」是也。

錢一 噫、嘻二字各有本義：噫，大塊意氣也（即盎氣）；嘻，有所痛也。噫嘻、噫興、噫歆等即今人至他人家，將上堂聲必揚以使內得聞也，與本義無涉。噫即「打噫」之噫【音如盎】。

周二 即「打厭惡」之厭字。噫嘻二字各有本義，連用之則為雙聲疊韻，無意義之可尋矣。

呬 呬 朱一 假借用塈，又假用愒，憩乃俗字。

錢一 經典多借用塈、愒為之，俗又作憩（休呬）。

呼

呼　周二　東夷謂息為呬，其假字為塈、愒。憩係呬之俗字。

朱一　號嘑，評召，呼、外息也。然皆相近。

錢一　號、嘑⊙、呼⊙吸、評⊙召，《說文》皆各有本字，然義皆近，故亦通用呼字。

周二　呼、嘑、評三字同。嘑號、呼吸、評召。

哼

哼　朱一　《詩》「大車哼哼」，哼乃鈍之假借。

錢一　《詩》「大車哼哼」，哼，遲重之貌，即鈍之借。

周二　哼哼，重遲貌，即鈍字。

噤

噤　錢一　將死之際（？）不能言語，俗曰「噤口」，此即噤字之本義。

周二　將死之際不能言語，俗曰噤噤，此即噤之本意。

名

名　朱一　或以為名與命同，命从令、口，从卩，名亦當从卩口。

錢一　古人命、名二字義近，相假借。命从卩，或謂名亦當从卩作[卩口]。其說較《說文》為長。銘字《說文》所無，蓋古只用名字。然銘字古書已屢見之矣。

周二　古人命、名二字義近。命从卩，或謂名亦从卩。說較《說文》是。銘，《說文》無，但古書已屢見之矣。

吾

吾　朱一　支吾＝支牾，吾子＝牙子（小兒），金吾＝金禦，皆假字也。

錢一　支吾＝支牾⊙，金吾（僅官名）＝金禦⊙，吾子＝牙⊙子（小兒也；牙，幼小也。），皆假字也。

周二　孩子曰「吾子」，即牙子，牙，幼小也。漢官有金吾。吾係禦之假字。支牾。

君

君　朱一　古人或只有尹。

朱二　《說文》臣象伏形，鐘鼎臣作□；故君象坐形。

錢一　古人或（？）只有尹。《說文》臣象伏形（金文作□），故君象坐形。

命

命　朱一　以天令引申為命運。

咨　錢一　以天令(?)引申為命運。
朱二　咨嗟當作嗞。
錢一　嗞。嗟。

唱　朱一　唱導，唱和，倡優，歌也。
錢一　唱和。唱導。倡歌。娼優之娼當作倡（唱？），歌也。
周二　導也。倡歌。倡伎。

和　朱一　和‖龢。
錢一　唱和。龢氣。調龢。
周二　唱和。調龢。

咥　錢一　俗有「笑嘻嘻」之語，嘻正即咥字。

啞　朱一　笑言。啞子當作嗄。《莊子．庚桑楚》：「兒子終日號而嗌不嗄」。
錢一　笑也。今人呵呵、哈哈之聲，皆啞之變音也。啞巴之啞當作嗄。嗄雖《說文》所無，但已見諸古書。如《莊子．庚桑楚》：「兒子終日號而嗌，不嗄」，此即啞之正字。
周二　笑也。今人呵呵哈哈之聲皆啞之變音也。啞巴字當作嗄。嗄雖《說文》無，但已見諸古書，如《莊子．庚桑楚》：「終日號而嗌不嗄」，蓋此即不能言之嗄也。

噱　錢一　格格的笑。

唏　朱二　哀痛不泣曰唏，本義。笑唏唏當作咥。

呭　錢一　泄泄沓沓之泄當作呭。

嘄　朱一　嘄、嘂、叫三字相等。
錢一　嘄、嘂、叫三字同。

咄　朱二　【得】。

唉　朱一　應。假借為嘆息聲。

哉　錢一　譍也。假借為嘆息聲。
　　朱二　哉、載、纔、財皆才之假借，訓始。

嘫　朱一　然本當作嘫。然乃燒也。
　　錢一　然否及一切語詞之然皆當作嘫。然，乃然燒字，俗作燃，非。

嗔　朱一　凡从真字皆有盛意。
　　錢一　盛氣也。凡从真之字皆有盛意。

嘌　朱一　凡从票聲皆有疾意。
　　錢一　疾也。凡从票聲之字皆有疾意。
　　周二　疾也。从票聲字皆有銳速意。

嗂　朱一　與陶同意。
　　錢一　喜也，與陶義近。
　　周二　喜也。與陶義近。

启　朱一　開。啟乃訓教。
　　錢一　開启之启當作启。啟乃訓教（啟發後人）。
　　周二　開也。啟發後人。

呈　朱一　平也。呈露之呈當作［壬］。
　　錢一　平也。今本義皆廢而不用。呈露之呈乃壬之借。

右　錢一　此佑助之正字。佑，俗字也，《說文》所無。左右之右當作又。

吉　錢一　士口為吉，猶人言為信。

周　朱一　周，密。匊匝。忠心曰周。《公羊》「周狗」，忠狗。
　　朱二　周匝當作匊。

錢一 密也。周匝之周乃匍◎之借。又忠心曰周，《公羊傳》：「靈公有周狗」，謂忠於主人之狗也。

周二 密也。匍帀非周。又訓忠，《公羊》「周狗」即忠狗也。

唐　唐

朱一 唐，大。荒唐，大言也。

朱二 荒唐，大話也。大話無實濟，故唐又訓空。

錢一 大言也。荒唐之唐乃唐之本義。荒唐之言非實，故唐引申訓空。

周二 大言也，荒唐乃其本義。

嘾　嘾

朱一 味道之道即嘾，故禫亦讀導。

朱二 《說文》「覃，真味，从鹵从㫗」；「嘾，含深也」。味道即味嘾，故禫服亦作導服。

錢一 今俗語「味道」之道即嘾字，嘾、道雙聲，猶禫讀導矣。

周二 【徒感切】。即俗謂有味道之道字。嘾、道雙聲，猶禫服亦作導服。

吃　吃

朱一 今格格不吐之格〈子〉字。

朱二 【格】。吃飯當作既飯。

錢一 口吃之吃。既◎飯。

周二 言不便者。

啖　啖

朱一 啖‖啗，同。

錢一 啖、啗實同一字。

周二 啖、啗實一字。

啁　啁

朱一 啁戲。嘲，俗字。

錢一 此即調戲之正字，俗作嘲。不正之言也。

周二 即調戲之調字，亦即不正之言也。俗作嘲。

哇　哇　朱二《漢書·王莽傳》「紫色鼃聲」即哇字之假。

呧　呧　朱一　呧＝詆。
錢一　呧與詆同，為一字。
周二　呧、詆同。

呰　呰　朱一　呰＝訾。口毀曰呰。訾，思也
朱二　訾議當作呰。呰窳當作訾。今皆相反用之。
錢一　苛也。訾議之訾正當作呰。訾，思也。呰窳＝訾。
周二　今用訾字，即說人短處也。呰議。

唊　唊　朱二　唊七唊八（俗語）。與嗑為一字。

噧　噧　錢一　讆之本字。
周二　讆之本字。

嘮　嘮　朱一　多語。
朱二　嘮呶，今變為嘮叨。
錢一　嘮呶，讙也。嘮呶今變為嘮叨。
周二　嘮呶即嘮叨。

唇　唇　朱一　震當作唇。
朱二　唇與震［通］，今誤作口唇。
錢一　唇驚。震，專指雷霆言也。唇今誤用為嘴唇。
周二　唇驚非震，震專指雷霆言也。

嘖　嘖　朱一　大𧦝。《說文》無瞔字，故瞔有煩意，亦作嘖。
錢一　大呼也。瞔字《說文》所無。(1)『嘖有煩意，或可作瞔』。(2)『瞔有煩意，亦作嘖』。(3)『嘖有繁意，非瞔』。(4)『嘖有煩意，義與大呼不大同』。○四人所記無一同者，

並錄俟質。
周二《說文》無賾字，嘖有繁〈言〉[意]，非賾。

唸 吚
朱二唸、吚雙聲。

嗞
朱一《詩》「子兮子兮」，即嗞。
朱二咨嗟當作嗞。咨，咨問於善。
錢一《詩》「子兮子兮」，子即嗞字。

嘆
朱二吞歎，不敢大聲歎。
錢一吞歎也。段注謂是哀歎，吞其歎而不能發。

喝
朱二今謁字。引申作啞。

哨
朱一打獵之哨、兵官之哨，本作嗾，使犬也。
朱二凡从肖者皆有小誼。哨兵乃嗾之假借，打獵時嗾犬也。
錢一哨弁，本由打獵而來，其哨字是嗾字之借，打獵時嗾使犬也。古獵時之名(?)。凡从肖聲字皆有小義。

吪
朱一偽。

否
朱二古讀不，讀否韻書無。今不字正當作否。不，鳥飛上翔不下來也。

唁
朱一對死曰弔，對生曰唁。
錢一弔死曰弔，弔生曰唁。
周二弔生曰唁，弔死曰弔。

嗁
朱一啼，俗字。

㱿
錢一歐貌。今俗語言「惡心」，惡正當作㱿。
周二惡心字當作㱿。

咼

朱一　灣轉，《說文》作〈𡑞〉「𡑞」。

錢一　𡑞，不正也（俗作歪）；獨口𡑞作咼。《說文》每多通言、別語：𡑞，一切不正（通言）；咼，口不正（別語）。

周二　歪正字當作𡑞，獨口歪作咼。

嗼

朱二　與嗼同，定也。「求民之嗼」亦訓定，乃嗼之假借。

昏

錢一　塞口也。今謂「鼓起嘴」之鼓，即昏字。昏囊。

嗾

錢一　今有用哨字者，如哨弁。

周二　哨弁字殆是嗾字。嗾，使犬聲也。

嚶

朱一　黃鸎之鸎《說文》所無，鶯《說文》有，羽美也。黃鸎當作嚶。

朱二　因聲造鸎，後作鶯者，乃假借字。

錢一　鳥鳴也。黃鶯不當用鶯字（鶯，鳥羽美也？）。鸎乃俗字，《說文》所無，正當作黃嚶。鸎即嚶之孳乳。

周二　鶯非黃鶯字，鸎係俗字，其正字乃黃嚶也。

噳

朱二　鹿接吻曰噳，人接吻曰歍。

局

朱一　《說文》「从口在尺下復局之」亦誤。「一曰博，所以行棊」，棊局紋似尺，故此字可云「从口尺聲，讀若屈。」《爾雅·釋言》：「局，分也」。《左傳》「離局」，後人「部曲」。局、曲音同，部位不亂也。後人設局作事亦部位意。

朱二　棋局乃𠃊𠙹（𠃊，方也），部曲（棋局方，與曲同）、「離局」亦曲字之假借。从尺从口實从㞋口聲。口（屋部），局（侯部）。局，古音讀曲。《詩》「謂天蓋高，不敢不局」，不曲也。

錢一　當以「一曰博所以行棊」之訓為本義（《說文》正義非），非象形字，乃从尺口聲（口在溪紐，局在羣紐，音甚近）。从尺者，尺，方格也，棋局方格似尺也。引申之《爾雅·釋言》：「局，分也」。《左傳》之「離局，姦也」謂離部位也。又部曲正作部局，亦部位之義；後人設局理事，亦有部位意。再引申為局促，亦謂有部位、範圍也。

周二 碁局之訓即其本義。从尺（方格也）口聲較妥。口在溪紐，局屬羣紐，音相近也。《爾雅》：「局，分也。」離局即離〈步〉「部」位，部曲即部局，有〈步〉部位、範圍，故引申為局促。

㕣 㕣 朱一 沇〔作〕究，不但俗字，實錯字。

朱二 《漢書》兖州作沇，今作兖者，乃古文㕣之形誤。

錢一 此兖州之正字。沇，誤作兖，不知所從，非但俗字，且是誤字。○《漢書》兖州作沇，今作兖者，即古文㕣之形誤。

凵部

凵 凵 朱一

朱二 凵與欠（欠，訶欠，張口氣屰也。）通言別言。凵，通言；欠，別言。

吅部

𠷎 𠷎 朱一 搶攘。《說文》穰。

朱二 「一曰窒𠷎」，豐穰乃窒𠷎之假；穰，秧穰也。

錢一 「亂也，从爻，工交吅。」「工交吅」，斯亂，若今之同盟罷工。故搶攘之攘當用𠷎字。

周二 其義為罷工，故搶攘字當作𠷎。

嚴 嚴 朱二 莊嚴乃儼字之假。

咢　朱一　⿱吅干、⿱吅屰。引申為諤，直言也。又變為噩，本⿻屰㗊，《說文》所無，而漢碑已有。今人用渾噩，實不通，渾（言無圭角），噩（言有圭角），兩字相反，故不通也。萼，《說文》所無。《詩經》「鄂不」。鄂乃地名。花萼之萼與午近，又與牙近，或即芽字。

朱二　徒鼓曰⿱吅屰（無別種樂和也）。⿱吅屰後誤作⿱吅干，又誤為咢，又作為諤（俗字），既从吅口，又从言，不通。噩，《說文》無，亦由⿱吅屰變來，⿻屰㗊、⿻干㗊隸變為噩，下若出頭不誤，⿻干㗊是。渾渾（言無圭角也），灝灝（雖無圭角而語條暢也），噩噩（言語有鋒棱圭角也），今渾噩連用，不通。《周禮》「噩夢」，俗「噩耗」訓可驚，乃屰之引申，謂啎屰於心也。

錢一　譁訟也。引申為直言之諤（由訟義引申為好爭辯之義）。諤字《說文》所無。《法言》中「渾噩」二字義恰相反；渾渾（言無圭角也），灝灝（雖無圭角而語條鬯也），噩噩（言語有鋒棱圭角也），今人以渾噩二字連用，可謂不通矣。《周禮》有「噩夢」，俗有「噩耗」之文，義訓可驚，乃屰之引申，謂啎屰于心也。噩亦為《說文》所無，然漢碑中已有其字，蓋即⿱吅屰字，形變作⿻屰㗊，遂誤為噩矣。花萼之萼《說文》亦無其字，《毛詩》「鄂。不韡韡」（鄂乃地名？），鄂係假借字，按古音⿱吅屰、午、牙音皆近，萼之正字或即芽字。

周二　渾、噩二字義正反：渾，言無圭角也，噩，言有圭角也。今人以渾噩二字連用，不通。噩，《說文》無，漢碑中亦有其字，蓋即⿱吅屰字形變作⿻屰㗊，遂從為噩矣。萼亦《說文》所無，⿱吅屰古音午，午、牙、芽音相近，故萼或即芽字。

單　朱一　假借為韡字。

朱二　單訓大，乃韡之假借。、、。單雙當作禪。

錢一　「大也」之訓，非其本義（本義見前禪字下），乃韡字之借也。

周二　訓大非其本意，乃鐸之假也。

哭部

走部

赴　赴　朱一　《禮記》「跛來赴往」，赴讀報【暴】。訃《說文》無，當作赴，古音蒲。赴聞，報死。

朱二　赴（古輕唇讀為重唇音，讀布。古人曰赴，今人曰報）與報（奔走報告）同。《禮記》「毋報往」，報之本誼當罪人（法律相當），《漢書》多用之。今報告作〈赴〉[訃]，《左傳》作赴，《儀禮》或作赴或作訃。今報告當作訃，漢初已用之。許慎不收訃字，是其拘泥處也。

錢一　趨也。《禮記》「跛來赴往」，赴讀如（訓？）報。古音赴如蒲，與報為雙聲，故赴聞即報聞。訃字《說文》無，亦當作赴。

周二　趨也。訃聞當作赴聞。古赴音蒲，蒲、報雙聲，故赴聞即報聞。

趣　趣　朱一　催促。旨趣亦從其嚮往之意引申。

錢一　催促。旨趣亦從其嚮往之義引申(?)。

趫　趫　朱一　女人裝高底，即趫字。

朱二　趫（平聲）與蹻（入聲）近。蹻（足底裝木也，女子高）底又即俗高蹻，即高腳人。

錢一　即女人裝高趫之趫。與蹻義近。

趮　趮　朱二　今作躁。

錢一　今作躁，同。

周二　趮、躁義同。

趯　趯

朱二　與躍實一字。

錢一　趯、躍同義，蓋一字。

周二　趯、躍義同。

⿺走厥　⿺走厥

朱一　跳高。

錢一　跳高。

周二　跳高也。

越　越

朱一　跳遠。

朱二　「對越在天」，箋云：「越，於也」，不通，越爲揚。干戈且揚，或作斧越。揚州或作越。飛揚或作飛越。對越者，對揚也，「對揚王休」是也。〔一〕

錢一　跳遠。

周二　跳遠也。

趵　趵

錢一　與「獨行犖犖」之犖義同。

趛　趛

朱一　趛倒頭。

朱二　趛（疑母）、頷（羣母）、欽（溪母），三字同。欽倒頭。

錢一　即「擻倒頭」之擻之正字。

趠　趠

錢一　趠、逴義近。

周二　趠、逴義近。

⿺走曼　⿺走曼

錢一　行遲也。即「慢走」之正字。

周二　即慢慢走字。

〔一〕《詩·周頌·清廟》：「對越在天，駿奔走在廟」，鄭玄箋：「越，於也。」《詩·大雅·江漢》：「虎拜稽首，對揚王休」。《書·說命下》：「敢對揚天子之休命」。孔傳：「答受美命而稱揚之」。

趚 朱二 接踵而行，不敢快步也。

⿺走咅 錢一 ⿺走咅、踣義近。周二 ⿺走咅、踣義近。

⿺走亘 朱一 爰（代）書，錄口供也。以口說，以筆代書之。朱二 易也。「爰田」，正字作⿺走亘；爰書，換書（錄供代其口語也）。錢一 「爰田」正作⿺走亘田，易田也。「爰書」，代書也(?)，亦為引申義。周二 爰田當作⿺走亘田，易田也。

⿺走甬 朱二 ⿺走甬與踊一字。錢一 ⿺走甬、踊同義，蓋一字。周二 ⿺走甬、踊義同。

⿺走斬 朱一 ⿺走斬進。漸，水名，浙江錢塘江也。朱二 漸進當從此。漸，錢塘江也。錢一 漸進之漸，正當作⿺走斬。漸者，水名，即錢塘江也。周二 漸漸當作⿺走斬⿺走斬，漸，錢塘江也。

止部

止 朱一 有停止，有足止，故此部有此兩種字。朱二 下基。古以止為足，《詩》「麟之止」。《說文》無趾字，正當作止。足之印地，其形止作。足了與止了同，人自頭至足即止，即到底也。錢一 有足止及停止兩義，故止部之字有此兩種義。

歱 錢一 此足踵之本字。

𣥺 周二 足踵之正字。
錢一 此𣥺歫字，俗作撐。
周二 今俗作撐。

歭 朱二 「歭乃糗糧」乃偫之假。[一]
錢一 「歭乃糗糧」‖偫。

歫 錢一 足距。歫止。抵歫(?)。

歬 朱一 前，古剪字也。
錢一 歬，前後之正字。前即翦刀之翦；翦乃假字，剪乃俗字，正當作前。

歷 朱一 曆，《說文》無。
錢一 曆，《說文》無，正作歷。
周二 《說文》無曆。

歸 朱一 「管氏有三歸」，有三女人也。
錢一 「管氏有三歸」，即有三個女人也。
周二 「管氏有三歸」，有三個女人也。

癶部

登 朱一 凡从豆皆有高舉意，古以豎為豆。
錢一 凡从豆之字皆有高舉義。豆，豎也。

[一]《書·費誓》：「歭乃糗糧，無敢不逮」，一本作「峙」。段注：「歭在《說文》為偫」，偫訓「儲備」，故《爾雅·釋詁下》云：「歭，具也」。

步部

步 步 錢一 步有二義：(1)行步。(2)推步。歲字入步部，即推步之義。

此部

呰 呰 朱一 所以從此，訾，不稱職也。《詩》「泄泄訾訾」。

朱二 呰窳與訾同。

錢一 从口此聲，與訾義同，溺職也。《詩》「泄泄訾訾」。[一]

周二 从口此聲，與訾義同，溺職也。《詩》「泄泄訾訾」。

紫 紫 朱二 《廣雅》作觜。

錢一 俗作嘴。

[一]《說文》呰訓「窳也」，訾訓「不思稱意也」，窳訓「汚窬也」。《詩》「翕翕訿訿」毛傳：「潝潝然患其上，訿訿然不思稱其上」。即今所謂「瀆職」，不想稱職之意。《漢書·地理志下》：「故呰窳媮生，而亡積聚」。顔師古注：「呰，短也。窳，弱也。言短力弱材不能勤作。」

第二篇下

正部

正 正 朱二《尚書》「惟正之獵」。正，充足也；不足為乏。
錢一古人足謂之正，不足謂之乏。《書》「惟正是求」。因正故征，引申為征伐。
周二古人足謂之正，不足謂之乏。《書》「惟正是求」。因正故征，引申為征伐。

乏 乏 朱一止，足也；正，足也。反正為乏。段解不明。
錢一止，足也；正，足也。反正為乏。段解不明。

是部

韙 韙 朱一

辵部

辵 辵 朱二【尺・舌上】。《經典釋文》音踱（舌頭，古音），踱，六朝人已用之。

迹 迹 朱一迹（十六部），蹟（十七部），鍚（十六部），昔（十五部）。「其速速」，段解錯，王《經義述聞》駁之。

䢦 䢦 朱一率、帥、悅即䢦字。
朱二先道也，率領當從此。率，鳥畢也。帥字亦從此。
錢一率先、將帥＝䢦（作衛亦可）。率，捕鳥畢也。帥即悅字，皆為假借字。

周二 率先字當作𨓆。帥、悅二字作率解者，亦即𨓆字也。作衛亦可。

邎　邎

朱一 今由字當作此。

朱二 由徑當從此，由，《說文》無。又與繇同。

錢一 自由、行不由徑＝邎。又與繇同（？）。

周二 由之正字。

𨑨　𨑨

朱一 引申為征伐。

錢一 因有正義，故引申為征伐。

迋　迋

朱一 《左傳》「迋勞」。「子無我迋」，乃誑字。

錢一 《左傳》「迋勞」。「子無我迋」，乃誑字。

𨑩　𨑩

朱一 「匪且有且」，且訓存（剛纔）。

朱二 往也。已往亦可引申為現在，故又訓存。

錢一 《詩》「匪我思且」、「匪且有且」，且皆徂之假字。徂，往也。訓今者，反義相訓也（且訓存＝剛纔？）。已往可引申訓現在，故可訓存。

周二 《詩》「匪我思且」、「匪且有且」，且皆徂之假字，徂，往也。訓「今」（存）者，以反義相訓也。

適　適

朱二 往也，之也。往者云云，又謂適者云云。

錢一 方過曰適（適纔）。往也，之也。往者云云，又作適者云云（？）。

周二 方過曰適。

遦　遦

朱一 遦、摜，習慣之慣當从上二字。慣，《說文》無，古人只作貫。

朱二 从手从辵之貫實皆當作貫，作慣乃俗字。

錢一 習也。習慣當作遦，或作摜，古只借貫，如「仍舊貫」。慣乃俗字。

周二 習也。習慣字當作遦，作摜亦可，古只作貫，如「仍舊貫」。慣係俗字。

造

朱一 引申為初作之造（造舟）。褋造【奏】之蓪本作造。

朱二 造，即皂隸之造士。

錢一 因造就義引申為初始，即造字（即造隸之造字？）。造之引申為褋湊之湊之正字。（造舟，即數舟（木？）絣䃶也）。造次係雙聲連語，因造、次雙聲，故一次亦作一造。

周二 就也。引申為雜湊（蓪字），蓋造舟由木湊拼也。造次雙聲聯語，故有「一次」作「一造」者。

逾

朱二 越進。「無敢昬逾」，無敢亂搞。

遝

朱一 遝‖迨，雙聲。

迮

朱一 乍乃止亡字。乍然當作迮。笮亦當作迮。

朱二 乍、窄二字皆當作迮。

錢一 乍然之乍當作迮（？）（乍，止亡也）。引申偪窄字亦當作迮。窄，俗字也，《說文》無。笮亦當作迮（？）。乍、窄二字皆‖迮。

周二 乍然（倉卒意）字當作迮，偪窄字亦當作迮。窄，俗字也。

逆 迎

朱一 逆【庚】，迎【陽】；平聲迎，入聲逆。不但雙聲也。

朱二 逆，迎也。順逆當作屰。迎（从卬，平聲）、逆（入聲），魚模與唐陽同入，故此二字乃一聲之轉。

錢一 逆，迎也。逆之平聲即迎字，不僅雙聲已也。迎，古在陽韻【音王？】，現入庚韻。迎（从卬，平），逆（入），魚陽對轉同入，故逆迎乃一聲之轉。〔一〕順屰。

〔一〕迎，《廣韻》「語京切」，在陽部；逆，《廣韻》「宜戟切」，在陽之入聲鐸部。

这 周二 逆之平聲即迎字，又雙聲，恐即一字耳。迎古音王，在陽韻，現入庚韻。
朱一 这遣。錯，别有解。
錢一 交錯之正字當作这遣。
周二 會也。这遣乃交錯之正字。

逢 朱一 夆聲，啎也，不逢焉啎，與逆同意。兩相碰只作夆（重唇）。
錢一 「碰着他」之正字當作逢。碰擊之正字只作夆（重唇音）。
周二 碰着之正字。

遌 朱一 訝（讀卧）。愕，《說文》無，當作遌。驚訝亦遌之假字。
朱二 今作愕，非。
錢一 訝，相迎也。訓驚訝者，係借為遌字。迓，《說文》無。驚愕、愕然之愕《說文》無，亦當作遌。
周二 「愕（驚貌）然」字《說文》無，當作遌。訝，《說文》「相迎也」。訓驚訝者亦當作遌。迓，《說文》無。

迪 朱一 揚子《法言》「蠢迪檢柙」（動由規矩）。故由亦可作迪作繇。
朱二 迪與由通。
錢一 引導也(?)。《法言·序》：「蠢迪檢柙」＝動由規矩。故由亦可作迪作繇。[一]
周二 道也。又引導也。《法言》「蠢迪檢柙」即動由規矩。

遞 錢一 更易也。遞送為遞字引申之義。
周二 更也。遞送為遞字之引申義。

迣 朱一 或謂屎即𡳐字之誤。

[一] 俞樾《羣經平議》曰：「《漢書·揚雄傳》注曰：迪，由也。是迪與由聲近義通。由者，用也」。

 逡

錢一 徙，古文作𡱝。《詩》「民之方殿𡱝」，𡱝字或謂即古文徙字之譌。（𡱝）。[一]

周二 逡也。「民之方殿𡱝」之𡱝，即徙。古文𡱝之形誤。

錢一 遷逡⊙。

 遜

朱一 逃。孫位。

朱二 謙遜當作孫（自稱□小也）。遜，逃也，貴人逃曰遜，平人逃曰奔；貴人死曰崩，曰遜，平人曰死。此古人之可笑也。

錢一 遁也，即「夫人遜于齊」之遜。貴人逃曰遜，平人逃曰奔。謙遜止可作孫（自小也）。

周二 遁也。謙孫。

 還

朱一 環繞字。

錢一 引申為環繞字，今用環字。

 選

朱一 顛、顛、巽、僎、筭、算、祘古皆為雙聲，皆為選擇之假字。

錢一 遣也。顛、顛、巽、僎、筭、算、祘皆齒音，古皆雙聲(?)，皆有具義；選之訓擇，恐是上數字之借。

周二 顛、巽（卦名）、顛、僎、算、筭、祘皆齒音，有具意；選之訓擇者，係上數字之假。

 逮

朱一 及也。

朱二 唐、逮雙聲。

錢一 逮⊙及。隶捕⊙。唐、逮雙聲。

周二 及也。隶捕。

[一]《詩·大雅·板》：「民之方殿𡱝，則莫我敢葵」。毛傳：「殿𡱝，呻吟也」。

遲

朱一 徐行。引申為延遲，又引申為待，遲明，待天明也，黎明亦然。

朱二 引申為待。

錢一 徐行也。引申為延遲，又引申為待，遲明，待天明也。黎明亦然。

邌

朱二 黎明亦天明，乃自夜待天明也。

錢一 徐也。黎明正作邌明，訓遲也。黎明非天明也，乃言自夜待天明也。黎明、遲明義同。

周二 徐也。黎明正作邌明。邌明，待明也。

逶

迆 迆

朱二 委蛇當從此。

錢一 此委蛇之本字。

周二 委蛇正作逶迆。

遹

朱一 本字欥。聿、曰。

錢一 《詩經》之「遹」字大概係「述」之借。至句首之遹字則與聿、曰等同為欥之借字。

周二 遹、聿、曰等字在句首為發語詞者，皆欥之假字。

違

朱二 「違國七里」作距離解，尋常之違作離解。

錢一 「違國七里」作距離解，尋常之違作離解。

遴

朱一 吝乃此字之假。遴柬，檢之假借。

錢一 遴選之遴係誤解，不通。『吝乃此字之假』。『遴柬，檢之假借』；『遴選當是柬選之借』。○三説又不同，姑並列俟質。

周二 遴選字不通。

達

朱一 「挑兮達兮」，往來也。今俗「挑達」意當作姚（易也）娧。

逯　逯

錢一　一往一來曰挑達（即《詩》之「挑兮達兮」），亦作佻達(?)。其作輕薄解者，正當作「姚娧」，姚，易也。通達係雙聲，達非正字，即通字之借也。

周二　挑達亦作佻達，一往一來之意也。作輕薄解者，當作姚娧，姚，易也。通達雙聲，達非正字，即通之假也。

朱二　凡从彔者皆不中用。

錢一　錄。未有奇節，當作逯逯。

迵　迵

朱一　通達也。洞悉字當作迵。

錢一　通達也，故洞悉字當作迵。

迭　迭

朱一　替代之替（顔師古《匡謬》「不有廢者，君何以興」）當作迭。替，廢也。

錢一　更迭也。替代之替，《匡謬正俗》以爲引申義，非也。實即迭之假借耳（迭爲替之入聲）。替，廢也。誼别。

周二　更迭也。替，廢也。替代字當作迭。

連　連

朱一　連接之連當作聯，連，負車也，輦即其或字。

朱二　與輦實一字。連絡當作聯。

錢一　負車也。輦即連之或體。連合、連貫、連接字均當作聯。連者，人在前拖之謂也，故拖車即可謂之連車。

周二　輦即連之或體，連結字當作聯。連者，人在前拖之謂也，故拖車即可謂之連車。

逑　逑

朱一　斂聚。鳩合之鳩當作勼，勼乃逑之假字。

朱二　「怨匹曰逑」乃仇之假。

錢一　斂聚也。鳩合正當作勼合，作逑亦可（勼乃逑之假字？）。「怨耦曰逑」正作仇。仇，匹也，以相反爲訓。

周二　鳩合當作勼合，作逑亦可。

遉 遉 朱二 與敗音義同。

逭 逭 朱一 俗云「你混」當即逭。打混（《唐韻》「逭，轉也」）即打逭。
朱二 【唤】。《方言》亦訓轉（打混）。逃走曰「滚蛋」，水沸曰涫（今音滚）。
錢一 滚蛋之滚，正即逭字。《方言》逭訓轉，此即打滚字，故打滚亦當作打逭，猶水滚當作涫。
周二 《方言》：「逭，轉也」，即打滚之滚，亦即滚蛋之滚。

遺 遺 朱一 遺、遂皆訓亡，兩字實即一字。
朱二 遺贈乃饋之假，皆从貴聲。
錢一 遺、遂皆訓亡，恐古只是一字。遺失係其引申義。
周二 遺、遂古音近，實一字耳。遂之訓「安」、「成」、「從志」者，皆㒸之假也。

遂 遂 朱一 訓安，訓從志，止當作㒸。
朱二 亡也。俞氏以為與遺一字。《說文》𨗨亦作遺可證。成遂乃㒸之假。
錢一 訓安、成、從志者當作㒸。

遒 遒 朱一 遒，迫也。酋訓終之本字當作就。
朱二 「遒人以本☒于路」，乃輶之假，亦即僧人。[一]
錢一 迫也。酋〇之訓終者常作就。《詩》「似先公酋矣」之酋，正當作就，作遒、酋皆借字也。〇代僧。
周二 酋之訓終者，當作就。

迾 迾 朱一 厲禁當从迾。行列之列亦當作迾，列即今裂字。蘺‖迾。

【一】此處脫文原稿未録全。《尚書·胤征》：「每歲孟春，遒人以木鐸徇于路」。傳：「遒人，宣令之官」。

錢一　厲禁、行列皆當作迾。列即今之分裂字（裂，布之餘也。衣縫也？誼別。）。行列所以用迾者，因用蘺笆遮好樹木，故有行列。

周二　厲禁、行列字皆當作迾。列即今裂字，裂，布之餘也。

迾　朱二　《說文》辛、㤠、迾三字同，今僅作㤠。

迦　朱一　【牙】。《管子》「我迦而不使也」，即今「趝住他」之趝。

朱二　今捉住人曰迦住是也。

錢一　《管子》「我迦而不使也」，即「迦住他」之迦。

周二　《管子》「我迦而不使也」，即「迦住他」之迦。

逴　朱二　古音弔，寫遠當作逴。寫，深也。

錢一　寫遠之寫當作逴◎。寫，深也，義別。

邍　朱一　高原當作邍。原即古源字，故今尚有原來之語，原來，源來也。

朱二　原，段說甚精。

錢一　平原、高原當作邍。原即古源字，故今語尚有「原來」之語，尚存雅訓。源係俗字，《說文》所無。（此字段說甚精）。

周二　平原字當作邍。源，《說文》無，即原字。原來即原之本義。

遽　朱一　傳。引申意「一曰窘」（迫也）。快車曰傳，由快車所發所止之處曰遽，曰傳，即驛傳也。

朱二　快車也。引申為急遽。傳亦快車，引申為驛傳，又引申為傳房，今作棧。

錢一　傳也，即車也（？）。因車快，故引申為遽速。(1)傳是引申義，快車曰傳；由快車所發所止處曰遽曰傳，即驛傳也。(2)蘧廬正作遽廬，傳舍之義也；傳舍者，暫住之所也。○二說疑有不同，並列俟質。

周二傳也，即車也。車快故引申為遽速。遽廬正作遽廬，傳舍之義也。傳舍者，暫住之所也。

彳部

德 德

朱一登也。《公羊》「德來」作「登來」。

錢一登也。《公羊》「德(?)來」作「登來」。道悳◎。

朱二道德當作悳。

周二道悳。

徯 徯

朱一即《左傳》之狃。

錢一「狃于成見」之狃當用徯字。

周二「狃於成見」字即徯字。

往 往

朱二往往當作暀暀，縫中現出明亮也。

彼 彼

朱一讀【歌】。凡从皮聲皆有加意。被乃假字。

朱二被即彼之假借。凡从皮皆有加意。被、貱。

錢一往有所加也。古讀彼如波，加如歌，皆在十七部（歌）。凡从皮之字皆有加義，如被、彼、貱皆是。被之訓有所加之義者‖彼◎。

周二往有所加也。古讀彼如波、加如歌，皆在十七部。凡从皮之聲皆有加義。被之訓有所加者當作彼。

循 循

朱一段解未是。撫循之循當作揗。

錢一撫循字不當作循，當作揗。段說非。揗，摩也。

周二撫循字當作揗。

微 微 朱一 隱行也。微小之微當作𢼸。「夫微之顯」，微乃顯之反，不誤。

朱二 訓非者，假借。

錢一 隱行也，微◎行。微◎顯（「夫微之顯」，微乃顯之反義，故當用微）。𢼸◎小。

周二 微㬎、微行。𢼸小。

𢓊 𢓊 朱一 行平易。今夷（平）字乃𢓊之假。

錢一 行平易也。平夷之夷當作𢓊。

𢔩 𢔩 朱一 抨、伻、荓、辯皆𢔩字之假字。

朱二 伻、苹、平、荓、絣皆𢔩之假字。

錢一 使也。凡訓使之抨、伻（《說文》無）、荓、辯等字均𢔩之借。

周二 使也。抨、伻（《說文》無）、苹、辯等之訓使者，皆𢔩之假字。

徬 徬 朱一 附行。引申為在傍之意，故傍當作徬。

錢一 坿行也。引申為徬邊，今誤作傍（?）。

周二 附行也。引申為徬邊。

徯 徯 朱二 聲變為捱（俗字），圭聲之字讀如雞，與徯相近。

待 待 朱一 竢。（待、竢、等之蒸對轉），寺聲、矣聲皆在第一部，故待、竢兩字實一字。

錢一 竢也。待从寺聲，竢从矣聲，寺、矣皆在第一部，故待、竢實可算是一字。待在之部，等在蒸部，之蒸對轉，故今有「等一等」之語，實即待字。

周二 竢也。待从寺聲，竢从矣聲，寺、矣同在第一部。故待、竢實即一字。等訓待係蒸之對轉。

假 假 朱一 格，至也，即此字之假。

錢一 格，至也，格即假字之借。

很　朱一　傲很，不聽從也。盭（戾）。

周二　傲很者，不聽從也。

徸　朱二　徸與踵聲義近。

㣈　朱一　古或作徇，殉乃俗字。本訓巡示，後引申為從人之意，故借從死亦曰殉，以身殉道也。

錢一　《說文》止有㣈字，本訓巡示。因徇首示眾必遍道中，故引申為徇從，故從死亦曰徇，今作殉節、殉難義，可謂不通極矣。徇、殉皆後起字，《說文》所無，而殉尤俗不可耐。

周二　古或作徇，殉乃俗字。本訓巡示，因巡示必遍道中，故引申為徇從。殉節、殉難義不通。

律　朱二　从聿者，筆也。筆以竹製，律呂亦竹製。其聲與類近，引申為法律。

御　朱二　使馬。御史、僕御、暬御皆引申為使意。「百兩御之」，乃訝之假字。御與馭同，駕馭今作駕駛，誤。駛，快走也，《說文》作[illegible]。

周二　使馬也。

亍部

廴部

廷　朱一　庭院之庭，當作廷（天井）；庭訓宮中（圍牆）。天井之合音即廷字。

錢一　庭訓宮中，係有屋之處，故中廷、廷園、廷院、大廷、朝廷皆作廷。

周二　庭訓宮中，係有屋之處，故中庭、庭園字當作廷。

建　朱一　引申為建立。

延部

延 朱一 長行。引申為〈變〉〔徧〕。

錢一 長行也。延長斯遍，故引申為徧。

行部

術 朱二 仁術，仁之路也。

街 朱一 圭有四角，故四通之道曰街。

錢一 从圭。圭有四角，故四通之道曰街。

周二 从圭，圭有四角，故四通之道曰街。

衝 朱二 （東部）。重，童聲，故轉為撞（江部）。

衙 朱一 行貌。〈衙〉〔衙〕門之〈衙〉〔衙〕當作牙門。軍門曰牙門（旗門，不獨官吏），牙旗。金吾（捂），不許進也，吾、牙音近。古御（勒住馬）、禦（不許鬼進）、籞（不許鳥飛出入），敔（使樂止）、金⿰金御（吾）（迦牙，阻止不許進也）。齊語「渠門」即牙門，車邊之渠亦作牙，渠牙音近。今之〈衙〉〔衙〕門乃不典。

錢一 行貌。衙門當作牙門（牙，即執金吾之吾）。軍門曰牙門（不獨官吏），軍旗曰牙旗。牙、禦、吾音近，皆有禁使勿入之意（牙、午音近，午、吾一字，故牙有禁止意）（?）。御（勒止馬）、禦（禁鬼入）、籞（鳥籠之類，禁鳥飛出入）、敔（使樂止）、吾（即⿰金御字，執金吾）諸字皆有禁止意。齊語有「渠門」，即牙門也。車牙（車輪之外廓）亦作車渠。門口立二旗曰牙門、渠門，引申其地即曰牙門。

周二　衙衙，行貌。衙門正作牙門。軍旗曰牙旗，故牙門即軍門。牙、午音近，午、吾一字，故牙有禁止之意。御（勒止馬）、禦（禁鬼入）、籞（鳥籠之類，所以禁鳥之出入也）、敔（音于，使樂止）、吾（金吾，即金御）諸字皆从午（吾）聲。渠、牙音近，齊語渠門即牙門，有說即軍門口之大旗，未審孰是。槎牙、楂牙由鉏鋤、齇齬轉來。

衞　衛

朱一　將帥之帥當作衛（帥字《說文》作帨）。

錢一　將帥之帥當作衛。

周二　將衛非帥。

齒部

齗　齗

朱一　牙之根當作齗，根、齗音近。

錢一　牙根＝牙齗◎。「笑不至齗◎」。

齔　齔

錢一　段云當从匕聲，亦無據。

⿰齒賣　⿰齒賣

朱二　「晳⿰齒賣」，白而齊也。

齇　齇　齬　齬

朱一　鉏鋙、槎牙、楂牙，古無麻部，故音相轉。

錢一　齇【牀呂切】、齬【魚舉切】。鉏鋙【音徂吾】、槎牙、楂枒、鉏吾、鉏牙、鉏鋤、駔牙，因古無麻部，故上列各字音皆相轉。

齱　齱　齵　齵

朱二　齱齵與齇齬一聲之轉，在古曰鉏鋤、鉏吾，轉為鉏牙，後歌入麻變為槎牙。

齾　齾

朱一　齾＝未憖＝歺。

朱二　缺（額入聲），抈斷，歺（殘歺也）。「糧缺額」亦與齾音義近。

錢一 缺齒也，引申為凡缺之稱。《左傳》「兩軍之士皆未憖焉」（憖、齾雙聲），憖字正作齾〔一〕。憖、歺近也。

周二 缺齒也。引申為凡缺之稱。《左傳》：「兩軍之士皆未憖也」，憖當作齾。憖，歺也，即彫殘也。

齰

朱二 漢文帝鄧通事（待查）〔二〕。

齦

錢一 即「狗齦骨頭」之齦。

⿰骨齒

朱一 切磋之切乃⿰骨齒之引申者。

錢一 切瑳之切當作⿰骨齒（乃⿰骨齒之引申者？）。

齝

錢一 牛反芻曰齝。

齭

朱一 引申為痛楚，楚當作齭，酸齭。

錢一 齒傷酢（醋）也。引申為痛齭、酸齭。

周二 痛楚當作痛齭。

⿰齒胥

朱二 今俗吃醋即此字。

牙部

牙 朱二 古牙、互形似，交互當作牙，象上下相交錯形。

足部

足 朱二 从止，止與足義同，皆有盡頭意。

〔一〕《左傳·文公十二年》：「兩君之士，皆未憖也」，杜預注：「憖，缺也」。「憖」與「慭」同。

〔二〕段注：「《鄧通傳》：『使太子齰癰』」。此條朱氏原以齚為字頭實乃「齰」或體。

踝　踝　朱一　踝确【古怪】‖軱确。《莊子》：「技經肯綮之未嘗，而況大軱乎」。[一]

錢一　腳孤拐當作腳軱踝。《莊子》：「技經肯綮之未嘗，而況大軱乎」，軱即踝也(?)。

周二　軱确即踝确。《莊子》：「技經肯綮（或作綮）之未嘗，而況大軱乎」，軱即踝也。

踦　踦　朱一　奇偶之奇當作踦。

錢一　一足也。奇偶當作踦。

周二　一足也。奇耦字當作踦。

跪　跪　朱一　有拜，有不拜，許、段皆未明。《荀子》：「蟹二敖八跪（足也）」，《韓非子》「刖跪」（「刖跪」者，刖足也。），故跪亦訓足。

錢一　拜也。有拜有不拜，許段皆未明(?)。跪引申《荀子》「蟹二敖八跪」、《韓非子》「刖跪」，皆訓足。

周二　有拜有不拜。《荀子》「蟹二敖八跪」、《韓非子》「刖跪」，則跪訓脚矣。

踖　踖　朱一　段注不相關。踧踖雙聲。

錢一　段注不相關。(1)「執爨踖踖」，不關本義。(2)[二]

蹻　蹻　朱一　蹻與趫同。引申爲驕貌。

錢一　與趫同。引申爲驕貌。

周二　蹻、趫同，引申爲驕貌。

跾　跾　朱一　倏然、儵然皆當作跾。

錢一　疾也。倏然之倏（借字）當作跾，或作儵者，亦假借字也。

周二　疾也。倏然或作儵然，其正字乃跾然。

[一]《莊子·養生主》：「而況大軱乎」，郭象注：「軱，戾大骨也」。

[二]《詩·小雅·楚茨》：「執爨踖踖，爲俎孔碩」，孔穎達疏：「踖踖然，敬慎於事而有容儀矣」。

踊

朱一 靴統子＝《左傳》「屨賤踊貴」。引申套在腿上亦曰踊，今作統子。

錢一 即今鞾統之統之正字。

周二 今鞾統之正字。

跈

朱一 引申為踣。

跛

朱一 此即步字之俗體，可刪。步已从止，又加足，不通。

錢一 與步音義皆同，當是俗體（或體？），可刪（？）。步已从止，又加足旁，重複無理，當係後出俗字。

周二 跛、步音義同，或即步字之或體。

踵

錢一 足跟當作歱。

踔

朱一 踔，踶也。踶，今俗作踢字，《說文》無。

踶

朱二 踶入聲為踢。

錢一 踢一脚之踢係俗字，《說文》無，當作踶（踢即踶之入聲也）。

躗

朱二 《左傳》「躗言」乃噧字之假借。〔一〕

蹵

朱一 喋血當作蹵血。

錢一 蹵足也。喋血當作蹵血。蓋是踏血，非吃血也。

周二 【徒叶】。喋血當作蹵血。蓋喋血非吃血，乃踏血也。

躇

朱一 〈跱〉〔峙〕躇，乍行乍止，與躑躅相轉。

錢一 峙躇不前也（乍行乍止），與躑躅相轉。

周二 峙躇，乍行乍止（不前也），與躑躅相轉。

〔一〕《左傳·哀公二十四年》「是躗言也」。杜預注：「躗，過也」。孔穎達疏：「服虔云：躗，僞，不信也」。

蹠　蹠

錢一　與跖義別。

周二　蹠、跖義別。

䟴　䟴

朱一　狼狽當作狼䟴。狽乃無此字，後人所造。

朱二　「狼䟴（跋）其胡」，後作狼狽，誤也。前踏其髮，後踏其尾，進退不便也。作狼狽相倚者不通。

錢一　狼跋亦作狼䟴。䟴、跋一去一入，實即一字耳。《詩》「狼跋其胡」，後人誤書作狼狽，已非；更造為狼、狽二獸，有狼狽為奸等語，可謂不通之極矣。顛沛之沛亦䟴、跋二字之借（顛沛‖顛跋）。

周二　狼䟴亦作狼跋，䟴、跋一去一入，實一字耳。顛沛之沛即此二字之假。

跋　跋

朱一　跋（入）䟴（去），一字也。顛沛之沛即上二字之假。

蹐　蹐

朱二　小步也，與重足而立意近。

踼　踼

朱一　《漢書》有逿字，即此，即今灙倒字。

錢一　《漢書》有逿字，即踼字，即今灙（⿰足尚？）倒之正字。

周二　即《漢書》之逿字，今灙倒字。

踣　踣

朱一　僵也，與偃正反。

錢一　頭向下足向上曰踣，僵也，與偃正反。

周二　僵也（頭向下足向上），與偃正反。

跔　跔

朱二　天寒腳轉筋也。

距　距

朱一　雞距（腳爪）。距止字當作歫。

錢一　此雞距字。距離、距止當作歫。

躧　躧

朱一　無後跟之鞋，經典相承作屣字。

跰 跰
錢一 無後跟之鞋（即屣字）。屣，《說文》無。
周二 無後跟之鞋。
朱二 足重跰，作蹣字亦可。

跂 跂
錢一 《莊子》「駢拇枝指」之枝當作跂。

疋部

疋 疋
朱二 大雅字。古雅讀烏，與疋近。大雅之本字當作夏。疋部今作疏，今寫字古亦讀疏。

𤴔 𤴔
𤴓 𤴓
錢一 𤴔，別語；𤴓，通言。
周二 𤴔，專名；𤴓，通名。

品部

喿 喿
朱一 噪乃俗字。
錢一 俗作噪。
周二 羣鳥鳴也。今俗作噪。

龠部

龠 龠
朱二 古冊編竹而成，龠亦編竹而成，非从侖。籥者，笘籥觚也。

龡 龡
朱一 吹氣、炊火通、龡樂器各別，今誤混用。
朱二 吹簫當作此。
錢一 普通吹氣曰吹，吹火筒（通）曰炊，吹樂器曰籥。

龢　龢

周二　吹樂器作籥，吹火作炊，吹氣。

朱一　調和也。唱和當作和。

錢一　此調和之正字。倡和當作咊。

冊部

扁　扁

朱一　楄、甂。

錢一　圓扁之扁當作楄或甂。

周二　圓扁之扁當作楄或甂。

第三篇上

品部

嚚 嚚 朱一 古音嚚、敖相似，故莫敖亦作莫嚚。《書》「呂獒」或作豪。梟雄或作勢，實即嚚、敖、豪之假字。

朱二 呼喚當作此。

錢一 古音嚚、敖相似，故莫敖亦作莫嚚。君長稱敖。《書經》「呂獒」（犬之大者），或作豪。梟雄（當用豪、敖、勢、嚚）或作勢，實即嚚、敖、豪之假字（?）。嚚、敖、豪三字本相通，豪傑＝勢。

周二 古音嚚、敖相似，故莫敖亦作莫嚚。君長稱敖。《書經》「呂獒（犬之大者）」，或作豪。梟雄或作勢，實即嚚、敖、豪之假字。

囂 囂 錢一 嘑也，讀若讙。呼喚＝呼囂。

舌部

舌 舌 朱二 从干不可解。段說亦牽强。〇案：是倒入意。

舓 舓 朱一 《孟子》「以言餂之」當作銛（銛鎖字）。餂，《說文》無；銛，《說文》又作鉆。

錢一 或作䑛。《荀子》「伏而咶天」，咶，即舓字（俗作舐狧?）。《孟子》「是以言餂之也」，餂，《說文》無，當作銛。《方言》「銛，取也」（銛，《說文》又作鉆），

俗語有「賊餂鎖」之語。[一]

周二 舓【神旨切，音士】，或作䑛。《荀子》「伏而咶天」，咶即舓字，《說文》訓「以舌取物也」。《方言》「餂【音忝】，取也」。《孟子》：「是以言餂之也」，餂《說文》無，當係餂之假。

干部

羊

羊 朱二 刺進去也。甚，男女之慾，安樂也。揕，亦刺進也。堪

谷部

㐁

㐁 朱一 㐁即狧字（《漢書》），讀若導，古作禫。

錢一 狧之正字，狧係後出字（見《漢書》），亦可作舓字用（？）。

只部

𠷎

𠷎 朱一 甯馨兒之𠷎。

錢一 寧馨兒之馨正當作𠷎。

周二 聲也。寧馨兒當作𠷎。

冏部

矞

矞 朱二 遹與述聲近，矞與鉥皆有穿意。譎者，善鑽縫也。

[一]《孟子·盡心下》：「士未可以言而言，是以言餂之也。」趙岐注：「餂，取也。」《漢書·吳王濞傳》：「語有之曰：狧穅及米。」顏師古注：「狧，古䑛字。䑛，用舌食也，蓋以犬為喻也。」

商 朱一 商量也。商賈當作𧷸。

錢一 商量。𧷸賈。

周二 商量也。商賈當作𧷸

句部

拘 朱一 止。句（勾）留當作拘。

朱二 今亦讀勾，出票勾人是也。

錢一 拘止也。句留亦當作拘。

丩部

糾 朱一 糾合當作勼。糾正者，因曲，非絞轉不可，故作糾。

錢一 糾合‖勼合。

周二 糾合當作勼合。

古部

嘏 朱二 「大遠也」。古聲為遐，《說文》無遐字，即嘏字。

十部

肸 朱二 肸、蠁雙聲，蟲聲。

卙 朱二 卙【制】。今云「密卙卙」是也。

协 朱一 本十人也，引申為十分之一作什。

錢一本十人也，引申十分之一作什(?)。亦作协。

卅部

世　世　朱二古世字同大（舌上作舌頭）。《左傳》「世叔」或作「大叔」，「大子」或作「世子」。

言部

謦　謦　朱二欬，揚聲也。

謂　謂　朱一今對人代作事曰「難謂你」，謂，報也。

朱二人有事而我評論之曰謂，言其相當也。訓勤者，効力之意，報効。「甚無謂也」者，「甚無當也」，有否定意。今曰無謂者，但有「不要急」意。

錢一報也。今俗語有「難謂尔」之語，即「難報你」也。

周二報也。俗語「難謂你」即難報之意。

請　請　朱一謁也。引申為請求。

錢一謁也。引申為請求。

許　許　朱二「〈照〉［昭］茲來許」，乃所字之假借。何許、幾許亦言所也。所者，猶蘇州人言場地也。古時間、空間皆作所。

讎　讎　朱一「賈用不讎」，俗作售。

朱二讎，報也，當也。

錢一相對曰讎，非專言仇讎。又應也，《詩》「無言不讎」。又償也，《詩》「賈用不讎」（俗作售）。俗語「對頭」即讎(?)，此蓋專指仇讎言也。

諸　諸

周二　相對曰讎，非專言仇讎。又應也，《詩》「無言不讎」。又償也，《詩》「賈用不讎」。俗語「對頭」即讎，此蓋專指仇讎而言也。

朱一　辯。古人都字與諸字相通，如都察院是也。漢有都尉、都司空，都者，總辯也。辯即今辦字。段解非。

朱二　辡，對辯字當作辡；辯者，治也，今作辦字。諸，古音作都：孟諸，孟都。又引申為徧，今諸義如此，詞之總也。漢都尉、都司空者，都，總也，頭目也；今總辦即是也。

錢一　辯也，衆也。辯即今辦字（段改辨，非）。漢有都尉、都司空，皆總也，言頭目也。明有都察院。都者，總辯也。都、諸古通，都即借為諸字（孟都，明諸）。

周二　古人諸與都相通。諸，衆也，辯也。漢有都尉、都司空，明有都察院。都者，總辯也，與諸正類。

諷　諷

朱一　背書曰諷（無音節），有聲調曰誦，審意味曰讀。

錢一　背書曰諷（無音節）。

周二　背書曰諷（無音節）。

誦　誦

錢一　有聲調曰誦。

周二　有聲調曰誦。

讀　讀

錢一　審其意味曰讀。

周二　審其意曰讀。

訓　訓

朱一　說教。引申為教訓，為訓詁。《史記》「言不雅馴」，馴乃訓之假字，言「言不典則」也。

錢一　《史記》「言不雅馴」，馴乃訓之借。雅訓者，典則也；言不雅訓者，言不典則也。訓引申為教訓，為訓詁，又與順同誼。

譔　譔

周二《史記》「言不雅馴」，馴即訓之假。雅訓者，典則也。又與順殆同義。

朱二 異譔，異其具也。

詖　詖

錢一「辨論也」。「皮，剝取獸革也。」故凡从皮者皆有分析意，如「柀，析也」。

周二「辨論也」。「皮，剝取獸革也」，故凡从皮者皆有分析意，如「柀，析也」。

詻　詻

朱一 與咢同，皆訓訟。

朱二 與咢同（譁訟也），今作諤。

錢一 與咢同，訓訟，殆是一字。今作諤。

周二 與咢同，皆訓訟。

論　論

朱一 古論語字，恐只作侖，侖，理也，與倫近，天倫者，自然之條理也。漢人凡取決（殺）亦曰論（理也）。

錢一 古論語字恐只作侖。侖，理也。漢人凡取決（殺）亦曰論（理也）。

周二 古論語字恐只作侖。侖，理也。漢人凡取決（殺）亦曰論。

訂　訂

朱一 平議。訂約之訂，古無此字。

錢一 平議也。訂約之訂，古無此字。

詳　詳

朱一 佯狂之佯當作昜；昜狂，實不狂也。

錢一 佯狂之佯，《說文》無。古（《漢書》）借用詳，正字殆當作昜。昜狂者，實不狂也。

周二 佯（《說文》無）狂，漢借用詳，正當作昜，蓋非真狂也。

識　識

朱一《說文》無志字，即識字也。

錢一《說文》無志字，即識字也。蓋古識、志、意三字通用。

周二《說文》無志字，即識字也。蓋古識、志、意三字通用。

訊　訊

朱二 與詢同。

詧 錢一 察，一切之察（通）；詧，以言察（别）。

周二 以言察曰詧。

訠 朱一 凡从乃聲多有厚意。

錢一 厚也。凡从乃聲字多有厚意。

周二 厚也。凡从乃聲字多有厚意。

誓 朱一 約束。引申為彼此相約束，如「誓，矢也」。

錢一 約束也。引申為彼此相約束，如「誓，矢也」(?)。

周二 約束也。引申為彼此相約束為誓矢。

譣 朱二 徵驗當作譣；驗，馬名也。

錢一 問也。證驗、經驗、驗傷等當作譣。驗，馬〈鳴〉[名]也。

諝 朱一 《廣雅》「令得用諝」。今清楚之楚即諝。

朱二 胥，醉蟹也。胥吏之胥當作諝。

錢一 知也。張揖《上廣雅表》「令得用諝」，諝，知也。令人謂清楚=清諝。

周二 《廣雅》「令得用諝」。今清楚之楚即諝。諝，知也。

諴 朱一 諧和之諧當作諴。

錢一 諧和之諧當作諴。

周二 諧龢之諧當作諴。

⿱肉言 朱二 肉聲。肉之平聲即⿱肉言。

說 朱一 悅也。悅，《說文》無。

錢一 《說文》無悅字，正作說。

周二 悅，《說文》無，當即說字。

話 朱一 凡从𠯑聲皆有會合意。

謐

錢一「會合善言也」。凡从㕡聲字皆有會合義。

朱一《莊子·齊物論》:「其厭也如緘，以言其老洫（謐）也。」人老安謐。

錢一《莊子·齊物論》:「其厭也如緘，以言其老洫也。」洫即謐字，靜也（人老斯安靜）。《漢武帝内傳》「内外寂謐」，謐，靜也。

周二《莊子》:「以言其老洫（謐）也。」《漢武帝内傳》「内外寂謐」，謐，靜也。

誼

朱二 古義字。義，古儀字。

錢一 仁義當作誼。義，即威儀之儀。儀，象也。

諓

錢一 巧言也。蓋所謂巧言者，未必盡壞也。一曰譃也。〇 巧言之訓非《說文》所有。

周二 巧言也。蓋所謂巧言者未必盡壞也。一曰譃也。

誐

朱一 古讀歌，故訓嘉。

錢一 古讀歌(?)，故訓嘉。

周二 古讀歌，故訓嘉。

護

朱一 救視也。从救引申曰保護，从視引申曰〈辨〉〔辯〕護。

錢一 救視也。从救義引申為保護，从視義引申為〈辨〉〔辯〕護。

周二 救視也。从救引申為保護，从視引申為辯護。

諰

朱二 畏葸當作諰，膽大者不思。

錢一 畏葸＝諰。（膽大者不思）。

譒

朱一 布告當作譒。

錢一 布告＝譒告。

周二 布告當作譒。

謝

朱一 辭去。拜賜曰謝已不可解，然古已通用（引申為榭），可單作䠶（即射）。故庠序亦作豫射。堂曰序，故榭可徑作䠶。

朱二 經典臺榭字皆作謝，其實乃射字。射箭處曰射，猶學問處曰學堂也。

錢一 辤去也。拜賜曰謝，不可解，然古已通用，如《禮記》「從而謝焉」。引申為榭（臺榭），可單作躲（經典借用謝。射箭處曰射。榭乃俗字）。「故庠序亦作豫；射堂曰序，故榭可徑作躲」(?)。○「」內語甚費解。

周二 「辤去也」。拜賜曰謝，甚不可解，然古已通用，如《禮記》「從而謝焉」。

訖　訖

諺　諺

朱二 《說文》無迄字，只作訖。

朱一 往古傳言。非俗語也。

錢一 往古傳言曰諺。非謂俗語也。畔喭與跋扈義同，雙聲相轉。

周二 往古傳言，非俗記也。

訝　訝

朱一 迎逆，遻訝古音相通轉。驚訝當作咢。

朱二 迎逆，訝遻皆一平一仄。驚遻今作愕。

錢一 迎逆，遻訝古音相通轉。驚訝正作遻，今作愕。

周二 訝、迎、逆、遻古音近且通。驚訝當作咢，訝，相迎也。

講　講

朱一 或口說不可稱。講，習也。

錢一 『「學之不講」，講武。講，習也。講，和解也。』(1)或謂口說不可稱；講，習也。(2)○不憭。

周二 「學之不講」、講武，講，習也；講，和解也。

訥　訥

朱一 與吶近。

錢一 與吶近。訥，言難也；吶，言之訥也。

周二 與吶近。訥，言難也；吶，言之訥也。

謷　謷

朱一 尋常用詘、叫，痛嘑曰謷。

錢一 尋常用詘、叫，痛嘑曰謷。

譊

周二　尋常用詔、叫，痛嘑曰謷。

朱一　「討譊」，俗語；《漢書》作「呼謈」。[一]

錢一　「恚呼也」，即怒嘑也。俗語曰「討譊」。

周二　俗語「討譊」。「譊，恚嘑也」，即怒嘑也。

諼

朱一　詐。訓忘只作萱（藼，忘憂草）。

錢一　詐也。訓忘之諼當作藼；藼，忘憂草也。

周二　詐也。訓忘［之］諼當作藼，蓋藼係忘憂草也。

訑

朱一　江南語「跳訑子」。

錢一　欺也。今江南有「跳訑子」語。

周二

謾

朱一　今作瞞。

錢一　欺也。今用瞞。

周二　今作瞞，欺也。

詒

朱一　贈遺作詒，貽乃貝名。

朱二　《漢書》作紿。諞人曰詒，與人亦曰詒；猶予人曰予，諞人曰「反予」作幻也。

錢一　相欺詒也【徒亥切】，一曰遺也【與之切】。贈遺作詒（？），貽乃貝名，另是一字。○《漢書》借用紿。

訕

錢一　與姍義近。

譏

朱一　「關市譏而不征」，與稽近。

錢一　誹也。「關市譏而不征」之譏當作稽。段說非。

［一］《漢書·東方朔傳》：「舍人不勝痛，呼謈。」顏師古注：「謂痛切而呼叫也。」

誣

周二「關市譏而不征」當作稽。譏，誹也。
朱一 加也。加與假音近。段說亦通。
錢一 加也。古無架字，架即加也，架謂憑空構架，如鳥類架巢然。加、假通，謂假話也。段說亦通。
周二 加也。古無架字，架即加也。架謂憑空構架，如鳥類架巢然。架與假音近。

譸

朱一 譸、張雙聲，亦作輈張。說謊曰譸張，說大話亦然，落宕不羈亦然。或作侜張，即《論語》「朱張」。
朱二 今作謅誑。
錢一 譸、張雙聲，本義為說謊，引申為說大話，為落拓不羈。或作侜張（即《論語》之「朱張」）、輈張，皆同。今俗云謅△誑（謅即譸之俗字）。
周二 譸、張雙聲，亦作輈張，說謊曰譸張，說大話亦然。落拓不羈亦然。或作侜張，即《論語》「朱張」。

詶

詛 詛

錢一 祝福曰祝，祝人禍曰詶曰詛。
周二 詶、詛，所以望他人有禍也。

誃

朱一 離別之離《說文》無。離乃離黃鳥也。離別當作誃。凡从多聲从离聲同在十七部，故螭或作蛇。
錢一 離別也。離別之離《說文》無。離，離黃鳥也，正字當即誃字。古凡从离从多之字相通（同在十七部），如螭亦作蛇。
周二 離別也。離別當作誃別。離，〔離〕黃鳥也。凡从离聲及多聲字同在十七部，故螭亦作蛇。

誖

朱一　昏亂、惑亂，古或作或。

錢一　昏亂、惑亂（誖與惑、或同意）。

周二　昏亂、惑亂。

註

朱一　註誤，今人作掛誤，不通。

錢一　註誤，今人作掛誤，不通。

周二　誤也。今人作掛誤，不通。

詯

朱二　打唉也，胃氣出也。

訾

朱一　不肯稱職。呰訓窳，嬾惰也。

朱二　訾與呰皆嬾惰。訾毀當作呰。貲，《說文》無，□官□□□□為無訾（無相當之價值。不稱意。

錢一　訾，不思稱意也。呰訓窳，嬾惰也。今訾、呰通用（?）。

周二　不思稱職也。呰訓窳，嬾惰也。今訾、呰通用。

訇

朱一　本假為轟，俗作哼。

朱二　古假作轟，俗作哼。

錢一　大聲之訇，本借為轟。〇段改「騃言」為「駭言」，誤。俗作哼（騃言者，自言自語也）。

周二　假作轟，俗作哼，駭言也。

諞

錢一　即俗之騙字。

訌

朱二　訌叕即訌綴。綴飣、訂約當作丁。

錢一　訂定之扣定，即當作訌。訌叕即訌綴。（綴飣(?)、訂約＝丁）。

誂

朱一　今作挑，目挑心與。

錢一　以言誘引也。今作挑（目挑心與）。

周二 以言誘引也。今作挑。

譀 譀

朱一 說假話也。今憨字與此相近。

錢一 說假話也。今憨字與譀相近。

周二 說假話也。今憨字與此相近。

誕 誕

錢一 大話。故引申為大。

讀 讀

朱一 兵潰當作讀,不作潰。

朱二 止也。引申為兵讀、潰決也。

錢一 兵潰字當作讀(為引申義),然用潰(潰,決也)字亦可通。

周二 兵讀作潰亦通。

訆 訆

朱一 《說文》三叫字分為三部,嘂、叫、訆宜擇一字為正,而以其二為或體。許亦未了。

錢一 與嘂、叫音義皆同,實只一字。止須擇一字為正體,餘二為或體,則得矣。許分列三部,亦未了之處。

周二 與嘂、叫音義皆同,但須擇一字為正,而其他為或體較妥。

譁 譁

謣 謣

朱二 《玉篇》云同一字。

譌 譌

朱一 作為當云作偽,偽即譌字。

朱二 雩、華、蘤、花同一字,則譌亦同上二字。〔一〕

錢一 『作為當云作偽,偽即譌字』。(1)『偽,古作為字,故「東作」、「南偽(譌)」作、偽意同』。(2) 〇 上列二說似謂:《尚書》「平秩南譌」,譌字當作偽,偽即「作為」之為之正字。「東作」與「南偽」義同。未知是否?俟質。

〔一〕朱氏第二次筆記將「譁、謣、譌」三字併為一條訓釋,而其第一次及錢氏筆記僅有「譌」字一條。今從分釋。

周二 作為當云作僞，僞即譌字。

謬 謬 朱一 與差繆異。
錢一 與差繆異（與繆小有別？）。
周二 與差繆異。

詤 詤 朱一 夢言與説詤近。
錢一 夢言也。夢言與説詤近。
周二 夢言與説詤近。

謈 謈 朱二 朔傳即譊字。[一]

訬 訬 朱一
朱二 訬獪，讀若毚。毚，兔也；㲋，亦兔也。

諆 諆 朱一 （欺），詆諆。
朱二 與欺同。
錢一 欺也。詆諆＝詆欺（？）。
周二 詆諆＝詆欺。

訏 訏 朱一 反訓也，故曰信。
朱二 《爾雅》云「大也」。
錢一 詭譎也。訓信者，以相反為訓。
周二 詭譎也。訓信者，反訓也。

⿰言差 ⿰言差 錢一 即嗟字。

讋 讋 朱一 音疊。即《詩》「震疊」，與慴同。

[一]《漢書·東方朔傳》：「上令倡監榜舍人，舍人不勝痛，呼謈。」章謂「呼謈」即「討譊」，參見前面「譊」字之訓。

朱二 古齒音讀爲舌頭音，如慴。《詩》「莫不震慴」，或作讋。

錢一 《詩》「莫不震疊」（疊，讋。古無舌上，古齒作舌頭，讋即讀疊），與慴同。《項籍傳》「諸將讋服」，失氣言也。

周二 與慴同。《項籍傳》：「諸將讋服」，失氣言也。

詾 詾

朱二 訟也。人心詾詾當作兇。凶或作兇者，假借字也。

訟 訟

朱一 公言。歌訟，頌乃容字。

朱二 雅頌（頌當作訟，歌訟也）。頌，容也；誦，讀也。

錢一 公言也。風雅訟⊙。歌訟。頌乃形容字。

周二 公言也。歌訟。頌乃容字。

訐 訐

朱二 寒部無入聲，以支部爲入聲，故讀吉。

錢一 因十四、五兩部同入，故訐讀居謁切。寒無入，用脂（支？）入。

讓 讓

朱一 責讓。謙讓當作攘。

朱二 責讓也。謙讓字當作攘。

錢一 責讓⊙。謙攘。

周二 責讓。謙讓當作攘。

誎 誎

朱一 譏刺當作誎。

錢一 譏刺‖譏誎⊙。

周二 譏刺當作誎。

誶 誶

朱一 與訊通。

錢一 與訊音義相近（雙聲）。

𧬄 𧬄

朱一 責望當作𧬄。

錢一 責望‖𧬄⊙。

詭　詭

朱一　責也。詭◎詐當作譎◎。

朱二　詭詐亦作恑，實當作危，傾危也。

錢一　責也。詭詐之詭為譎字之假借。譎在十七部，轉十六部，故借用詭（十六部）。

周二　責也。詭詐當作譎。

證　證

朱一　告也。證驗當作徵。

錢一　告也。證據、證驗＝徵◎。

周二　告也。證驗當作徵。

詘　詘

朱一　屈◎曲。

錢一　屈曲當作詘曲(?)。

周二　詰詘雙聲，有屈曲意。

𧧝　𧧝

朱一　與怨同。慰訓怨，尉與慰同。

詗　詗

朱一　偵探當作詗。

朱二　偵探當作貞，「貞，卜問也」（《說文》）。

錢一　偵◎探＝詗◎探。

周二　偵探當作詗。

詆　詆

朱一　責問。

錢一　與訶皆責問也，非罵也。

誰　誰

朱一　誰何【音呼】，責問（督責意，查問也）。引申為誰人。

朱二　「陳厲兵而誰何」，查問也。

錢一　誰何，責問語。引申為誰人。（「陳厲兵而誰何」，查問也）(?)。

周二　誰呼（何）也，係責問語。引申為誰人。

諽

諽 朱一 與誡同。

錢一 與誡同。

讕

讕 朱一 抵讕（賴）。

錢一 抵賴之正字。讕（十四），賴（十五）。

周二 詆讕（俗作賴）。

誓

誓 朱一 悲聲，聲破。《王莽［傳］》「大聲而嘶」。聲破曰嘶，今曰沙。《周禮》：「烏皫色而沙鳴」，注：「沙，嘶也。」

錢一 悲聲，聲破也。《漢書・王莽傳》「大聲而嘶」，嘶即誓也。今俗有「沙喉嚨」之語，亦即誓字。《周禮・天官・內饔》「烏皫色而沙鳴」，注：「沙，嘶也。」（誓十六，沙十七）。

周二 悲聲，又聲破也。《漢書・王莽傳》「大聲而嘶」，即今發散聲謂之沙之沙字。《周禮》「烏皫色而沙鳴」，注：「沙，嘶也」。

訧

訧 朱一 有過曰訧。尤亦過也。

錢一 有過曰訧。尤亦過也，亦借用郵。

周二 有過曰訧，尤亦過也。

誅

誅 朱一 糾責。殺戮之誅當作殊，《漢書》「殊死」，殺頭曰殊。（引申為斷）。

朱二 殺戮之誅漢人往往作殊，殊，斷也。漢律：殺頭曰殊死，與誅死同。後用法律殺人曰誅，尋常殺人曰殊。戮與誅同。「誅求無厭」，乃糾責意。

錢一 糾責也。殺戮之誅，漢人往往作殊。殊，斷也。漢律：殺頭曰殊死，與誅死同。後用法律殺人曰誅，尋常殺人曰殊，戮與誅同。「誅求無厭」乃糾責義。《漢書》「罪殊死」，絞曰死，斬首曰殊死。引申為殊死（斷？）。

周二 糾責。殺戮之誅當作殊。《漢書》「殊死」，殺頭曰殊。引申為斷。

討 討

朱一 訓治，亦訓亂；討亂者，治也。

朱二 今人索物曰討，即誅求之意，如討賬是也。引申為討飯之討，無誅求意。討訓亂者，乃糅之假借，討从肘省聲，肘與糅音同。

錢一 訓治亦訓亂。討亂者，治也。

讄 讄

朱一 禱也。誄，謚死也。

錢一 禱讄之讄。誄，謚死也；與此義別。

誄 誄

朱二 誄，纍也。纍列生時之行迹讀之以作誄，與今時行狀同，惟誄有韻，行狀無韻。

謑 謑 **詬** 詬

朱一 謑詬，無耻也。

錢一 奊詬同，無耻也。

周二 謑詬，無耻也。

諱 諱

朱二 《莊子》：「孔子曰：我諱窮久矣」，諱非訓忌，乃厭也。

該 該

朱一 軍中約。今俗語曰「該應」亦係約束。該括之該當作晐。

朱二 軍中約（約束）也。今云「該應」與法律上云「該管官」皆有約束意，云「該督」等不通。

錢一 軍中約也（即約束）。今俗語曰「該應」，亦言有約束也。由軍中約之引申，即今「該管官」字，猶存本義。「該督撫」、「該縣」等，不通也。該備當作晐（賅？）。凡該應、該管官皆有約束義。

周二 軍中約也。今俗語曰「該應」，亦係約束。該括之晐。

誩部

誩 誩

朱二 口爭曰誩。从人之競一切相爭。

競 競 朱一
錢一 誩、競二字同，不必分。

音部

韽 韽 朱一

章 章 朱一 樂竟。引申為文章。章明當作彰。《爾雅》「上正曰章（古人往往作商）」。[章]丘，後造為嶂。[一] 章華臺（《史記．藺相如傳》）。楚亦有章臺。上四方曰章華。
錢一 章、商古通，故有章丘（商丘也）、章華臺之稱（?）。彰明較著，上正曰章，不知所本。俗作嶂。
周二 彰明也。上正曰章丘，又商丘；章商古音同，後因造嶂字。章華臺亦取義於此也。

竟 竟 朱一 境界古止作竟，或借作壃。境與壃（古音）同音，境乃俗字。古竟意惟指邊，後引申中亦曰竟，非也。
錢一 竟界之境正當作畺（壃？）。境、壃同音（？），境乃俗字。
周二 境界止當作畺，境壃同音。境乃俗字。

辛部

童 童 朱一 男有辠者。兒童當作僮。引申上無草木曰童山（如僮無冠）。夫人自稱曰小童，小童，小妾也。〇其實童、僮皆作僮。

[一]《爾雅．釋山》：「上正，章。」郭璞注：「山上平。」邢昺疏：「正猶平也，言山形上平者名章。」章丘俗作嶂丘，即商丘。

朱二　豎（未冠之稱），罪人既髡則不冠，《漢書・王式傳》可證。童昏之童與禿音近，故引申為童山。

錢一　男有辠者曰童，童僕、僮子。引申為上面光曰童（因僮子未冠、童僕不冠），故山頭無草木曰童山。夫人自稱曰小童（小妾也，亦童僕之意）。○罪人既髡，故不冠，《漢書・王式傳》可證。童昏之童與禿音近，故引申為童山。

周二　男有罪者。兒童當作僮，引申無草木之山曰童山，如僮無冠（或云罪人亦無冠）。夫人自稱曰小童，小童即小妾也。

妾

朱一　女有辠者，漢有官婢是也。引申為妻妾，不聘者也。

錢一　女有辠者。引申為妻妾。

周二　女有罪者，引申為妻妾。

丵部

業

朱一　《爾雅》「大版謂之業」，引申小版亦曰業。《管子》「修業不息版」。古無紙，故用版，「肄業」，讀版也。事業當作帇（手之便捷也，又引申一切手技之物曰帇），引申也。

朱二　大版之總名。懸鐘鼓者，其一種耳。《論語》「觚不觚」即版也。《管子》「修業不〈棄〉[息]版業不棄版」，業即版。引申為學業。

錢一　大版之總名。懸鐘鼓者，其一種耳。《論語》「觚不觚」即版也。「丵本叢生草也，故業从之；業从丵，亦不平。巾，方板也」（?）。《爾雅》「大版謂之業」，引申凡板皆可稱業。《管子》：「修業不息版」。古無紙，故用版。肄業者，即肄版也。事帇、基帇、學業（引申義）。○觚亦版也。

叢 朱一 取【州】聲。

錢一 从取聲者，因東侯對轉。

周二 大版謂之業，引申凡版皆可稱業。《管子》：「修業不息版」。古無紙，故用版。肄業即肄版也，事業當作𦘔。

對 朱二 从士亚非漢文帝所造，如武則天造十三字。非盡造也，用古字耳。

錢一 應無方，故从丵。檢《小學答問》。

菐部

菐 朱一 瀆菐，煩瀆也。漢高祖罵人三語曰「腐儒」、「豎儒」（與侏儒近）、「鯫【愁】生」（服虔注：「短小人」），腐非腐敗字，實即府字，短小〈曰〉〔人〕，（即「僕儒」）。

錢一 瀆菐，煩瀆也。

周二 瀆菐，煩瀆也。漢高祖罵人語有三：曰「腐儒」、「豎儒（與侏儒近）」、「鯫【愁】生（注：短小人）」。腐即府，亦短小也。

僕 朱二 太僕＝御。駙（馬）＝僕。古無輕唇，故駙音僕。《漢書·張敞傳》「拊馬」即駙馬。

錢一 漢高祖詈人有三語：(1)豎儒，(2)腐儒，(3)鯫生。豎儒與侏儒同，短小也。腐儒非腐敗之謂，腐即府字，人府則短小，或即僕字，僕與豎亦同義。鯫【鄒】生，服虔注：「短小人」。蓋古人于人之短小、庸愚、卑賤者皆同一輕視。

𦤎 朱一 𦤎賦。頒，大首也。

錢一 𦤎⊙賦。頒，大首也。

周二 𦤎賦。頒，大首也。

𠬞部

奉　奉　朱一　捧，俗。既已从二手，又加一手，不通。
錢一　俗作捧，奉从𠬞，已兩手，後加手旁，不通。
周二　捧之正字。

奐　奐　朱一　取換，換當只作奐，奐既从二手（𠬞），又加一手，不通。
朱二　鄭注「泮奐」〔為〕縱施（引申）。徐文長所造甩字即奐字，縱施有摇意，故引申為調奐。
錢一　取奐也，即換字。奐既从𠬞，後加手旁，不通。故換必係後出俗字。○《說文》雖有換字，古或只作奐。
周二　取奐。換係不通之字。

⿱睪廾　⿱睪廾　朱一　鐘鼎字假借為擇字。
錢一　鐘鼎中有此字，係借為擇字。

𢍏　𢍏　朱二　舉也。麒麟長頸而舉也。古注似誤，京房云：身長丈二曰舉頸也。

弄　弄　朱一

戒　戒　朱一　警。後用器械字。
錢一　警也，後用器械字（?）。

兵　兵　錢一　本兵器也，引申為兵卒。

龔　龔　朱一　與恭同。
朱二　恭敬字鐘鼎往往作此。
錢一　與恭音義皆同。恭敬字鐘鼎往往作龔。
周二　與恭音義同。

具　朱一

𠬞部

樊　朱二今云樊籬。

共部

共　朱二《説文》扛訓舉，數人共舉也。扛从工聲，古無三江韻，與共皆从工聲，故共、扛實一字。

龔　朱一與供給同。

朱二供奉也。「龔行天之罰」即「奉行天之罰」。

錢一與供給字同誼。

周二與供給同。

異部

戴　朱一分物增益，與直（值，價值相當）相近。《考工記》：「謂之牛戴牛（死牛皮骨與［活牛同值］）」，此戴即價值字。故價值字當作戴。戴、直皆在一部。戴冠當作載。

朱二得增益曰戴，引申為戴冒，實當作載字，《詩》「載弁求求」。「牛載牛」，謂值相當也。古值字只作直，古直讀德（齒音作舌頭音）；德之入聲曰戴。「牛戴牛」者，死牛之皮骨與生牛之直相當也。

錢一《説文》「分物得增益曰戴」，與直（值）義近。值，持也，義別。《考工記》曰：「謂之牛戴牛」，言死牛之直與活牛同，戴即直也。直古音德，與戴同在第一部。戴于首之戴當作載（《詩》「載弁求求」）。

周二《考工記》「謂之牛戴牛」，此戴即價值之值字（古只有直字）。戴，古音荅（去聲）；直，古音特（入聲），同在第一部。戴帽當作載帽。

舁部

舁　朱二　今輿論字當從此。

與　朱一

錢一　臼、與同韻，升高也。升高難，必數人共舉，故从舁。

與　朱二　黨與也。施與當作与。

興　朱一　起。高興之興當作嬹（悅也）。

錢一　起也。高興當作嬹。

周二　起也。高興當作嬹。

𦥑部

要　朱一　引申為要約之要，當作約，簡要亦當作約。

朱二　其篆本作要，段氏改之。引申為久要＝約也。約有期會意，要之意亦有期望。

錢一　要、約同部，故要約、簡要、體要之要均約字之借（引申為久要，約也，約有期會意，要之意亦有期望）。欲與人索物曰要者，亦謂我指約此物而定之也，故亦即約字。

䢅部

䢅　朱二　今作晨，如申古作𦥑也。晨，大曟（房、心、尾也）[一]。早晨當作䢅。

[一]《玉篇·晶部》：「曟，宿也。亦作晨。」《說文·晶部》：「曟，房星，為民田時者。晨，曟或省。」故此處當為「房、心、尾之房」省，單指二十八宿之一的房宿。

爨部

釁　釁　朱一　構釁，亦从有縫引申。

朱二　以血塗之者，恐其有縫也。引申為構釁，亦有縫意。「何以在亹門」實即釁字。鐘鼎作𦥑，即釁字，「亹亹」、「文文」、「勉勉」，文王也，古讀門，釁亦讀門，之蒸對轉。[一]

錢一　有罅曰釁。構釁之釁亦從有罅意引申。以血塗之者，恐其有縫也。引申為構釁，「鳧鷖在釁」。「亹亹」、「文文」、「勉勉」，「文王也」(?)，古讀門，釁古亦讀門，之蒸對轉。

周二　構釁亦由有罅引申。

[一]《詩·大雅·文王》：「亹亹文王，令問不已。」毛傳：「亹亹，勉也。」《詩·大雅·鳧鷖》：「鳧鷖在亹」，鄭玄箋：「亹之言門也。」朱熹注：「亹，水流峽中，兩岸如門也。」朱氏記作「何以在亹門」，恐即「鳧鷖在亹」之誤。

第三篇下

革部

鞣 鞣

錢一 皮甚柔輭者作鞣(?)。

靼 靼

朱一 今靼子、韃靼。

錢一 今作韃靼用(?)。

周二 韃靼。

鞼 鞼

朱一 烏桓，即今滿洲。

鞶 鞶

朱一 凡从般之字皆有大意。

錢一 大帶也。凡从般聲之字皆有大義。段注太拘(?)。

周二 大帶也。凡从般聲之字皆有大意。

鞔 鞔

朱一 今孝衣鞔⊙鞋。

朱二 今人云「慲鞋」即此字。

錢一 今孝衣鞔⊙鞋(?)。

鞵 鞵

朱一 廣東人稱鞵曰履。鞵，皮鞵，稱謂錯。[一]

朱二 鞵(鞋)。本訓皮鞋，以布作者曰履。

錢一 皮曰鞵⊙，布曰履⊙。廣東人稱鞵曰履。

[一] 此條朱氏原筆記用「履」作字頭，今改。

靬　靬　錢一　打補靬。

鞠　鞠　朱二　古讀平聲，後讀入聲，故造毬。

靶　靶　朱一　靶柄·

錢一　靶◎靶柄(?)。

靳　靳　朱一　「宋公靳靳」（大笑露牙根），當作齗。

錢一　《左傳》「宋公靳靳」，言大笑露牙根也(?)，當作齗（哂）。

周二　《左傳》「宋公靳靳」（大笑露牙根），當作齗。

靷　靷　朱一　笑不至靷。[一]

錢一　笑不至靷(?)。

䩸　䩸　朱一　古無絨字。[由]細草茸茸引申而來。

朱二　褎，即獵韋袴。[二]

錢一　《說文》無絨字，正作䩸。

鞈　鞈　朱一　當胸之甲。

錢一　防汗也，汗即扞字；當胸之甲。

周二　當胸之甲。

勒　勒　朱一　馬頭落銜也。落即絡。

錢一　馬頭落銜也。落即絡字。○引申為勒令。

周二　馬頭落銜也。落即絡。

[一]「笑不至靷」，朱氏原記未立「靷」字頭而次于「靳」字訓釋之末，錢氏記則分立。《左傳·莊公十一年》：「宋公靳之」，杜預注：「戲而相愧曰靳。」《集韻·焮韻》：「齗，《博雅》『笑也』，或作齗」。足見靳、齗、齗均可訓哂笑義，而靳為假借。或靳、靷聲近，靷亦借為齗。

[二] 參《瓷部》「𤬪」字條。

贛 朱一从革、从木皆同意。
錢一从革、从木皆同意。
周二从革从木皆同意。

鞭 朱一

朱二驅也（以鞭驅也）、毆也，皆通，段氏改從此。
錢一作「驅也」亦可，可不必改。

鞄 朱一馬尾鞄。凡从它皆有尾意。舵。舟尾也。
錢一馬尾鞄也。凡从它聲字皆有尾意。如舵，舟尾也。
周二馬尾鞄也。凡从它聲字皆有尾意。如舵，舟尾也。

鬲部

鬲 朱二篆應作[illegible]

䰛 朱一今鍋子。鍋，車釭。[一]用土曰䰛，用鐵曰鬵。
錢一此鍋子之正字（鍋義别）。古用土曰䰛，用鐵曰鬵（釜？），今混。
周二今作鍋字。用土曰䰛，用鐵曰鬵。

融 朱一祝融為本意，火神。引申為炊氣上出，《詩》「蘊隆蟲蟲」即融融。融化、融和為鎔字之假借。《爾雅》融、羕訓長。「昭明有融」赨、彤。[二]
錢一本義＝祝融◎（南方火位），引申為炊氣上出。融化＝鎔◎。融訓長者（見《爾雅》）

[一]《方言》卷九：「盛膏者乃謂之鍋。」錢繹箋疏：「膏施於車釭，故釭亦得鍋名。」
[二]《詩·大雅·雲漢》：「旱既大甚，蘊隆蟲蟲。」孔穎達疏：「爞爞是熱氣蒸人之貌。」邢昺疏：「《爾雅》云：爞、蟲音義同」。又《爾雅·釋詁》：「融，長也」。《詩·大雅·既醉》：「昭明有融，高朗令終。」毛傳：「融，長」。又《太玄·疑》：「蛛黃疑金中」，司馬光集注：「范本作赨。」《玉篇·丹部》：「彤，赤色也。」

＝羕◎。「蘊隆蟲蟲」＝融◎。「明而未融」＝赨◎＝彤。「昭明有融」＝彤◎。

周二 祝融乃其本意，融化係鎔字。「昭明有融」＝赨、彤。赨音彤，赤色也。

䰜部

⿱⿲弓侃弓鬲 朱一 讀若旃。

錢一 讀若旃。

鬻 朱一 俗作粥，云「雙弓米」者，不通。賣鬻當作賣。

錢一 即粥字之正體。賣鬻＝賣 賣◎。

周二 賣鬻當作賣，音祝。

⿱⿲弓古弓鬲 朱一 即麪糊之糊。

錢一 麪糊＝麪⿱⿲弓古弓鬲◎。

周二 即麪糊之⿱⿲弓古弓鬲。

⿱⿲弓羔弓鬲 朱二 ⿱⿲弓羔弓鬲與⿱⿲弓羔弓鬲實一字。

⿱⿲弓芻弓鬲 朱一 即炒。炒，古亦用。

錢一 熬也。即今炒字。炒，古亦用（？）。

周二 即今炒字。炒，古亦用，熬也。

⿱⿲弓翟弓鬲 朱一 讀石，古作瀹。

錢一 音若。今俗語之「⿱⿲弓翟弓鬲一⿱⿲弓翟弓鬲」。

⿱⿲弓孛弓鬲 朱一 凡从孛聲今皆變為鋪。飯鋪出。蓬蓬勃勃當作⿱⿲弓孛弓鬲。

錢一 水鋪出之正字。

周二 謂飯鋪出，音勃。

爪部

孚 朱[1]卵即孚也。一曰信。《易經》孚皆指鳥說。

朱[2]古音抱，兩廣、閩、浙曰菢，俗作孵。

周[2]卵即孚也。一曰信。《易經》用之孚字皆指鳥說。

爲 朱[1]母猴、沐猴、馬猴一聲之轉。作爲之爲。猴好擬人，故引申爲「作爲」。

朱[2]母猴。其爲禽好爪（今抓字）。「作爲」或當作僞，做作也。引申爲僞、假、母（非父母之母）與沐、馬雙聲，故母猴、沐猴、馬猴同。

錢[1]母（非父母之母）猴也。母猴、沐猴、馬猴、獼猴皆一聲之轉。猴好擬人，故引申爲「作爲」之爲。

周[2]母猴、沐猴、馬猴一聲之轉。猴好擬人，故引申爲「作爲」。

爪 朱[1]掌。變仉，孟母姓。然宋有掌禹錫，實即爪字也。[一]

錢[1]孟子母姓爪，俗譌變爲仉。宋有掌禹錫，實即爪字。

丮部

丮 朱[2]戟手當作丮。

埶 朱[1]技藝，從《左傳》「藝極」而來，乃臬之假字[二]。勢力之勢當作埶。生殖器曰埶，由種義引申。引申爲埶力，如筋力也。古訓筋，引申爲訓力之筋。

[一] 清雷浚《說文外編·玉篇上》：「徐鍇《繫傳》曰：覆者爲爪，仰則見掌，故反爪爲爪。爪、掌古今字，仉即爪之形變。」《通志·氏族略四》：「掌氏，魯大夫黨氏之後……宋有直秘書閣掌禹錫。」

[二] 《左傳·文公六年》：「陳之藝極，引之表儀」，杜預注：「藝，準也。」裴駰《史記》集解引徐廣曰：「射準曰藝。」段注《說文》：「臬，古假藝爲之。」

錢一　種也。技埶之埶從何借來？今不審。（從「埶極」而來，乃臬之假字？）。《左傳》「埶（蓺）極」之埶乃臬（臬，表也）之假借。生殖器曰埶者（勢），由種義引申。勢力之勢（由生殖器引申）亦當作埶。勢，《說文》無。

周二　技埶，《左傳》「藝極」而[來]，乃臬之假字。古無勢字，亦當作埶。生殖器曰埶，由種義引申。

⿰𦎫丮

朱二　⿰𦎫丮訓誰者，𠷎之假借字。

巩

朱一　巩與収音義同。

錢一　與収音義皆同。

周二　與収音義同。

鬥部

鬥

朱一　爭鬥。

錢一　爭鬥◎。

周二　爭鬥。

鬭

朱一　遇也。合，鬭接。

錢一　遇也。鬭◎接，鬭◎筍。

周二　遇也。鬭接。

鬮

朱一　投鉤（捻鬮），摳區（隱爲也）。

朱二　《說文》：區，不知而取也。[一]

[一]《說文·匚部》：「區，踦區，藏匿也。从品在匚中，品，衆也。」

錢一 鬥取也。捻鬮，猶《荀子》之「投鉤」（亦作摳），與今之投票相似。鉤者，區之借；區，不見也（區，隱為也？）。《說文》：區，不知而取也（？）。

周二 鬮〔糾〕鬥取也。捻鬮猶投鉤（摳字之假），鉤亦作區。區，隱為也（？）。

𩰫 𩰫

朱一 《爾雅》：「長脊而泥」。

朱二 《爾雅》「長脊而泥」即此假借，或作薾。

錢一 《爾雅》「長脊而泥」，泥者，𩰫之借。《莊子》借用苶。

周二 智少力劣也。《爾雅》「長脊而泥」‖𩰫。

⿵鬥賓 ⿵鬥賓 ⿵鬥繽 ⿵鬥繽

錢一 今之繽紛。

又部

叉 叉

朱一 指叉。爪，覆手也。

錢一 叉，指叉；爪，覆手也。

周二 指叉。爪乃覆手也。

父 父

朱一 巨（矩）。渠魁，巨魁。引申為大官，祈父是也。漢亭長亦曰亭父。今稱官曰老爺，爺即父也。

朱二 父，家長。引申最大者曰父：尚父、弘父、祈〔父〕、亭父等是。

錢一 巨也。巨‖渠魁之渠。引申為大官曰父，如：弘父、尚父、農父、祈父、亭父（漢亭長）。今稱官曰老爺，爺即父也。

周二 巨也。渠魁‖巨魁。引申為大官曰祈父。漢亭長亦曰亭父。今稱官曰老爺，爺即父也。

叜 叜

朱二 搜尋當從此（持火尋宀中物）。朱駿聲說老叟當作傁。

曼

朱一 《方言》曼又訓無，古無讀模，故聲通也。

錢一 《方言》「曼，無也」。因無古音如模，與曼為雙聲。

周二 又訓無。古無讀模，與曼為雙聲。

夬

朱一 決。決乃水潰決。

朱二 分決當作夬（去入不分）；決，潰決也。

錢一 分夬◎。夬◎斷。水潰曰決◎。（古去入不分）

周二 決也。決乃水潰決也。

𠭥

朱一 「𠭥他來」之𠭥。

錢一 【側加切】。「𠭥他來」之𠭥◎。

周二 「𠭥他來」，打他一下。

㕞

朱一 即拭。

朱二 㕞，（帨）。帨即帥字，以帨拭之曰刷，猶「巾柴車」之巾亦拭也。惟巾後不造別字，帨則別造㕞字。

周二 刷、拭同訓飾，實即一字。

秉

朱一 本禾束也。引申為把住，又為把秉（柄），秉與柄同。

錢一 禾束也。引申為把秉（柄）。

周二 禾束也。引申為把秉。

𠬝

朱一 衣服字外皆訓治，然服亦訓事；服從，反訓，受治於人也。

朱二 服從當作伏。

錢一 治也。除衣服之服字外，其餘之服字皆訓治，皆𠬝之借。𠬝又訓事（以相反為訓），如心悅誠𠬝◎、𠬝◎從（服從反訓，受治於人也？）。

周=治也。衣反之外皆訓治，然服亦訓事，乃以反義相訓也。

叏 朱=

叔 朱-

朱=其平聲即收，收，拾也。叔父當為少字之假借，叔、少雙聲。

𠬛 朱-與没同。

錢-與没義似。

周=與没同。

友 朱-

度 朱-法制。古人尺寸多取人手寸口。

朱=从又者，人手也。法制，取法于人手之長短。

錢-法制也。古者尺寸多取人手寸口，故从又。

周=法制也。古者尺寸多取人手寸口。

ナ部

ナ 朱=左有賤意：左遷、左官（天子之官左遷為王國之官）。「右」有尊意。

錢-古尊右卑左，故漢降官曰「左遷」，王朝官至侯國做官曰「左官」。

周=古人尊右卑左，故卑从ナ，降官曰左遷，王朝官降官侯國曰左官。

卑 朱-卑从ナ（左），故降職曰「左遷」，官小曰「左官」（王朝官至侯國為官曰「左官」）。从甲象「頭」。

錢-古尊右卑左，故卑从ナ；从甲，象頭。(1)『卑，賤也。从ナ、甲。故俗稱某甲，非尊稱也』。(2)

史部

史（篆）

史　朱二　从中者，册也。《禮記》「升中于天」、「治中」。《國語》「〈右抱〉[左持]鬼中」，韋昭訓「簿籍」。史以記事，故持册。

支部

攲（篆）

攲　朱一　持去也。攱斜不作攲，飯攲不作攱，以其以竹做也。

朱二　《說[文]》：「箸，飯攲也」，猶日本之箸，持半竹也。

錢一　持去也。攱，不正也。故攲邪當作攱，箸訓飯攲不作攱，以其半竹所製，故从奇。攱邪。飯攲。

周二　持去也。攱，不正也。故攲邪（即斜字）從此。

聿部

肅（篆）

肅　朱一　抖、擻，《說文》[無]，實皆肅字變來。《詩》「九月肅霜」，《毛傳》：「肅，縮也」。縮，《說文》云蹴；摍，蹴引。「肅霜」者，由天上抖下來之霜。

錢一　持事振敬也。振即振動也。聲變為抖、擻二字。《詩》「九月肅（即抖字）霜」《毛傳》：「肅，縮也。」縮，蹴也。摍，蹴引也。「肅霜」者，言霜如自天上抖下來也。

周二　持事振敬也。振即震動，聲變為抖、擻二字（舉也）。《詩》「九月肅霜」，注：「肅，縮也」；縮，蹴也；摍，蹴引也。「肅霜」者，言如自天上抖擻而下霜也。

聿部

聿 聿 朱二 以口說曰「曰」，以筆說曰「聿」。

聿 朱一 聿「津」。

書 朱二 書，〈者〉「箸」也；者古讀祖。

畫部

隶部

隸 朱一 「迨天之未陰雨」，迨即隸。

朱二 漢「隸問」當作隶。今隶讀為帶，故隶捕曰「帶住」。

錢一 及也。今俗作迨。

周二 及也。今作迨。《方言》：「迨，及也」，《詩》：「隸天之未陰雨」。

隷 朱一 隸，奴隸（犯人）作隸書也。

錢一 从隶者，因古者隸役多以隶捕來之罪人充之。

周二 古罪人為之，故从隶。

臤部

豎 朱二 漢高祖罵人有三語：㈠豎儒＝侏儒。㈡腐儒＝曲背。凡短小（志氣、身體、智識同）者，不中用也。㈢鯫生，鯫，小人也。鄒淺。

臣部

臣

臣　朱二　鐘鼎文作，篆作，臣伏君坐。《〈左傳〉〔尚書〕》「臣妾逋逃」，臣，奴隸也，猶今滿人對君稱奴才也。

𦣞

𦣞　朱一　𦣞【廣】

臧

臧　朱一　《莊子》「臧穀」、「〔臧〕獲」。（男賣人為奴曰臧，女嫁人為婢曰獲）。引申為府藏，蓋臧獲皆可為財產也。財產可寶藏，故引申為藏匿。古人甚勢利，故有錢〈貝〉〔財〕曰賢。帑，財產也，妻子亦曰帑，蓋引申可為財產也。良，為身家殷實，故引申為良善。無賴即無錢財，引申為無賴子，訓不善。總之，有財即善，無財即不善。○屋頂曰頂，陛即髀轉音，「殿陛」即「豚髀」。

朱二　本意為臧獲。訓善者，賢（臣聲），多才也；臧（臣聲），多奴隸也。以奴為財產，故貪贓从臧，引申為財產，又引申為善。多財為善，　如良从畐聲，與富同聲。富人為良，故多財為臧。五經無贓字。古以贓為善，非若後人為惡也。

錢一　《說文》訓善，當非本義。《莊子》之「臧穀」亦稱「臧獲」，此是本訓，奴婢也，故从臣。（奴曰臧，婢曰獲。）古人臧獲（奴隸可賣）即財產，故引申為府藏，再引申為藏匿、為贓。其訓善者，因其人有藏也，與賢字从貝其義正同。（帑，財產也，妻子亦曰帑，蓋古人妻子亦為財產。）良从畐省，畐加宀為富，故良家者即殷實之家。無賴者，無所依賴，即無錢者，古人遂以為壞人。於此可見古人之埶利矣。

周二　訓善未必本義。《莊子》「臧穀」亦作「臧獲」（男賣人為奴曰臧，女子人為婢曰獲），其意為奴婢，乃其本訓。奴婢可賣作財產，引申為藏（匿也，蓄也），再引申為賍。訓善者與賢从貝同。良从畐省，畐加宀為富，故良家即有錢之家。無賴即無餘利者，古人遂以為壞人。身家殷實為良家。

殳部

祋 祋 朱一 祋【對】。《禮記·郊特牲》「郵表畷」，阮元以畷為綴，為招牌，與祋音義近。

錢一 《禮記》之「郵表畷」，阮元以為畷即祋字（即招牌），即「或説」之義。（畷即綴，郵高綴表也（?））。

周二 阮元云：《禮記》之郵表畷‖綴，綴，表也，即招牌也。即祋之或説之義。

杸 杸 朱二 與殳同。

毄 毄 錢一 以器擊人當用毄，以手者仍用擊。打毄，今作「打劫」，非。

周二 打毄今作「打劫」，非。

㱿 㱿 朱一 與敲同。

朱二 與敲聲義同。「一曰素也」即今腔字之音義正當作肯。

錢一 與毃（敲?）一聲之轉，相同。至於膚㱿之㱿，當作肯。

周二 與毃殆同。

𣫌 𣫌 錢一 𣫌與擣義同。

毆 毆 朱一 捶毄物。引申為逐。

錢一 捶毄物也。引申為驅。（即毆字?）

毃 毃 錢一 止訓擊頭，其餘一切之毃均當用㱿。

周二 擊頭也。一切之毃當作㱿。

殿 殿 朱一 打屁股聲。漢文帝始定為法。宮殿當作宮庭。「奔而殿」則正作𡱂，在後也。

朱二 打屁股也，从𡱂者，〈豚〉[臀]也。「奔而殿」，在前曰頭，在後曰殿，即屁股後也。殿堂者，《釋名》云：「殿，高也」，人伏則屁股最高，《揚雄傳》曰「尻益高」是也。故殿即〈豚〉[臀]也。曲園之解殿，只好為殿解嘲耳。《漢書》「分陰脽上」，脽亦（豚）〔臀〕也，即指殿上〔一〕。此字起于戰國。
錢一 打屁股聲也。宮殿借為庭，殿、庭雙聲。殿軍之殿借為㞟。殿堂之殿，《釋名》曰「殿，高也」，人伏則屁股最高。《揚雄傳》曰「尻益高」是也，故殿亦即㞟字。
周二 宮庭亦作宮殿，殿即庭字。殿、庭為雙聲。殿軍之殿假自㞟。殿，㲉臀聲也。

段　段
朱一 段‖鍛。
朱二 段（一切段），鍛（段金）。
錢一 椎物也，為一切打之通名；鍛，僅用于打鐵。

殽　殽
朱一 混淆當作殽。
朱二 殽核當作肴。
錢一 混淆當作殽，淆乃俗字。殽核‖肴。
周二 相雜錯也。混殽從此，今作淆，非。

毅　毅
朱一 豕吃辣後怒而豎毛，故有毅意。
朱二 毅（此孳乳字），䫄（豕怒字）。
錢一 豙，豬吃辛物毛豎也。毅訓妄怒，亦與相似。《禮》豕曰剛鬣，食辛發怒，故訓妄怒。
（毅，乃孳乳字；䫄，豕怒字。）（？）
周二 妄怒也。豙，猪喫辛物毛豎也；毅訓亦相近。

㱾　㱾
朱一 揉。𡋬‖叀‖⿱屮幺。段注不通。
錢一 从𡋬。𡋬，叀之古文，又作⿱屮幺，8篆繁繞，故㱾訓「揉屈」。段說迂甚。

〔一〕《廣雅·釋親》：「臀謂之脽。」《漢書·武帝紀》：「立后土祠于汾陰脽上」，顔師古注：「脽者，以其形高起如人尻脽，故以名云。」

殺部

𣪊 殺 朱二 从殳从乂（與刈同）杀聲。

几部

几 几 朱二 與殳聲同。《韓非子》：「鳥有〈周周〉［翢翢］者，重首而〈曲〉［屈］尾」。几與〈周〉［翢］音近。漢有「朱鷺歌」朱即几之假借。鷺無朱色，只有白色；鷺亦短羽，重首而曲尾。侏，《説文》訓大，引申為侏儒，侏即几之假借。《山海經》侏儒作「周饒」，「冠短周」，周亦几字。

𠘧 𠘧 朱一 與㐱同音而義殊。

錢一 與㐱同音而殊訓。

寸部

寺 寺 朱二 其本義當為太監所住之處，引申為庭。

將 將 朱一 帥也。引申為率領。訓請讀為搶。將又引申為齊，帥，有條理也。訓養讀牂。

朱二 達領也，引申為將達，將，相扶將而行也，引申為將帥。訓行者即將。訓養者扶助。訓齊者齎也，即「醬醬與醢」；「將蒲姑」者，醬蒲姑也；《詩》「或肆或將」，分齎肉也，今肉醬。訓請者，將（搶）與請音近，《詩》「將（請）子無怒」；今云「將（搶）手」，或作倩，皆訓請。附會槍者，非是。

錢一 帥也。引申為率領。　再引申訓齊，帥，有條理也。訓請者，將、請雙聲（將讀如槍）。訓養者（送、行），當作牂。訓大者未知。

周二 將養當作牂養。訓請者當讀如槍。

㝷　朱一　繹理也=治。因从又从寸，故引申「八尺曰尋」。尋盟之尋當作燅，「煖壽」之煖（再吃壽酒）亦當作燅=尋。

朱二　从工、口，工不信度，故亂也。尋常者，一丈六尺為常。

錢一　繹理也。與治義近。尋盟=燅◎盟。燅者，温（温故）也（有再為之意）；「煖壽」之煖（再吃壽酒）亦當作燅。因从又从寸，故引申「八尺為尋」。

周二　繹理也。㝷盟當作燅盟，燅即俗語「温一温」（温故）之意。「煖壽」之煖亦當作燅。因从又寸，故引申八尺曰㝷。

專　朱一　本乃紡專，引申為六寸專，又引申為經專之傳。

朱二　簿為朝笏，引申為簿籍。專，六寸簿，引申為專記。《論語》「傳不習乎」，《魯論》作「專不習乎」。經典法律二尺四寸，三尺法者，八折為二尺四寸。子書，《論衡》稱短書，《論語》八寸，專較《論語》更謙，故六寸。

錢一　紡專（即塼、磚、甎）是其本義。引申訓六寸簿（即朝笏也）。再引申為書傳（正作專。《論語》「傳不習乎」，《魯論》作「專不習乎」，即「不習專乎」也。專，書也）。

周二　紡專乃其本義。引申為六寸簿，紡專即磚、塼、甎。再引申為書傳（正作專，「傳不習乎」亦作「專不習乎」，即「不習專乎」，專，書也）。

皮部

皮　朱二　皮匠。故訓有者字，本〈動〉「名」詞，引申為動詞。〇古為字在歌部，今變為「把」，入麻部。「吾為子立之」，今云「吾把（替）你立之」。

㼱部

㼱 朱二寬而更緊之曰急，音與〈儶〉[儁]同。

𤿭 朱一普遍的作褻。羽獵韋絝作韈，實即今絨字。
朱二即絨字，與韈同。茸，細草，引申為細毛。鳥獸茸毛當作此字。
錢一褻、韈皆即今之絨字。（褻，普通者；韈，羽獵韋袴，鞍上之飾。）
周二褻、韈皆即絨字：褻指一般，韈專用於馬者。

攴部

攴 朱二凡作事之字多从攴。

徹 朱一从育，産子順出曰育，通也。
朱二訓裂也（通必裂），訓毀亦然（今作撤）。从育，子倒生而竟生，故云通也。教育之育亦通也。
錢一徹，通也。从育者，産子順出曰育，通也。段訓迂甚。俗作撤。
周二通也。産子順出曰育。段氏訓迂曲。俗作撤。

敏 朱一古人作事皆從攴，戰來。
錢一古人作事皆從攴，戰來，故从攴。

敃 錢一「〈敃〉[暋]不畏死」。
周二彊也。敃不畏死。

敄 朱一逼迫也。
錢一與迫同，逼迫也(?)。
周二逼迫也。

故 朱一使為之也（本意）。今雇工之雇《漢書》作顧，僱乃俗字，實當作故。
朱二漢雇、顧字今作僱，其實當作故。

錢一 使為之也。雇工之雇《漢書》皆借顧（雇）字為之，其正字實當作故。雇即「九扈」之扈之正字，僱乃俗字也。雇工必有緣故，故引申為緣故。

周二 使為之也。雇工《漢書》作「顧工」，僱乃俗字，正當作故。雇工必有故，故引申為原故。

敷

朱一 今鋪字實即此字。

朱二 𢻫也。《說文》：「尃，布也。」𢻫讀如施，施古讀拖，今讀攤（歌寒對轉）。

錢一 𢻫也。今之鋪設即此字。古無輕脣，敷正讀鋪。

周二 𢻫（今作施）也。鋪設即敷字。

敟

錢一 主也。敟守。

周二 主也。敟主。

⿰麗攴

朱一 麗本作丽。《莊子》「巧歷」實即麗之假字，故瀝字與釃音義通。

朱二 與歷古音近。《莊子·齊物論》「巧歷」、《莊子·天下》「歷物之意」，皆⿰麗攴之假借。丽，兩也；數有兩，乃可算。

錢一 數也。《莊子》之「巧歷」、「歷〈拘〉〔物〕之意」，歷皆⿰麗攴之假字。歷、⿰麗攴雙聲。巧歷者，巧於算也。丽（麗古文）、歷相通，猶瀝、釃相通也。

周二 數也。《莊子》「巧歷」＝⿰麗攴，歷、⿰麗攴雙聲。「巧歷」者，巧於算也。瀝、釃音義通。

數

朱二 計也。常如是曰數【速】，又借為速。

潄

錢一 此鍊鐵之正字。

周二 鍊鐵當作潄。

攽

朱二 ⿱八美同，今皆以頒（大頭）借用之。

錢一 分也。故攽分從此；頒，大首也。

敳

周二 分也。故攽分從此。頒，大首也。

朱一 敳【埃】。《說文》讀若豤。《說文》無𤲞田字，當即敳字。

錢一 𤲞田之𤲞字《說文》無，當作敳（《說文》讀若豤）田。「敳，有所治也。」

周二 𤲞（《說文》無）田當作敳田。「敳，有所治也。」

敞

朱二 張敞字子高。平治高土，引申為廠（動詞），工廠（名詞），日本作場。（此字不錯）。

儆

朱一 理也。《爾雅》「神，治也」，實即儆之假字。

錢一 理也。《爾雅》神訓治，神即儆之借。

周二 理也。《爾雅》「神，治也」，當係儆之假。

更

朱一 「三老五更」，更即將也，即中更、上更等是也。[一]

朱二 更、庚皆訓續。庚之本義究不可知，《說文》𢆉（兵），漢有「更卒」，持干卒（干，《說文》有，戰字後起），庚亦从干，兵也。漢有「率更令」，率，帥也；更，兵也；猶將軍也。敲更之更訓續訓改皆可。

錢一 「三老五更」，「五更」者，五個大將也，他說皆非（三老，三公；五更，五將，猶秦有中更、左更等稱）。

周二 「三老五更」，「五更」者，五個大將也。

𣀮

朱一 擇也（料）。今料理之料當从𣀮。

朱二 料理當從此。鄭訓「穿徹」是，𣀮衣縫也。「善𣀮乃甲冑」。

錢一 擇也。此即料理之本字。

周二 擇也。料理之料之正字。

[一]《禮記·文王世子》：「三老五更，羣老之席位焉。」鄭玄注：「三老五更，各一人，皆年更事致仕者也。」

敶　朱一　列也。行陣字，俗體。陳，地名。
朱二　陳列當從此。陳，國名、姓名。陣亦敶字。敶、田同，田，敶也。堂塗謂之敶，亦列意，其兩邊可敶列多人也。「敶敶相因」，乃「塵塵」之假借，古或作填、窴字。
錢一　列也。敶◎列。陳，地名。陣，俗字。

敵　朱一

敓　朱一　奪取當作敓。奪，脱去也；脱，消瘦也。
錢一　敓◎取。奪，脱去也。脱，消瘦也。
周二　强取也。故奪取當作敓取。奪，脱去也。脱，消瘦也。

斁　朱二　訓終者，厭絶棄之，故終。

攸　錢一　行水也，故水道可作攸(?)。

敉　朱二　撫也。無，古讀毋，與米音近。

敡　朱一　輕賤視人不當作易，正是敡字。
錢一　侮也。鄙夷△、慢易^‖敡◎。
周二　侮也。鄙夷視人當作敡。

敦　朱一　敦、詆雙聲。
朱二　「王事敦我」，督責我也。之灰對轉。一成為敦丘‖𠂤丘，引申為𠂤聚（帥、官皆从𠂤），今音轉變以敦、𠂤為二字。《詩》「敦彼行葦」、「有敦瓜苦」，皆訓聚，即𠂤之假借。今團練亦𠂤字。屯兵、屯田亦𠂤字之假。屯，草出難也。《莊子》「生于陵屯」（與𠂤、𨸏同，非聚也）。
錢一　訓詆者，敦、詆雙聲。

敗　朱一　古人愛錢，損錢曰敗。司敗（官名），司寇也；寇，；敗，。故司敗乃司寇之誤。

錢一 古人愛錢，故毀錢曰敗，引申為勝敗之敗。《論語》「陳司敗」之敗當是寇字之誤，寇古作㓂，敗古作𢽽，形近致譌。

周二 寇，暴也。司敗當係司寇之誤。

⿰耑攴

朱一 剌。實即剌字。

朱二 即剌刃之剌。

錢一 傳、剌，殆皆⿰耑攴之或體。

⿰度攴 ⿰畢攴

朱二 杜塞、堵塞皆當作⿰度攴。

周二 了也。事畢當作⿰畢攴。畢，田网也。

錢一 事畢＝⿰畢攴◎。畢，田网也。

收

朱一 捕取。收斂之收，丩字之假借。

朱二 與叔一聲之轉，古少入聲，叔讀收，故此二字實一字。

錢一 「捕也。收入、收斂之收」。(1) 「收斂之收，丩字之假借」。(2) 「收拾、收斂＝收」。(3) 三處合觀，莫明其妙。族質。

鼔

錢一 「鼓瑟」、「鼓琴」仍當作鼓，唯鼓鼓當作鼔。鼔，擊鼓也（《說文》讀若屬）。

周二 「鼓瑟」、「鼓琴」仍當作鼓，唯鼓作鼔【竹】，鼔，擊鼓也。

攷

朱一 攷＝搞。引申為考課，攷據亦由考課引申。考，父以杖擊子，亦即搞字。

朱二 考多借為攷，敲實為攷，故考據當作攷。父考之考與攷意通，父以杖攷子也。

錢一 敂也。拷打＝正作攷◎。考課（大閱也）字亦＝攷◎。引申為攷據。父曰考，謂以杖擊子，亦即攷字。

周二 敂【扣】也，敂，擊也。拷打正當作攷打。考課字亦當作攷，引申為攷據。

攻 敲

朱二 「我車既攻」訓堅，既擊乃堅。亦作功。

朱二 毃頭字從此。

錢一 橫打也，與毃異。毃，擊頭也。

⿸厂⿰未攴　⿸厂⿰未攴

周二　橫打也，與㱿異。㱿，擊頭也。

朱二　《說文》制訓裁斷。《〈周禮〉〔公羊傳〕》「眛雉彼視」＝視彼眛雉，眛訓斷。从未者皆有斷義。

斀　斀

朱一　去陰之刑也。涿＝生殖器也。（《三國志》劉備笑張裕。）

朱二　涿，生殖器；去陰之器曰斀，《詩經》作椓（《大雅・召旻》「昏椓靡共」）。去耳曰刵，去鼻曰劓，去臏曰臏，同例。

錢一　去陰之刑也。涿＝生殖器。《三國志》劉備曾以此字嘲張裕。

周二　去陰之刑也。涿，古生殖器。

敤　敤

朱一　「敤首」。《說文》：「顆，小首也。」

錢一　研治也。舜女弟名當是「顆首」，非「敤首」。《說文》：「顆，小首也。」

鈙　鈙

朱一　持。《說文》無擒字，當從此。

錢一　《說文》無擒字＝鈙，或作捦。

畋　畋

朱一　今佃户當作畋。佃，《說文》訓治。

朱二　古只作田，後孳乳為畋。佃户當作畋。佃，中也。

錢一　平田也。佃户＝畋户。佃，中也。

周二　平田也。佃户當作畋户。佃，中也，治也。

敇　敇

朱二　策（名詞），鞭也；鞭之曰〈刺〉〔敇〕（動詞）。

⿰堯攴　⿰堯攴

朱一　今作磽。

朱二　今作磽。

錢一　即今磽字。

周二　今作磽。

教部

卜部

卦　卦　朱一　今人起（庫）〔課〕實由卦字轉音。

錢一　起課之課即卦字，音轉也。

周二　起課之課乃卦字。

卟　卟　朱一　卟【稽】△。今扶卟。

錢一　扶乩當作卟◎。

貞　貞　朱一　貞＝丁。貞實＝丁實，貞，信也，實即丁字。

朱二　丁人而問即貞，貞，古讀丁，無舌上音故也。堅貞亦丁之假借。丁壯，敲釘轉腳，則貞固矣。女子貞，非正之義，乃堅實之義。

錢一　卜問也（問必深究），叮牢了問之叮，即貞字，因古無舌上音故。貞節＝丁◎，丁者，丁實也（亦作貞實？），言靠得住也。

周二　卜問也。「丁住問」之丁即貞字，因古無舌上音。貞節之貞當作丁，丁者，丁實也，言靠得住也。

占　占　朱一　口占＝口說也。漢人自占田，自占不甚準也。

朱二　口占，口說他人錄也。貞畢，亦讀也。自占田者，自說其田而耕也。引申為占領。

錢一　口占＝口說也（引申也。再引申為占畢）。漢人自占田（與口占義同，引申為占領）。

𠧩　𠧩　朱一　今人擲𠧩。

用部

甫　甫　朱一

朱二　訓始者，方（《公羊》之昉同此），始也。甫、方對轉（魚模與陽唐對轉）。始，女之始也；甫，男之始也。訓大者，漢人稱父為大人，甫與父同，故訓大。

庸　庸　朱二　雇工曰庸，引申為凡庸。

爻部

棥　棥　錢一　樊籬作棥。

㸚部

㸚　㸚　朱二　今歷歷當作㸚㸚。離卦訓明，亦㸚之假借。今北方有罘羅＝籬，因有縫而明，亦㸚之假借。

錢一　凡交叉而中空明者曰㸚。

爽　爽　朱二　訓傷者，爽、傷音近。「女也不爽」，反訓。

第四篇上

旻部

旻　朱一　旻【旭】。

夐　朱一　夐【訓】。營求，从洞窈窺。
錢一　營求也。从穴者，由竇中窈視也。

目部

映　朱二　今作睫（古亦用之）。俗語眼相合曰映，引申義。

矈　朱三　眼圈上下皆可為矈，音轉為名。《詩》：「猗嗟名兮」，《傳》：「目上為名」。
醫書「命門」，命亦矈之轉。命門即眼眶，非性命之命。

瞞　朱二　假借為欺謾。

盼　朱一　白黑分也。顧〈盻〉［盼］當作眄。
朱二　盼望字乃眄之假借。
朱三　顧盼乃眄之假，馬融訓動目貌，亦即眄字。
錢一　目黑白分也。顧盼之盼＝眄（即馬融曰「動目貌」）。

睍　朱二　睍睆，連語形容詞。睆，《說文》無。安慶之睆，《漢書》作睆，後作皖。

窅　朱三　凹，古稱邑（漢語），錢邊曰郭，凹者曰邑。然窅䀢非凸凹之義，凸凹當作郭邑（今俗語尚有郭起、邑進）。

睒　睒

朱一　睒【散】。暫視貌。

盱　盱

朱二　盱衡（額角也），上衡、下衡，目上張、下張也。權（首）衡（額）。引申為憂，再引申為病。

錢一　大張其目曰盱衡。

睘　睘

朱三　《詩·唐風》毛傳：「睘睘，無所依也」。睘或作煢，正字當作赹（無所依也）。

眗　眗

錢一　「一曰旦明也」，係借為曶字。

眕　眕

朱二　久視。與塵、填（相久積）之聲義同。

眽　眽

朱一　眽＝覛，俗覓字。覓，無此字。

朱二　眽與覛同（俗誤作覓字）。

朱三　目財視也。財視者，散視也。財者，□也。

錢一　亦作覛，俗譌作覓。

瞤　瞤

朱三　目跳也。引申為一切跳，如「肉瞤」是也。

眢　眢

朱二　睛枯。井枯曰「眢井」。

旬　旬

朱一　旬【訓】。

朱三　音諠。

睦　睦

朱一　睦，目順。睽，目不相聽也。二字正相反。

錢一　目順也，睽，目不相聽也。二字義正相反。

瞻　瞻

朱一　臨視。今訓仰視，不通。

錢一　臨視也。今訓仰視，非。

𥌯　𥌯

朱二　與監察字同。

朱三　與監同音誼。

⿱启目 ⿱启目 朱一 省。啟視正當作⿱启目。
錢一 省視也。啟視＝⿱启目。

相 相 朱二 从目、木。相材，度材。相，扶助瞽者行，引申為宰相，又引申為輔相。因相視又引申為相貌。
朱三 相瞽者之相與宰同為賤役，引申為宰相。又相於瞽者有助誼，故引申為相助。又從省視引申為審視。
錢一 段注非。……（？）

瞋 瞋 錢一 張目也。睜目＝瞋。

眴 眴 朱一 眴【萱】。

睼 睼 朱三 迎視，與睇（旁視）音誼相近。

⿱臤目 ⿱臤目 朱一 ⿱臤目【挖】。

眷 眷 朱一 《爾雅》：「木族生曰灌」。《詩》「薄言觀者」，觀訓多。《周禮》「雲門大卷」，鄭注：「族類也」。《管子》「圈屬」，亦族類，即眷族也。凡朋友等皆可稱眷族，即一團體也。段氏以眷字引申為眷族，非。
朱二 顧也。眷屬，眷與觀同。觀與灌木，叢多也。眷屬，《管子》作「圈屬」、「權屬」，皆訓徒黨之稱，皆訓聚兩多之義。然其本字尚不可知。
朱三 眷族字非限于一家，一黨一羣皆稱之。《管子》作「圈屬」，亦作權屬，亦有單作卷者。《周禮》「大卷」，族類也。然求其本字當作吅，故觀訓多，灌木訓叢木，故吅為本字。引申為多，則借觀字，引申為叢聚則為灌，又引申為黨類則權、圈、卷、眷。
錢一 顧也。眷屬＝灌。《爾雅》曰：「木族生曰灌」。《詩》「薄言觀者」，觀訓多（係灌之借？）。《周禮》「雲門大卷」，鄭注卷訓族類。《管子》「圈屬」（眷屬），眷屬二字當由此來，皆族類意，皆爲灌之借。但古言眷屬指朋黨（一羣人）言，佛經名其弟子曰眷屬，猶今之團體也。段氏以爲眷字引申爲眷族，非也。

督　督

朱一　衣服後縫曰裻，今言督脈即裻字。督，察視也。

朱二　督脈乃裻之假借，衣後縫之中也，引申爲督脈。《荆軻傳》「獻督亢地圖」。背中曰裻，當前喉中曰亢，猶言腹背也，燕之中心地也。

朱三　衣之後縫，乃裻之借。引申爲裻脈。又引申爲督亢者，首尾脈絡也。督亦裻之借。裻，脈也；亢，頸前脈絡也。

錢一　察視也。督脈（即脊髓神經）＝裻，裻，衣後縫也。故督縫亦＝裻縫。

眝　眝

朱一　長眙。延眝。

錢一　延眝。（？）

眙　眙

朱一　轉爲瞪字。

朱二　眙【噬】。古齒音作舌頭音讀「但」，故轉爲瞪。

錢一　直視也，即今瞪目直視之瞪。眙變爲瞪，即之蒸兩部對轉。

盻　盻

朱三　「盻盻」，《孟子》注：「勤苦不休息之貌」，乃「肸肸」之譌。肸與肹同。

瞑　瞑

朱一　瞑＝眠之本字。讀敏，非。

朱二　《說文》無眠字，瞑即眠字，故訓「翕（合）目」。

錢一　俗作眠。

眚　眚

朱一　目中起星，假爲減省之㾪。

朱二　今云「眼中起星」即眚字。

朱三　引申爲罪。目中起翳，猶日月之食，故引申爲罪。

錢一　目中起星＝起眚。古亦假爲減省之㾪。

眵 眵 錢一 眼眵（?）。

瞯 瞯 朱一 戴目。又謂眄曰瞯。

朱二 戴目也。戴與直同，直上其目，上視也。

朱三 《孟子》「王使人瞯夫子」乃別誼，即「江淮之間謂眄曰瞯」也。

錢一 戴目也，即目向上也。《孟子》「王使人瞯夫子」係別訓。

眺 眺 錢一 目不正也。覜望不應作眺。

眣 眣 朱三 音出。

矇 矇 朱一 童蒙也，倒之即蒙（網）童（董）。

錢一 童蒙也，倒言之即蒙童（懞懂）。

眇 眇 朱一 精妙字从眇。

朱二 因小有精細〈字〉[義]，故引申為妙，《說文》無妙字，即眇。眇，美物而為言是也。

朱三 小目。引申為眇目（瞽也）。引申為小，則眇、杪、秒皆可。訓美之妙乃䫉之借。

錢一 古無妙字，精妙＝眇。

瞍 瞍 朱三 舜父瞽叟，或云非瞽者子。古樂官以瞽者為之，其後非瞽者亦為樂官。瞽叟非瞽，故能為焚廩、捐階等事。

瞢 瞢 錢一 熒惑＝瞢。

眭 眭 錢一 即叢脞之脞。

𥄎 𥄎 朱一 𥄎【挖】。

朱三 𥄎為專字，指搯目。穵、搯為通字。

瞚 瞚 朱一 瞚＝瞬。
朱二 今作瞬字。
錢一 今作瞬。

䀠部

䀠 䀠 朱二 眼圈。
朱三 圈子之圈乃圓字，眼圓則爲䀠字。

眉部

省 省 朱一 視也。凡看皆動眉，省則不動眉。
錢一 視也。凡看皆動眉，省則不動眉。

盾部

自部

自 自 朱二 自、鼻一字，引申爲自己。自古亦讀鼻，《爾雅》「畀，我也」可證。自然乃自我之引申。
朱三 古讀鼻音如劓，自與劓音同，故我之音轉爲自。

白部

𦣻 𦣻 朱一 宀宀不見＝綿綿。
錢一 宀宀不見也＝綿綿。

魯　朱一魯（鈍），齊（敏捷）。《荀子》「齊給便利」，《史記·五帝本紀》＝徇齊。
錢一魯，鈍也（泰山以南）；齊，敏捷也（泰山以北）。「齊給便利」也，《史記》之「徇齊」。

者　朱一別事詞。引申為者回、者般。《漢書》「儒家者流」等是也。
朱三這乃六朝人寫適字之誤。者引申為分別，故从者聲皆有分別誼，書、署、諸（兵卒號衣）、諸（辯也）、箸（分別肉類等）等是也。
錢一別事詞也。引申為「者回」、「者般」，即今之這字。《漢書》之「儒家者流」、「道家者流」，即儒家這一流、道家這一流也。

⿰白壽　朱三訓誰之孰乃⿰白壽之假借。

百　朱二或云从一白聲。鐘鼎百作白。
錢一或可作从一白聲。（鐘鼎當作百）。

鼻部

鼻　朱二方言鼻，始生子也。

齂　朱三眉、呬、㥟、齂音誼皆同。齂與鼾亦一聲之轉。

皕部

奭　朱三讀若忽＝郝，古齒音往往讀入喉音。郝从赤聲，亦在齒音而讀為喉音。

習部

翫　朱一厭故喜新。
錢一厭故喜新曰翫。

羽部

羽 羽 朱三 五音之羽，乃託名標識。

翰 翰 朱二 訓高者，乃岸之假借。

朱三 赤羽。《禮記》馬亦稱翰，鄭康成謂「白馬稱翰」，然則赤、白皆指鮮明言之（所謂赤白分明）。翰林、羽翰乃乾之借。

錢一 引申鳥羽亦稱翰，羽長可飛亦曰翰。

翟 翟 朱一 翟【則】。

錢一 與夷狄字古人多互用。

翡 翡 朱一 赤羽雀。《說文》無緋字，當从翡。

朱二 引申為赤。《說文》無緋字。

朱三 《說文》無緋字，緋，今淡紅色也，乃翡之借。翡翠乃赤羽、青羽，引申為一切赤色青色。

錢一 赤羽雀也。赤色之「緋」字《說文》無，當作翡。

翠 翠 朱二 引申為翠色。

翦 翦 朱一 翌。假為剪。《詩經》「〈剪〉[翦]商」‖剪，訓齊[一]。

朱三 今借為剪字，剪借為前字，前與濟音轉，加鼻音則為濟。

錢一 《詩》太王「實始翦商」，翦訓齊（前之義引申為齊），亦是借為前字（俗作剪）。

[一]《詩·魯頌·閟宮》：「居岐之陽，實始翦商」。毛傳：「翦，齊」。鄭玄箋：「翦，斷也」。

翁 翁 朱一 假為公，然稍有别。如公主、翁主是也。

朱二 老翁乃公之假。《漢書》「爾翁」與「乃公」同。漢皇帝女曰公主，諸侯女曰翁主，其實皆公主也。

朱三 借為公，故公主、翁主誼同。桓譚《新論》稱王莽為「王翁」，即王公也。

錢一 老翁借為公字，故公主亦作翁主。(1) 然亦稍有别，如公主、翁主是也(?)。(2)○二説未知孰是。

翹 翹 朱一 假為高者，因堯有高意。段説非。

錢一 訓高之翹即堯之借（如「予室翹翹」），因堯有高意，段説非。

翮 翮 朱三 亦可讀為隔，與根雙聲，莖在青部，鬲為支之入聲，支青對轉，故翮訓羽莖。

錢一 衆羽中最長之羽。

羿 羿 朱一 人名之羿當作𢏚。

錢一 「一曰射師」之訓，係𢏚之借。

翕 翕 朱二 起也。翕合乃合之假借。

錢一 今訓合，即合之假借。

翏 翏 朱一 翏【留】。

翩 翩 朱一 疾飛也。今訓但有飛意。

錢一 疾飛也，今正作飛解。

翜 翜 錢一 一霎時之霎＝翜。翜，捷也；霎，小雨也。扇子曰箑。

翊 翊 朱一 翊【翼】。

錢一 翌日之翊＝昱。

翔 翔 朱一 回飛也。《漢書·西域傳》有「翔實」，當作詳實。

錢一 回飛也。翔實係詳之借，《漢書》正作詳實(?)。

翯 翯 朱一 凡从高聲多有白意。

朱二 凡高聲字皆有白意。皜（《說文》無。日白色）、顥、皠音同。

錢一 鳥白肥澤貌。凡从高聲之字皆有白意。翯即「白鳥鶴鶴」之正字。

翌 翌 朱一 引申為鳳翌。

朱二 鳳也。翌舞，亦作義舞；美也。

朱三 鳳凰當作翌。羽翿即羽葆幢。

錢一 引申為鳳皇之正字，當作鳳翌。

翳 翳 朱一 翿＝翳，羽葆。

朱二 纛《說文》無，然古字緐、每（草盛貌）、羽葆，即此意。

朱三 纛與翿同，凡从翳聲皆有覆誼，故纛，覆照也；幬，帳也。

錢一 即羽葆（即翿字）(?)。

翣 翣 朱一 棺羽飾。訓扇者當為箑。

朱三 後人扇子亦借翣為之，似其形也。然扇之正字當作箑。扇，門扉也。

錢一 訓扇者，為箑之假借。

隹部

隹 隹 朱二 無尖尾，故椎有鈍意，亦近隹，如几短也；故錭、侏、銖皆有短意。

雅 雅 朱一 鴉字無，當从雅。風雅之雅當作夏，《周禮》「九夏」是。疋即諝，《周禮》「大胥、小胥」恐即大雅、小雅；「大予、小予」亦然。

朱二 大雅、小雅或作疋。雅，古在歌部，故與疋近。然大足、小足、大雅、小雅皆不通，或云大夏（夏，漢水也），此說是也。

朱三 古無麻部，其音同烏，然為二物。訓爾雅乃疋之借，大雅、小雅即大疋、小疋也。訓正者，正與疋形似，故雅訓正，實則誤也。古稱雅鄭，今稱雅俗。醫書病人音聲不正亦稱「鄭聲」。凡正曰雅，凡不正曰鄭，亦曰俗。

錢一 俗作鴉。風雅之雅或是夏字之借，《周禮》「九夏」是。或用疋字，殆即胥字，《周禮》樂官有大胥、小胥，即諝之借。大胥、小胥者，大雅、小雅也（漢樂官大予、小予亦同），（予、雅同聲，諝、雅同部）。○雅字所訓不明，必須重質。

雒

朱一 假為雒水。洛為長洛。

錢一 假為雒陽用，雒陽不應作洛。

巂

朱一 巂假為規，「子巂」即子規，「五巂」即五規。

朱二 《禮記·曲禮》「五巂」，假為規矩。

錢一 「子巂」是別意。車輪五轉曰「五巂」，係借為規字。

雗

錢一 喜鵲之類。

雉

朱一 ⿰彳夷民，平民也。《左傳·昭公十七年》：「五雉為五工正，利器用、正度量，夷民者也」。

朱二 古音夷（野雞之切音），夷三族之夷（亦作雉）即薙。大梁之夷門即雉門，即阜門。

錢一 雉為夷之假借者，古人此二字音相近故也。⿰彳夷民，平民也。「五雉為五工正，利器用，正度量，夷民者也」。

雞

朱二 从奚者，大腹也。奚者，田雞也，亦大腹。雞胸，大胸也。

錢一 奚，大腹也。雞腹大，故从奚聲。

雛

朱一 本為雞子，後凡鳥子皆曰雛。漢人言小曰鄒（《釋名》），罵人曰鯫生，此二字皆雛之假借字。

錢一　漢人雛字訓小（《釋名》）。鯫生之鯫亦訓小，皆雛字之假借。雛本鷄子，後凡鳥子皆曰雛。

離　雕　雝

離　朱二　離，罹；侈，多。

雕　朱二　雕、鷻雙聲。後借為彫刻字，又敦琢亦借為彫、亦雙聲。

雝　朱一　其鳴雝雝，故假為雝和、辟廱（四面水，中土，本字為邕）。冉雍＝雍樹（《漢書·夏侯嬰傳》），［字］仲弓＝躬。

錢一　因其聲雝雝，故假為（引申？）雝和（？）。辟雝者，水擁起也，當作邕。《漢書·夏侯嬰傳》「雍樹」者，抱小兒也。冉雍字仲弓者，雍即雍樹之雍，弓乃躬之借字也。

雁　雗　⿱夋隹

雁　錢一　鴻雁也。鳫，鶩也（即野鴨）。

雗　朱二　雗與離同一字。

⿱夋隹　朱二　鵔鸃。

錢一　即鵔鸃。

雇

雇　朱二　今假為雇，又加人為僱。《公羊》「扈養」亦假為雇，其本字為故，或為〈藏〉［臧］獲。扈蹕、戶護亦借用。

錢一　雇工＝故⊙。

⿰享隹　⿰工隹

⿰享隹　錢一　雝⿰享隹。

⿰工隹　朱一　⿰工隹＝鴻。

朱二　鴻，雁也。鴻鵠〈皆〉當為⿰工隹，訓大亦由此引申。

錢一　大鳥曰鴻＝⿰工隹⊙，不當用鴻雁之鴻。

䍜

䍜　朱一　䍜（鳥）與罩（魚）同意。

朱二　古舌上音作舌頭音，讀「到」。

雖　雖　錢一 罷（鳥）與罩（魚）同意。
朱一 既如小熊，何以又从隹鬼聲？段補未是。从鬼（與禺似），隹聲。
朱二 鬼非隹，指人死者。山魈古作山繰，离魅後作魑魅，皆指怪獸而言，今所謂妖怪也。昔稱黑人為烏鬼，又有鬼方（西羌），今稱洋鬼，皆指怪貌。
錢一 既如小熊何以又从隹鬼聲？此段誤也。當作从鬼（山之怪獸曰鬼）隹聲，鉉是。

奞部

奞　奞　朱二 恣奞。

奪　奪　朱一 奪＝脫字，奪取當作敓。
錢一 脫去＝奪去。爭敓。

萑部

萑　萑　朱二 萑與龢雙聲，《說文》讀萑如龢。以讀龢為有禍，猶以羊（同祥）為吉祥、壁（喜）[蟢]為喜事。

蒦　蒦　朱二 放鷹捉獸。由臂商度以取準，故引申為規蒦。今規矱當作蒦。
錢一 「規蒦，商也」。「一曰蒦，度也」。按：「度也」之訓即「商也」之引申。

雚　雚　朱一 雚鵠。鸛乃别。
錢一 雚鵠（爵或雀　デニヌラ？　）。鸛乃别。

舊　舊　朱一 新舊乃久字之假。
錢一 新舊＝久。

𦫳部

丫　卝　朱二　湖南人説事誤曰「卝了」。今人稱「菲角」。《廣韻》有「拐杖」，古以角為杖，其實當作卝。拐子之拐乃「詿誤」之假，詿、拐音近。《漢書》「詿誤吏民」。拐子馬（外國語），馬相連系，此乃別義。

苜部

𥄕　瞢　朱一　《小爾雅》引申為慙，不可解。

錢一　《小爾雅》此字訓慙，段謂是引申，殆非也。

𥈠　莧　朱一　笢，篙席。篾為没字雙聲所轉。篾訓小，故篾蠓，小蟲也。

朱二　蒲根為蒻，竹青為蔑，皆有小意。

錢一　《説文》無篾字，當即笢、篙。

𦿆　蔑　朱二　輕蔑乃懱之假借，又與没、靡、罔雙聲，皆訓無而由無音轉。凡小物亦稱篾，乃由末、秒音轉。荊州、宜昌稱小兒曰「蔑子」（轉入麻部），麻雀（稱蔑雀），么麽。

錢一　勞目無精也。古人「没有」字亦作蔑，因蔑與無、亡等字皆雙聲相轉也（無，古讀磨；亡，古讀茫）。蔑亦訓小，故蔑蠓，小蟲也。

羊部

羯　羯　羠　羠

朱一　割去生殖器之羊也。（犗、騬，牛馬割去生殖器。）

朱二　羯。人種之羯，曹操遷夷人於羯室之地，乃有此稱。《貨殖》「羯羠不均」，形容詞，非「很如羊也」。

錢一　皆閹羊也。

美

美 朱一 甘美。色美當作媺。

錢一 甘也。味之美惡＝美。人貌之美惡＝媺。

羌

羌 朱一 羌（羊種）。四夷惟羌字从人，中國人種從西方來也。姜亦从羊。姜戎在敦煌，羌水在甘肅。

朱二 姜，天水郡，是从羌戎來，非太公姓姜也。姫姒之姓久亡。

錢一 西戎也。四夷唯羌字从人，因中國人來自西方，故獨戎字不與以惡名，戎、人聲亦相轉。

羴部

瞿部

雔部

雔

雔 朱二 《說文》無「儔」字，古作「疇」，實當作雔。雔兼嘉怨二耦。

靃

靃 錢一 俗作霍。

雥部

雧

雧 朱一 住於此當作雧，集合當作雥。

朱二 羣鳥集也。一切集當作亼。

錢一 安雧。亼（或作雥）合。

鳥部

鳳　朱一　古朋黨字。《說文》有「倗」，讀為背【佩】。此乃孳乳字。
朱二　朋，古鳳字。朋黨字當作倗。
錢一　从凡聲，凡、鳳皆在七部。朋者，古文鳳字。《說文》另有倗字，讀為背。此乃孳乳字。

鳩　朱一　五鳩，五種之鳩。鳩合乃勼之假借。
錢一　五鳩者，五種之鳩。

鶇　朱一　鶇【鞠】。

䳌　錢一　百舌也。

鵝　朱一　小鵰。

鴞　朱一　鴟鴞，小鳥，非毛頭鷹。
朱二　賈誼《〈服〉〔鵩〕鳥賦》之〈服〉〔鵩〕亦鴞，梟乃異類。鴟即今鷂。鴟鴞，麻雀。漢人作鴟梟者，二惡鳥也，與鴟鴞異。食桑葚。鴩舟、鸋鴂、鶗鴂，象其聲也。
錢一　鴟鴞，最小鳥也，非鷹也。

鶤　朱一　鶤【昆】。

鸎　朱一　鸎鷅，《詩·邶風·旄丘》：「瑣（小）兮尾（美）兮，鸎鷅之子。」
錢一　「瑣（小也）兮尾（美也）兮，鸎離之子」（?）。流離二字今訓不通。

鷬　朱二　借為難，難實堇字，黏土也。𦒱字亦即堇字，艱亦从堇聲。

鷺　朱一　朱鷺＝乞（殊）鷺，朱乃乞之假。
錢一　《漢書》之「朱鷺」＝乞。鷺之借，乞，短尾也。(1)朱鷺即周鷺（《莊子》「鳥有周鷺者」）。(2)

鵠　朱一　鶴、鵠本一字，聲誼相同。漢人稱黃鶴曰黃鵠。今湖北黃鶴樓與黃鵠山同名，黃鶴者今語，黃鵠者漢語未改者也。黃鵠又稱鴻鵠，乃鳿之借，黃言其色，鳿言其大，其實一物。至于「立鵠而射」之鵠，乃鳱鵠之借字。當作鸛，說詳段氏鸛字注下。「立鵠而射」乃小鳥(?)

錢一 鵠與鶴本是一物。故湖北之黃鶴樓《水經注》作黃鵠山。「立鵠而射」之鵠之假字，非黃鵠也。

鳱 朱二 雁鸛鵞鶴一類。

鴚 鵝 鵝

朱一 雙聲連字。《左傳》「鴚鵝」讀「加鵝」。《左傳》作「駕」，讀鴚。

錢二 鴚鵝，二字係雙聲連語。《左傳》「鴚鵝」作(讀?)「加鵝」。

鴈 朱二 〈雁〉〔鴈〕(寒部)鵝(歌部)對轉，實一字。《韓非子》「〈雁〉〔鴈〕鼎」今作贗。《詩》「假以溢我」，韓《詩》(?)作「誐以溢我」。故雁即假字之假。

鷀 朱一

鸕 鷀

朱一 今嗛銜魚鳥也。

錢一 鸕鷀，今銜魚鳥也。

鶃 朱二 今作鷁。

鶬 朱一 逆毛鳥也。凡从倉聲皆有逆意。

錢一 逆毛之鳥也。凡从倉聲字皆有逆意。

鷹 朱一 鷹【鷂】。《說文》無鳶字，或以為鷹字。

朱二 《禮記·夏小正》：「鳴弋」即鳶，《說文》無。王氏《經義述聞》亦為从鳶。《漢書》有鳶【淵】。《詩》「飛鸇飛鳶」乃鷹之誤。鳶(即鳶)《說文》失收。

錢一 《說文》無鳶字，或以為即鷹字。鷹，鷙鳥也。

鸛　朱一 周人射矢用鵠，即鸛字。
朱二 鳿鵠。
錢一 亦稱為鵠。《周禮》「射矢用鵠」，即鸛字。

鶯　朱一 ☐〔一〕。黄鶯當作黄嬰。
朱二 从榮省聲，與榮華義同。黄鶯當作鸎，《説文》亦無，因「嬰其鳴矣」而造此字。
錢一 黄鶯當作鸎，然《説文》亦無。○正作嚶。

鴝　鵒
朱一 ☐。
錢一 即今百哥。

鶡　朱一 插☐鳥毛也。

鸚　䳇
朱一 鵡，無☐。
朱二 後作鸚鵡。
錢一 䳇，俗作鵡。

鸓　朱一 蝙蝠之類。
錢一 蝙蝠之類。

鶾　錢一 《易》「鶾音登于天」。

鴳　朱二 今作鷃。

鴆　朱一 孔雀毛上之翎，銛下可殺人。
錢一 孔雀毛上之翎，括下來可藥殺人。

〔一〕脱文處原稿爲大塊墨蹟所蓋，下三處同。

鷇　朱二　安徽人稱蛋曰鷇。

烏部

舄　朱一　舄假為「不耤」，即今鞵也，與木屐同，有木底也。

朱二　古曰舄，今曰鵲。

錢一　赤舄＝赤藉，故草履亦稱「不借」。

焉　朱一　訓於，焉、於雙聲。黃色焉鳥或即烏字亦未可知。

錢一　訓於者，於、焉雙聲，於即烏之古義。黃色焉鳥或即烏字亦未可知。《荀子》有「察」（察？）字（察即焉）。察即於字，焉恐即烏字。

第四篇下

𠦒部

畢　畢　朱一　田网。完斁。

錢一　田网也。畢星（?）。完斁。

𠫓　棄　朱一　𠫓，籀文子之倒，㝔生（五月五日生，棄之）。㝔生，逆生子，倒出子也。釆

（矢），古作𦿆。在糞字下。

錢一　从㐬，㐬者，子倒出也，如㝔生。

冓部

冓　冓　朱一　結冓。

錢一　結冓。交冓。

爯　爯　朱一　引申為偁、為稱（舉也）。

錢一　引申為偁、為稱（舉也）。(1)偁謂、偁舉。(2)

幺部

𢆶部

88　𢆶　朱二　𢆶（一切隱曰𢆶）、幽（在山隱曰幽），其實一字。

幽　幽　朱一　本有黑暗意，故與黝相通。
錢一　本有黑暗意，故與黝相通。

幾　幾　朱二　訓期者，兵戎有期限也。

叀部

叀　叀　朱二　訓小謹乃顓之假借。叀乃嫥壹之省。

惠　惠　朱一　古人因小惠故从叀，心叀愛人也。
錢一　古人因小惠故从叀(?)。

玄部

玄　玄　朱一　幽遠。黑而有赤色者。黑色之玄當从兹。今天青色，故云天玄而地黃。
錢一　幽遠也。黑而有赤色者為玄。黑色之玄‖兹。

予部

舒　舒　朱二　从余，詞之舒也，則舒同余，予亦我稱，則予又同余；其實只有余字。今舒、卷相反對，在古恐只有予、幻字相反對而已。

幻　幻　朱一　騙人之物曰幻，予人以物曰予。
錢一　騙人之物曰幻，予人以物曰予。

放部

敖　敖　朱一　出游。莫敖、連敖當作勢，豪傑亦當從勢，呂嫯亦當作勢。

朱二 俗作遨。敖，君也。莫敖亦作莫囂，聲相近。勢傑今作豪（豕毛），其實皆當作勢。勢，西旅獻獒，馬融以為獻其君，則亦當作勢（《後漢書》）。西南夷槃瓠、高辛之畜狗則當作獒矣。

錢一 遨△遊△正作敖◎游◎。莫敖（莫訓大，莫敖者，言蠻夷大長也）、連敖（韓信曾為之），未成君曰敖，皆勢之借。豪傑、呂獒亦皆當作勢。

𠬪部

𠬪 朱二 孚與𠬪實一字，猶符作票，莩讀殍，輕唇作重唇也。

爰 朱一 爰（於是）、引（接續）。爰田當作趄，爰書亦當从趄（代書。今尚有代書），引申之意。

錢一 爰，引也，有於是意(?)。(1)爰，於是；引，接續(?)。(2)爰田＝趄◎田。爰書＝趄◎書（代書也），為引申之義。

𤔔 朱二 亂亦訓治也，與治相反作𤔔，古實一字耳。

受 朱一 相付。

㥯 朱一 「隱几而卧」當从㥯。安〈穩〉〔穩〕（俗字）亦當从㥯。

朱二 㥯，有所據也。《孟子》「隱几而卧」當从㥯，安穩亦當从㥯，有所據乃安㥯。

錢一 有所依也。「隱几而卧」＝㥯◎。安穩之穩係俗字，亦當作㥯。

𠭥 朱一 𠭥【敢】。

奴部

𣦼 朱一 𣦼，一訓殘，一訓穿。

叡 朱二 因穿而名。

𣦼 𣦼 朱一 𣦼【概】。

歺部

歺 歺 朱一 歺【業】。

㱥 㱥 朱一 凋殘也。

錢一 凋殘也。

殙 殙 朱一 人殙昧當作此，昏乃黃昏。

錢一 殙昧、殙迷、熱殙、殙瞀，昏乃黃昏字。

歾 歾 朱一 没當作歾。

朱二 今作没、歿，正當作歾。《漢書》「物故」即「歾故」。吳人偁物尚作歾音，可見古音同。

錢一 終也。今借用没。

殌 殌 朱一 生卒當作殌。

錢一 生卒＝殌。引申則卒事之卒亦＝殌。

殊 殊 朱一 即殺斷也。引申為（離）異。「蠻夷長（如今土司）有罪當殊之」（殊即誅，殺也），殛亦殺也。

朱二 尋常殺曰殊，法律殺人曰誅。漢令所謂「蠻夷長」猶今屬國土司，故有罪當殊。段說誤，誅乃討耳，服誅乃殺，殊亦然，殛亦然。

錢一 一曰斷也。因斷而生「離」之義。漢令曰「蠻夷長有罪當殊之」，蠻夷長者，土司之屬，段注非。（言土司有罪則殺之也）。

殟 殟 朱一 頭暈當作殟。

錢一 頭暈、暈倒＝殟。

殛　朱一　殊也。「殛鯀于羽山」，即今之充軍。此有二義：(1)極刑處死。(2)極邊充軍。

朱二　「殛鯀于羽山」亦作「極鯀于羽山」，其實作殛亦可，殛與誅同，不必殺，僅討之而已。「竄三苗」亦作㯿同。

錢一　「殛鯀于羽山」之殛猶今言「發極邊充軍」也。凡窮迫之使無路可走者皆曰極。此有二義：(1)極刑處死。(2)極邊充軍。

殪　朱一　急死，如槍斃是也。

錢一　急(?)死也（射擊即死?），如槍斃是也。

薨　朱一　宋薨。

錢一　宋薨。

殯　錢一　古人待死者如賓，故從賓。殯于西階，西，客席也。

殠　朱一　臭乃嗅字，香臭當作殠。

錢一　香臭＝殠。臭即今之嗅字，臭以鼻聞氣也。从犬者，以犬喜臭故。

殨　朱二　潰爛當作殨。

錢一　潰爛＝殨。

死　朱一　或从朽。

朱二　朽，老朽者。朽从丂，老考。

殆　朱一　本訓危，「恐將□□」云云。故假借為始，「我危得之」即「我［始］得之」也（《漢書》）。[一]

錢一　危也。其訓始者（係其引申義?）即借為始字(?)。《漢書·淮南王傳(?)》「我

[一]《漢書·宣元六王傳》：「我危得之」。顔師古注：「孟康曰：危，殆也？師古曰：猶今之言險不得之也。」

危得之」，危，殆也。(1)危亦有借為始者。《漢書·淮南王傳》「我危得之」。(2)○二說又不同了，俟質。

殘　朱一　賊也。殘忍、⿰歹肉剩。
錢一　賊也。殘⊙忍。殘餘＝⿰歹肉⊙。

殲　朱一　微盡也，一些不剩。
錢一　微盡也。微盡者，言一些兒都不剩也。

⿰歹肉　朱一　⿰歹肉餘。
朱二　段改从月訓缺，謬。宜从肉。
錢一　此⿰歹肉餘之正字。

殖　朱一　脂膏久殖也。《易經》「朋盍戠」（訓聚也）。[一]
錢一　脂膏久殖也。段解「貨殖」頗迂拘。貨殖字正當作戠。戠，聚也（《易》「朋盍戠」）。

𣧠　朱二　《周禮》有「疈辜」，𣧠即辜。凌遲處死曰冎，與𣧠音近；疈乃剖腹也。

死部

薧　朱一　今蒿里當作薧（《史記·封禪書》）。蒿里者，葬地，死人住居之地。里，乃居處死里，魂歸里之里。段氏説謬。古人以人死往泰山旁高里，後造薧里。（《抱朴子》「人死往高里」。《日知録》引《水經注》「泰山旁有溹水，有溹河橋」。今附會死後往溹河橋）。高里，後為蒿里，今稱東獄泰山。

[一]《易·豫》：「勿疑朋盍簪」。陸德明釋文：「簪，《虞書》作戠；戠，叢合也」。

錢一 死人里也。蒿里=薨⊙里。段謂「一里人盡死」之説甚無理。蓋凡坟墓所在之處曰薨里。里即聚處之義。《史記·封禪書》「封泰山而禪高里」，高里即薨里（泰山旁之小山，古人以死人魂魄歸泰山，故蒿里為死人居。《抱朴子》「人死往高里」）。顧亭林曰：「《水經注》曰：泰山之傍有渿河」。因之後世誤會便有「柰何橋」之名。○《水經注》有渿河橋。

冎部

剮

朱一 古別離字，分別字皆從此。

朱二 剮（分解骨也）、解（解牛角也）。一切別當作𠔁。

錢一 古別離字、分別字皆作此(?)。○《説文》「分解也」。分物曰分，解牛角曰解，引申為凡分解之稱(?)。

𠕁

朱二 馬融《廣成頌》「擺牲〈犒〉[「班」]禽」。《周禮》「䟺辜」，故作「罷辜」。擘或作擘，《禮記》作「拍豚」。披、詖古只作皮。擺擘，擘十六部，𠕁十七部（本字）。

骨部

髆

錢一 臂髆⊙。

骿

朱一 骿脅，後用駢。

錢一 骿⊙脅，後用駢。

髀

朱二 《周髀算經》，古人測日之數。勾股以直綫為股，故測日之數形直，亦名曰髀，即股也。

錢一 股外也。「周髀」之髀與股意似，即勾股也(?)。

⿰骨厥　⿰骨厥　朱一　（臀）肩骨也。

髖　髖　朱一　音轉為骻、裿。
朱二　聲變為胯，醫書作⿰骨可。
錢一　歌寒對轉，故字變作⿰骨可，讀如クア〔一〕，即腰髖。

骹　骹　朱一　小腿也。
朱二　引申為直立物之稱。

骭　骭　朱一　小腿。
錢一　骹、骭皆小腿也。

骸　骸　朱一　本為小腿骨，引申為凡骨之稱。
朱二　引申為一切骨之通稱。
錢一　本為小腿骨，引申為凡骨之稱。

髍　髍　朱一　麻木不仁、半身不遂，當作髍。
朱二　麻木不仁當作髍。么麼字古書常見，或許脱去，不必以髍包之也。
錢一　麻木不仁＝髍◦髍。么麼（？）。

骴　骴　朱二　亦借為溝〈瘠〉〔瘠〕。

骫　骫　朱一　骫【委】。委曲之委本字即骫。
朱二　委曲之委當作骫。「骫法」，曲法也。
錢一　委曲＝骫◦曲。

⿰骨會　⿰骨會　朱一

〔一〕「クア」為日語記音，相當於「kua」。

朱二 反髻作鬠。《莊子》作「會撮指天」[一]。

肉部

腜 朱一 䏙腜。

錢一 始孕也。故古人祈子之處曰「䏙禖」。

肧 朱二 人曰肧，泥曰坏。今作胚。

臚 朱一 即膚。旅擯即臚擯，賓相也。故鴻臚寺之意乃賓相也。臚即旅。

朱二 鴻臚寺（漢武帝始）乃旅之假。「大夫臚岱」亦借「旅于泰山」之旅。醫書「臚脹」，臚讀敷，與敷同，大也，訓美。

錢一 鴻臚（鴻臚寺，為外國使臣之儐相故也）、臚句、臚言等臚字皆旅之借（旅，擯也）。膚訓美訓大者，由臚義而引申。

肫 朱一 權骨為肫，「隆準」乃肫之假字。

朱二 古人顴骨曰權。古稱面頯之肫曰準，皆取平義，猶頷稱衡也。

錢一 龍準＝龍肫。但權、準、衡諸字皆以他物擬面孔。故先有準字後有肫字。

脰 朱三 頷為總稱，前曰頸、曰亢，後曰項、曰脰。

胏 朱一 胏腑。木之旁花曰柹附，即胏府之本。

朱二 因从巿聲，《詩》「其葉胏胏」即假為巿，盛也。古稱親戚為「胏腑」，胏乃柹之假借。柹，木皮也；柹腑，柹附也。猶葭莩之親，是非（苦）心腹之比。

[一] 《莊子·人間世》：「會撮指天」。陸德明釋文：「崔云：會撮，項椎也。司馬云：會撮，髻也。古者髻在項中，脊曲頭低，故髻指天也」。

錢一 肺府肉親＝柿附肉親。柿附，木之刨花也（木旁枝葉等也），言在木旁而相□也。

「其葉肺肺」之肺＝其葉市市。

胃 朱二 圖，米也。故糞古亦作菌。

脬 朱一 旁光。今尚稱旁光為（拋）。

肪 錢一 脂油之類。

膺 朱二 毛傳：「膺，當也」，猶今拍胸擔保意。

肊 朱一 胸骨。引申為肊想。

錢一 胸骨也。引申為肊想字。

膏 朱三 肥也，凡有膏油皆可稱肥。段云肥當作脂，非。

背 朱一 背脊。引申為反背。

朱二 負，古亦讀背，古只有背字。故背債今作負債。向背乃北之假借。

錢一 反背之背係北之借。○背引申為反背(?)。（二説微有不同，俟質。）

脅 朱一 兩膀。引申為迫脅。

錢一 兩膀也。引申為迫脅。手抓腰則脅(?)。

肋 朱一 脅骨，有條理也。故木有條理者曰朸，「水」曰〈泐〉「泐」。

錢一 凡从力聲之字皆有有條理意：如朸（木有條理），泐（水有條理）。肋（脅骨）、力（人筋）。

胳 朱二 亦下也。俗作腋。今猶稱胳膊。

錢一 亦下也，古洛反。俗言胳勒子。

胠 朱二 右翼曰胠，猶先鋒曰顏行（在前），在後曰殿。

䐡 朱一 齊州＝中州，磨齊＝中也。《左傳》：「後〈將〉「君」噬齊」（逮不及也）。段注謬。

朱二 中間亦稱為齊。《史記·封禪書》：「天齊」，井也（在中間），故齊以為國名。
朱三 齊，齊中；磨齊，磨心也。
錢一 骴齎也。齊州＝中州，磨齊＝中也。《左傳》：「後（將）［君］噬齊」。《方言》：「齊，逮也，及也」，非臍字。段非。

腹 腹 朱三 腹从复聲，复从畐省，訓厚為畐之借。

脽 脽 朱二
朱三 脽與臀之蒸對轉，故誼與臀同。

肤 肤 朱一 肛門，孔也。
朱二 孔也，今謂肛門。
錢一 臀孔也（屁股洞）。

胯 胯 朱二 與奎一聲之轉，兩股曰胯，兩股之下曰胯下。引申為套胯。

股 股 朱二 髀也（大腿也），股殿从殳聲者，打屁股也。引申為直立物之稱，勾股是也。
朱三 引申為直立，勾橫股直。又曰磬股，磬曲股直。

腓 腓 朱一 脛腨也，小腿。
錢一 脛腨也，小腿。

腨 腨 朱三 古稱腓腸，今稱腿肚。

胑 胑 錢一 四肢＝胑。

肖 肖 朱二 《漢書·刑法志》「人宵天地之貌」，借宵為肖。《禮記》「小雅」作「宵雅」，《莊子》「小人」作「宵人」。《莊子》「達生之情者傀（大也），達於知者肖（小也）。」骨肉相似，具體而微，子尚小也。

肸 肸 朱一 八佾之佾《說文》無，即此字。

臚

朱二「振肸」，⿱八月與肸同，肸蠁（蟲名）以翼振動作響。八佾亦當作⿱八月。《漢書·禮樂志》：「千〈乘〉［童］羅舞成八溢」，亦⿱八月之假。

錢一 八佾字《說文》無，當作⿱八月（或用肸）。肸蠁之肸（?）。

朱一 肉臚。衣裳剥盡，但見裏衣也。

朱三 袒裼乃但之借。袒，今綻字。臚爲肉臚，去上衣盡也。

錢一 外衣開襟見裏衣曰但，光着身子曰臚（肉臚也）。

臁

朱三 「〈臁〉［壞］子王梁代」之〈臁〉［壞］非肥也，恐有别誼。

錢一 大胖兒子也。

肥

朱一 肥。

脱

朱一 消肉。解脱當从挩，脱去當从奪。

錢一 消肉臞也。解挩。奪去。

脣

朱二 古無齒音。轉爲佁，之蒸對轉也。

朱三 騃也。騃，馬行仡仡，言不知進退，但一往而前，故曰騃也。

錢一 騃也。騃即呆之正字。

胗

朱一 脣瘍。引申爲胗痢。

錢一 脣瘍也。引申爲胗痢。

腄　胝

錢一 皆足生繭。

胅

朱一 胅【摘】。引申爲凸。

朱二 凸當作胅。

錢一 凸出之正字。

膢　朱三　以八月祭為是。漢有「貙膢」可證。

胙　朱一　《說文》無祚字。
朱二　引申訓福，今作祚。
錢一　《說文》無祚字，正＝胙。

隋　朱一　裂肉。
錢一　剩下之肉曰隋。

肴　朱一　可以啖之肉曰肴。
朱二　引申可啖之肉曰肴。
朱三　本動詞，引申為名詞。

腆　朱一　多也。小腆乃敟，主也；小敟本小主也，若訓厚，不適矣。
朱二　厚也。「小腆」不可解，或為敟之假，小主也。（疑）
錢一　小腆之腆＝敟（敟，主也），言小國之君主也。[一]

胡　朱二　牛顄垂也。喉、胡一聲之轉。古無鬍字，因胡處生鬚，即名曰胡。訓遐者，乃瑕之假，其實乃一古字耳，故訓久遠。古—瑕—遐。
朱三　胡在喉下，故引申為胡鬚。胡、侯、遐古雙聲，故同訓何，又同訓壽。

膊　朱一　張膊。
錢一　張膊(?)。

膴　朱一　無骨腊（乾肉）也。（今云烏腊）。
朱三　有骨曰腊，無骨腊曰膴。引申為肥美。
錢一　無骨腊也，今云烏腊。

[一]《書·大誥》：「殷小腆，誕敢紀其叙」。孔穎達疏：「鄭玄云：腆，小國也。王肅云：腆，主也。殷小主，謂祿父也」。

胥　朱一　引申假借為相與之義。《方言》訓輔，即由相來。
朱二　假為相。《詩·緜》「聿來胥〈于〉「宇」」，「聿來相〈于〉「宇」」也，魚模與陽庚對轉。胥又訓輔，與相（訓助）義同，故「山有扶蘇」，又作「山有扶胥」。
朱三　引申為「相與」之誼，非胥訓相與，乃相之借。訓視訓輔亦相之借，引申誼也。
錢一　胥、相雙聲，故胥亦訓（借為）相。因相《方言》訓輔（夏案：何字訓輔？《方言》胥訓偕？）再引申為相與之義。○似有誤。

䐹　朱二　乾魚，别；脩，乾肉，統言。䐹、脩聲同。
朱三　䐹，乾魚，與脩聲誼近。脩，乾肉也。

腝　朱一　腝【疑】。

脠　朱二　今「生脠【穿】麪」尚作此音。

胜　朱一　腥當作胜。「腥，星見食豕，令肉中生小息肉也。」
朱三　生熟之生當作胜。
錢一　腥臊之本字＝胜。腥者，星見食豕，令肉中生小息肉也，誼别。

膜　朱一　皮裏肉外。
朱三　古連語曰魄莫（《禮記》注），膜，古讀模；魄，古讀坡。魄莫雙語，膜為單語。
錢一　皮裏肉外。

䐑　朱一　薄切肉。

腌　朱三　後人謂魚乾曰鮑，與腌聲誼近。「腌，漬肉也」。

脃　朱一　今硬而鬆者曰脆，古但作小耎易斷。
錢一　小耎易斷也。今謂硬而鬆者曰脆。

膬　朱二　脆、膬同一字。

散 朱一 襍亂。

朱二 散秩大臣之散、閒散皆本訓，今此字作𢻾用。

朱三 今散秩大臣之散乃散之引申誼，閒散也（有雜誼）。放散當作𢻾。

錢一 襍肉也。閒散雜職、投閒置散，均由雜肉義引申。至分散別＝𢻾◎。

肰 朱一 即（然）。古人食犬肉特多，故特造犬肉字。

朱三 犬肉。犬肉食飽曰猒。

錢一 即然字。古人食犬肉特多，故特置肰字。

肒 朱三 瀋、汁（一平一入）、肒、涾四字古同部同誼，此為轉注。

膠 朱一 古人說大話曰膠，乃嘐之假字。

朱二 昵也。相親即昵，相昵即膠。《左傳》「不〈泥〉［義］不昵」古作「不宜不䵒」。

錢一 昵也。昵，黏也。大言曰膠＝嘐◎。

胆 朱一 胆【袪】。

錢一 糞、胆◎。

肙 朱三 虫部之蜎為肙之孳乳字，實當作肙足矣。

錢一 翻跟斗蟲也。

肎 朱一 本訓骨間，今訓乃可之假字，肎、可音近。

朱二 「肯不肯」乃可之假，肯、可雙聲。

錢一 肎綮乃本訓。可曰肯者，即為可之假字。肎、可雙聲。

朘 朱二 朘，小兒生殖器。《老子》：「未知牝牡之合而朘〈足〉［作］」（河上公本），今作全。或云全古文𠓥，亦生殖器也。

朱三 《老子》「朘」或作全。全、朘一聲之轉。全古文作𠓥，卝即卯字。

筋部

刀部

刀 刀 朱三 今刁字亦即刀字，今刁之誼乃凋之借。

㓵 㓵 朱一 鋒鍔當從此。
錢一 鋒鍔＝㓵。

削 削 朱一 今作鞘、鞘，俗字。刀可刮削，故引申為「筆則筆，削則削」之削。
錢一 刀鞘＝削。（鞘乃俗字）。刀亦稱削（刀可〈括〉［刮］削），故曰（引申為）「筆則筆，削則削」（？）。

㓡 㓡 朱一
朱二 今㓡（勾）刀。
錢一 㓡子，田家所用之物。

剴 剴 朱一 大鎌。剴切，摩也、切也。
朱二 剴（磨）切，切當作[illegible]（磨也）。
朱三 切與剴皆有摩誼，故切當亦曰剴切。
錢一 剴切，切要也，非直言也。

剡 剡 朱二 古無尖字，或作剡，或作[illegible]，或作[illegible]，皆可。

初 初 朱一 裁也。

剪 剪 朱一 齊斷也。
朱二 齊斷，古前。刀亦劗。刀，雙聲。今前字假借前（歬）。裁訓始，前亦可訓始。故空間之前作歬，時〈時〉［間］之前作前亦可。

則　朱一　等畫物（分得平均）。故引申為法則。《墨子》有則刑（則，畫也）。《左傳·文公十八年》「毀則為賊」。（殺人為則又為賊，則、賊有相反義）。

朱三　「毀則為賊」，然賊即則。《書·舜典》「怙終賊刑」，古文為「則刑」。二字聲誼相近。

錢一　等畫物也（分得平均也）。故引申為法則。《墨子》有則刑（即以刀殺人），則，盡也。《左傳》：「毀則為賊」，則、賊雙聲（殺人為則，又為賊；則、賊有相反義）（?）。

剛　朱二　引申人性剛柔之剛作信（今侃字）可也。

剬　朱一　剁。

朱三　元寒轉入歌，故又作剁。

錢一　俗作剁（寒歌對轉之故）。

劊　朱一　斷，今劊子手是也。

朱二　唐人稱劊子手曰膾，所謂「魁膾」是。

錢一　斷也。今俗稱殺人者曰劊子手，猶存古義。

切　朱一　《漢書》「一切」，暫時整齊曰「一切」，今所謂「從前之事不管，一刀斬斷」是也。今「一切」之義乃用「該括」之義，非本義矣。

朱二　「一切」，一刀斬斷。今為「包括」用，誤。

錢一　《漢書》「一切」，倉猝整齊也。猶今言「從前之事不管，一刀兩斷」之云。今以「一切」為「都凡」之義，非古也。

刌　朱二

刻　朱三　古文从冊，用鐵筆刻于冊也。

副

朱一　判也。「副辜」，判腹，判犬腹除瘟疫也。

朱二　古疈字。既疈，乃有正副。湖北稱殺鷄曰伏鷄，伏即疈，古無輕唇音，故讀副。《史記·封禪書》秦〈文〉［德］公「作伏［祠］」。磔狗邑四門，以禦蟲〈災〉［菑］」，伏磔狗（疈狗）臘食肉。

朱三　古讀劈，「副辜祭」。《漢書》「三伏」即「三副」，副犬以祭也。

錢一　判也。「伏（夏）臘（冬）」之伏即副字。《周禮》之「副辜祭」，破狗肚以為祭。副祭，于初伏日行之，古人以伏日多癘疫，以犬可除邪，故破犬肚以祭也。今借用伏字。

判

朱一　分也。又訓半。《周禮》「媒氏掌萬民之判」（夫妻未合，各半）。引申為判斷。

錢一　分也。又訓半。《周禮》：「媒氏掌萬民之判」（夫妻為一物，未合時各居其半）。引申為判斷、判合（夫妻）。

列

朱一　分解也。行列乃引申義。

朱二　古無例字，只作列字。

錢一　分解也。引申為行列。

刊

朱一　剟也，削去也。

朱二　剟也（删也）。刊刻當作栞。

朱三　刊刻乃栞之借。刊，削去也。

錢一　削去也。（「西伯既戡黎」，戡恐即刊字之假？）。刊書正當用栞。

劈

朱一　馬融《廣成頌》「擺牲」即「劈牲」。

錢一　馬融《廣成頌》「擺牲」之擺係劈之借。

剥

朱一　裂。「剥棗」，打（取）下也。

朱二　《詩·七月》「八月剥棗」，當作攴，雙聲相假。

朱[三] 裂也。此裂當作列，分解也。剝瓜乃剖瓜也；剝棗乃攴之借，「八月剝棗」，毛傳：「剝，擊也」。

錢[一] 裂也。剝棗者，言從樹上打下棗子來也。

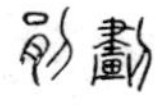

劃 朱[二] 劃與畫同。古無筆，皆用刀。

刖 朱[一] 俗作刓，《說文》無。

朱[三] 今作刓。

錢[一] 俗作刓，《說文》無。

劑 朱[一] 約劑當作齊。

錢[一] 約劑當作齊。(?)

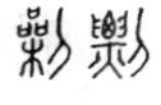

劋 朱[二] 劋刧當作勦。

剿 朱[一] 剿撫當從此。剿，《說文》訓勞。《左傳》「馬用剿（勤勞）民」是也。《禮記》「毋剿說」，剿乃鈔字。[一]

朱[二] 或作剿。今勦寇字乃訓勞。「勦說」乃鈔之假借。

錢[一] 勦，勞也。勦說＝鈔說（勦、鈔雙聲）。勦撫＝剿撫。惟《左傳》「馬用勦民」訓勞民，為勦之本誼。

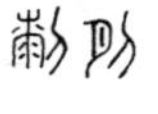

刖 朱[二] 絕也。刖足曰跀，經典亦作刖。

剎 朱[一] 傷也。剎乃俗字，當作剎。

朱[二] 剎 尺 佛經「剎」乃剎之誤體。

錢[一] 俗作剎。

[一]《左傳・宣公十二年》：「無及於鄭而勦民，焉用之？」杜預注：「勦，勞也」。《禮記・曲禮上》：「正爾容，聽必恭，毋勦說，毋雷同」。鄭玄注：「勦，猶擥也。謂取人之說，以為己說」。

刓　錢一　磨得角都没有了。

剴　朱一　刓。剴訓勉者乃劭字。
朱二　訓見乃昭之假借。訓勉者乃《周禮》「皋舞」之假，今高嬹字。
錢一　刓也。訓勉者，劭之借。

刑　朱一　剄也，自殺也。今假為刑罰字。古書「刑白馬」訓剄，當是本義。
朱二　刑，自剄也；井刂，法也。其實可通用，如殊、誅例。誅不專指殺，井刂亦然。或古未制誅、井刂時，惟有殊、刑而已。
朱三　自剄。刑法乃井刂之借。
錢一　剄也。惟「刑白馬」之刑（訓剄即刎也）當作此刑字，餘皆當作井刂。井刂◎罰。

剸　錢一　即摶字。

券　朱三　券，今契約；傅別，今合同也。契、券一聲轉。

刺　朱一　上殺下曰刺，用刑也。引申為直傷。
朱二　《漢書》「刺史」及「刺探尚書事」，故刺有探察義。
朱三　刺探，刺穴以探取秘密也。名刺者，古以鐵筆刺簡也。刺繡為本誼。
錢一　上殺下曰刺，引申為直傷。

刃部

刅　朱二　創始字當作刅。「創刈」古只作「倉乂」。
錢一　或作創。創始＝刅◎始。

㓞部

栔　朱一　書契當作栔。契約从大，然古契約亦刻木，故亦可从栔。

丯部

朱二　契券只當作栔。惟栔為刻，契，今之法律。猶殊、誅例。

錢一　刻也。書契＝栔。古者契約亦刻木為之，故亦可作栔。(1)　契◎約（？）。(2)

挌　格　朱二　枝格。一格之格亦當作挌。格，木長貌。

耒部

耦　耦　朱一　伍耦。从偶者乃木偶。偶然之偶乃遇字之假借。

錢一　偶者木偶◎。兩人為耦，故奇耦◎不作偶。偶然＝寓◎（遇？）。

耤　耤　朱一　假借當作耤。

朱二　借只作耤，古亦作藉。

錢一　《說文》無借字＝耤◎。

耡　耡　朱二　鋤當作耝。

角部

觭　觭　錢一　奇偶＝觭◎。

⿰角畏　⿰角畏　朱一　凡从畏者皆有曲意。水曲處曰隈，角曲處曰⿰角畏。

錢一　角曲中也。凡从畏之字皆有曲意：如隈，水曲處也。

⿰角甬　⿰角甬　朱一　即⿰角甬。

朱二　粗⿰角甬【槍】，今作⿰牛甬。

錢一　俗作⿰牛甬。

觼

朱二　厥，《說文》：「發石也」；觼，義同。「厥角（今額角）稽首」，「撞角稽首」。

錢一　角有所觸發也。「厥角稽首」之厥＝觼◎。以頭角（?）觸地也。

舩

朱二　舡同。舩，抬扛。

衡

朱一　凡用木抵住者曰衡。漢有水衡都尉，即今釐卡，然用水柵也。

朱二　漢「水衡」之制與今釐卡、關柵同，橫木於水。《漢書》「林衡」，在此作柵以管山林。

錢一　牛觸，橫大木其角。凡以木抵住者曰衡。漢有水衡都尉，水衡者，猶今之釐卡，但用水柵也。

觭

朱二　牛角不齊曰觭，丫，羊角。觭，與□□。

觟

朱一　觟【瓦】。《論衡》作「現在」之「現」字[一]。

錢一　《論衡》用作「現在」之「現」字（?）。

觜

朱一　毛角。引申為鳥觜，又引申為人觜。

解

朱一　「庶有豸（＝解）乎」?

朱二　《左傳·宣公十七年》：「庶有豸乎」即「庶有解乎」。

錢一　「庶有豸乎」＝解之借。豸即廌，廌與解音相近。

觵

朱一　觵＝侊（張大）。

朱二　觥【千】，訓大貌之觥，觥乃侊之假。

[一]《集韻·蟹韻》：「獬，獬豸，獸名。或作觟」。《論衡·是應》：「儒者說云：觟䚦者，一角之羊也，性知有罪。皐陶治獄，其罪疑者，令羊觸之，有罪則觸，無罪則不觸」。今按：「觟䚦」即「獬豸」，章氏之訓當為「作觟䚦之觟字」，因浙江方言「獬豸」音讀如「現在」，故朱、錢均誤記為「从現在之現字」。考《論衡》時尚無此詞，必是「獬豸」之誤。

觚 觚

錢一 訓張大者，乃侊之借。

朱一 有棱角之觚當作柧。

朱二 今柧棱字當作觚，八角、六角是。

錢一 觚棱＝柧。

觳 觳

朱一 盡也。《廣雅》：「够，盡也」。㝅，亦盡也。

朱二 觳亦假為㝅，今俗作够（《廣雅》有），盡也。《莊子》「其道大觳」，亦够也。

錢一 訓盡者乃即够字（够字，《說文》無，始見《廣雅》。《廣雅》：够，盡也。㝅，滿也，亦有盡意（?）。

觱 觱

朱一 觱【必】。

朱二 觱發，疊韻連語。

第五篇上

竹部

竹 竹 朱二 稱半竹為个，俗字也。

箭 箭 朱一 本竹也。因可作箭，故引申為弓箭。

錢一 本為竹名。因可製矢，故引申為弓箭。

簜 簜 朱二 古稱簫管為簜。

筍 筍 朱一 竹胎。引申竹之青竹曰筍，即筠字。

朱二 筠，竹衣。今字書只作筍字。

錢一 本義為竹胎，引申之竹之青皮（衣）亦曰筍，即今之筠字。

𥳍 𥳍 朱一 段注謬。人在腹中曰胎，竹在地中曰𥳍。

錢一 人在腹中曰胎，竹在地中曰𥳍，意義相同。段注非。段謂筍為冬筍、𥳍為春筍，亦非。

筡 筡 朱一 筡＝今筎字。笢，今篾字。

錢一 竹筎之筎正當作筡。（筡，析竹笢也；笢，竹膚也。）

篙 篙 朱二

笢 笢 朱二 其入聲為篾，《說文》無。

錢一 笢，竹膚也。即今之篾字。

笨 笨 朱一 《晉書·羊聃傳》有「笨伯」，《玉篇》有体字。人笨當作体，見《廣韻》。

篸　錢一　竹裹也。《晉書》有笨伯，此當作体。体字《説文》雖無，而《玉篇》中已有之。

朱一　篸縒。

錢一　參差之正字當作篸縒。

篆　朱二　篆在竹，瑑在玉，其實皆用刀。

錢一　雕刻為篆，係瑑之借。

籀　朱一　讀也。

朱二　古云兑，兑與讀為雙聲。籀文者，因史籀所造，故以其名名之。

篇　朱二　關西謂旁篇，旁即榜，漢作牓。

籍　錢一　簿也。今有家産籍没之言，謂家産之册籍没入官府也。

⿱竹將　錢一　《方言》之⿱竹槳與此字異，别為一字。

⿱竹枼　朱一　今書一頁當作⿱竹枼。

錢一　書頁字當作此，作頁者非。

簡　朱一　牒。繁簡不知何假。揀擇當作柬。手柬乃簡之假。

朱二　繁簡乃柬之假，訓大者乃僩之假。

錢一　簡擇係借為柬字（俗作揀），繁簡不知何字之借。

篰　朱二　今簿字當作此。

等　朱一　齊簡也。「死公！云等道」，作「什麽」解，即「底道」也[一]。

朱二　等本云丹，雙聲。

錢一　禰衡云「死公！云等道」，「等道」者，即今俗語言「甚麽話」也，皆無正字，後亦用底字。

符　朱二　今票字乃符之轉，猶孚𠬪乃轉餓𠬪也。

[一]《後漢書·文苑傳·禰衡》：「死公！云等道」。李賢注：「死公，駡言也。等道，猶今言何勿語也」。

筮　朱一　段注謬。古人卜之繇詞書於竹上，故从竹。
　　錢一　古人卜之繇詞書於竹上，故字从竹，段注謬。

笸　朱一　今編笸字。
　　朱二　今編髮之笸。
　　錢一　今之箆笸。

簾　朱二　堂邊謂之堂簾，因之所掛之簾曰堂簾。

笮　朱二　今狹窄字當作笮。

簀　朱二　猶今棕簟也，用竹。

簟　朱一　引申皮〈墊〉［墊］、布〈墊〉［墊］，皆引申此字，从〈墊〉［墊］（土塌下也）不通，當作簟。
　　錢一　竹席也。引申皮者、布者亦謂之簟。今之墊子當用簟字。墊者，土塌下也，義別。

籧　朱二　籧篨，今廩條。「戚施不可使仰。（敬慕也），籧篨不可使俯」，因廩尖而硬也[一]。

籭　錢一　竹器也，可取粗去細。俗作篩。

箅　朱二　今蒸架。
　　錢一　即蒸架。

箸　朱二　飯敧也。取竹之半，故从支。段改作「飯攲」，謬。引申為著，箸猶著，故可通稱，「箸之于書」、「著之于書」同。箸明當作「者」，者乃分别之詞也，故引申為「者明」。

［一］《國語·晉語四》：「籧篨不可使俯，戚施不可使仰」。《爾雅·釋訓》：「籧篨，口柔也」，郭璞注：「籧篨之疾不能俯，口柔之視人顔色常亦不伏，固以名云」。

籢　籢　錢一　俗作奩。

籯　籯　朱二　《莊子》「籯糧」乃籯字之假借，一籃米也。

簋　簋　朱二　匭，古云九者，音相近。

𥫱　𥫱　朱一　屯積當作𥫱，今米〈𥫱〉[𥫱]是也。
錢一　屯積當作𥫱。

𥱥　𥱥　朱二　𥱥、簜同一義也。

筩　筩　錢一　竹筒當作筩。

箇　箇　朱一　竹一曰箇，木一曰枚。个，段引《六書故》謬，王氏《經義述聞》糾正。个乃介之誤，引唐本《説文》（假枚）。
朱二　个乃介之誤體，隸介作亽，故作个，説從王氏《述聞》。
錢一　木一曰枚，竹一曰箇。段氏引《六書故》補或體个字，非。王氏《經義述聞》已駁之矣。个乃介之俗字，一个行李即一介行李也。

𥱢　𥱢　錢一　造竹之簾曰𥱢【音錢】。

笠　笠　朱一　或作互。交互之互當作牙，「犬牙相錯」是也。牙、互音近。[互]，可以收繩者也。
錢一　互，笠之或體。交互之互乃牙字之借。

籋　籋　朱一　《漢書·[禮樂志]郊祀〈志〉[歌]》「籋浮雲」乃躡之假借。
錢一　箝也。《漢書·[禮樂志]郊祀〈志〉[歌]》「籋浮雲」之籋乃躡字之借（《方言》：「躡，登也。」）

箱　箱　朱一　大車旁〈拷〉[扶]手者也。因在兩旁，故引申為箱房。箱籠當作䉀。後在其中亦曰箱，故引申為箱。

錢一 大車牝服也（即兩旁憑手之處）。因牝服在旁，故引申為室之東西箱（俗作廂）。箱籠之箱當用籑。

篚 錢一 車笭也。筐篚字當用匪。

笭 錢一 車簾也。

策 朱一 馬箠。籌策當作册，乃方册之假。

錢一 馬箠也。引申為籌策，因馬箠形為長條，籌形亦為長條，然籌策亦可用册字。至於方策之策則本是册字之借。

笘 朱一 說帖、書帖當作笘，帖乃布帛之帖。

錢一 書帖、說帖字當用笘。帖者，帛書署也。

籤 朱一 尖，俗字，或作毲、㦰。

錢一 尖乃俗字，《說文》所無。或謂當作㦰，或謂當作毲，然籤字一訓銳，亦可用為尖字（韱本从㦰聲）。

⿱竹殿 朱二 榜也，與殿同。殿，擊也。皆打屁股也。

箴 朱二 箴規之箴猶刺字（後作諫字）。

簧 錢一 因笙中之物曰簧，故引申為鎖簧。

⿱竹是 朱一 鑰⿱竹是。今作匙者，其本義為羹瓢。

錢一 鑰匙之匙當作⿱竹是。

簫 朱一 二十三横編，故引申為簫釘，取横編而連也。

錢一 二十三横編(?)，故引申為簫釘，取横編而連也。

筒 錢一 洞簫之洞正當作筒，筒即今之簫也。

笛 朱二 《周禮》作篴，从由字本亦云軸，故笛、篴音同。

籌　朱一　壺矢也，引申為籌算。

錢一　壺矢也，引申為籌算。再引申為人壽慶。

薆　朱一　蔽不見。《詩》「愛而不見」，蔽而不見也。

錢一　蔽不見也。《詩》「愛莫助之」，愛，蔽也，即薆字之借。

筭　算

朱一　筭，名詞；算，動詞。

錢一　筭，名字；算，動字。

笑　朱一　《干祿字書》作咲，《漢書》作关[一]。

朱二　《漢書》作关，上从八，口氣出也，如「曾、兮」等語助詞皆从八。下夭字，桀，古文作桀，猶子籀文作𢀈，故夭乃干字，舌从干，則关亦从干（笑用舌也）。

第　朱二　第，《說文》無，段氏補之。漢人有甲第，甲乙對稱，猶今之口號字，第甲、第乙也。後單稱第，猶今單稱號子也。

箕部

丌部

丌　朱二　丌，一切之丌，抽象；基，地丌，具體。

迈　朱一　迺人，即輶軒之輶。

錢一　《說文》云：「古之迺人以木鐸記詩言」。迺，即輶軒之輶。

[一]《漢書·外戚傳下·許皇后》：「旅人先咲後號咷」。顏師古注：「咲，古笑字也」。《干祿字書》：「咲，通；笑，正」。

典 錢一 此典籍字。典守係數字之借。

畀 朱一 《爾雅》畀訓予（‖與），亦訓予（我），蓋畀與鼻同，鼻即自字，故訓我。

錢一 古無輕唇音，由音如必，故為畀字之聲。《爾雅》畀訓予（與也），亦訓予（我也），此由畀與鼻同音，鼻與自同字，故畀可訓予（我也）。

巽 朱一 僎、撰實即巽字。

錢一 具也。僎、撰諸字皆由此字孳乳而生。

奠 朱一 置祭也，因置又訓定。

錢一 置祭也。置斯定，故奠亦有定義（奠、定雙聲）。

左部

左 朱二 左，今作佐字，然猶有作左者。如《漢書》云「左驗」，今云「左證」，皆訓助也。

差 朱一 左不相值。《詩》「既差我馬」，差訓擇。《漢書·眭孟傳》：「誰差天下」（訓差使）。

錢一 貳也，左不相值也。不相值斯有選擇，故差引申又訓為擇。《詩》「既差我馬」，差，擇也。又為役使之義，《漢書·眭孟傳》「誰差天下」，差，使也。

工部

式 朱二 訓用者，乃試之假。

巨 朱一 巨（規巨）、鉅，此二字《說文》皆有本義，非大也。凡規从夫，以身長短為度。夫，大也（大，人也）。巨亦工，象手持之，亦有人在，故訓為大。尋、丈、尺、寸皆然。

朱二　巨細之巨或作鉅，皆為借字，其實乃父之假借。漢偁父為大人（今稱小巷之物曰子）。巨公者，父公也。大官稱父，祈父是也。渠魁者，父魁也，猶今偁□□□也。漢官多稱父，又多稱巨（王莽號巨君），則巨猶父。惟父之號在下，巨在上。（……）

錢一　巨大之義，亦用鉅字為之，然皆非本字。規巨，所以度量者，古人之度、量類，皆以人身之長短為象，故規字从夫，夫从大（大，人也），巨之訓大或由此來。（巨象手持工，亦有人在，故亦訓為大乎？）

㠭部

㠭

錢一　展視之展當作㠭。

𡫳

朱一　窒也。塞，關塞也。

錢一　窒塞字當用𡫳字。塞，關塞也。

巫部

覡

朱一　周易乃覡之假借，喻母、匣母不分也。「易抱龜南面」，易訓博士，故易當為覡也[一]。

錢一　周易＝周覡。（喻匣兩母之異）。

甘部

甘

朱二　道也。道乃覃之假借，長味也。譚亦導之假借，侵幽對轉。譚話亦作道。

[一]《禮記·祭義》：「易抱龜南面，天子卷冕北面」。鄭玄注：「易，官名」。

朱三 从口含一，一，道也。道即覃字之借，幽青對轉，故禫服亦稱導服。覃，《說文》云：「味長也」。

曆　曆

朱一 枚乘《七發》：「勺藥之和」，聲轉為「適歷」，曆之訓和，亦樂之音轉耳[一]。

錢一 枚乘《七發》：「勺藥之和（聲？）」，「勺藥」音轉為「適歷」，均可訓和。

猒　猒

朱二 飽也。引申為討猒。今皆作厭，厭乃今饜字。

朱三 厭，饜也。《論語》「天厭之」猶言「天饜之」也。

錢一 飽也。飽斯憎猒矣（故引申為討猒）。

甚　甚

朱一 从甘者，飲食也（後作歁）；从匹者，男女也（後作媅）。人之大欲存焉。

朱三 甚與孔聲誼相通，甚亦讀堪，與孔聲近，皆訓尤安樂也。此為飲食男女之樂。

錢一 甚从甘从匹。甘，飲食；匹，配耦也。飲食男女，人之大欲存焉。

旨部

嘗　嘗

朱一 已嘗過也，故引申為經過。

朱三 未嘗乃未曾之借，曾乃尚之借。

錢一 口味之也。由已嘗過之義引申為經過之義。

曰部

𣍘　𣍘

朱二 勅封字，古作𣍘。

錢一 告也。冊封當用𣍘字。冊，冊籍也。

[一]《文選・枚乘・〔七發〕》：「熊蹯之臑，勺藥之醬」。李善注張衡《南都賦》：「《子虛賦》曰：芍藥之和，具而後進也。文穎曰：五味之和」。

曷　朱三　月部皆為歌部之入聲，故曷訓何，即何之借。曷、盍用同，不必强生分別。

曶　朱一　忽然之忽當作此。忽，忘也。

朱三　忽然之忽當作曶，與桼聲誼同。曶者，忘也。象笏當作忽，所以備忽忘也，用竹簡，猶今小册子也。

錢一　出气詞也。忽然字當作曶。忽，忘也，義別。籀文之㫚即朝笏之正字。

朁　朱二　曾。今作怎。

沓　朱一　重沓當作𨖍。沓，語多沓沓也。

朱二　語多沓沓也，猶疊疊也。

朱三　語多沓沓也，猶言語多拖沓也。重沓乃疊之借，疊乃襲之借，兩重衣曰襲，其正字尚當作褺。

錢一　重沓‖𨖍。沓，語多沓沓也。（重沓當是重疊之義）（？）。

曹　朱一　從賓招來之招，乃从曹音轉成，故即可作此字。

朱二　供招字乃曹之轉成。

朱三　本為名詞，獄兩曹也。引申為動詞，供曹也，今云供招。

錢一　獄兩曹也。兩造之造、招供之招皆當作曹。訓為輩者，係引申之義。从曰，口供也。

乃部

乃　朱三　乃在蒸部，而在之部。《公羊傳》云：「乃難乎而也」。乃，古讀能，而讀如耐，雙聲相轉。爾，古乃，故爾亦轉為乃。

卤　朱三　卤在諄部，當讀若詵【新】。或曰往也，此說是也。先者，行之往，卤者，詞之往也。

𠧪　朱三　與攸聲誼相近，攸訓水行，𠧪訓氣行。

丂部

丂 朱一 丂【考】。

朱二 昊、號、皋（皋某復之皋）皆丂之衍聲。

朱三 今人說不出話時曰丂（號音引長），号、號、諕、嘷、皋古只作丂。古文以為巧字，乃借字。鐘鼎以為考字。凡稱呼字多用語詞。如兄，況也；哥，从兩可。

甹 朱一 甹【聘】。由，《說文》無，从由不可解。今人用錢多曰甹，與三輔謂輕財者為甹同。

錢一 今人用錢（?）多曰甹，與三輔謂輕財者為甹義同。

𠀀 朱一 𠀀【呵】。漢人讀呵，今人用阿【汙】。

朱三 別國發聲多用阿，中國發聲多用呵，呵輕于阿也。中原發聲用阿，苗人發聲用呵，呵先于阿，是中國其先苗民也。後則呵皆變為阿矣。𠀀後从阿借之，又變為猗，《經典釋文》讀以何切。猗亦可用于「下如斷之猗」，即𠀀之借。

可部

可 朱二 从𠀀，故與阿近。北人稱可是，蘇州人稱阿是也。

奇 朱一 从大可聲。

朱三 从大可聲。奇耦乃觭之借，或作踦。

錢一 古讀奇如ゴ（?）[一]，故當作从大可聲。

[一] ゴ為日語字母，音讀近[go]。

䪺　朱一　可之或體。

錢一　殆即可之或體。

哥　朱一　今呼兄為哥，實乃昆、罤之音轉。

朱三　稱兄為哥，或云鮮卑語，為「阿干」之轉。然干、罤、哥音近，中國曰罤，鮮卑（又云吐谷渾）曰干，皆可轉為哥。凡稱呼皆用語詞，中外相同。

錢一　聲也。今呼兄曰哥者，實由罤字音轉，哥、罤雙聲。

兮部

兮　朱三　亦丂之孳乳。

羲　朱一　王莽擬《大誥》用此字為語助詞。

錢一　惟王莽擬《大誥》中用此字為語助詞，與「气也」之訓合。

乎　朱三　亦丂之孳乳。伏羲之名大約亦取于語詞，羲和亦一家之人，取名于語詞，稍別輕重。羲在曉母，和在匣母。乎、呼、評、謼、虖皆為吁气之詞，古止作乎。

号部

亏部

亏　朱一　于，於也。以今（漢）字釋古字。

朱三　于，於也。以今字釋古字之例。于訓往者，詞之往也。然于亦可訓往。毛傳「之子于歸」「于」皆訓往。古只作于，後魚陽對轉為往。于轉為往8、紆8轉為枉、迂轉為尢8。凡對轉者，此部無鼻音，轉入有鼻音之部曰對轉。如于無鼻音，轉為往則為有鼻音矣。

錢一 於也。「于，於也」者，以今字釋古字。

粵 朱一 發語審慎也，借為地名。「越」亦借為地名。

錢一 于也，審慎之詞也。今說話時想一想，其口中所作之聲，即粵字也。

喜部

喜 憙 憙

朱二 喜，一切之喜；憙，有所專注。猶欲為一切欲，慾為色欲。然古人只作欲字；則憙亦作喜可矣。

朱三 喜樂（歡喜）也；憙，說（最喜，有嗜好在內）也。

錢一 喜，喜樂（通）；憙，悦也，但含有嗜好意（別）。

嚭 朱一 與丕同。丕，大也。

錢一 與丕同訓大，又同音，實一字。

壴部

尌 朱一 尌【豎】。尌、侸、豎三字實一字，今借樹字為之。

朱三 其初只有豆字，豆有立義。登从豆者，亦豎立也。後豎、豈、侸皆孳乳，古只用豆。

錢一 樹立＝尌立。尌、侸、豎三字同音同訓（立也），實即一字，今皆假樹字為之。

䵍 朱一 《淮南子》蝦蟆稱為「鼓造」，䵍即造字。

錢一 《淮南子》蝦蟆稱為「鼓造」，造正即䵍字。

彭 朱三 从「彡聲」，段改「从彡」，是也。

嘉 朱三 古音與賀同，故與賀聲誼同。

鼓部

鼓　鼓　朱一　鼓聲。（凡壯盛者多用彭字。）

朱三　郭也。用皮包裹墳起，故引申為鼓氣。鼓可發聲，故引申為發聲。

錢一　凡壯盛者多用鼓字（彭字？）。○此條必有誤。

鼝　鼝　朱一　「《陶》【鞉】鼓淵淵」當作此字。【一】

錢一　此「鼘鼓淵淵」之正字。

鼞　鼞　⿱鼓合　⿱鼓合

朱一　鼞【湯】、⿱鼓合【塌】。《投壺》中□讀為鼞，○讀為⿱鼓合。

錢一　《禮記・投壺》中之「□○」即此二字（□，鼞；○，⿱鼓合）。

⿱鼓耳　⿱鼓耳　⿱鼓缶　⿱鼓缶

朱三　恐皆為⿱鼓合字或體。

豈部

豈　豈　愷　愷

朱一　本無愷字，後孳乳而生。愷＝迄。

朱三　一曰欲也，登也。訓欲之説，段氏不誤。豈不可，猶言大概不可也。訓登者，以登从豆，其字為《方言》之隑，今變為梯，豈訓登者，所以登也。豈引申為樂，後變為愷，又變為闓，脂諄對轉為忻。忻，闓也。又變為欣、訢，脂部無鼻音，對轉入諄有鼻音。

【一】《詩・商頌・那》：「鞉鼓淵淵，嘒嘒管聲」。《説文・五上・鼓部》引作「鼘鼓鼝鼝」，朱駿聲曰：「淵，假借為鼝」。

𧯞　𧯞　錢一　愷字係後孳乳而生，實即豈字。
朱一　庶幾當從此。事盡曰𧯞，故一期乃一𧯞也。
錢一　汔也。汔，幾乎也（近也）（?）。庶幾＝庶𧯞◎。

豆部

豆　豆　朱三　豎、侸、豈皆从豆者，直立也。脰从豆亦有直立意。未豆乃菽之借。

梪　梪　錢一　古者豆以瓦造，後有以木造者，因别製梪字。

䔲　䔲　朱一　䔲【準】。今讀謹，蠡蚌殼也，以之盛飯。𧅫（＝螺）螄之𧅫古作蠡，可汲水。後製瓢猶稱蠡。夫婦合䔲乃以所剖分之蠡殼飲水也，後用分瓢。
朱三　合䔲何以訓蠡？古無瓦器，瓢亦稱蠡，故䔲即瓢誼，非有離分為二之誼。
錢一　蠡也。古人以之盛飯。合䔲◎。曲巹◎（謹慎也）。

𧯠　𧯠　朱一　叔𧯠俗作豉。
朱三　［䔲、𧯠］，此二字乃漢造篆，非李斯舊有之篆。
錢一　此乃俗字。因豆古稱尗，豉為叔之俗體，故知𧯠亦俗字。

豊部

豊　豊　朱三　行禮之器，引申為禮，後加示旁作禮。

豑　豑　朱一　與秩引申之義相同，本義不同。惟秩序當作豑。
朱三　从豊弟。凡至（支、脂）質［多音轉］。豑，秩（程）。豑為「爵之次弟」，程為斗斛之次弟。《書》「平秩」轉為「便程」可證。凡至部轉入支部為多。
錢一　爵之次弟也。與秩本義不同而引申之義則相同。惟秩序＝豑◎序。

豐部

豐　朱三　豐下云許襲《禮》家說，恐非是。

豔　朱一　豐，大也；豔，好而長也，引申為豔羨，愛也。

錢一　好而長也，引申為豔羨，愛也。

䖒部

虍部

虍　朱三　《春秋傳》曰「虍有餘」，今本《公羊傳》作「盱有餘」。

虞　朱一　騶虞，虎也。後借為守山之官名（虞侯是也）。再引申，虞，望也，因守而望也。《周禮》「山虞」、「澤虞」皆从虎（猛虎在山之義）引申，澤虞則从山虞引申。牙、虞音近（騶虞亦作騶牙是也），姜太公名牙，牙即虞，故字望。虞，望也，故引申為不虞之虞。虞樂乃娛字也。

朱三　古虞讀為吾，牙讀為吾，故相轉。本為獸名，引申為獸官，虞衡是。又引申為禦，《漢書・鼂錯傳》：「虎落竹虎」，虎即禦也。實則禦（圈一山林為禦）、虎皆當作虞。

錢一　騶虞也（虎類）。引申為守山之官名（《左傳》虞侯），因守必望。故又訓望，姜太公名牙，牙即虞字，故字望。其訓安樂者，娛之借也。《周禮》之「山虞」，由虎引申，言守山之官其守牢此山與虎同也；「澤虞」即由山虞引申。由望義故有「不虞之譽」等義。

 虔　朱一 虎直行不回視，甚莊嚴，故引申爲敬。虎殺人，故又引申爲殺（虔劉是也）。由殺引申爲亂　（抓也），故曰撟虔（乾婆即撟虔，義糊撟）。再引申爲慧。訓固者，乃臤之假借。

朱三 訓固者乃臤之借，或作掔。虎行甚莊，故引申爲敬（訓殺者亦虎行之引申）。虎行以爪攫地，故引申爲糾虔。又引申爲慧。訓殺乃桀之借。虔黠亦曰桀黠。虔又由桀引申爲椹（腰斬之板），亦即桀之借。矜即今光棍，虔，慧也，即矜之借，亦即桀之借，光棍與剖腹之桀同。去生殖器曰犍，通俗作劇，亦即虔字，亦桀之借。故桀本訓剖腹，引申爲殺，又引申爲去生殖器，皆以虔字借之。虔又與割音近，亦可假借。

錢一 虎行貌。因虎直行不回顧，甚嚴，故引申訓敬。虎性喜殺人，故引申爲殺。由殺義引申爲獢虔（亂），（稱詐曰獢，强取曰虔（?））），亦作撟虔（乾婆、虔婆亦由此引申）。獢虔者皆黠慧，故又訓慧。○不甚了。

 虘　朱一 虘＝狙。詐。

朱三 狙詐乃虘之借。

錢一 狙詐＝虘詐。

 虨　朱一 班孟堅之班當從此。

錢一 班固之正字＝虨。

 虡　朱三 鐘虡以猛獸負之，猶碑以龜負之，同制。

虎部

 虓  虓

朱三 虓、虓二字恐一字。

虓　朱一　虓【嗃】。

虢　朱一　今嚇字實諕字，本與虢音義同。

錢一　虢虢，恐懼也，與諕（唬？）音義近，俗作嚇。

虒　朱一　虒【斯】。

虤部

虤　朱一　虤【硯】【愁】。

贙　朱一　贙【綠】。

皿部

盌　朱一　碗，俗字，當作盌。

錢一　俗作碗。

盛　朱一　引申豐滿。盛衰當作晠，然《説文》無此字，惟《方言》有之。

朱二　粢盛，名詞；盛物，動詞。引申為盛滿。

朱三　本名詞，引申為動詞。盛衰之盛乃丁實之丁之借。希按：豐盛从豆从皿，皆有中滿之意，不必云由丁之借。

錢一　黍稷在器中以祀者也。故引申訓豐滿。盛衰＝晠◎之借。晠字《説文》雖無，然《方言》中已有之。

盧　朱一　借為黑義乃黸字，稱睛黑為矑，旅弓、彤弓，皆即黸字[一]。

[一]《左傳·僖公二十八年》：「彤弓一，彤矢百，旅弓矢千」。《説文新附·玄部》：「旅，黑色也」。

朱三　訓黑曰盧。《詩》「盧令令」，黑犬也，乃黸之借［一］。

錢一　飯器也，此義今久不用。今訓黑者乃黸字之借。目瞳子曰矑，係俗字，亦＝黸◎。旅弓亦俗字，亦當作黸◎。《説文》「齊人謂黑為黸◎」。

𥁊　𥁊

朱一　拭器，今俗稱抿子。

朱三　拭器也。拭為動詞，段説非。

錢一　拭器也，今俗稱抿子（？），即刷子。

盉　盉

朱一　調和當作盉，龢諧（音樂），今皆作和。

錢一　調盉◎。聲調＝龢◎。

盅　盅

朱一　沖虛當作盅，充達亦當作盅。

朱三　今作沖。

錢一　器虛也。沖虛＝盅◎，充達（沖淡？）亦＝盅◎。

昷　昷

朱一　凡溫厚、溫柔皆當作昷。溫暖之溫本字或當作衮。溫，水名也。

朱三　溫柔、溫和、溫良皆昷字之借，溫煖乃尉之借。慍轉為慰，蕰藉轉為褽籍，同。

錢一　仁也。凡溫厚、溫柔等皆＝昷◎，溫煖＝煴◎。溫，水名也。○溫煖＝衮。

盪　盪

朱一　滌器也。震盪、搖盪今作蕩。蕩，水名。

錢一　滌器也。搖盪作此。

凵　部

［一］《詩·齊風·盧令》：「盧令令，其人美且仁」。毛傳：「盧，田犬」。

去部

朅 朱二：朅【客】。北京話「去了」曰「朅了」。

朱三：朅、去一聲之轉。今南方曰去，北方曰朅（音克）。

血部

⿱𦘒血 朱一：津液字當從此。津，乃關津也。

朱三：津液乃⿱𦘒血液之借。

錢一：气液也。津液‖⿱𦘒血。

⿱血丂 朱三：定為一切安定，⿱血丂為定息，亭為亭當，三字引申之皆同。

衄 朱一：衄【育】。敗衄。

錢一：敗衄（？）。

⿱⿰臣𠂉血 朱三：本為血醢，引申為任一之無血之醢。段說非。

⿱菹血 朱一：菹、⿱艹⿱⿰臣𠂉血相近：有肉作⿱菹血，無肉作菹（生菜）。

朱三：音轉為槍（槍柿子之槍）。魚陽對轉，且轉為將，同。

錢一：醢也。菹、⿱菹血義近：有肉作⿱菹血，無肉作菹。

⿱𦘒⿱酉血 朱一：⿱𦘒⿱酉血【惜】。

盇 朱一：奄。从大、血，一，其中物也，不當从大、血。奄亦蓋也，从大。

朱三：大徐不从大聲，是也。引申為蓋，蓋者，今傘蓋也。

錢一：覆也。當是从血，一，其中物也。奄亦蓋也，亦从大。

衊 朱三：與漫一聲之轉。

丶部

丶
朱一 主，燈主之丶。引申為君主，君主只一人也。賓主之主實乃侸字（即住字。住，《說文》無），行者為賓，侸者為主。大夫為主、依人曰主亦侸之引申者。再引申為女人之稱，「主孟啗我」亦由侸字而來，後公主、翁主等字皆然。木主當作宔[一]。
○古斗字亦作主，「日中見斗」亦作見主，北斗也。
朱二 丶，今逗字。主宰當作丶。主賓乃住字之假借，住人（主人）、客人，故與主賓同。
朱三 今句讀之讀乃逗之借，逗即丶也。一逗用丶，一句用勾（句从丩）。一段用乚，勾識也，或用ʃ。此二字或為括弧，或為勾識段落。

主
朱一 今作炷，非也。
錢一 燈中火主也（俗作炷）。引申為君主，「君主只一人也」（?）。賓主＝侸。（即住字。住，《說文》無，正作侸），行者為賓，侸者為主也。戰國以前家臣稱大夫曰主，後三家分晉，田氏代齊，各居王位，而舊臣仍沿舊稱。後引申以主為天子。又依人亦曰主，亦侸字之引申。再引申大夫曰妻亦稱主，後公主之主即由此引申。（《國語・晉語》「主孟啗我」，李斯之妻）（?）。
木主＝宔。

音
朱一 音＝唾（俗字）。呸之入聲【託】[二]。

[一]《左傳・襄公十九年》：「事吳敢不如事主」。杜預注：「大夫稱主」。《國語・晉語二》：「主孟啗我，我教茲暇豫事君」。主孟即主人孟，孟，人名。

[二] 呸，《字彙》「鋪杯切」，平聲。音，《說文》大徐「天口切」，去聲。託，「他各切」，入聲。

朱三 音推。今唱戲時有「⿰口走」，音與此同。然倍字等皆從此聲，則讀為否平聲亦可。今曰胚、披二音皆是此字。《孟子》：「否，不然也」，否為聲，亦與此音字音近，蓋二字本相出入。

錢一 俗作「⿰口走」、「呸」。

第五篇下

丹部

丹 丹 朱三 今凡金石藥相合為丹，草藥相合曰丸。

彤 彤 朱一 丹飾。揚子《法言》「彤蟲篆刻」，蟲＝彤。《〈國語〉〔左傳〕·哀公元年》「器不彤鏤」，或稱蟲僂，是彤借為蟲之證。古彤、蟲音同。

錢一 丹飾也。《法言》云「彤蟲篆刻」，蟲即彤之借，古讀蟲若彤。古人彤鏤亦作蟲僂，是彤為蟲之證。

青部

青 青 朱二 从丹者，丹引申凡礦石皆稱丹。青者，如石青等，亦石類。

朱三 此字从丹，本赤色，故綪字當為赤也（青與綪，猶朱與絑也）。青，東方色，乃蒼之借。或云从丹生聲，丹為石類，如今石青等是也。

靜 靜 朱二 安靜當作淨、靖。

井部

井 井 朱三 本誼為井韓形，引申為「八家為一井」。

刱 刱 朱一 刑之本〈意〉〔字〕。

朱二　《春秋元命苞》：至井爭水，故作荆。《説文》訓法。刑，自刭，其實與荆同。殊誅、殛極例同。

朱三　井訓法者，爭水之誼所引申；如山東島井，因爭水作膠殺人，因而封之也。

錢一　罰罪也，从井刀，或者因爭井而設故也。

刱　刱

朱一　創之本字。

朱三　因爭水作法懲刱之，引申為造，創業也。

錢一　造法，刱業也。創始＝刱⊙始。

皀部

皀　皀

朱二　皀【必】。又讀香。

即　即

朱一　「節飲食」當作即；節，符節也。「即制」字不从竹。

朱二　即、就雙聲，即食者，就食也。

朱三　即食也，以口就食也，故引申為就。

錢一　即食。「節飲食」＝即⊙。符卩⊙。竹節⊙。即制。

既　既

朱一　吃飯當作既；餼，古作氣。氣與既同。

朱二　《論語》：「不使勝食氣（小食）」，本義（名詞）。《説文》訓「小食」，義兼兩訓（名、動）。今吃飯之吃當作既，《説文》又作嘰。六朝人不知既聲轉為吃，又造喫字，誤矣。訓盡者與幾皆為假借字，本當作𧯷，訖事之樂也。

朱三　小食也。訓盡乃訖之借，訖、𧯷音同。既即今吃字。《論語》「不使勝食既」，既或作氣，此乃倒語，食既猶曰吃飯。喫字唐人已用，徐鉉收于新附。气亦可為吃字，《晏子春秋》「一气，二气，三气」，即既字，今云小吃。氣，即餼，饋客之芻米。

錢一　小食也。吃飯＝既⊙飯。餼古作氣，氣與既同。氣，與人食也。

鬯部

鬯 鬯 朱二 條暢字當作鬯。暘，草不生也，暘茂當作𩰪。

鬱 鬱 朱二 即鬱金，出于罽賓國，如蓮花而香。今藥品之鬱金，名同而異，不香。鬱林郡出鬱（未必出鬱，由他處先至此），桂林郡出桂。

爵 爵 朱二 爵觶。彝，酒尊，訓法。尊，酒爵，訓尊卑、爵同。

朱三 鬯、鬱、爵。「築鬱煮之」【一】，築即擣，鬱金出西域，與今藥用者異。古以酒為最重，爵為禮器（酒器），引申為爵秩；尊為酒尊，引申為尊長。酋為繹酒，引申為酋長。「不喪匕鬯，世世為君長」，掌祭器也。執祭器者為祭酒，故官最長者為祭酒。

𩰫 𩰫 朱一 𩰫【四】。駛（古無此字）之本字。

朱二 列也。後造為駛。駕駛字當作使。

錢一 俗作駛。

食部

餑 餑 朱三 𢍭从廾聲，賁、奔脂諄對轉。

饔 饔 朱三 雝和乃饔之借，割烹煎和之引申。雝，鳥名也。

飴 飴 餳 餳 饊 饊

朱一 飴、餳、饊皆米糖，古無蔗糖。

【一】《周禮·春官·鬱人》鄭玄注引鄭司農曰：「鬱，草名。十葉為貫，百二十貫為築。以煮之鐎中，停於祭前」。朱氏第三次筆記將「鬯」、「鬱」、「爵」三字共訓，故依而列于此。

朱二 餳，古音讀唐，即今餹字。唐，古作啺，皆从昜聲。甘蔗糖，唐太宗效印度而造，唐以前稱石蜜。

朱三 古只有米麥所製之餳，甘蔗所製起於唐。

錢一 飴、餳、饊等皆米糖，古無蔗糖。○未有蔗糖以前稱蔗糖為石蜜。唐太宗見印度有蔗糖，因製蔗糖。

饘

朱三 今廣東肉粥之類。

錢一 俗作粥(?)。

饎

朱一 饎【刺】。

朱三 音此。

籑

朱一 具食也。引申為著撰之籑，與饌同。撰，古無。

朱二 僎，一切具；饌，具食。籑、頭、僝與饌、僎聲近，皆訓具。《漢書》「著撰」曰「籑」。

朱三 《論語·為政》「先生饌」，先生乃長子也。長子具食，少子……。籑引申為具，今籑述作此，然亦可「作」巽、僎。

錢一 具食也。撰字《說文》無。箸撰之撰《漢書》作籑（引申之義）。

養

朱三 恃食于人曰養。如「竈下養」等是也。

𩚵

錢一 粈亦作襍𩚵(?)。

饡

朱二 澆與醇相反：澆，襍也；醇，不襍也。瓚，「三玉二石」（《周禮》鄭注），故从贊者皆有襍義。

錢一 以羹澆飯也。凡从贊聲字皆有和襍義。

飧

朱一 餔，夕食，申時食也。

錢一 申時食也。

餔　朱二　申時食也，引申爲日斜之頃。《漢書》「餔時」是也，後作晡時，又引申爲斜。晡字雖俗，然《廣雅》已有。

朱三　引申爲申時，俗作晡。

餐　朱三　引申爲名詞。

鎌　朱一　嗛（小吃也）。廉絜當作鎌嗛。廉，廉隅也。

朱三　由小食引申爲廉絜，故廉絜字當作此。

錢一　嗛也。嗛，小食也。廉絜＝鎌嗛。廉，廉隅也，義別。

饟　朱二　饟與餉實一字。《漢書》蕭何饋饟即饋餉。

饋　朱一　餉人曰饋。引申送人物曰饋，即遺字之假借。

朱三　饋，餉人；餽，餉鬼。

錢一　餉也。引申爲送人物件曰饋，乃遺之假借。

饗　朱一　食（請人吃飯），饗（請人吃酒與飯）。

錢一　鄉人飲酒也。請客凡酒飯皆具曰饗，僅酒曰燕，僅飯曰食。(1) 食（請人吃飯），饗（請人吃酒與飯）。(2) ○二説並列，俟質。

餳　朱三　此與豐聲誼相近。

餬　朱二　饘粥之餬當作鬻。

朱三　粥名餬乃鬻之借。

餀　朱三　喙與此字聲近相借。

館　朱一　官人所住，从官。太官令＝館。「館甥貳室」，館，以飯留食也，且使住也[一]。

朱二　《周禮》故書館作官。

[一]《孟子·萬章下》：「舜尚見帝，帝館甥于貳室」。

錢一　客舍也。人所聚處曰官（从𠂤故），館以客舍，有食，且留宿也。漢太官令（官與館同）掌天子炊飯之職。今稱リョーシヤ〔一〕曰館子。

饕　饕　飻

朱三　雙聲語。

饉　饉　朱三　與餲一聲之轉，二字通言、別言異耳。

饑　饑　錢一　穀不熟為饑。饑饉一聲之轉。飢與饑有別。飢，餓也。

餒　餒　朱一　魚敗曰餒（假），㱉（本）之假字。

朱二　魚餒肉敗借為㱉，餒，萎靡也。

朱三　此字當从委聲，與倭聲近，與餓亦音近。魚敗曰餧乃㱉之借，音亦與倭同。段云魚敗从飢引申，非也。

錢一　飢也。魚敗曰餒＝㱉之借。段注非。

餽　餽　錢一　祭也。與人食曰饋，與鬼食曰餽。

亼部

亼　亼　朱二　集，安集，定也。集合之集當作亼。

侖　侖　朱三　从册，册引申為計册，亼計册，故云思也。思有條理，故云猶鰓也。

今　今　朱一　从亼乛（及），如近百年亦曰今，是及也。

朱二　从亼，過去、未來、現在三合也，畫限而稱今，如「今年」之今，現在之日、過去之日、未來之日，亼合而言，惟有界耳；否則今惟一剎那頃，無可言。

〔一〕リョーシヤ為日語詞「寮舍」的讀音，義為宿舍或館子。原稿作リョーリ乂，疑為復印不清而由他人填誤。

錢一　从亼。蓋所謂今者無一定之界限，此時曰今、此日亦曰今、此月此年皆可作今。(1)　从亼ㄱ（及同），如近百年亦曰今，是及也。(2)　○二說皆不甚了，姑並錄俟質。

舍　朱三　今借為語助詞，「舍皆取諸其宮中」，其本誼為余字（余从舍省聲？）。

錢一　市居曰舍。去（取？）舍之舍作捨。

會部

朇　朱一　裨益當從此。

錢一　益也。裨益＝朇。

𣊟　朱一　星辰當從此。辰者，辰星＝心星也。

錢一　日月合宿為𣊟。星辰＝星𣊟。辰者，辰星，即心星也。(1)　大𣊟。(2)

倉部

倉　朱三　《說文》無搶字，倉，名詞，引申為動詞，即搶字也，所謂「蒼黃取而藏之」。

入部

入　朱二　古無半齒音，讀為舌頭，故曰內（納）。

內　朱一　本意作納，引申為內外。

錢一　入也，今借用納字，引申訓內外。

𡧍　朱一　𡧍【長】、【岑】。

仝　朱一　朘，《老子》：「未知牝牡之合而朘作」，小兒生殖器也。

 从

朱三 《老子》：「未知牝牡之合而全作」，全即古文夆字，或作峻、朘。夆實童子之生殖器，其下从卵。人之倒為𢆉，後奸、姦為孳乳字。𢆉孳乳為甚，訓「尤安樂也」，故入為交媾，是一語也。仝从工者，僅以《内經·王冰注》：「腎者，作彊之官，技巧出也。又造化為工。

錢一 篆文从玉作全，本是一字。不知何時將仝作同字用。古文作夆，《老子》：「赤子未知牝牡之合而全作」，即夆字，小兒生殖器也。

朱三 即㒳字，非二人不可入。

缶部

 匋

朱一 陶者，陶丘。匋，作瓦器也，窯當作匋。匋訓為養，陶養是也。

朱二 即今窯字，《説文》分二字，實一字。古皐陶【窯】，古只作匋。

朱三 古音讀缶同：「瓦器竈」，與窯同，後瓦器曰匋，製瓦器之人亦曰匋，古字只作匋，或作䍃。窯乃後出字。

錢一 作瓦器也，今借用陶。陶者，陶丘也。今之窯字即匋之或體。《方言》陶訓養，亦匋字之借，因瓦器須許久始做成，与人需漸次教養一律也。

 䍂

朱一 凡物小而短者曰音婁，山短而小者曰附婁＝部婁，缶小而短者曰瓿甊。

朱二 音轉為瓿，東侯對轉。

錢一 小缶也，亦作瓿。罌有瓿甊，猶山有附婁（亦作部婁），皆短小之義。

 䍃

朱二 恐與窯同。

 罅

朱一 罅【漏】。

 罄

朱一 器中空也，引申為盡。《説文》又有罊字，與罄同。

錢一 器中空也，引申為盡義。《説文》又有罊字，與罄音義皆同，實一字也。

詬

朱一 詬【映】。項【映】橐，又讀后橐〔一〕。

朱二 从后聲讀項者，東侯對轉。項橐亦作后橐。

朱三 《漢書》讀為項，東侯對轉，猶后橐轉為項橐。

錢一 又胡講切。后、項古通，東侯對轉，如項橐亦作后橐。

矢部

矢

朱二 矢口而出（矢，菌），放屁。《說文》从矢字多有詞意，字皆从矢口義。如「弦，知，矣」是。

錢一 弓弩矢也。凡說話如發矢，故多从矢。矢口（？）。

䠶

朱一 䠶【就】。

朱二 斁射今作謝，是正字。

矦

朱一 本義為䠶侯。《六韜》：「丁侯不朝文王，太公使人作像射之」。故侯从人。古公字大約音近君，侯恐亦后字之假借，《尚書》「羣后」是也。

朱三 張布如人，矢在其下，此訓最是。《六韜》說「太公射丁〈公〉〔侯〕」，事不可信。諸侯之侯，侯，守信也。

錢一 䠶矦也。《六韜》有「丁侯不朝文王，太公使人作像䠶之」。丁侯者，丁國之君也（侯義始此），故諸侯之侯恐係「后」之借。《尚書》「羣后」是也。后，繼體君也。

短

朱一 短从矢豆聲。豆聲恐非，乃从矢从豈；豈，豎也，短，小也。

錢一 从矢豆聲，恐非。从豆乃是會意，豆者短義，如豎字亦从豆。

〔一〕《元和姓纂·講韻》：「項，《左傳》云：滅項。《公羊傳》曰：為齊桓公所滅，子孫以國為氏，項橐八歲服孔子」。

矤　朱三　矤、知、矣三字皆从矢，出言如放矢也。

高部

高　朱三　从冂非，莫狄切乃冂字。

高　朱一　段氏以為即廳字，恐非。廳，聽事處，讀「聽事」二字急即為「廳」。〇皇帝上朝，引申指其處曰朝。

朱三　段云音如今之廳，非也。廳即「聽事」。曹操卧于劉表聽事，即今大堂也。高非聽事也。

錢一　或作廎。段以為即今之廳字，非也。廳，聽事處也，本作「聽事」，略曰「聽」，俗作廳。

亭　朱一　《老子》：「亭之毒之」。人所安定。停，《說文》無，即亭。定，當即亭字。

錢一　民所安定也。引申為亭止，俗作停。（或可用定字。）《老子》：「亭之毒之」，亭之，定之也。

亳　朱一　杜、亳音近。从乇【乇】聲字皆讀託，頊、亳亦當讀託。

錢一　京兆杜陵亭也。杜、亳音近。〇杜陵＝亳陵。

冂部

冂　朱三　與經界之經古音同，經界即冂界之借。

冘　朱一　【行】。《禮記》冘侵豫雙聲，轉為猶（幽）豫（侵幽對轉）。猶豫非獸。

錢一　猶豫雙聲，非獸名，其正字＝冘豫（侵幽對轉）。

央　朱一　未央宮，蕭何所起，取無極意。未央，未中也；央，了也；未央者，未了也。

朱三 夜未央，夜未中，即夜未半也。「未詎央」，漢之俗語。央又訓久。蕭何作未央宮，與長樂宮命名同意，未央即無盡也。今為中央字，央訓中矣。

錢一 中央也。未央宮者，蕭何所取，非未中宮也，當訓未盡、無極。

𩫖部

𩫖 𩫖 朱二 民所度居也。古往借度為宅，《尚書》古、今文「宅西」、「度西」可證。

朱三 民所度居也，度即宅。《尚書》「宅西」亦作「度西」。引申為皮廓。

𩫩 𩫩 朱一 城闕當從此。

朱三 天子周城，四面方也，囗。諸侯軒城，軒者，曲也，曲其南方，冂。

錢一 城闕＝城𩫩◎。象闕仍作闕◎。

京部

京 京 朱二 人所為絕高丘也。孔子曰：譬如山，實事也。古者天子以神權治天下，故居山也。後因所居京名城𩫖之都。

朱三 《說文》「丨象高形」，或云非象高形，乃古人測高之標形。漢末州牧所治亦曰京，如三國時劉備見孫權來京，公孫瓚易京是也。

就 就 朱一 一層二層＝一成＝一就，絲一緍＝一就。去就之就乃即字假借。

朱三 訓成者乃酋或僭之假借。

錢一 高也。一層二層＝一成＝一就（?）。絲一緍＝一就。去就＝去即◎。

亯部

亯 亯 朱二 今享、亨、烹古皆作亯。亨者，嘉之謂也，即亯禮（飲酒也）。

朱三 獻也。饗，鄉飲酒也。古只有亯字，最初為皀。亯則神意可通，故「元亨利貞」即亯字，嘉之會也，引申為通。

𦎫　𦎫　朱一 𦎫［純］。〈就〉［孰］。焞肉當从𦎫。
朱二 今燉肉字即借為𦎫。
錢一 孰也。純熟＝𦎫孰。燉肉之燉亦＝𦎫肉。焞，光明也，誼別。

䈞　䈞　朱一 篤厚當從此。篤，別字。
朱二 與竺同。竺，一切厚；䈞，飲食厚也。
錢一 厚也。䈞厚或可作竺。篤則義別矣。

𩫏　𩫏　朱一 今人稱「用飯」即此字。
朱三 凡「享用」字似宜作此。
錢一 用也。今人稱用飯＝𩫏飯。

㫗部

㫗　㫗　朱二 㫗，厚也。味厚，引申為一切厚。厚，山陵之㫗也。
錢一 㫗薄。厚，山陵之㫗也。

覃　覃　朱一 引申凡長曰覃，又引申為延（長皆可延）。
錢一 覃，長味也。引申為凡長之稱，長則可延，故又引申訓延。

厚　厚　朱一 山陵之厚。厚薄當从㫗。

畗部

畗　畗　朱一 滿也。富字即可從此，蓋富即滿也。
朱二 滿也。引申滿則畗，故後造逼字。

朱三 畐即富，鬼神所付曰福。逼由滿引申，「馮馮」、「翼翼」、氣滿也，乃「畐畐」、「啬啬」之借。

錢一 滿也，富字即可作此，蓋富即滿也。

良

朱一 《禮運》注：「良輿之家」，良輿（輿，博。《兩都賦》「天〈地〉〔下〕之輿（〈大也〉區」。），殷實也。良家子亦殷實也，故有錢人為良（良賤對舉，奴婢無財故賤）。引申為善良。君亦稱良，《禮》「良綏」，「君綏」也。良人，女人稱夫（男稱女亦可稱良，《詩·唐風·綢繆》：「子兮子兮，如此良人何！」），後轉為郎（《儀禮·士昏禮》「良席」即郎席）。男稱良後改為郎，女稱良後改為娘。狼王＝狼，即良，良即君。漢人「以資為郎」，有錢即為郎，即良家子。郎門，郎（六朝時，奴婢稱主人曰郎）所住之地。「良知良能」，良訓本來。有錢為郎，有資本為郎，故良又訓本[一]。

朱三 《禮·少儀》「良綏」即「君綏」，良訓君甚多，後轉為郎主，蒙古稱也。女稱男曰良，男稱女亦然，子稱母曰娘，女子曰娘，皆良字也。古稱良，唐稱郎，猶今稱老爺也。郎即良家子，《漢書》稱「以〈訾〉貲為郎」是也。

錢一 善也。《禮記·禮運》注「良輿（內部博大。輿，大也。輿，博。『天〈地〉下之輿（大也）區』。）之家」，「良輿」猶今言殷實也。故良家子即富家兒也。古人以有財者為善人，故良引申訓善，與賢同義，良从畐，賢从貝，皆言富也。(1)元者，善之長也。君亦稱良。《禮》「良綏」，注「君綏」也。蒙古稱君曰郎主＝良主，良即君也。大梁、少梁＝良。(2)女子稱夫曰良，後轉為郎。「子兮子兮，如此良人何！」男稱女也（娘）。官名之郎，《漢書》有「以貲為郎」之語，則亦良家子義。

[一]《儀禮·士昏禮》：「媵衽良席在東」，鄭玄注：「婦人稱夫曰良」。《史記·司馬相如傳》：「以貲為郎，事孝景帝」。

良家子所居之處曰郎門（高門也）。良又訓本，「良知良能」即本來之知能之義。皆因為郎者必有貲本，故良又可訓本。(3)

㐭部

稟　稟　朱一　賜穀也。臣去取穀亦曰稟命。依上命而行曰稟，後人用為對上而言曰稟，不通。

朱三　上所賜、下所受皆曰稟，上令下行曰稟，所謂「稟命」，猶言受命。今敬稟之稟，下對上也，此稍不妥。

錢一　賜穀也。臣去取穀亦曰稟命(?)，依上命而行曰稟。後人用于對上之稱曰「敬稟者」等，便不大通了。受賜亦曰稟，《左傳》「稟命則不威」，稟即照行命令也。

亶　亶　朱一　多穀也。有錢人最好、最可信，故曰信也、誠也。

錢一　多穀也。引申訓信訓誠者，古人以有錢人總最誠信也。

啚　啚　錢一　啚夫。啚薄。都鄙。

嗇部

嗇　嗇　朱一　从來从㐭，來即麥。後加禾為穡，不知字義者也。故古書稼穡作稼嗇。

錢一　从來从㐭，來即麥也。後人稼穡字復加禾旁，此乃不通字義者之所為也。古稼穡字止作稼嗇。

牆　牆　朱三　本為倉㐭之牆，後施于一切之屋。

錢一　有農業之國始有牆。

來部

來　來　朱三　來麥互錯，非許叔重之誤，實大小篆早已誤，故不得不仍之耳。

麥部

麰 朱一 來麰，可見來即麥字。

麧 麱 麱 朱三 皆麧也。

麪 朱三 今散麪。

錢一 麪粉曰麪。

䵄 朱一 【蓬】，我〈邑〉〔意〕〔一〕音轉為勃。

朱二 古無輕唇音，讀如蓬，《説文》讀如馮者，馮亦如朋，今廣東姓馮者尚稱朋。

朱三 古音馮，今音轉為勃，皆重唇音。

錢一 禾。音轉如勃(?)〇案：此條他人所抄，均無疑是嘉興人所妄加，與淺人有姓「䨺」者，乃輒于《説文．西部》增「䨺」字，其私心正同。噫！

夊部

夊 朱一 夊【吹】。

夋 朱一 夋【春】。踞也，是即蹲字矣。

朱三 一曰倨也。倨，恐是居，今作踞。故夋、竣、跧、蹲四字誼同。蹲則前侈，故居引申為倨。

錢一 一曰倨也，即蹲字。

〔一〕原文如此，「邑」疑為「意」之誤記。

夌

朱一 圥，高大也。高平曰圥，故圥即陸。夌徲，漸低也。

朱二 从六，跳也；从夊，脮也。夌遲者，夌夷也，田漸而平下也。今夌遲處死，亦即夌夷，夷為夷三族之侇。夷又訓施〔移〕，《左傳·哀公二十七年》「施公孫有山氏」，夷三族也。夷又訓剖腹，《左傳·昭公十四年》「乃施〈刑〉〔邢〕侯」、施長萇〔一〕」是也。屠亦然，屠一族、屠腸，亦合二義。

朱三 从六，六非高大，乃有跳誼。龍，「其行六六」，又作陸，「陸梁」、「翹足而陸」是也。惟六本名不知由何引申為跳。夌徲非疊韻字。夷訓平，即徲字。夌徲亦曰夌夷。徲古音離，夌徲〔離〕雙聲字。

錢一 从圥，高平曰圥，即今借用之陸字。一曰夌徲也，夌徲，漸低也。

致

朱一 精致不當作緻。

朱三 工致猶今言到家，言其善。

錢一 引申為精致，俗作緻，非。

憂

朱二 和之行也。今作優非是，優，倡優也。

夎

朱一 夎〔范〕。引申為帽。

朱三 音轉為夆（重唇），頭相撞也。猶范轉為蠭也。東談旁轉，故夆頭字可作夎。

錢一 引申為帽（？）。

夏

朱一 中國〔人〕初到川、陝兩省，曰中夏，故漢水為夏水，蓋此水在兩省之間，引申為大。

朱三 春夏之夏無正字，且夏一轉為夏屋之夏，夏屋乃襾字，《說文》云：「襾，上下相覆也。」五彩亦為夏，亦非從中國人引申，五彩之夏乃華之借，古中夏亦曰中華，華夏同音。

〔一〕「施長萇」其義難明，疑為《莊子·胠篋》「萇弘施」之誤。

錢一　中國人初來時在川陝兩省，故此兩省古稱中夏。漢水在此兩省間，亦曰夏水。引申訓大。

畟　畟　朱一　《禮記》謖，起也。《説文》所無。畟即謖字，蓋進必有所起[一]。

朱三　進也。經典有謖字，訓起，起與進誼近。《説文》無謖字，即畟之引申。

錢一　「治稼畟畟進也」。訓起之謖，《説文》無，正字即作畟，蓋進必有所起，故得引申。但謖字《禮記》已有之，亦不得笑他是俗字了。

夒　夒　朱三　《説文》應立夒部，夔字附之，乃夒之類而有角。鬼與夔實一字，鬼之言歸，夔善惑人，與狐相同，故又曰耗鬼。

錢一　俗作猱。

夔　夔　朱一　有説如牛，有説如猴，有説如龍，以如猴為是，蓋人面之形也。一足。《孟子》「〈夒夒〉[夔夔]〈戰〉[齋]栗」，敬也；「重足而走」，重足而走即兩足相重如一足也，敬之極意。

朱二　由是觀之，山魖非鬼。鬼頭與禺頭同，與猴一類。夔與夒形同。鬼之言歸也。夔，偽書訓歸，今四川夔州，《國[語]》、《公[羊傳]》、《穀[梁傳]》作歸州。魅同由、〈禺〉[禺]，猶昧同曶，故鬼同夔也。

錢一　一足。「夔夔齋栗」者，敬也。敬之極即重足而走，即兩足相重如一足，敬之極也。○案：此節可疑。

廾部

廾　廾　朱三　古文趾人卧則對足，故云交趾，故廾訓對卧。

[一]《禮記·祭統》：「是故尸謖，君與卿四人餕」。陸德明釋文：「謖，起也。」

舜部

舜　朱二　今旋覆花。故堯舜之舜曰重華。

朱三　顏如舜華，舜爲蕣字。

韋部

韠　朱一　韠、蔽同音。古人無衣服，只以韠蔽前，後有衣服，仍援古爲之。

錢一　與蔽同音，古無衣服，只以韠蔽其前，後雖有衣服，仍援古爲之。

韎　朱一　淺赤色。

錢一　淺紅色。

韜　朱一　劍衣。以其在外，故引申爲韜子，又引申爲韜〈諱〉[晦]。

錢一　劍衣也（弢，弓衣也），以其在外，故引申爲韜子，又引申爲韜晦（隱藏不出）。

韝　朱二　纕臂，因袖大捲上，又加以皮套住。

⿰韋段　朱二　緞，錦緞也，本當作斷。

韓　朱一　井垣也，井欄圈也。段改爲井橋，非是。

朱二　井韓八角，故漢造井韓樓，取其形名之。

錢一　井垣也，即井闌圈也。段改橋，非。

韏　朱三　今衣服打閒文即此字。

弟部

弟　朱二　與剃音近。「豈弟」訓樂易，易、弟音近。

罤　朱一　今以昆假之。

朱三 後音轉為哥。自唐以後讀錯，儀夫之所為。兄之妻服降一等(?)，于是嫂叔有服，自戴東原始正其誤。

錢一 兄也。今皆假昆為之。

夂部

夆 朱一 重唇音。即逢字，逢宜作夆。〇有誤。

朱二 逢，逆也。（送也）。夆，牾也，今作重唇音，與古音同。

錢一 牾也。俗語兩物相碰正作夆。兩人碰着正作逢（古讀此字為重唇音）。

夅 朱一 夅【羊】。「降」服，今作降字，宜作夅。

錢一 降服＝夅服。

夃 朱一 夃【沽】。「我夃（今作姑）酌彼金罍」。[一]

朱二 沽當作＜沽＞「夃」。

久部

久 朱二 柱也，「久諸牆」。久古音如己，皆象人跪也。

朱三 從後灸之也，灸即久，久即柱也。「灸諸牆以眡其橈」是也。[二]

桀部

桀 朱一 多殺人（剖肚）曰桀，豪傑不過多殺人耳。善於殺人又曰梟雄。

[一]《詩·周南·卷耳》：「我姑酌彼金罍，維以不永懷」。

[二]《周禮·考工記·廬人》：「灸諸牆以觀其橈」。鄭玄注：「灸，猶柱也，以柱兩牆之間」。

朱二 象釘於木上屠腸也。引申為雞棲于桀，亦象形。桀即楬，楬即桀之借。

朱三 楬、虡（⿰木虡、腰斬之板，亦此字，引申亦作椹）皆桀之借。

錢一 善殺人者曰桀（磔也，破肚子？），豪傑者亦不過善殺人者耳。梟雄亦同此義。夏桀亦以此得名。（？）

磔 朱三 辜也，即㱙也。後音轉為剮，有開張誼。故丿為波，乀為磔。古無舌上音，磔與拓音同，凡拓當作磔，磔為魚陽之入聲，故磔又與張音轉。

椉 朱一 乘人不備，入而殺人。

朱二 係古車轢刑，引申人乘車上。

朱三 古文乘从几，古人上車用几。《禮記》「尸乘以几」。又「婦乘以几」。乘與登音誼近，有所加曰乘，故乘法即加。又四馬曰乘，故从四亦曰乘。

錢一 乘人不備，入而殺人。（？）引申為乘車，再引申為車乘。（？）

第六篇上

木部

柚 朱[一] 柚、條同音。

樝 朱[三] 「山樝」與「樝」不同，唯酢相似，故必加「山」字。

錢[一] 「山查」之正字。

柹 朱[一] 柹【臍】，今音變為市，作柿。字、子亦音變相同。

枬 錢[一] 俗作楠。

梅 朱[一] 枬木。可食之梅當作「某」，故「可食」二字可删，段氏妄加也[一]。

錢[一] 《説文》云：「枬也，可食」。案可食之梅實為某字，與梅不同，「可食」二字段氏謂是「淺人所改竄」，是也。

杏 朱[三] 本从可省聲，段改从《尚》[向]省聲，皆不可解。

錢[一] 舊本作「可省聲」，亦通。

柰 朱[一] 柰何即若（若，古音諾）何、如（如，古音奴）（……）之轉。

錢[一] 柰何為若何之音轉。

李 朱[一] 李因與理近，故行李又作行理，實即行使。《楚辭》可證。大李則即大理，理、士同，「理與士師」是也。理與使同，又與史同：李耳，史耳。又與里同：里革，史

[一]「可食」二字非段氏所加，當依錢氏所記。

革。《尚書》「梓材」實爲「理材」，或寫爲「李材」。○李官，《漢書》「黃帝李法」。

朱三 古文杍，「梓匠」或作「杍匠」，乃「理匠」之借。理本治玉，引申爲治木也。「行李」乃「行使」之借。「大理」乃「大士」之借，士師也，刑官。李耳乃史耳，老子本柱下史也。士、史、使、李、里、理古音同，故相借。士、史、使爲正字，李、里、理爲借字。大行人及史皆在《周禮·秋官》，恐古士、史、使亦爲一字。理亦借爲使，《楚辭》：「吾令蹇修以爲理」，理即使也。

錢一 李，果也。行李＝使◎。《周禮·秋官·掌行人》[一]。「大李」＝大理◎。《尚書》「梓材」實即「理材」，或作「李材」。○別本有不可解之數語曰：（行李之李，行使。使、理大同，訓當分。梓材當作李材。）（？）

亲 亲

錢一 亲◎栗與榛誼別。

楷 楷

朱一 段氏以稽字解之，甚牽强。㚖、楷雙聲相轉。㚖，法式也。楷即㚖之假借字。

朱二 㚖，戟也。《國語》「擁鐸（供）[拱]稽」，稽亦兵器。古以干戈爲法數，故引申爲法。楷之訓法，猶柯之訓法。

朱三 與㚖相借。戟長（定例丈六尺）常，故引申爲法。

錢一 楷訓法式者，㚖◎（㚖訓法？）之借也（楷、㚖雙聲），段氏非也。

棠 棠

朱一 萍果之類。

錢一 萍果之類。

杜 杜

朱一 《方言》訓歰。「杜門謝客」當作敷，「杜漸防微」亦作敷。

朱三 杜塞乃敷之借。杜訓根，《詩》：「徹彼桑土」，《韓詩》作「徹彼桑杜」。

錢一 甘棠也。《方言》訓歰（？）……。杜門＝敷◎門。敷，閉也，塞也（敷漸防微同）。桑杜係別義（係土？）。

[一] 原文如此，疑係「大行人」之誤。

槢　朱三　接槢之槢乃插之借。

棆　朱一　棆【屯】。今香樗【春】。
錢一　香椿也。

楑　朱三　一曰度也，乃癸之借。

樕　朱一　凡小者皆稱僕遬，故小木曰樸樕。
錢一　樸樕，小木也。僕遬亦訓短小貌。

梣　朱二　藥書作「秦皮」。

樗　朱一　樗【初】。香樗。
錢一　臭椿（香樗？）

檟　朱二　二義，訓苦茶者即今茶葉。
朱三　《爾雅》：「檟，苦茶」。則今茶葉亦可云檟。

梓　錢一　李字假借，「梓材」。

柀　朱一　黏也，今之杉。古無杉字。一曰析也。「披折」則不當从木而从手，且只可从皮。
朱二　棐几即柀几，猶匪借為彼也。
朱三　晉人曰棐，王羲之見棐几而書，係案几，棐即柀也，杉之類。
錢一　黏也。黏俗作杉。一曰析也，「披折」則不當从木而从手，且只可从皮（？）〇此句費解之至。

杶　朱一　椿，不材木也。
朱二　即今椿字。
朱三　今香椿之正字。杶本不堅。《莊子》稱「大椿八千歲為春秋」，不知何故。
錢一　不材木也，今作椿。

梠　朱一　今稱「黃梠」，已非此字本意。
錢一　樻也，可以為杖及馬鞭。今稱「黃梠」，已失此字之本意矣。

柔　朱五　茅即柔字，與橡一聲之轉，魚陽對轉。

樣　朱一　樣子之樣古作像（像，唐人作橡，今誤作樣）。《莊子》「象櫟」。
錢一　栩實也。樣子‖像子⊙。樣子。

柞　朱三　後變為槎，猶鮺由鮓變，同魚歌相轉。

楛　朱一　本為楛木，引申為苦窳。凡器不堅牢者古稱苦、楛、盬、沽，然此等本字皆無可求，皆不過為假字。
朱三　器不堅實曰苦窳，或作楛窳，皆當為盬之借。
錢一　楛木也。引申為苦窳。凡器之不堅牢者古率稱為苦、楛、盬、沽（古皆作不固解），然此等皆不過假字，不能知其正字也。

樸　朱三　樸【蒲】。今安徽稱「白蒲棗」是也。

柅　朱一　《易》作檷[一]

梢　朱三　與杪音義同。
錢一　梢木也。尾曰梢者，不知何字之借。

梭　朱三　玉門陽關有此木。
錢一　梭木也，私閏切。今讀如疏，則為杼⊙之借。

𣛳　朱二　今作樺。
錢一　俗作樺。

［一］《易·姤卦》作「檷」，《周易音訓》作「鑈」。《說文》「檷，絡絲檷。从木爾聲，讀若柅」。《廣韻·旨韻》「柅，絡絲柎」。可見柅、檷均為絡絲之工具。

樫 朱一：紅柳也。
錢一：紅柳也（?）。

柳 朱一：《周禮》：「接【殺】攢之材」〔一〕。
錢一：柳（三部），聚（四部），故柳亦訓聚。

欒 朱一：盡頭曰闌干。《周禮》：「兩觀為欒」，杜子春改為樂。
錢一：盡頭曰闌干，《周禮》「兩觀為欒」，杜子春改為樂（?）。〇不可解。

權 朱一：權衡之權是金石類，不可从木。然權字本義不可知。權又訓反常，「精權奇」，權、奇雙聲連語，故權即奇字，訓為反常。
朱二：權力當作捲，《說文》：「捲，氣勢也」，引申為權力之捲。
錢一：黃華木，一曰反常。一曰之義，《漢書》有「精權奇」之語，權奇是雙聲連語，故反常之權即假為奇字。權衡是金石之類，不當从木，故權字之本義實不可知（?）。〇權力＝捲，《說文》：「捲，氣勢也」，引申為捲力。

楮 朱一：紙。穀樹皮作紙。「楮幣」即指楮作紙而稱「紙幣」。
錢一：穀樹皮作紙。「楮幣」即指楮作紙而稱「紙幣」（?）。

枒 朱一：今作椰。
錢一：俗作椰。

梂 朱一：引申為聚簇者曰「一梂」。
錢一：引申為聚簇義，如一簇者，即「一梂」。

欄 （楝 楝）大徐本
朱二：欄，即今楝木，省形。欄干當作闌。

〔一〕《周禮·天官·縫人》：「衣翣柳之材」。鄭玄注：「故書翣柳作接攢。鄭司農云：接，讀為歰，攢，讀為柳，皆棺飾」。

欈　欈　朱一　欈味＝旋味。旋味，短味。
錢一　欈味＝旋味，短味。（旋，《方言》訓短，欈恐後出字）。

梧　梧　朱一　枝梧＝啎。魁梧＝吳（大也）。
錢一　枝梧有相抵意＝啎◎。魁梧＝吳（大也）（大言也，引申訓大）。

榮　榮　朱二　榮華之榮乃花之義。
錢一　榮辱之榮由榮華而借，非段注所謂揚起也。

桐　桐　朱二　揚子《法言》借桐為僮，「桐子之命」。
錢一　古人借為僮字用。《法言》：「師哉！師哉！桐子之命也」，即「僮子之命」。

樵　樵　朱二　散木。引申為「取散木」。
錢一　散木也。引申為「取散木」。再引申為「取散木者」。

松　松　朱二　或作㮤。今兩廣等處以榕為別木。

樠　樠　朱二　《莊子》樠借為漫。

某　某　朱一　「从甘，闕」，酸者何以从某？故闕義。按：甘从口（曰）、一，食其物也。故从甘。［某］即今梅子。（《說文》：塞口曰昏。甘，口也。字从甘。）
錢一　从甘闕。酸者何以从某？故闕義。按：甘从口（曰）、一，食其物也，故从甘。(1) 酸果也。从木、甘，甘變从口，梅木也。《說文》「可食」二字誤。(2)　○照錄二說，均不甚了。

本　本　朱二　从木，一在其下。段从唐本《說文》，不可信。

柢　柢　朱二　鬚根曰根，直根曰柢。

朱　朱　朱一　赤心木。凡染紅之朱當作絑。
錢一　布帛染紅者曰朱＝絑◎。

末 末

朱二 从木，一在其上。段从唐本《説文》，不可信。《六書故》乃元人作，所引唐本《説文》均不可信。

果 果

朱一 木實。引申為誠果：「言必信，行必果」。果，實也。果、敢乃雙聲。

錢一 木實也。信果、果敢之果皆由實義引申。

朴 朴

朱一 厚朴。質樸相借。

錢一 厚朴也。質朴＝樸◎。樸，木素也。

枚 枚

朱一 毛傳之微假為徽（今之徽字）。

朱二 枚，微。《詩》「勿事行枚」，毛傳：「枚，微也。」微乃徽之誤，旗幹也。

錢一 毛傳曰：「枚，微也。」此借為徽字（今借用徽字）。

栞 栞

朱一 槎識也。引申栞刻。刊，斫去也，與栞不同。

朱二 栞書。刊定＝刪定。「隨山栞木」，《史記》作「〈隨〉〔行〕山表木」，栞以表誌也。

錢一 槎識也。引申為栞刻。刊，斫去也，與栞不同。

槙 槙

朱一 人頂曰顛，木頂曰槙。

朱二 人仆曰顛，或作蹎；木仆曰槙。

錢一 人頂曰顛，木頂曰槙，今通用顛。

梃 梃

朱一 數竹曰个，數木曰梃。今「銀一錠」亦當作梃。錠，鐙也。

錢一 一枚也。數竹曰箇，數木曰梃。銀子曰「一錠、兩錠」者亦＝梃◎。錠義別（錠，鐙也）。

⿱驫木 ⿱驫木

朱一 ⿱驫木〔槫〕。羣也，《逸周書》「⿱驫木疑沮事」。

錢一 羣也。「⿱驫木疑沮事」，⿱驫木疑，羣疑也。

標　標　朱一　標榜乃表之假借。
朱二　立表當作標。標幟當作幖，《周禮》作剽。
錢一　標榜＝表◎。

朵　朵　朱一　朵、垂（古音隋）聲意相近。

招　招　朱一　今招搖當作招榣。
錢一　樹榣貌，今之招搖＝招榣。

榣　榣　錢一　樹動也。

枎　枎　朱一　枎疏。小木亦曰枎疏，今作扶，非。
錢一　枎疏四布也。小木亦曰枎疏。

檹　檹　朱一　旖施＝猗儺。
錢一　木旖施也。旖施＝猗儺＝旖旎。

杕　杕　朱一　《淮南》高注：杕即柁（船尾也）。（《釋名》已有柁，凡尾皆从它：馬尾曰鞑，舟尾曰柁。劉熙、高誘同時，未必高是而劉非也。）
錢一　《淮南》高注之杕即柁。（《釋名》已有柁字。凡尾皆从它：東馬尾者曰鞑，置于舟尾者曰柁。劉熙與高誘同時，未必高是而劉非也。）

格　格　朱一　木長貌。　橫……　。格訓來，稍媟妄；朱子訓窮亦謬。「格物」，乃格拒，「格殺勿論」同義。司馬光、王陽明即取此義。資格當作輅（輅局）。
朱二　訓至者當作洛，或作假。
錢一　木長貌。「桄被四表，格于上下」[一]，桄，橫也（？）。格訓至，作洛（？）。格殺、扞格＝格◎。「格物致知」，格訓來，稍媟妄（？），朱子訓窮亦謬。司馬溫公及王陽明

［一］《尚書·堯典》作「光被四表」。

槷

朱一 訓格為格，即格拒弗令外物入也。資（枝）（?）輅◎，輅局，輅子。

朱一 《考工記》「槷㮚」＝楔。楔子（酒瓶是木楔），或作㮚，今作煞，又作櫼（音貞），與楔同源。

錢一 《考工記》「槷㮚」，槷＝楔。

樸

朱一 木素也，未彫木也。引申為質素之樸。凡未治（生）者皆从菐：木之未彫（原生）者曰樸；玉之未理（未琱）者曰璞，鼠之未腊（原生）者曰璞（《韓非子》。古只作樸，韓非子時亦當作樸。

錢一 未彫之木也。引申為質樸之樸。凡未治（原生）者皆从菐（可作樸?）：木之未彫（原生）者曰樸，玉之未琱（原生）者曰璞，鼠之未治（原生）者曰璞。《周禮》之「樸屬」＝坿◎屬之借。

析

朱一 折房屋當作㡪，分析當作㭊。

朱二 他各切轉丑各切，乃舌頭轉舌上音也。

錢一 判也。土裂曰墌，木判曰㭊。分析係俗字＝㭊◎。拆房子之拆＝㡪◎。

柴

朱一 《詩經》借作骴。（骴，《說文》作髊）。

朱二 凡从此者多有小意。佌（《詩》：「泄泄」、「訿訿」）[一]，鮆（《方言》「短小曰鮆」）。

錢一 《詩》：「助我舉柴。」借為髊◎（字亦作骴）。

榑

錢一 「扶桑」正作「榑◎桑」。

[一]《詩·大雅·板》：「天之方蹶，無然泄泄」，毛傳：「泄泄，猶沓沓也」。又《詩·小雅·正月》：「佌佌彼有屋」，毛傳：「佌佌，小也。」

栽　栽　朱一　引申為栽培。
錢一　引申為栽培。

築　築　朱一　擣也。段氏加「所以」二字，未是。「築煮」者，擣煮也，引申為所以擣也。
朱二　所以擣也，引申為擣。
錢一　擣也。段氏加「所以」二字，未是。《周禮》「築煮」者，擣煮也，引申所以擣也(?)。

檥　檥　朱一　儀表當作檥。
錢一　儀表＝檥⊙。

棟　棟　朱一　正梁。
錢一　正梁也。

極　極　朱一　棟也，中也。無極，正中也；北極者，天中也；太極乃極中之物，無可說也。窮極者，至屋頂而窮也。
朱二　致天之屆＝極也，「殛鯀」或作「極鯀」，即今結果他性命之意也。
錢一　棟也。棟為正梁，故引申訓中：北極，在天中也；無極，正中也(?)；太極，太中也。引申為至高至遠謂之極(即極至)。古與殛相通。

柱　柱　朱二　楹也。有拄字，故後作拄也。《說文》無拄字。
錢一　俗作拄。

樘　樘　朱一　(俗作撐，猶柱之作拄。)用木撐曰樘，用足撐曰𣥺。
錢一　柱也(即拄也)。用木曰樘，用足曰𣥺。樘、𣥺【音丑庚切】二字音義均相類。俗作撐，非。

榰　榰　朱二　支持、支柱皆當作榰，支訓竹也。

橑　橑　朱二　今稱橑檐，故訓椽。

㮰

朱一 圜曰椽，方曰㮰。

錢一 圜曰椽，方曰㮰。

楣

朱一 古人五梁正中曰棟，其次在外者曰楣，再在外者曰庪。

錢一 古人五梁正中曰棟，其次在外者曰楣，再在外者曰庪。

植

朱二 今門關直者曰植（橫者曰櫟）。種植當作蒔（生殖亦當作蒔）。栽、植、蒔皆在段氏第一部。

錢一 户植也，直的門閂也（引申爲植立）。《釋宮》：「植謂之傳」，傳即門之正字也。

櫳

朱一 窗疏也，今窗子。

錢一 窗疏也。（？）○今之囪也。

楯

朱二 今闌干也。

杇

朱二 所以涂也（與槾同義），即杇刀。引申爲涂。

榍

朱一 《爾雅》作柣，俗作砌（今砌作階字，非）。

朱二 今作砌。

錢一 限也，今之門砌也。砌，今訓階，誤。《爾雅》作柣。

柤

朱一 山楂（當作樝）。查字自明上諭始有，太監所作，與察聲近，乃作查字。或曰由木閑引申關防也。

錢一 木閑也。「樝與砌同」。（？）山樝◎。查察，查即察字，此始于明朝之上諭，因成於太監之手。太監是狗屁不通的東西，所以由音近而誤書察爲查。

槍

朱一 歫。今火器作槍，非。日本人曰銃，近是。《廣雅》有銃；《說文》有銎字，即銃字。銃乃俗字（木與金相接處必充洞以接）。○攘變爲槍，今作搶。

錢一 歫也。火器之槍用槍（俗作鎗）字者，非也。日本人呼曰銃，較爲不錯。《廣雅》已有銃字（即《說文》之銎字）。

欁　錢一　即砧之使緊也。

楔　朱一　楔【息】。

栅　朱一　栅【策】，册編成。

杝　朱一　落。古無籬字，杝即籬字，古讀移。
錢一　落也。古無籬字，正作杝◎，古讀移(?)。

桓　朱一　亭郵表也。今之旗〈干〉［杆］〈一柱，上四出〉即桓之遺意，並非旗〈干〉［杆］也。鐘鼎桓作「‖」，桓表轉作華表。今墳上之華表已非古制。
朱二　訓威者當作狟，《書》有「狟狟」。盤桓當作亘，盤旋也。
錢一　亭郵表也。今之〈棋〉［旗］杆即桓之遺意。鐘鼎桓作‖，桓表轉爲華表〈和表〉。
桓訓威義者，《説文》有狟◎字，狗很兇也。

橦　朱一　幢，《説文》無。一幢當作〈童〉［橦］。幢與旛同。
錢一　幢字《説文》無，正作橦◎。

桯　朱一　桯【汀】。
朱二　即今春〈樫〉櫈，古讀汀。舌上作舌頭。

牀　朱一　安身之几坐也。凡可坐者，櫈、椅皆可曰牀，非專指卧者〈管寧藜牀，亦坐者〉。
反片當作爿，今作爿或作𠁥，即古之牀字。
錢一　安身之几坐也。凡可坐者如櫈、椅等皆可曰牀，非專指卧具。爿聲非反片，反片當作爿，今作爿或𠁥字，即古之牀字也。

槭　朱一　槭窬，今之馬桶。
錢一　槭窬，馬桶也。

柗　朱一　或作柙〈匣〉。
錢一　或作柙〈匣〉(?)。

槈 朱一 今从槈，《說文》从木。
錢一 俗作耨，非。

茉 朱二 田器也，鏵。鍬當作茉。
朱三 本為田器，轉為行船之器（槳），俗作劃，與譌音同，其本字即茉。又變為動詞，故曰刺船，明其器與田器同。
錢一 俗作鏵。劃船之劃殆即此歟？

㭒 朱一 梩、枱實即一字。
朱三 㭒、枱實一字。
錢一 俗作耜。

枱 錢一 與梩（㭒之或體）實即一字。

杷 朱一 收麥器。枇杷雙聲連語，杷即枇字。
錢一 收麥器。枇杷係雙聲連語，實只一枇字，故枇（本訓），杷（借義）。

柫 朱三 丫頭非音鴉，實丫之誤。丫杖亦丫杖之誤，今俗語尚曰丫杖。

枷 朱一 柫也。枷（刑具）當作加（加人之肩），與荷校當作何同。何，加（古音歌）音義同。
朱三 古音何（荷）。《管子》：「東郭有狗嘊嘊［旦暮］欲齧，我〈椵〉［猳］而不使也」。今帶枷字當作椵或作迦。
錢一 柫也。刑具之枷不應用枷，當作加，言加于頸（肩？）也，與荷校之荷當作何同。何、加古音近。

槩 朱一 梗概、感概當从心。一概者，處處多平也。
朱三 感槩乃慨之借，槩猶今斛攩。
錢一 梗概、感槩正字作慨。

杚　朱三［曹植詩］「承露槩泰清」，猶言摩天也。

桮　朱三古人大碗亦曰桮。

案　朱二今日本之飯盤有是者。

朱三本為案盤，今日本所用以上食，引申為几案。《後漢書》：「更始與夫人飲酒，上書者多怒而毀其書案。」是漢人已有書案矣。今案卷之案乃按之借，動詞；今案曰之案亦為按，由本誼引申為考按。

枓　朱一勺水物。斗◦斛。（古只有斗字，今亦然。）

錢一勺也。勺水之斗＝枓◉。斗◉斛。

櫝　朱一狹長而圓之器，引申狹長而圓貌。

朱二本名詞，引申為櫝圓形。猶今有腰子之名詞，引申為腰子式也。

錢一狹長而圓之器，引申為狹長而圓之貌。

槉　朱一槉，勝。鳥有戴勝即戴槉，因其頭上有「卌」文，古西王母亦有此飾。漢女人首飾有華勝［一］。

朱三與持之蒸對轉，本為一語。

錢一槉，勝。（？）鳥有戴勝，即戴槉，因其頭上有橫飾，古西王母亦有此飾。漢女人首飾有華勝。〇此節難憭。

槤　朱三瑚槤。段改為胡，是也，漢碑作胡連。胡或為藍之借，猶言藍葦也。

櫎　朱三猶今洋鎗架。

［一］《山海經・西經》：「西王母其狀如人，虎尾虎齒而善嘯，蓬髮戴勝。」《釋名・釋首飾》：「華勝，華，象草木之華也；勝，言人形容正等，一人著之則勝。蔽髮前為飾也。」

梮 朱一 梮＝局。寀，一人扛之；梮，二人對舉之。「治楇」，《漢書》尚書「治具」，具
即梮，今人尚有「吃梮」之語。
朱三 音轉為轎。《漢書》淮南王諫代南越已有轎字。初有轎時不過如牀而可舁耳。
錢一 所以舉食者。《漢書》宴客謂之治具＝治梮。今人言吃局＝既梮。梮，今作楇（？）。
○「寀，一人扛之；梮，二人對舉之，人治楇。」（？）○此段之語竟是莫名其妙。

幐 朱二 戴勝者，猶今鳳冠，方匡而飾珠玉者。戴勝鳥頭像其形，故名。
朱三 《漢書》「華勝」猶今鳳冠，西王母蓬頭而戴勝。又《說文》之槶（即巾幗），皆
謂帽也。

楥 朱三 讀若撝，寒轉入歌。
錢一 履法也。屨人所用之楥頭是也。

核 朱一 𦟋尊，女人鏡箱。果核，肴覈。
朱二 果核當作荄，果核即草木之荄。
錢一 果核、肴核之核＝覈。

棚 朱一 屈子《九章》「上下棚除」。棚，棧也。引申不平之道曰棧道。
錢一 屈子《九章》「上下棚除」。棚，棧也。引申不平之道曰棧道。

槶 朱一 槶【鬼】。巾幗【鬼】。（亦匡當、華勝之類，戴勝也。）凡一切匡當皆可稱槶，今
戲班槶臉，即假臉之匡當也。
朱三 一切匡當皆曰槶。女人之帽有匡當，故《三國志》諸葛亮遺司馬懿以巾幗，即槶也。
頭頰亦可「作」頭槶，引申為作帽之槶頭。
錢一 匡當也。今藝人用假臉曰槶臉。凡一切有匡當者皆可稱槶。巾幗之幗當作槶。

棖 朱三 與杖聲誼同，實一字。

椯

朱三　古音朶，與箠古音同，本一語而對轉為二字。椯古亦音朶，一曰剟也，古音得與椯雙聲相轉。

樴

朱三　為弋之入聲，誼故同。

杖

朱一　持也。仗，俗字杖。杖、持雙聲。

朱三　杖、持雙聲，非疊韻，段誤。

錢一　持也。俗作仗，非。

棓

朱二　音轉為棒。

朱三　棓、棒東侯對轉。

柄

朱三　柄，毛傳訓「把也」，動詞。古魚陽對轉，引申為名詞，把柄是也。

欑

朱三　由積竹引申為叢木。

榜

朱一　標榜或可作牓（漢人作牓），然《說文》無。匾榜字不可作榜。

朱三　訓輔，魚陽對轉。如旁溥、方甫、亡逋、仿摹、榜輔皆魚陽對轉，且為雙聲，故互相借。榜人為舫之借。標榜者，榜音轉為薄為方，音轉為譜（「布在方策」即譜），皆魚陽對轉。榜與方音同，方榜為匾，故標榜即方之借。榜訓箠擊，未知為何字之借，段云由縲紲引申，非也。

錢一　署榜之榜或當作牓，但《說文》無牓。(1)　扁曰牓（《說文》無）。(2)　標榜或可作牓，然《說文》無。匾榜字不可作榜。(3)　○三說並錄，俟質。

檄

朱一　燈檄　只可作擎。

朱三　燈檄不知何字之借，亦不知為何字之引申。

錢一　榜也。燈檠字只可作俗擎字。

檃

朱一　檃栝，矯正也。引申可為柑制，今作概括用，非是。

朱三　安穩乃㬎之借，段說非。

錢一 矯制邪曲之器也，凡以兩木箝一木使不得斜者曰㯺括（矯正之意）。近人以概括大意曰㯺括，謬甚。引申之義與箝制相近。安穩之穩即㯺字。㯺括斯不得動，故引申為安穩。

接 接

朱一 接續之接从木不从手。

朱三 接為通言，接為別言。

錢一 續木也。承接。接續。

梟 梟

朱二 引申為法。藝借為梟，訓法，「誅求無藝」。

朱三 引申為一切之埻的，故訓法。

櫓 櫓

朱一 大盾也，引申為樓櫓。城樓稱櫓，然非大盾。

錢一 此即鹵簿之正字，引申為樓櫓。城樓亦稱櫓，係別義。

椌 椌

朱一 按：腔調當作柷（即今尺板）。腔，即《說文》肯。

朱二 今綽板。「控腔（即椌）合板」，控、板一物。控猶今綽板，控已失傳。

錢一 柷樂也。腔字《說文》無。腔調＝椌，椌（柷）者，今之綽板。「腔調」與「板眼」同（案椌合版）。引申為心腔字之腔，即肯字之引申義。

柷 柷

朱三 猶今綽板，所以止音為節，使有腔調也。故腔調之腔當作椌。

札 札

錢一 牒也。引申為奏札、札子、信札。

檢 檢

朱一 如今調印。

朱二 今簽（簽花約）字、僉字皆當作檢。引申為檢校。

錢一 書署也。封處加印曰檢，近日之書籤之籤字即檢之俗體。

檄 檄

朱三 檄與槧猶今上司之牌示所用之牌也。

棨 棨

朱一 棨戟乃稽字之假借。

极　榘　楇　欙　榷

朱二　刻木為合符。棨戟當作稽，《國語》：「擁鐸拱稽」（棨戟）。稽訓同（稽古帝堯，訓同天，猶符天），可作棨（傳信）。稽考亦當作棨，考其符合與否（禹會諸侯于塗山會稽，猶黄帝之合符、舜之輯瑞，皆考合其真否，所以取信也）。

朱三　猶今契券及文憑、護照之類。棨戟乃稽之借。稽合、稽古乃棨之借，引申為稽察，亦為棨之引申，猶檢引申為檢察。會稽亦會棨之借，猶云黄帝合符。

錢一　傳信也。棨戟之棨＝稽◎。

朱二　今作笈。

朱三　猶今拜匣之類。

朱一　榘【秀】。藪。

錢一　讀若藪者，二、四兩部通轉之故。

朱一　楇【何】。

朱三　猶今油盞。

朱一　竹籠，今之行山兜子也。

錢一　竹籠，今之行山兜子也（?）。

朱一　本為橋，引申以水上横木為榷。辜榷、揚榷今从手。

朱二　辜榷或作搉（沽其大概）。榷酤猶今釐卡，即水衡。

朱三　榷為侯部入聲，與東部對轉為杠，榷即為杠之入聲，本為一語。辜榷雙聲語：榷酒酤，大榷、揚〔榷〕、辜榷皆斠之借，與槩同為平斗斛之意，引申為大數。大榷即大較、大斠、大數也，揚搉、〈揚〉〔辜〕榷引申皆為動詞。

錢一　水上横木所以渡者。本訓與橋相同。引申之水上横以木使舟不得過者曰榷酤，即今釐卡之類。揚搉◎（从手）。

橋 橋 朱二 水梁。古権橋聲同，無入聲也。橋起當作喬。
錢一 可引申為凡平之稱，猶梁又可引申為凡横木之稱。

梁 梁 朱二 水橋。引申為屋梁。
朱三 聲由呂轉，脊梁也，魚陽對轉。孔子觀于呂梁。强梁疊韻語，亦作據梁，當作强倞。脊力之脊亦由强字音轉。
錢一 水橋也，引申為屋梁。

𣝕 𣝕 朱一 㮴，今从艘。
錢一 今作艘。

橃 橃 朱三 與桴一聲之轉。

楫 楫 朱三 所以擢舟也，擢即引也。

校 校 朱一 以木圍而防閑之曰校，故校獵（亦然）。引申為軍中八校[一]，再引申為將校。又引申為檢校，以有防閑之意。至比校則當从権（从較亦非。較乃車中靠手處也）。
朱二 引申為四面圍校（校人是也）。《漢書》「天子校獵」、《孟子》「獵校」，皆圍而獨占以獵之也，故有盜意。比校當作権。
朱三 木囚也。引申為校人，言掌馬圈也。比校乃斠之借。
錢一 木囚也。以木圍而防閑者皆可曰校。引申為校獵（以木闌獸），再引申為（漢人）軍中八校（即營），再引申為校尉，再引申為將校。由防閑義再引申為檢校。比較字不能用校、較（較，車上相交者也），古實用権。略舉大凡曰権，比較亦謂之権。

樔 樔 朱一 城上譙樓。《漢書》「譙門」、「麗譙」皆樔之假借字。

[一]《通典》：漢武帝初，置中壘、屯騎、步兵、越騎、長水、胡騎、射聲、虎賁等校尉為八校。

朱三 引申凡有所守之處皆曰櫟。《莊子》「麗譙」及「譙門」、「木樵」（小小瞭望臺）、「譙樓」皆謂所守之地。

錢一 澤中守艸樓也。《漢書》之「譙樓」（城上之樓）、「譙門」及《莊子》之「麗譙」皆即櫟字之借。

采

朱一 漢人「采地」亦作「菜地」，實一字耳。因木有采，故引申爲采色字（彩，《説文》無）。采訓事乃假借。

朱二 採取亦當作采，采既从爪，又加手，不通，孳乳字。

朱三 毛傳：「采采，是采之也」，言專心采之，非上采字訓是也。

錢一 捋取也。可采之物引申亦曰采，如采地（漢人亦書菜地）。木有色，故引申爲采色（彩，《説文》無）。訓事者是假借。○採、彩皆俗字。

柿

朱三 各本作「削木札樸」，樸是誤字，札未必是誤字，段並删之，非是。

錢一 《漢書》「肺附周親」係借字，正作柿附。

横

朱一 古多以衡爲横。横、廣音［近］，故《尚書》「横被四表」作「廣被四表」。

朱三 闌木也。横闌木曰横，直闌木曰校。此横爲一切横木，衡爲牛角上横木，通言别言。

錢一 闌木也。横（一切闌木。通言），衡（牛角上之闌木。别語）。古書亦多以衡爲横。○横、廣音近，故《尚書》「横被四表」作「廣被四表」。（?）

桄

朱一 「光被四表」即可用「桄被四表」，即「廣被四表」。［桄］即杠子，即桄横也。

朱三 與彍充之彍音義同。桄之入聲即彍，今作擴。

錢一 充也。擴字《説文》無，正應作桄。「光被四表」即可用「桄被四表」。(1)「光被四表」借爲横、桄二字皆可。(2)

梜

朱二 《曲禮》之梜即今筷子。

椓 椓

朱三 剶、刖、椓、斀乃斀之借。

錢一 擊也。劅卵曰椓，乃斀之借。

朾 朾

朱一 古讀頂，今讀打。今打字从手，大徐新附者。然本从木。今俗語言動作字多上添朾字，古動作字多添攴字。如打拱、打坐皆是。又打飯之打讀作盛。丁壯、鼎盛皆當字，今俗語「打從那裡過」亦當字也。又起課曰打卦，打當讀純，與貞相近，貞，卜卦也。

朱二 朾从丁聲，成亦从丁。打拱、打坐皆成字（未成亦曰成）。打聽、打卦當為貞（聽），今偵探字。

朱三 古音疊，與撞雙聲。

錢一 撞也。此打之正字。引申有作為（凡有所作為都从攴，故用打字）之義，如打拱、打坐等。打聽之打由于朾古音成，成、偵音近，故＝偵聽。打飯＝盛飯。打那裡過＝丁。（丁、鼎古皆訓當。「丁壯」之丁及「天子春秋鼎盛」之鼎，二字皆當也）。打卦＝貞卦，朾、貞于古皆為舌頭音（古無舌上音），貞，卜問也。大徐新附字有打字，即朾之俗字。

柧 柧

朱三 觚、柧，通言別言。

欁 欁

朱一 （櫱子）。斫木無頭曰欁。庶子曰櫱子，即餘子（伐木餘也），當作欁。後孼作罪孼解，實即辥之音轉。《說文》「辥，罪也」。櫱、孼、𡤻同。

朱二 與支同義，故孼子即支子，當為櫱子。然孼字《說文》已有。

錢一 伐木餘也。古人稱庶子曰孽子，孽即櫱字（欁之或體）。櫱，餘也。妖孽＝𡤻，《漢書》中已有其字。罪孼＝辥（《說文》：「辥，罪也」）。

檮 檮

柮 柮

朱一 柮（杌），今作杌。檮杌為凶人，猶今人以光棍為凶人也。

㮝 㮝

朱二 檮柮（杌），今稱光棍。

朱三 檮柮，猶今言光棍。杜預以凶頑無儔匹之貌，以儔釋檮，从音訓例可不必。

錢一 俗作檮杌，斷木也。訓凶頑者，猶今言光棍也。

朱一 昏頑字當作㮝。

錢一 梡木未析也。未分析之物曰㮝（囫圇之囫當作㮝，頑固之頑亦當作㮝），此渾成之正字。昏頑字＝㮝（？）。梡，㮝木薪也；㮝，頭頑也（？）。

楄 楄

朱一 楄部，今棺中七星板也。

朱三 方木也。「楄部」音轉為「便房」，見《漢書》。《左傳正義》謂「棺中笭牀」，非也，謂「方木」是矣，如今之七星板是也。「爰有禁楄」，楄不必从木。

錢一 楄部，即今棺中七星板也。

枼 枼

朱一 鉉以為从卅，卅與世可假借。薄寫字者曰牒。

錢一 牒即枼之引申。枼乃薄木，而薄木上所書之字亦曰枼（一葉扁舟）。鉉以為从卅者，卅與世本可假借。

休 休

朱一 引申為美，安亦引申為美，同意。

朱三 息止也。引申為安，又引申為美，然訓美終不可解。

錢一 息止也。引申訓美者，因休則安（安从宀从女），安則美矣。罷曰休者，即本義。

械 械

朱一 械【賤】。今兵器無所盛，故曰械。

錢一 今兵器無所盛，故曰械，與一曰之義合。

杽 杽

朱一 今手械也。

朱三 《山海經》亦作杻。

錢一 手械也。

桯 桯　梏 梏

朱三「所以質地告天」，此等意恐非製字本義。

檻 檻　櫳 櫳

朱一皆闌干也。

朱三櫳與龔實一字。窗櫺、闌干可稱櫳，囚人、虎豹所處亦曰櫳，故有二誼。

錢一檻、櫳皆闌干也。

棺 棺　朱一闌也，閑也。

楬 楬　朱二楬櫫（第二字《說文》無）。今匿名揭帖當作楬。

朱三他本作楬桀，不誤。乃疊韻語。段改為楬櫫，不必。楬、桀皆謂以木高楬之也。

梟 梟　朱一破鏡，後人造獍字。

朱三梟首當作県。

錢一即破鏡。俗作獍，非。

東部

東 東　朱三動也。西本鳥在巢上，引申為西方，本動詞而變為名詞。東為日在木上，引申為動、名詞變為動詞。動本作東。東動西棲，東起西止。

林部

𣞤 𣞤　朱一古之規模字、繁蕪字。今作有無字。

朱三𡘲為規模字，卌為四十字，《說文》所無，似宜補。按：訓大之莫似宜作𡘲，如莫教、莫府是也。

鬱　鬱

朱一　木積曰鬱。菀（木積）與鬱音同，意轉為怨。慍、慰音義亦同。可見古人造字先造外物，後引為心中情操之字。

錢一　鬱積。鬱本叢木，與菀（木積）音義皆同，蓋菀之入聲即鬱字也。怨與鬱、菀音義皆同（慍、慰亦然）。鬱、菀、怨、慍、慰皆同。古人造字，其最先者必為器物，後乃造出精神狀態之字，故最初必只有鬱字。

楚　楚

朱一　叢木。「衣裳楚楚」當作䰉。酸楚、痛楚當作齭。

朱二　叢木，小木也。楚鶌亦小鳥。

朱三　叢木也，有小意，故楚鶌訓小鶌。清楚乃諝之借。又魚陽對轉為爽，故又云清爽，亦可作疏。「衣裳楚楚」訓美，為䰉之借。

錢一　衣裳楚楚＝䰉。痛楚、酸楚＝齭。

棽　棽

朱三　棽儷，謂枝條相加，故與參差音誼同，林離亦與此雙聲。

楙　楙

朱一　與茂一字。

錢一　木瓜是別義，與茂一字。

麓　麓

朱一　本只作鹿，猶守山林吏稱騶虞同，後加林字以尊官吏耳。「大錄」（錄＝麓）為宰相亦通，因當時皇帝在山（禁字从林），宰相不過管其林木耳。古人以神道設教，居山巔以近神耳，摩西[一]陳「十戒」亦在山，可證。

錢一　守山林吏也。本只作鹿。猶「騶虞」獸名，守山林吏名「衡虞」之類。後加林字者，以尊官吏耳（段云：「鹿者，麓之段借字」，未確）。《尚書》「納于大麓」，漢亦作「大錄」，或說為宰相，亦通。蓋因當時皇帝在山（禁字从林），宰相不過管其林木耳。古人以神道設教，故君居山巔以近神耳，猶摩西陳「十戒」亦在山，可證。

[一] 摩西，基督教《聖經》中人物。基督教教義中的「十戒」由他頒頒，稱「摩西十戒」。

棼 棼 朱三 複屋棟，即今鞔版。

才部

才 才 朱二 引申為人才。

朱三 艸木之初，猶言艸之性。《孟子》：「若夫為不善，非才之罪也」，才亦謂性，今所謂本能，引申為才能。

第六篇下

叒部

叒 叒 朱三 此即扶（榑）桑，叒木之叒今作若。《晉書》等謂扶桑在日本之東，則似今檀香山也。

之部

之 之 朱三 出也。引申為人出所之。

㞷 㞷 朱一 《荀子》：「狂生者，不胥（待）時而落」。狂字即㞷（皇）字，狂生者，妄生也；妄生者，不從其時而生也。

朱三 艸木妄生，引申為人所往則加彳，又由怒生引申為狂妄，則加犬旁。

錢一 草木妄生也。《荀子》：「狂生（與今之所謂狂生異）者，不胥（待也）時而落」。狂‖㞷。不以其時而生曰妄生，段注非。

帀部

師 師 朱一 君者，羣也；一羣之頭目曰君。師者，衆也；一師之頭目曰師，《周禮》「旅師」等是也。學校之頭目亦稱師，故引申為教人之師。

朱二 从𠂤者，聚之意。因師有長即稱師，猶旅長稱旅。官稱師，後教者亦是師。

朱三 正（大）、師（小）（皆正印官）、旅（副貳），見《左傳》、《周禮》。由官師又引申為師長。帥與師近，其正字當作衛。

錢一 古人君者，羣也；一羣之長曰君。師者，衆也；一師之長曰師（如《周禮》之「旅師」是也）。師之本義非先生也，引申乃為先生。

出部

敖 朱二 遨遊當作敖。楚君稱敖及獒、豪等字皆當作勢。

錢一 敖游，俗作遨。

糶 朱三 糶古音調，與糴音近。糶糴音近猶買賣音近也。

市部

市 朱一 米【沛】。《詩》「其葉肺肺」，即市市。

朱三 「沛然下雨」乃市之借，引申誼。沛，水名。發達之發與市音誼亦同。𣎴與市實一字。

𣎴 朱一 𣎴【衛】。彙之本字，剌彙也。《易》「拔茅茹以其彙」當作𣎴。

錢一 彙集＝𣎴。彙者，剌猬也。

孛 朱一 誖，悖，逆之意，从子市聲。孛星之孛乃引申為草木盛之貌。

朱二 「色孛如也」當作艴。从子市聲，古以為誖逆字。

朱三 《論語》「色孛如也」，乃艴之借。或云此乃悖逆之悖，故从子，子不孝為悖逆。或云即孳字。子、字、孳同誼，故孛亦从子。

錢一 即悖、誖也，从子市聲。孛星之孛＝茀，乃引申為艸木盛之貌。

索 朱一 索隱當作𡩡。索，盡也，亦從𡩡遍引申而來，亦从𡩡。索，繩索也。

朿

朱三　杜林說謬。

錢一　求索（尋也）。索。隱。盡曰索者亦索之借。

朱一　朿【姊】。事了曰齊，後作濟（水名，假借為朿），止也。雨止曰霽，後人所造，亦當从朿。怒止曰霽亦然。濟水之濟亦當作朿，从朿國（?）而一橫止之也；一橫者，橋也，故可濟水。後人濟水亦曰橫水。

朱二　《禮記》：「事早濟也」，訓事了。

朱三　止也。前、翦與齊、朿音近。濟，止也；霽，雨止也。此朿字乃前之借，謂木盛剪之使之正也。

錢一　訓止（如《禮記》「事早濟也」）之濟＝朿（日本之文部省檢定朿）。雨止之霽，怒止之霽皆俗字，《說文》無，亦＝朿。濟渡（濟，水名也。義別）亦＝朿渡。朿，橫「一橫止之」，如橋、跳板等，皆是以一橫止之（亦曰橫水，橫，以舟渡也）。橫水之渡曰橫（?）。〇此句不知如何著落。

南

朱一　南方草木多而茂。

生部

丰

朱一　凡器中滿皆作豐，草盛丰丰當作丰，故丰采字從之，或作妦。

朱三　《詩》草木盛為莑，又豐艸茂林，莑、豐皆當作丰。

錢一　器中滿＝豐。草盛丰丰＝丰。丰采＝丰（此乃引申義），或作妦。

產

朱二　人曰生產，畜曰牲㽬，皆有生命意。《爾雅》「大籥謂之產，大管謂之喬」，古人名字相應，故公孫喬字子產，皆訓大。

朱三　子產乃彥之借，美士為彥。

隆

朱三　隆慮改為林慮，乃民間私諱，不必法律上之諱也。

甤　甤　朱二　與蕤實一字。

乇部

乇　乇　朱一　乇【則】。垂采（穗）。
朱三　古音託。

𠂹部

𠌶部

𠌶　𠌶　朱二　𠌶（名［詞］），荂（動詞，開花也）。「華瓜」或作撝。榮與華一物，故一為名詞，一為動詞。
朱三　𠌶，名詞；荂，榮也，即開也，動詞。「為國君削瓜者華之」［一］，乃撝之借。《說文》：「撝，裂也。」

華部

皣　皣　朱一　皣【亦】。

禾部

禾　禾　朱一　禾【稽】。
朱二　稽為其或體耳。止不能上，故稽留，其意一也。

［一］《禮記·曲禮上》：「為天子削瓜者副之，中以絺；為國君者華之，中以綌」。鄭玄注：「華中裂之不四析也」。

䅵 朱一 一曰木名，今枳枸也。
朱二 䅵與稽實一字。稽从旨，䅵从只聲。《詩》「樂只君子」，《左傳》作「樂旨君子」。
此二字皆有曲而留止之義。
錢一 一曰木名者，今之枳枸也（?）。○此必有誤。

椒 朱一 椒【勾】。

稽部

稽 朱二 古語「擁鐸拱稽」注：「稽，棨戟（有枝兵也）也」。棨戟當作稽。稽，古當作棨。棨，傳信也（《說文》）。顏注《漢書》棨為刻木，為合符；稽古訓同天。故稽當作棨。符，訓合，引申訓同，棨亦然。會稽山，《史記》、《吳越春秋》皆云會計，以聲為訓，（《史記》：「黃帝合符釜山」，「舜輯瑞」，皆合符」），會稽即合符，因此改茅山為會稽山。由此則會稽當作會棨。考稽，亦當察其合同與否，故亦當作棨。稽留乃本字，其餘皆當作棨。
朱三 《詩》「樂只君子」，亦作「樂旨君子」，則稽與䅵皆可通訓曲屈。稽引申為止，故棨戟之頭屈曲，字當作稽。棨，傳信也，引申為同；凡稽訓考訓同，乃棨之借。

𥞤 朱二 或云鞠，紹興云搭。椒留與勾留同，皆有曲而留止之義。

巢部

𠬢（𠬢 大徐）
朱一 𠬢【遍】。貶損亦可作𠬢【貶】，隳落其聲名也。
朱三 覂（覆也），古音亦讀貶。「反正（即倒轉也）為乏」，則覂為孳乳字，貶同，覂亦同。

錢一　傾覆也。貶損亦可作㝵(?)，墮落其聲名也。

桼部

桼　朱二　古誤作來。柒即由此變形。

朱三　《周禮》故書當作桼林，古七字作桼，今變為柒。

髹　朱一　髹[休]。今擦漆也。

束部

束　朱二　今俗作揀。

錢一　柬擇。

刺　朱一　刺[辣]。段注無理。本曲者曰刺，使之正亦可曰刺，故許曰「刺之」也。

朱二　既曲故用刀斫之。

朱三　「刀束者，刺之也」，不可解，段說大謬。此字从束，可解：曲者直之，直者曲之也。

錢一　段氏注無理。本曲者曰刺，矯之正亦曰刺，故許曰「刺之」也。

橐部

櫜　朱二　皋韜之皋即櫜字之借。

囊　朱三　今俗語音抛，即「囊張大貌」之誼。

囗部

圜　朱一　圜乃圓物之通名，惟天圓稱圜。《楚詞[辭]·天問》「圜之九重」即指天也。後亦用為凡物之圓矣。

錢一 圓（通言）乃圓物之通名，唯天圓稱圜（別語）。《楚辭·天問》「圜之（則？）九重」即指天也。後亦通用為凡物之圓矣。

團 團

朱一 圓也。團聚之團本作𠂤（堆），音轉為敦，又音轉為團。

朱二 本訓圜，因圜而聚，故引申為團聚。

錢一 圜也。團聚乃𠂤之借（俗作堆），古亦借用敦。

肙 肙

朱一 圈字當從此。螺絲旋＝肙。

朱三 今音旋，古音圈，《通俗文》作捐。此為動詞，用規畫圜，故今音旋，與旋同意。

錢一 圓圈之圈字當作此。

員 員

錢一 幅員。（？）

回 回

朱三 囗圜圓圓，囗回囘，最初用囗字足矣。

圖 圖

朱一 畫本為計畫、規畫，圖本為畫計。古人計畫必以物計，或畫為圖，故二字引申為圖畫。經營亦然，營，圜也；謀謨亦然，謨，規畫也。

朱二 本訓畫計，引申為圖畫。畫本訓圖畫，引申為謀畫。

朱三 本為計畫，引申為圖畫。畫為圖畫，引申為計畫。

錢一 畫計難也。畫本為計畫、規畫，圖本為畫計，古人計畫必以物計，或畫為圖，故二字引申為圖畫。○書畫之畫引申為籌，圖謀之圖引申為圖畫之圖。（？）○圖畫、規畫、計畫等意相授受。（？）

圛 圛

朱二 《詩》「齊子愷弟」，鄭注作「愷圛」。

國 國

朱一 古只作或。

朱三 與或實一字。

錢一 古只作或。

𦥑 睿（見下）

畵　朱一　今變爲壼。

圈　朱一　養畜之閑。杯、捲（或作圈）實借圓字。
朱二　《左傳》：「楚子伐圈」。《公羊》作「楚子伐麇」。麇聚＝圈屬。凡相聚字如灌、圈、麇同聲。圈屬（《管子》）又作權屬，今作眷屬。
朱三　畫圈乃圓之借。圈屬（《管子》）作「權屬」，亦作眷屬，實乃灌木之灌之借，最初只作吅。
錢一　養畜之閑也。杯捲（或作圈）實借爲圓字（?），引申爲圜圈之圈（?）。杯圈正作圓。

囿　朱一　有之本義。所有、奄有，故从口，其中歸其占有也。九有，九國也；九有、九或、九域、九國同。（有，不宜有也。曰有食，从又障之，即从囿字之義。）
錢一　九有，九國也。九有、九或、九域、九國同。（?）(1)　古者，王者在山，故有九囿之稱。(2)　〇二説絶不相同。

因　朱二　「因不失其親」＝恩不失其親。
朱三　就也，有擴張誼。

圍　朱二　守也，不放也。圍城，别言；囗，不必守，通言。「範圍天地之化而不過」，京氏《易》作「犯違」，訓對抗，亦通。
朱三　與囗實一字。
錢一　範囗。圍守。

困　朱一　故廬也。今人稱睡曰困，亦曰寢。寢，路寢也，與故廬同。困窮乃梱、綑（《左傳》假爲閫）之假借。困不可引申爲窮。引申爲依據，《易》「困于蒺藜」〔一〕。

〔一〕《易・困》：「困于石，據于蒺藜」。

朱三　故廬也（引申）。浙人謂睡為困，猶寢本屋，引申為睡也，宿亦然。困窮乃壼之借。毛傳云「廣也」，有充塞意。困苦由窮引申。

錢一　故廬也。今人稱睡曰困（引申為臥，猶寢之引申為寢室、路寢），亦曰寢。寢，路寢也，與故廬同一引申法。困窮殆稛（束縛也）字引申義，《左傳》假為麕（俗作綑）之假借。困不能引申為窮也。

圂　圂

朱一　豕廁也。豕何必有廁？實人以豕圈為廁。《國語》：「大任少溲于豕牢而得文王焉」〔一〕，因溲於豕牢而生文王，可見古無特別之廁，惟以豕牢為廁耳。

朱三　豕廁也。《國語》：「少溲于豕牢而得文王焉」。可見古人小便處即在豕廁，豕廁即豕牢也。

錢一　豕廁也。豕何必有廁？蓋古人以豕圈為廁耳。《國語》：「太任少溲於豕牢而得文王焉」於此可見古無特別之廁，惟以豕牢為廁耳。

囮　囮

朱三　人之通譯曰囮，鳥之通譯亦曰囮，與𡇈賣二字，聲不同。

員部

員　員

朱二　物數也。漢人稱人數亦曰員，故曰官員。《山海經》「廣員百里」。《國語》「廣運百里」。《詩》「幅隕既長」。運訓轉；軍，圍也；圍、囗，回也；回，轉也。皆有面積，故訓廣。運、軍為本義，員、隕為借義。

䞬　䞬

錢一　紛紜＝䞬。

貝部

〔一〕《國語·晉語》：「臣聞昔者大任娠文王不變，少溲于豕牢，而得文王，不加疾焉」。

財 財 朱二 古借「爲」才始字。

貨 貨 𧶠 𧶠
朱一 音同義同。
朱二 貨，从化聲，已有金錢矣，故云化。《尚書》：「貿遷有無化居」，居與家古音近，化即貨，「化居」今倒云家貨，俗作傢貨。
錢一 貨、𧶠音義皆同。爲，古音譌；化，古音貨。同在十七部。

𧶠 𧶠 朱二 𧶠，與貨實一字。

賑 賑 朱一 富。賑饑當作振。
錢一 富也。賑饑、賑恤字皆＝振◎，俗用賑，非。

賢 賢 朱一 多財也，引申爲多（《投壺》「某賢於某」，《詩》「我從事獨賢」，賢皆訓多）。賢勞，多勞也。多財曰賢，多才亦曰賢。
錢一 多財也，引申訓多。「王事賢勞」、「我從事獨賢」皆多之意。○《投壺》「某賢於某若干純」，賢，多也。

賀 賀 朱一 漢人改姓慶爲賀，同義也。
錢一 漢（宋）人改姓（避諱故）慶爲賀，同義也。

贊 贊 朱一 今贊字。贊，今作讚。
朱二 見也。贊見也，引申爲贊助，以財佐其見，故云助。
錢一 今贊字。（？）贊，今作讚。（？）

齎 齎 朱一 又同資。
錢一 又同資。

賸 賸 朱一 物相增加曰賸，引申物有餘亦曰賸。
錢一 物相增加有餘。

貣　朱一　貣【貸】。

賥　朱一　我物遂予於汝也。《史記·南越傳》：「即被（‖賥）佗書」。今廣東人尚稱予人物曰賥，音轉為把，或作抔。

錢一　我物遂予于汝也。《史記·南越王傳》「即被佗書，行南海尉事」，被即賥⊙之借。今廣東稱予人以物尚曰賥，他處轉音如把（歌轉麻）。

賞　朱一　今人「賞鑒」字不通，賞，賜有功也。

錢一　賜有功也，今人「賞鑒」字實攵亨。

貤　朱一　借為乁，一倍曰一貤。

錢一　重次第物也。貤封‖乁⊙封。○一倍曰一貤。（？）

贏　朱二　與嬴［音近］［一］。《漢書》：「遺子黃金［滿］籯」。《孟子》「反〈虆〉［虆］（今蘿字）梩掩之」［二］，是贏與嬴音相近。《說文》聲相遠者，或古有兩讀。

賴　朱一　贏也。無賴者，無餘利至家也。賴倒不起曰厲（與賴音同），《詩》「垂帶而厲（垂也，毛傳：下垂也）」。賴債，「介（甲）者不拜，為其拜如蔑（音債）」。鄭玄注：「詐也」；［陸］注：「蹲也」［三］。詐人多蹲倒不起。詐取人之錢亦曰賴（《莊子》）。惡人取人錢亦曰賴。依賴者，亦依靠人之贏餘耳。

朱二　□攋，墮也。即今賴倒字，《說文》無，讀作厲。廣雅「輸、攋，墮也」。《左傳》「鄭人來渝平」，《公羊》作「輸平」，皆訓悔前言，圖賴錢即此字。賴債當作攋蔑。《禮》：「介（甲）者不拜，為其拜如蔑【債】」，鄭注：「詐也」。攋

［一］《說文》：「贏，从貝嬴聲。」段氏以贏、嬴（郎果切）音遠，當云「从貝嬴」。章氏故反證二字音近。

［二］《漢書·韋賢傳》：「故鄒、魯諺曰：遺子黃金滿籯，不如一經」。顏師古注：「如淳曰：籯，竹器，受三四斗」。《孟子·滕文公上》：「蓋歸反虆梩而掩之」。

［三］《禮記·曲禮上》：「介者不拜，為其拜而蔑拜」。鄭玄注：「蔑則失容節，蔑猶詐也」。陸德明釋文：「蔑，盧本作蹲」。

蔑乃引申為攋債。惡賴即惡厲；厲，惡鬼也。

錢一 贏也。無賴者，無利歸家也。賴地‖厲地◎。《詩》「垂帶而厲」，鄭箋：「厲，垂也」。賴詐，「介者不拜，為其拜如蔑」。鄭玄云：「蔑，詐也」。（注：蹲也。詐人多蹲倒不起。）（？）賴又取也，《莊子》：「苟可得已，則必不賴。」惡人取人錢亦曰賴。依賴者，亦依靠人之贏餘耳。

負 負

朱一 受貸不償。訓背負者，即背之假字。

朱二 受貸不償乃本義。訓恃者乃背字，引申為恃。《孟子》「虎負嵎」即「虎背嵎」。算學之正負（《九章算術》），正，正數；負，所少之數。

錢一 恃也。又受貸不償曰負。背負之負‖背之借◎。古無輕唇，故負、背同音。

賓 賓

朱二 《說文》：頻，水厓人所賓附也」。賓即比，蠙即蚍是其例。賓訓所敬，即其比也。

錢一 賓與寇古多對舉，如《左傳·文公七年》「我若受秦，秦則賓〈焉〉[也]，不受，寇也」。

贅 贅

朱一 放利錢，以物質錢。贅壻者，以人質錢。

錢一 放利錢，以物質錢。贅壻者，以人質錢。

質 質

朱一 贄，《說文》所無。贄見，古作摯。

朱二 引申訓實地，故斧質之質乃訓俎，實地也。

錢一 以物相贅為質，所質物即本也，故引申訓本（？）。〇贄，《說文》無。贄見，古作摯。

贖 贖

朱一 本意為質，引申為贖物。

錢一 貿也。今訓贖物，義異。

費 費

朱一 引申為「君子之道費而隱」（《禮記·中庸》）。費與拂、悖音義相近（逆也）。費，地名，乃粊之假借字。

錢一 散財用也。「君子之道費而隱（一本作拂，一作悖。悖，弗也）」=拂、悖。朱夫子言「用之廣也」，非。地名之費=柴。

責 朱一 求也，討也。所討之物為責，今為債字（以動詞為名詞）。
錢一 求也，討也。所討之物為責，今俗作債（以動詞為名詞）。

賈 朱二 引申為價，古無價字。
錢一 商賈，引申為賈（價，古無）錢。

賤 朱二 賈（價）少也。

賦 朱一 斂。賦比興之賦亦班布也。
錢一 賦比興，有《斑》「班」布之意，敷陳也。

貶 朱一 損也。匱乏。褒貶之貶另有字，見前。
錢一 損也。匱乏斯損，故貶从乏。褒貶=㝵。

賕 朱二 古賄賂不為惡名，惟賕為惡名。

貲 朱一 出財免役、出財贖罪曰貲。資財从資，惟《漢書》已作貲。
錢一 貲財=資（唯《漢書》已作貲）。貲，小罰以財自贖也。

賣 朱二 賣鬻當作賣，《周禮》借價（覿）字為之。
錢一 俗用鬻字○《周禮》借用價，價乃《論語》之覿字。

賏 朱一 與嬰同，頸飾也。
錢一 頸飾也，與嬰同，實是一字。

邑部

邦 朱一 邦、封聲義一動一名而已。
錢一 邦、封聲義一動一名而已。(1) 大曰邦，小曰國，封、邦音近。(2)

郡

朱－郡比縣小，日本尚然。戰國時惟齊無郡。本有之地不稱郡，取於外邦則稱郡。姚姬傳説。郡字訓乃（《廣雅疏證》），揚子《法言》「郡勞王師」，實「仍（重）勞王師」。

錢－周制：天子地方千里，分為百縣，縣有四郡，故郡比縣小（今日本亦然）。至秦初置卅六郡以監縣。然戰國時亦有置郡，大都攻取者皆置郡（本有之地不稱郡，取于外邦則稱郡。姚姬傳説）。故春秋（戰國？）時獨齊無置郡，因不取人地也。《爾雅》郡訓乃者，為仍之借。《詩》「君曰卜爾」，君當訓郡，即訓乃也（皆王氏《廣雅疏證》説）。揚子《法言》「郡勞王師」，「仍勞王師」也。仍，緟也。

都

朱－都从者聲。諸字古亦讀都，孟諸又讀明都。《爾雅》都訓〈于〉〔於〕，諸可訓〈于〉〔於〕，故都亦訓〈于〉〔於〕。「乞諸其隣」亦可作「乞〈于〉〔於〕其隣」。司馬相如《封禪文》「終都（〈于〉〔於〕）攸卒」。《孟子》「謨蓋都君咸我績」，「謨蓋都君」，「謀蓋〈于〉〔於〕君」也。凡《尚書》「都」字，《史記》多改為「於」。「驩兜曰：『都共工』」。（都，這一個人）」。○凡聚會云都，故引申為都（在人之上）察院、都司空。《方言》都又訓老。都在人上，北京曰都老爺。父亦人上，故《廣雅》有「奢」。都又訓美，凡都會必華麗，野必粗陋，故都、野對舉。（在野曰鄙，在城曰都，以此分美惡，故都訓美）。

錢－从者聲，與諸古音同（古齒音自舌頭變），故《禹貢》之「孟諸」亦作「明都」。《爾雅》都訓於，與諸同（諸亦訓於，「乞諸其隣」即「乞於其隣」）。司馬相如《封禪文》「終都攸卒」，都，於也。《孟子》「謨蓋都君咸我績」（趙岐注：「蓋，害也；都，於也。言謀害於君也」）。○都又可作指定詞用，亦通作於。《尚書》之「都」字《史記》皆改作「於」，如「〈嚾〉〔驩〕兜曰『都共工』」，即俗語言「共工這一個人」之義。○於，在也。在某處之物亦曰於，指着其物曰「都」（與於同）故都訓於，係諸之借。○《方言》「都，老也」，此由都尉（會？）等引申。都在人上（老亦在人上？），父亦在人上，故父亦曰都，字變為爹（見《廣雅》）。○都又訓美（如麗都），因都會華麗，故訓美；在野之人必粗陋。故都、野對稱。○凡聚會之處曰都，故引申為察院，都司空。

鄙 鄙 朱一 五酇為鄙。鄙夫當作啚（貪財之徒）。若粗陋之夫則直作鄙夫，蓋與都對也。

錢一 五酇為鄙。鄙夫＝啚◎夫（貪財之人）。若粗陋之人稱鄙夫則直可作鄙◎夫，蓋與都相對也。故樸鄙◎、卑啚◎、啚◎夫、都鄙◎。

邸 邸 朱一 親王本在京，不可稱邸；外藩入京則有邸，今所稱公館也。（引申為根柢字）。

錢一 屬國舍也。故外藩入京則稱邸（蓋有邸使之住），猶今言公館也。若親王則本在京，不得稱邸，如今之稱奕劻為慶邸等，實欠亨也。

郵 郵 朱一 過也。故引申過失為郵，後變為訧。

錢一 因有經過之義，故引申過失亦曰郵，字變作訧。訧字《說文》雖有，然在古蓋只有一郵字也。

鄯 鄯 朱一 鄯善不在李斯時，可見《說文》篆字不盡從小篆（李斯）也。

錢一 《凡將篇》尚無鄯字，蓋鄯善不在李斯時也。可見《說文》之篆字未必盡為李斯小篆也。

鄚 鄚 錢一 薊國（？）之薊＝鄚◎。薊，艸名也。

郊 郊 朱一 或作岐。

邠 邠 朱一 豳，邠之或體，否則从山字何以入邑部？今邠或以訓美，乃邠紛所引申。

錢一 又訓美（邠，彧）者，乃邠◎紛（疊韻語，美也）之引申。豳，當即邠之或體[一]。

[一] 朱氏原筆記只列「豳」字為此條字頭，錢氏並列「豳」、「邠」二字頭。今從段注本只列「邠」字。

郇　朱一　郇夷。古文《尚書》「宅嵎夷」，今文《尚書》「宅郇夷」（即今日本。「倭夷」即「郇夷」，音近）＝倭夷。郇，訓文貌，當作彧。

錢一　倭遲（疊韻），郇夷（雙聲），皆長而屈曲之謂也。古文《尚書》之「宅嵎夷」，今文作「宅郇夷」，此郇字即倭之借，即日本也。

扈　朱一　扈從，扞不許入。扈養即圉養。獲、扈、圉三字一也，惟扈為假字。

錢一　止之使勿入亦曰扈（户？）。（户，護也，扈之義本此？）。扈從字義即從此引申來（因禁止他人之入而從也）。扈養（見《莊子》？《公羊》？），扈＝圉養（賤人也），亦與臧獲之獲同。獲、扈、圉三字同訓，惟扈為假字[一]。

鄘　朱二　鄘、陪，之蒸對轉。

鄭　朱一　古無舌上音，讀為定，故奠又為定。至於鄭重字，乃雙聲（丁寧反覆也），古人鄭重與今鄭重意別，古人鄭重字有重疊意。「放鄭聲」，放鄭重（引長）之聲，與今人輕重之解別。○《廣雅》「奠，重也。」

朱二　鄭聲，非云鄭國之聲，乃鄭重之聲（重疊其聲）。〈伏〉〈服〉虔注云：「蹢躅（鄭重）之聲」。朱子誤解鄭聲為鄭國之聲，乃拘「鄭聲淫」一句，將鄭風盡為淫詩矣。

錢一　鄭重（雙聲）二字古訓為緟。「放鄭聲」者，古訓鄭重之聲，即緟聲也（即引長之聲）。醫書謂病人糊涂之聲曰鄭聲。古無舌上音，鄭讀如定，故奠又訓定。

邔　朱一　叩首之叩乃敂字，叩或邔字之誤。

錢一　叩首之叩△＝敂。叩或是邔字之誤。

部　朱一　地名。「分別部居」之部乃何字之假借，不可知。小山為部婁，即附婁。

朱二　䈏（今簿字）署（書）而後分別，部當作䈏。

[一]《公羊傳·宣公十二年》：「廝役扈養死者數百人。」何休注：「養馬者曰扈，炊烹者曰養。」

郗 錢一 地名也。「分別部居」之部未知為何字之借。小山曰部婁，即附婁之借，部、附疊韻。
朱一 郗【絺】。晉人有姓郗者，實即郄之誤，與郤同。

郤 錢一 晉人有姓郗者，實即郄之誤。郄者，郤之俗體。
朱一 後郤作隙，有隙即有郤也。
錢一 亦借為隙字用，有郤即有隙也。

⿱斐邑 朱二 今姓裴字當從此。

祁 朱一 《詩》「其祁孔有」，毛訓祁為大，鄭以為麎之假，脂諄對轉。
朱二 《詩》「其〈祈〉［祁］孔有」，鄭注以祁為麎以示長（雙聲），脂蒸對轉。
錢一 《詩》「其祁孔有」，毛訓祁為大，鄭以為麎之借。

鄂 朱二 圻堮（《說文》無），漢人多作鄂，其實當為鋒鍔字。

邾 朱一 江夏縣。古人鄒與邾相近，邾國即鄒國也。
錢一 江夏縣。近魯之國＝鄒。古鄒、邾音近，故通。

鄘 南夷國，與邶、鄘、衛異。邶鄘衛之鄘只應作庸。

那 朱一 「奈何」為那。《左傳》「棄甲則那」。「猗歟那歟」，那與都同，都，於也。[一]
朱二 訓安貌者，乃儺字，《說文》云「行有節度也」，故訓安貌。
錢一 奈何之合音為那。《左傳》「棄甲則那」，奈何也。「猗歟那歟」，那與都同。都，於也。那、多聲近，皆十七部字。

⿰虘阝 朱二 ⿰虘阝、酇，歌寒對轉。

邛 朱二 或為窮。

鄶 錢一 檜國＝鄶。

[一] 唐玄宗《為玄元皇帝設像詔》：「猗歟那歟，克開厥後」。

鄒　朱一　古邾婁國，邾、鄒音同假借。

錢一　即古之邾婁。邾、鄒音同，故可假借。

⿰奄阝　朱一　奄訓蓋，《墨子》「商奄」稱「商蓋」，譯音之字何以从義改換，不可解。

朱二　古只作奄。《墨子》、《韓非子》「商奄」作「商蓋」，是猶日本之訓讀。

錢一　奄訓蓋。《墨子》「商奄」作「商蓋」，譯音之字何故从義，真不可解。

邗　朱一　干越、吳干皆邗之假字。

錢一　古亦假干字為之。《左傳》(?)之干越、吳干皆當作邗◎。

郈　朱一　郈（叔孫私邑）。姓郈當作后。或借作厚。

朱二　《左傳》有郈姓，本作后。

錢一　叔孫私邑(?)。姓郈當作后，或作厚。

鄫　朱一　古文從此，今文作繒。今姓曾者猶鄫之子孫。

錢一　古文從此，今文作繒。今姓曾者猶鄫之子孫。

邪　朱一　邪正當作衺。父曰邪，俗作爺；爺乃外國語（《廣雅》父字頭甚多，獨無爺字。可見魏晉之間尚無此稱也），始見於《木蘭詩》。

朱二　父、爸、⿱父者，中國語；爹，西羌語。邪或作耶，今作爺，乃外國語（北狄語）。

錢一　邪正‖衺◎正。本義為琅邪郡也。父曰邪◎，俗作爺。爺乃外國語（青海那邊的話）。《廣雅》父字頭之字甚多，獨無爺字，可見魏晉間尚無此稱也。爺字始見於《木蘭詩》。俗作耶者，因牙隸書作百，故譌从耳作耶。語助之耶無意義。

郭　朱一　南郭、東郭猶東鄉之姓（見《世本》）。東鄉或只作鄉，則東郭（則）亦可作𩫏，郭乃後人孳乳字。南郭子綦（《莊子》）或作南伯子綦，伯氏或為𩫏。

朱二　本作東𩫏氏，後去東乃加邑為鄗，其實與城𩫏同一字。

錢一　東郭、南郭皆姓，其郭字正當作𩫏，後去東、南等字而僅作郭。然則今之姓郭者乃是亭字，郭乃後出之俗字也。如東鄉（見《世本》）姓，後僅作鄉，例同（鄉又變向）。《莊子》「南郭子綦」亦作「南伯子綦」，郭、伯音近，伯氏或即郭氏。

鄿 朱- 今姓談當從此。
錢- 譚字《說文》無。鄿◎姓。談◎話。

郭 錢- 郭海俗作渤，非。

𢦔 朱- 今戴姓當從此。
朱二 今戴姓當從此。
錢- 今姓戴者＝𢦔◎。

邨 朱- 村落當作邨。
朱二 地名。邨落字當作屯，俗作村。
錢- 村落字當作此。(1) 邨落正作屯。(2)

⿰馮阝 朱- 今姓馮當作⿰馮阝。
錢- 今姓馮者當作⿰馮阝。

郙 朱- 凡从甫者皆有斜意。郙閣，斜處也；晡，日夕斜也。
錢- 凡从甫者皆有斜意，如郙閣（見漢碑，有「郙閣頌」），斜地也；晡，日夕斜也。但郙閣不過是斜的意思，與郙字本義無涉。

𨛜部

鄉 朱- 向當作鄉。向，窗疏也。
錢- 向背＝鄉◎。向，窗疏也。嚮乃俗字。

第七篇上

日部

時 時 錢一 四時也。《爾雅·釋詁》訓為是者，因時从寺聲，寺从之聲，之可訓是也。

早 早 朱一 《楚辭》：「甲之鼂吾以行」，甲，始也。

錢一 《楚辭》：「甲之鼂吾以行」。甲，始也。最初之天干曰甲，故早从甲。段說非。

錢二 晨也。从日在甲上。《楚辭》：「甲（最早稱甲）之鼂【潮】（旦也，晏鼂，蟲名）吾以行」。

昒 昒 朱一 與昧實一字。昒从勿，昧从未，皆脣音。《漢書》「昧爽」作「曶爽」。

錢一 尚冥也。與昧實一字。曶从勿，昧从未，皆脣音。漢人（書？）「昧爽」亦作「曶爽」。

錢二 曶【勿】，尚冥也。與昧實一字。曶从勿，昧从未，皆脣音。漢人「昧爽」亦作「曶爽」。曶、昧古通用。

睹 睹 朱一 質明、晳明一也，今作曙。

晳 晳 朱二 明哲當作晳。

錢一 質明‖晳◎明。

昭 昭 朱一 日明。照乃孳乳字。昭告皇天后土，秦漢乃作詔。今作照會，皆即昭告意。

錢一 日明也。照即其孳乳字。昭告猶明告也，秦作詔，今云照會，皆由昭告轉來。

錢二 日明也。照乃孳乳字。昭告字乃明明白白之意，秦作詔，今作照會，即由昭告轉來。

曠

朱二　曠野當作壙。曠、光聲義近，引申為空；光亦引申為光棍，空也。

錢一　與晃皆訓明，實為一字（引申為虛空之稱）。曠野、曠夫＝壙。

錢二　曠【壙】，與晃（幌）同訓明，殆一字。曠野、（曠夫？）字當作壙。

晉

朱一　孟晉＝猛進。

錢一　進也。《楚辭》：「盇孟晉以迨羣兮」。孟晉者，即今言猛進也。

錢二　進也。《楚辭》：「孟晉（＝猛進）以迨羣兮」。

暘

朱二　暘乃俗字，昜既从日，又加日不通。陽者，山南也[一]。

晏

朱一　《論語》：「何晏也」，乃旰字耳。晏，天清也。

錢一　遲晏（即「何晏也」之晏）＝遲旰。旰訓晚。

錢二　天清也。《論語》：「何晏也」，晏乃旰字。旰、晏音近，旰訓晚。

曣

朱一　即晏字，與上晃、曠同。

朱二　與旰音近，晏即旰之假。

錢一　星無雲也。《說文》無晴字，「星無雲」即「晴無雲」也。曣訓「星無雲」，晏訓「天清」，實是一字。

錢二　即晏字，與上曠、晃同例。「河清海晏」。

景

朱一　日光也。光引申訓大，故景亦訓大。

朱二　訓大者與京聲義近。

錢一　日光也。光訓大，故景亦訓大。影字《說文》無，乃俗字，正即作景。

錢二　日光也。光訓大，故景亦訓大（二字古義近）。影字《說文》無，或即景字。

[一] 朱氏原筆記以「昜」作字頭，今依段注本。

晧 晧 朱一 日出貌。
朱二 晧首當作顥。
錢一 晧旰者，光明之意，今亦作澔涆，為形容波濤狀，則非其義矣。(1) 晧，日出貌；澔涆，今以為水盛貌，非是。瀚海亦晧意，並無水盛之貌。(2) 澔瀚作為波濤解不通，瀚（正作翰）海（沙漠之地一點都沒有水）。光亮曰暤旰。(3) 瀚海當作翰海，晧旰訓光明。(4) ○臚列四說，大致相仿而均不甚了。
錢二 晧旰者，光明之意，今亦作澔涆，為形容波濤狀則非其義矣。
朱一 晧旰。澔涆，今以為水盛貌，非是。瀚海亦晧意，並無水盛之貌。

暤 暤 朱二 與晧實一字。

暈 暈 朱二 暈與暉實一字。光輝當作煇。
錢一 光也。引申凡光徬之物亦曰暈。暈、暉當係一字。
錢二 光也。引申凡光徬之物亦曰暈（有光）。光煇◎。

暆 暆 錢一 凡从也聲从施聲字皆有斜意，如地邐、日行暆暆是。

晻 晻 錢一 不明也。黑暗＝黑晻◎。暗，日月食也。

昴 昴 朱二 惠氏音柳聲是也，段說恐非。
錢一 惠棟以為當从丣，是也。

曏 曏 朱一 曏指前時，鄉指前地。
錢一 指前地曰鄉（今越語猶然），指前時曰曏。俗之半晌，晌乃俗字，正當作曏◎。
錢二 曏【鄉】。指前（別）地者為鄉，指前（別）時為曏。

暫 暫 朱一 《左傳》「婦人暫而免諸國」，暫乃漸或儳之假字（𧡧也）。
朱二 漢人往往引申為忽然，亦不久也。

錢一《左傳》：「婦人暫而免諸國」。暫乃漸⊙或儳⊙（插入也）之借字（論也），當作漸者。《荀子》中用漸字甚多，凡輕佻詐僞曰漸。

錢二不久也。《荀子》用漸字甚多，凡輕佻詐僞曰漸。「婦人暫而免諸國」，字當作漸，或作儳（插入）。

昪　昪

朱二盤桓當作昪。

錢一喜樂貌。盤桓、盤樂怠傲之盤=昪⊙。

昌　昌

朱一《書·皋陶謨》「禹拜昌言」。《爾雅》昌訓當，的當也。今文作「讜言」（讜即讜）。

朱二美言。引申為樂作倡，今作唱。倡妓亦引申美意。讜言，中肯語，即昌言。

錢一美言也。「禹拜昌言」者，《爾雅》「昌」訓當，言的當也（即言必有中之意），今文作黨言，今人作讜言，訓為直言。未然。

錢二美言也。昌言字《爾雅》訓當，相當之言也。今文作黨言，黨即讜字（直言之義）。

暀　暀

朱一皇皇、暀暀同。

錢一皇皇、暀暀同。俗作旺，非；正=暀⊙。

昱　昱

錢一日明也，故稱明日曰昱日。

㬮　㬮

朱二今音變「安㬮」為「温吞（存）」。

㬎　㬎

朱一㬎【唫】。顯明當作㬎。

錢一顯明=㬎⊙。顯，頭明飾也。

錢二㬎明非顯，顯乃頭明飾也。

㬥　㬥

朱一曝乃俗字。

錢一俗作曝，非。

錢二㬥【薄】，晞也。今作曝，乃俗字。

昔

朱一　《釋名》訓較，《說文》訓長。昔酒即今所謂陳酒也。

朱二　借為夕，左氏「一昔之期」即「一夕之期」。

錢一　《釋名》訓較，《說文》訓長。昔酒即陳酒也。

錢二　乾肉也。昔酒即陳酒也。

暱

朱一　禰廟當即暱。

朱二　昵，《說文》：「尼，从後近之也」。《爾雅》：「尼，定也」。李巡注：「私定也」。昵亦作䵒，今作內。

日月　古内外字。内，納也；月，外也。古無内外字，即作日月二字。《左傳》：「姬姓，日也；異姓，外也」。《田蚡列傳》：「武安貴在日月之際」，日月即内外。出入亦作内（納），入進即納進也。

錢一　或體作昵，日近也。引申為親近義，又引申為黏，《考工記》云：「……」（?）○

禰廟＝暱廟（?）。

錢二　或[作]昵。禰廟當作暱，日近也。

昆

朱一　昆蟲之昆當作䖵，昆弟當作罤。「昆命玄龜」，（昆，明也）[一]。

朱二　《爾雅》：「昆，後也」。此字為何字之假借尚未知。

錢一　同也，又訓明也。「昆命玄龜」，昆，明也。

錢二　同也。又明也。「昆命玄龜」字訓明。昆蟲字乃䖵字，昆弟字乃罤字。

晐

朱二　晐與該同。賅，俗字也。

錢一　俗作賅△，非。今借用該。

[一]《書·大禹謨》：「禹，官占，惟先蔽志，昆命于元龜」。孔傳：「昆，後也」。

𣌞　普　朱一　普遍从普，音近滂，魚陽對轉，當作溥。「日月薄（日無色。薄＝普。古無輕脣音）食」正當作普，乃普之假借也。

錢一　日無色也。普遍＝溥。日月薄食＝普。

錢二　日無色也。普博字當作溥，「日月薄（日無色）食」，薄乃普之假。

旦部

暨　朱一　暨及字當作臮【忌】，今俗語「来不及」正音臮。《左傳》：「善鄭以勸來者，猶〈恐〉〔懼〕不〈臮〉〔既〕（及也）」。暨，偏見。「朔、南暨」[一]，南北極半年見日半年不見日，即偏見也（江艮庭說）。

錢一　日頗見也。江艮庭釋《尚書》「朔、南暨」、暨乃南北極，半年見日，半年不見也（偏見也），說甚是。訓及者＝臮。

錢二　日頗（頭偏也）見也。江艮庭說「朔、南暨（南至南極，北至北極）」，暨乃半年見日，半年不見也。訓及者係臮字。

倝部

㫃部

旆　朱一　《左傳》「綪茷」，茷同旆。

朱二　《詩》借茷為旆。

錢一　《左傳》之「綪茷」，茷同旆。

旟　朱一　舁，衆舉也；旟旟，衆也；輿論，衆論也。《詩》「髮則有旟」，旟，揚也，假借字（疑），魚陽對轉，稱譽與稱揚同；舉，揚也，从與聲，皆對轉。

[一]《漢書·地理志》：「東漸于海，西被于流沙，朔、南臮，聲教訖于四海」。顔師古注：「北方、南方皆及」。

旝

錢一 舁，衆舉也；旟旟，衆也；輿論，衆論也。

錢二 舁，衆舉也；旟旟，衆也；輿論，衆論也。《詩》「髮則有旟」，旟訓揚恐係假字。

朱一 礮，潘岳《閒居賦》，霹靂車也。

朱二 訓「建大木置石其上」，乃㪿之借，㪿之去聲音同旝《說文》：「㪿，發石也」。

錢一 「一曰建大木置石其上，發以機，以槌敵也」。此即礮字（即霹靂車）。礮字潘岳《閒居賦》中已有之。

錢二 旝【貴】。古人發石者曰礮，即霹靂車也。

㫃

錢一 㫃之雙聲。

錢二 㫃之雙聲。

施

朱一 《漢書》「首施兩端」（施、柁、鞊等之假字。首尾兩端），首施或作首鼠。

朱二 魯公子尾字施父，施乃䊾字，尾後也。《左傳》「施公孫有山氏」、「施邢侯」、《莊子》「萇弘施」，皆借為夷。施、夷音近。

錢一 旗旖施也，旖施即旖旎也。施展＝敓展。姓施者亦是假借（?）。施＝柁，又訓尾。《漢書》「首施兩端」皆即柁、鞊等字之借，馬尾革曰鞊。

錢二 《漢書》「首施（尾也）兩端」，字當係柁、鞊之假字。魯公子尾字施父＝柁、鞊。施邢侯＝夷。

游

朱一 冕游今當作瑬。因旗之飄蕩乃假為遨。

錢一 旌旗飄蕩也，引申為敖游。冕游＝瑬。

錢二 冕游當作瑬。因旗之飄蕩乃引申作敖游字。

旇

朱一 旇，本字，披乃假字（指披靡說）。

錢一 旌旗披靡也。披靡＝旇。

錢二 本作旇靡，披乃假字。

旛 旛 朱二 亦借幡為之。

旅 旅 朱一 五百人。引申衆為旅。羈旅訓寄，乃盧字之假。

錢一 軍之五百人。引申衆為旅。羈旅訓寄乃廬之借。廬弓＝黸◎，俗作旅△。

錢二 盧弓字正作黸，後俗作旅字。

族 族 朱一 衆矢所集（丵）。今作鏃，非。鏃，《說文》訓利。〇凡相聚之族皆當作丵。

錢一 種族＝丵◎。

錢二 矢之利處也。種族字當作丵。

冥部

冥 冥 朱二 从六義缺，許說未是。

晶部

曐 曐 朱一 夝，古晴字。《詩》：「夝言夙駕」【一】。

曑 曑 朱一 假為三。曾參字子輿，當作驂。參禪字無，參伍綜合所引申也；參差故必綜合，參差从曑（三）引申而來。

錢一 亦借為三字用。曾參＝驂◎，名驂字子輿，名字相應。參禪字無（？），參伍綜合所引申也（？）。參差故必綜合，參差从「三」義引申而來。參官之參（？），《韓非子》「叄而伍之」，引申為參勉（？）。〇此條費解之處甚多。

【一】朱氏原筆記以「夝」字作字頭，「夝」字在《說文》七篇上夕部：「夝，雨而夜除星見也」。故依段注本改以「曐」為字頭，因曐、晴、夝義通，故章先生于「曐」下講「夝」。《詩·鄘風·定之方中》：「星言夙駕，說于桑田」，鄭玄箋：「星，雨止星見」，義正與「夝」同，均言晴也。

錢二 參商，星也，假作三。曾參字子輿，當作驂【川】。參禪字無。《韓非子》「參兩伍之」，引申為參勉。

曟 朱二 今作晨（《說文》作晨），大星也，引〈訓〉「申」訓大。北晨，北極大「星」也。

月部

朔 朱一 朔方者，玄冥之意。段注非是。 蘇生當作朔生。

錢一 朔方者，玄冥之意。段說非是（玄冥者，幽暗也。故朔方之稱係由未有月而幽暗之義引申來）。

錢二 朔方以黑暗故稱，如又云玄。訓復生之蘇‖朔。

霸 朱一 即「哉生魄」（月無魄）字。霸王當作伯，即方伯也；皇帝無權，方伯當權為伯（霸）。

錢一 月始生魄然也。「哉生魄」、月魄‖霸⊙，月無魄也。霸王當作伯⊙王，即方伯也；皇帝無權，方伯當權，謂之伯（霸）。

錢二 月始生魄然也，即「哉生魄」字（月無魄）。王霸字乃伯字，伯，方伯也。

期 朱一 會也。期年當作稘。

錢一 會也。期年‖稘⊙年。

錢二 會也。期年、期服字當作稘。

有部

有 朱二 本訓當為「有」，「日有食」之有乃意中言為「不宜有」也，非本訓為「不宜有」也。，《開元占經》以為日食有怪物，以手障之，於是从有之字有引申為障蔽者，如囿、宥是也。

𩃼　錢一「郁郁乎文哉」＝𩃼。

龓　朱一宰龓、宰龍皆是引申。攏字正當作龓。《詩》：「我龍受之」，毛傳云：「龍，和也」，亦正當作龓，「我龍受之」，猶云「我兼受之」。今修黃河曰合龍，亦當作龓。龓統亦兼有也。

錢一兼有也。合龓。《詩》：「我龍受之」（言兼受之也），毛傳：「龍，和也。」亦＝龓。和者，和合之義（舊説《詩》者盡非）。黃河修堤好後曰合龍，亦＝龓。籠絡字，書「籠」、「龓」皆引申字。

錢二兼有也。宰龓、宰龍皆引申義。合攏字當作龓。《詩》「我龍受之」，毛龍訓和，其義為兼受之，龍正當作龓。今修黃河水門成曰合龍，字亦當作龓。

朙部

朚　朱一《詩》：「夙夜在公，在公明明」，明讀亡，後作朚，後又作茫。茫、孟、黽三字亦朚字之假借。《尚書》有蘉，後人有忙，皆俗字，怱遽也，朚古只作明，《詩》：「明明」，勉也。

錢一《詩》：「夙夜在公，在公明明」，明，黽勉也。蓋本止明字（明古音朚），後變作朚字。而茫、孟、黽等皆為明之借字。《尚書》有「蘉」字，今俗有「忙」字，斯二者皆俗字也。

錢二《詩》「在公明明（勉也）」，古明讀朚，後即作朚，實由明孳乳，後又作茫。茫、孟、黽三字義同，皆朚字之假字。《尚書》有「蘉」字，後人有「忙」字，皆俗字。

囧部

夕部

夕　朱二　古亦訓邪，音近夕，从半月，故訓邪。

夗　朱一　凡从夗聲皆有曲意，如「宛丘」是也。今人說彎可借此字。委曲曰宛，轉卧謂曲轉寢不尸也。

錢一　轉卧也。凡从夗聲字皆有曲意，如「宛丘」。彎弓、彎轉之彎正作夗⊙。轉卧者謂彎轉而卧也。

錢二　轉卧也。凡从夗聲字皆有曲意，如「宛丘」是也。今人說彎轉，彎可作夗【碗】。
轉卧者謂彎轉而卧也。

夤　錢一　凡訓敬之寅，皆夤⊙之借。

姓　朱一　俗作晴。

錢一　晴△雨‖姓⊙雨。姓（正字），精（借字），晴（俗字）。

錢二　即今晴字。

外　朱一　《說文》解太迂曲。俞曲園說亦不然。夕乃D字，去聲讀外，入聲讀月，猶日，内也。何以日月可引申為内外（復、衲）？日行黄道内，月行黄道外。《左傳》「姬姓日也；異姓月也」。日月即内外也。《史記·田蚡傳》：「在日月之際」，在内外之際也。

朱二　古文作外，月弦時形，月行軌道在黄道外。

錢一　《說文》解頗迂曲，俞曲園說亦未然（請查《兒笘録》）。據章先生看來，外即月之古文。从夕者，月半見也，卜者，象月弦時形。因古人謂日在内月在外（《漢書》：日行黄道，月行黄道以外之九道，故曰日在内月在外），故即以日月二字表内外（復或作衲，可證古人日、内二字音同），先只有日月二字，後乃别造内字，而外字至今未造，仍沿用月之古文，《左傳》：「姬姓日也，異姓月也」，日月即内外。《史記·田蚡傳》：「在日月之際」，亦即内外也。○日月與内外聲亦近，外、月聲近，外（去）、月（入），古同韻。○月行白道。

錢二 古來説外者皆未確。外實古月字，外、月聲近，去聲讀外，入聲讀月。月之於外猶日之於内。何以日月可引申爲内外（復、衲）？日行黄道内，月行黄道外。「姬姓日也，異姓月也」，日月即内外也。《史記·田蚡傳》：「在日月之際」即在内外之際也。

殑

朱一 夙，早敬也。《説文》解迂，實坐以待旦意。

錢一 早敬也。从夕者有坐以待旦之意，故訓早敬，《説文》解甚迂。

錢二 从夕有坐以待旦意。

多部

夥

朱一 訓多。今夥伴當作火，《木蘭詩》：「出門（看）〔見〕火伴」是也。

錢一 「夥頤」非多意，史迂非。夥計‖火⊙計，《木蘭詩》有「火伴」。

錢二 夥【火】，多也。火計、火伴皆非从夥。

毌部

毌

毌貫

朱一 毌穿（動詞），貫，錢之索也（名詞）。習貫當作摜及遺。

錢一 毌，貫。毌，一切之毌（通言）；貫，僅錢貝之毌（即錢索。别語）。今尚謂一千曰一貫。《漢書》：「貫朽而不可校」。《左傳》：「使疾其民以盈其貫」等作貫⊙。

錢二 毌，穿也。通言。貫，專穿錢用，今尚謂一千曰一貫。

虜 錢一 从毌者，因虜須以索毌之，勿使逃也。

錢二 从毌，因虜須以索毌之，勿使逃也。

𢎘部

𢎘 錢一 嘾也。嘾即吃東西。

函 錢一 函人之函‖含◎。

𢎗 朱一 木生條也。「出不由户」之由乃迪字之假借。

錢一 訓從之由係‖迪◎，「誰能出不迪◎户」，迪，從也。

錢二 𢎗【由】，木生條也。訓從之由係迪【狄】之假字。

甬 朱二 《廣雅》：「甬，僮，僕也」，乃傭之借。

𣎵部

𣎵 朱二 《莊子》：「〈尔〉【而】【獨】不見之條條之調調乎？」條條即𣎵𣎵。

𣗥 朱一 束也。既解為束宜韋，此亦《說文》未了處。

卤部

𠧪 朱一 栗，引申為戰栗，栗實有刺，戰栗時汗毛簇起似之也。

錢一 栗壳有刺，與戰栗時之豪毛竪起差不多，故引申為戰栗。俗作慄△，非。

錢二 引申為戰栗（慄，《說文》無），栗實有刺，戰栗時汗毛簇起似之也。

齊部

齊 朱二 訓中，故《爾雅》齊州訓中州。《左傳》「天齊」即「天中」，又借為齋戒字，音近也。齊給、徇齊乃劑之借，敏捷而剪絕也。

朿部

棗　朱一　以棗表早，以栗表戰栗。故女人皆用棗、栗於見儀也。

朱二　棗，早也；棘，急也。

錢一　以棗表早，以栗表戰栗（皆假借意），故女子皆用棗、栗作見儀。

錢二　以棗表早，以栗表戰栗，故女子皆用棗、栗作見儀也。

棘　錢一　古多借為亟字。

片部

片　朱二　亦訓半。《李陵傳》「一〈片〉〔半〕冰」即「一〈半〉〔片〕冰」。片乃判木之一分，半乃牛之一分。

牏　朱二　段據唐本《說文》補，不可恃。

爿　朱一　《說文》本無此字，段氏補之，甚謬。李陽冰已補此字，小徐已駁之矣。反片為爿，爿實疒疾字也。

朱二　李、段說非。篆作疒，古文或作疒，則非反片可知。此乃疒（牀）字，病則倚牀也。今从疒部字甚多。

錢一　段補此爿字，非。牆牀皆从疒，非爿也。疒者即牀之變。

錢二　爿【牆】。段以此作反片補入片部，謬。爿或即牀字。

鼎部

鼎　朱二　《爾雅》丁訓當；「山河我二人共貞」（當也）；鼎，「天子春秋鼎盛」，此三字皆「當」之借。今「頂（挺同義）上去」即當字，其音尚同鼎。

鼏　朱一　惟鼏覆从之，其餘作冖。亦段氏所加。

錢一　鼏覆也（別語）；冖，一切之覆（通言）。

克部

录部

禾部

禾　朱二　禾與嘉古聲近。

秀　朱一　此或即禿字，意或相反：光曰禿，有毛曰秀。其實皆从人如左：禿（秃）、秀（秀）。

朱二　或曰秀與禿實一字，音近。蘇州人稱禿頭曰秀頂。

錢一　與禿字古音近，或是一字（禿从儿，秀从人，同），而義卻相反（光曰禿，毛曰秀）。然古固有是例，如治亂、徂存、苦快之例。

錢二　有說秀禿或即一字，二字皆从人，光曰禿，毛曰秀，蓋古人往往以反義相訓也。蘇人禿頭曰秀頂。

種　朱一　種，種；種，種。相互易。

錢一　埶也，今誤用種。

錢二　埶也，今誤作種。

種　錢一　先種後孰也。今〈悮〉〔誤〕用種。

錢二　種【同】，先種後孰者。

稺

朱二 幼禾也。引申為幼。

錢一 幼禾也。引申為幼稺。

錢二 幼禾也。引申為凡幼之稱。

稹

朱一 稹密。

朱二 稹密。

錢一 稹◎稹密。

錢二 稹密、鬒密皆通。

穆

朱一 昭穆當作㣎。穆穆，疊韻語。

錢一 禾也。昭穆＝㣎◎。

錢二 禾也。昭穆字當作㣎。穆穆訓敬係疊韻字。

私

朱二 訓禾之本字無所見。《詩》「駿發爾私」，私即私田，仍為引申義。

稷

朱一 齎粢也。古人假日昃為日稷，齒頭、正齒古不分也。

朱二 《說文》謖訓起，畟訓進，皆有急疾義。

錢一 即齎粢也。古齒頭與正齒不甚分，故「日昃」亦作「日稷」。

錢二 齎粢也。古齒頭與正齒不甚分，故「日昃」亦作「日稷」。稷訓疾＝畟。

𪗉

朱二 粢，今作糍，糍團是也。

秫

朱二 穀之粘曰秫，不必專指稷。

稻

朱二 古以粘米為稻，今粳糯米皆曰稻。

稬

朱一 今糯米當作稬。

錢一 俗作糯△，非。耎、柔、弱皆雙聲相轉。《〈公羊〉〔穀梁傳〕》：「吳謂善伊謂稻緩」緩＝稬◎。

錢二 今糯米當作稬。耎、柔、弱皆雙聲相轉。

秔

朱一 種。米粘者从耎（耎、柔、弱雙聲）；米堅者从更（稉、秔、剛雙聲）。

朱二 秔與剛聲近，稬與耎、柔聲近。

錢一 米之堅者曰秔米，秔、剛雙聲。

錢二 秔【更】。米之堅者曰秔米，秔、剛雙聲。

秏

朱一 秏或作毛，與無【模】聲同，今稱匱乏曰秏，實曰無也。

錢一 當音毛。秏、無（古音模）雙聲。今有稱無為毛者當作秏。

錢二 當音毛。秏、無（古音模）雙聲。今稱匱乏曰秏，實即無字也。

稗

朱一 小說曰稗官，稗實裨字，副也，不作正也。裨將亦然，裨販亦有此意。

錢一 禾別也。稗⊙官、稗⊙將、稗⊙販，非正當之物也。(1) 稗，禾之別；裨，衣之副。故小說謂稗官，猶之正史之副也。(2) 稗官、稗販由裨引申，副也，不正也。(3) 稗，禾之別種也（非正當之物）。小說曰稗官，稗實裨字。裨者，衣之副也，非正也。裨將亦然。小販曰稗販。(4) ○攬來攬去，究竟還是稗字抑是裨字？實在攬不明白。只得把四位先生所說一齊寫上，等慢慢的去攬明白來了，哈哈！

錢二 稗【敗】，禾之別種也（非正當之物）。小說曰稗官，稗實裨字。裨者，衣之副也，非正也。裨將亦然，小販曰稗販。

移

朱一 遷移當作迻。倚移即阿那，移之言羨（古音也）也，音同。○其入聲音月，在《廣韻》錫部，支庚同入對轉。

錢一 轉移‖迻⊙。倚移、綺旎，婀娜。○古音十七部？

錢二 轉移字當作迻。

頴

朱一 禾末也。脫穎而出，刀末也。

錢一 禾末也。引申為凡末之稱。脫穎而出，穎，刀末也。

錢二 禾末也。脫穎而出，穎，刀末也。

杓　朱一　漢人作𠄏，倒懸也。𠄏字象形，甚有意，而不收此字，亦失落耳。
錢一　禾危采也（倒懸也）。都了切，古齒音歸舌頭，故从勺。此字本作杓，漢人又有作𠄏者，門上之環曰了𠄏。
錢二　都了「切」。禾危采（俗作穗，音瑞）也。漢人作𠄏，倒懸也。

穑秒　朱二　穑【端】，音與朵同，義亦同，歌寒對轉。
朱一　禾芒。凡有芒者皆可引申。
錢一　禾芒也。引申為凡芒之稱。
錢二　禾芒也。引申為凡芒之稱。

穭　朱二　穭與裹雙聲。

穅　朱一　省作康，米出曰康（空）。水出曰濂，室空曰㝩，實皆康之假借。段氏以康寧為空之假借，非也，實康之引申耳。五達為康乃晥◎之假借。由庚◎，庚即康聲轉耳。
朱二　當作穅，穅既从米又加禾，不通。訓空者又有康、濂、歉、㝩。㝩訓安，不可解。
錢一　或作康，穀之皮也（中空也）。水竭之濂，屋中無人之㝩，荒年曰大康，皆此「康」字引申之義。康寧之康殆由㝩字引申。《爾雅》道路名曰康（康莊），殆借為晥◎之引申義（晥，田間道也）。《詩》「由庚」（萬物各得其道也）、《漢書》「夷庚」（即變夷所由之道）、《成十八年》「以塞夷庚」亦路也，亦晥◎之借。段以康樂、康寧皆康本義，非。
錢二　或康。米出曰康（空也）。水竭曰濂，空室曰㝩，皆由康引申。段氏以康寧為空之假借，非也，實康之引申耳。訓道路之康係晥【更】字，晥者，田間道路也。庚亦有訓作道路者，亦係晥字。《成十八年》：「以塞夷庚」。

秩　朱一　秩秩、秩序等當作䵷◎；秩，積貌。秩秩訓流行，乃疊韻語、形容語。
錢一　積貌。秩序＝䵷◎序。

錢二 積貌。秩序字當作豑。

稛
錢一 絭束也，即綑起來，綑之正字。引申訓就。

稭
朱一 秸與稭雙聲相稱。

稈
錢一 禾莖也。《說文》無稈，當係稈之誤體。
錢二 稈【敢】，禾莖也。《說文》無稈字，當係稈字之誤寫。

稾
朱二 秸、稾、稈雙聲，義同。
錢一 稈也，禾未去稈者曰稾。引申為艸稾。

秕
朱二 今云秕穀。「秕政」訓敗乃圮之借，《書》「方命，圮（从土配省聲）族」，讀若板。

穰
錢一 穰穰，疊韻連語字。

秧
朱一 禾若秧穰也。今幼禾曰秧，實後人所造。此秧穰乃疊韻連語，別義。
錢一 禾若秧穰也。即禾稈秧穰之貌。今謂初種曰秧，此是後人別訓。
錢二 又今作幼禾解者，係後人所造。

穀
朱一 祿也，故引申為善。不穀，不祿，死也，非是解，實合聲為僕。
朱二 祿也。三年祿、今封祿，皆即穀字。文言曰祿，質言曰穀，引申為善。自稱不穀非云不善，又非云不祿；不祿，死也，斷非自稱。不穀乃僕之反切，與孤、寡等字皆賤稱。
錢一 又祿也，善也。自稱曰不穀者，非不祿、不善也（不祿，死者之稱，斷無自稱者）。蓋不穀即卜之合音，卜與僕同。《爾雅》「卜，予也」。
錢二 百穀之總名也。又祿也，善也。自稱不祿（死也）、不善，斷無此理。故余以為不穀即卜，卜蓋即僕也。《爾雅》：「卜，予也」。

稅
朱二 與說音義同，說，解說也。「稅駕」或作說，即解駕也。

䆃　朱一　或人說䆃、稻一字，段氏謂䆃爲導（擇），妄改字耳。

朱二　司馬相如說，《顏氏家訓》辯之。䆃米當作導，導乃𣲒之借；𣲒，𣲒汰也。今挑選字作挑，亦𣲒之借。

錢一　䆃、稻或即一字。段氏妄改爲「䆃米也」，非。

錢二　䆃、稻或即一字。䆃字下段妄加一米字。

䆉　朱一　荒年當作䆉。

錢一　䆉◎年。

錢二　虛無食也，故䆉年字非荒。

穌　朱一　引申樵穌，作蘇者誤，蘇乃紫蘇耳。死而復生曰蘇，乃朔之假。

錢一　杷取禾若也。樵穌◎。蘇，紫蘇也。義別。

錢二　杷取禾若也。樵穌非蘇，蘇乃紫蘇也。

秦　朱一　禾名或爲本訓，地名不過爲標識，非獨秦宜禾也。

錢一　「一曰禾名」當是本訓。

錢二　禾名或爲本訓。

稱　朱一　稱揚當作偁，稱舉當作爯。

錢一　偁◎揚。爯◎舉。稱◎銓。

錢二　銓也。偁揚。爯舉。

科　錢一　程也。即程度也。如「力不同科」，不同程也。「盈科而後進」，科、坎雙聲假借也。

錢二　程（程度）也。

程　朱一　章（九章算術也），程（從度量衡等稱），䄷、稘、秦等亦然。皆从禾起：稱从禾，秒从禾，程从禾，稯、秭亦然。後人所稱章程，大謬。

錢一 章程者，章（九章算術），程（度量衡）。後人謂規則曰章程，真是豈有此理（見段注「和」字條）。

錢二 章（九章算術），程（度量衡），後人所用章程字大謬。（引申義亦通）。

稯

朱一 布之八十縷為稯，此乃假字（升字亦然），實即總字。

朱二 或作緵，音轉為升。齒音雙聲。

錢一 布之八十縷為稯＝總之借。

錢二 布之八十縷為稯，稯乃總之假字。

秙

朱一 米量之石當作秙。

錢一 斗秙◎。今借用石。

錢二 百二十斤也。今人省作石字。

稘

朱一 稘年（別言），期乃假字（通言）。

錢一 稘◎年。

錢二 復其時也。稘年，期乃假字。稘（指年），期（係通言）。

秝部

黍部

黏

錢一 黏也。俗作糊△，非。

錢二 黏也。今俗作糊。

䵒

朱一 比也。《左傳》「不䵒」，不能恃也。

錢一 黏也。「不義不䵒」，䵒，靠也；不䵒者，言靠不住也（無親密之情也？）。

錢二 黏也。不䵒者，無親密之情也。䵒、昵義相引申。

黎　朱一　黎訓黑者（黎民，黑首民也。黎民，齊民，可訓衆）實驪音轉為黎，俗作黧。

朱二　《説文》無黧黑字，當作驪。黎民即黔首，俗作黧，正作驪，引申為衆。

錢一　訓黑者＝驪⊙，俗作黧。黎民猶黔首也。黎民亦訓齊民（黎、齊聲近也），故黎又訓衆。

錢二　黧訓黑者係驪之假字。黎民者，猶黔首也（黧乃俗字也）。黎民亦訓齊民，故黎又訓衆。

香部

米部

粲　錢一　最白之米。粲然皆笑者，露出雪雪白白很好看的一嘴白牙齒也。稻重一秙為米六斗大半斗（?）。〇此句費解已極。

糲　錢一　不過比粲來得粗些罷了。今之云粗糲者，竟說不可吃的東西也，未免言之過甚了。哈哈。

精　朱一　撥雲霧而見青天亦曰精，精乃姓之假字。精乃米所化，精、神皆身上物。

錢一　引申為精細、精明。天姓曰精者乃姓⊙之借。

粊　朱二　周書有「粊誓」，今作費。《山海經》有⿰米賁字，今作屁（《廣韻》已有。干寶周禮注蟲名屁。今糞曰穀，糞門曰穀道，則屁訓惡米亦通）。粊即屁之正字矣。

糱　朱二　與釀同義。媒糱。

粒　朱一　「粒我蒸民」，粒乃立字。

錢一　「粒我蒸民」＝立⊙。

錢二　「粒我蒸民」，粒乃立也。

糂 糂

朱一 今糉子字即此字。

朱二 或作粽，今粽子字乃稯之誤，所謂以米和羹也。

錢一 此粽子之正字。粒也之訓即飯米糂⊙。

糧 糧

朱一 粻，《說文》所無，實即糧字。

錢一 粻字《說文》所無，蓋即糧字也。

錢二 《說文》無粻【暘】字，實即糧字。

䊮 䊮

朱一 揚雄《蜀都賦》：「䊮米肥猪」（惟《古文苑》有之，其注未見）。加入、出作糴、糶，其音古皆作䊮。

⿰米幾 ⿰米幾

錢一 末也。猶尗豆也。皆以今字釋古字。

氣 氣

朱一 气，雲气；氣，饋食、乞食也。《論語》：「不使勝食氣」（既，吃也）。食氣，氣食，即吃食也。

朱二 今雲气字借作氣，饋食、求食之氣借爲气，互相誤用。

錢一 气丐之气‖氣丐⊙。與人食曰氣，乞食於人亦曰氣。气，雲气也，引申爲凡气之稱。吃飯字‖既⊙。既，小食也。《論語》「不使勝食氣」（氣與既通），食氣即氣食，即吃食也。

錢二 氣【細】。氣，雲气也，引申爲凡气之稱。饋食曰氣（由名詞轉爲動詞），引申乞食亦當作氣，今作乞，誤。吃飯字由既變，既，小食也。《論語》「不使勝食氣」（氣與既通），食氣即氣食，即吃食也。

⿰米工 ⿰米工

錢一 太倉⿰米工⊙粟。

⿰米悉 ⿰米悉

錢一 ⿰米悉⿱殺米也，今俗言「⿰米悉粒⿱殺米拉」也。

錢二 ⿰米悉⿱殺米也，即俗語所謂「⿰米悉粒⿱殺米拉」也。

䊛　䊛　錢一「殺三苗于三危」，殺＝𥽊，𥽊，散之也。「周公殺管叔而蔡蔡叔」，蔡亦＝𥽊。

毇部

糳　糳　朱一　引申為精糳。糳今作鑿，非。

錢一　精糳。

臼部

臿　臿　朱一　引申為插入字，仍宜作臿。

錢一　舂去麥皮也。引申為插入字，仍宜作臿。(1)　因所舂者皆簏籠耳。引申為插。(2)

錢二　舂去麥皮也。引申為插入字，仍宜作臿。

凶部

凶　凶　朱二　今地裂也，人多交陷其中。

兇　兇　錢一　人心兇兇。

第七篇下

朩部

𣏟部

𣏟 𣏟 朱二 𣏟開猶分開。

檾 檾 朱一 檾【迴】。麻衣也。

錢一 檾衣，麻衣也。

錢二 檾【迴】衣，麻衣也。

𢿥 𢿥 朱一 分𢿥也。㪔，散襍也（今散襍大台是也）。

錢一 分𢿥也。㪔，㪔襍也。

錢二 𢿥，分𢿥也；㪔，㪔襍也。

麻部

尗部

尗 尗 朱二 尗【秀】。豆也。豆乃籩豆。漢人呼尗為豆，乃雙聲之借。

枝 枝 錢二 枝【字】，豆枝也。

耑部

耑　朱二　除「端正」外之端，皆為耑之借，如耑倪等是也。

韭部

韰　朱一　假為兑。今人醉生蝦等之「醉」字當作韰。

朱二　凡生食、淹豆□食曰韰。《釋名》作兑，今作醉，醉蝦等是也。

錢一　今之醉蝦、醉蟹之醉字。《釋名》作兑，兑即韰之借，故正字當作韰。

錢二　韰【兑】。今人醉生蟹等之醉字當作韰（醉、韰聲近）。

䪢　朱一　引申為淹菜。

錢一　引申為淹菜。

錢二　䪢【咨】。引申為淹菜。

瓜部

瓣　錢一　瓜中實也，即瓜子。以其可分，故引申為分瓣。

錢二　本瓜子也。後因瓜子分開，引申為分瓣。

㼌　朱一　引申嬾惰為㼌，亦作窳。

錢一　引申嬾惰為㼌，亦作窳。

錢二　㼌【雨】。引申為嬾惰為㼌，亦作窳。

瓠部

瓠　朱二　瓠瓢音同部。

宀部

家 朱一《說文》有⿱乑冈字，亦讀為家。或家字从豕者為从⿱乑冈之誤耳。

錢一《說文》有⿱乑冈字，亦讀為家。或家字从豕者為从⿱乑冈之誤耳。

宅 朱一 古文作㡯，乇、㡯音近。

錢一《漢書》宅多作㡯，因古音宅如託也。「宅南交」等皆作「㡯南交」。(?)

錢二 古音作託。漢人多作㡯，以音近故。

宣 朱一 正室。引申為宣布，又引申為〈偏〉[徧]。至訓為明者，乃烜字之假借。

錢一 正室也。引申為宣布。訓明者殆烜◎之借。訓遍訓通者亦由宣室引申。

錢二 正室（殿也）。引申為宣布。訓明者恐係烜字。

向 朱一 向背之向當作鄉。

錢一 向背‖鄉◎。

錢二 向背字當作鄉。

奥 朱一 讀若怨者是也，如媪字讀若奥，相同。

錢一 宛也。讀若怨者是也，如媪字讀若奥，相同。

錢二 宛也。媪讀奥，故奥或讀作怨。

宸 朱二 一切人之屋宇也，不必專帝室。

宇 朱一 屋邊。引申為四方上下（皆有邊）為宇。

錢一 屋邊也。引申謂四方上下為宇（皆有邊也）。

錢二 本屋邊，引申為凡邊（上下四方皆有邊）。

寏 朱一 寏‖院。

宏 朱一 屋深響也（有反響也）。段氏去響字謬。

弘

錢一　屋深響也。段刪響字，誤。空谷傳聲本有響應也。凡从厷聲字皆有深意。

錢二　屋深響也。段氏去響字，謬。

朱一　與上同一字，此或其或體也。

錢一　與宏同字，此蓋即宏之或體也。

錢二　同宏，或即宏之或體。

㝩

錢一　㝩㝗也。㝩㝗者大曠之謂。凡从康聲字皆有空意。

宬

朱一　今「皇史宬」當作宬，古有「史宬」，猶「書藏」也。

錢一　今「皇史宬◎」猶言「書藏」也。

錢二　今「皇史宬」當作宬，「書藏」之義。

寔

朱一　正也。本作止，段氏改之，从止是，寔从是，是从止。此亦从止，寔來，此來也，是來也。虛寔字假借。

錢一　止也。段改正，非。寔从是，是从止（?），此亦从止。故寔來、此來、是來均同也。虛寔字假借。（?）

錢二　寔【日】，正也，本从止是。寔从是，是从止，此亦从止，寔來，此來、是來也。

宓

朱一　凡訓深宓者，乃冖字之假借。

錢一　安也。凡訓安之密字皆‖宓◎。精密、深密、秘密之密殆冖◎之借。

錢二　古音伏。安也。訓安之密字即宓之假字。

宋

朱一　與敹近。

錢一　與敹近。

富

朱一　去聲為備，入聲為福。富為質言，福為文言。不言「求富」而言「求福」者，諱言耳。

錢一　備也，从畐聲。畐之去聲即為備。

宷

錢二 備也，从畐聲。去聲為備，入聲為畐。

朱一 葆藏當作宷。

錢一 藏也。葆（寶？）藏＝宷◎藏，今借用葆字。葆者，蓬葆也。

錢二 葆藏字當作宷，葆乃艸茂盛也。

容

錢一 盛也。容貌＝頌◎貌。

寡

朱一 與〔冖〕〔宀〕意近而引申耳。今俗字有酩酊，《世說新語》作「茗艼」，《方言》作「眠娗」，其實酩、茗、眠當作寡。

錢一 寡寡，不見也。宀（名字），寡（形容字）。酒醉俗作酩△酊△，乃俗字也。《世說新語》作「茗◎艼◎」，《方言》作眠◎娗◎，艼、娗及俗字之酊皆餘音，茗、眠皆＝寡◎（俗作酩△）。

錢二 寡【宀】。吃醉曰酩酊，亦作「茗艼」，《方言》作「眠娗」。寡即酩、茗、眠之正字。

宭

朱二 宭（別言），羣（通言）。

宧

朱一 訓學者，如今學習行走，未有實缺也。古人無師教，為宧必隨宧而學，如今刑名之學必在幕府是也。「宧御」即隨宧而學，髟鬅作僕。「子適衛，冉有僕」，孔子為大夫，冉有等稱為夫子，猶今之稱大人、稱老爺也。宧官亦僕御耳，是引申意。

朱二 仕。仕，學也，猶今學習行走。古學皆在官，秦以吏為師，古九流皆出于官。隨人學則猶僕役，如孔子弟子冉有僕是也。古稱夫子猶今稱老爺。

錢一 仕也。仕，學也。訓學者，如今云學習行走，未有實缺也。古人無師，必隨宧而學，如今刑名之學必在幕府中是也。《禮》「宧學事師」亦作「宧御」，可知古者宧者與從宧者如主僕，故宧亦可訓僕。「子適衛，冉有僕」，孔子為大夫，冉有等稱為夫子（大夫之稱），猶今之稱大人、稱老爺也。宧官乃君之僕也，是引申意。〇試用曰仕，做官後不得謂之仕，宦三年矣（？）。

錢二 仕也。仕，學也，猶今學習行走也。古人無教為官之師，必隨宦而學，如今刑名之學必在幕府是也。古者宦者與從宦者猶主僕，如「子適衛，冉有僕」，孔子為大夫，冉有等稱為夫子，蓋夫子猶今大人、老爺也。宦官乃君之僕，是引申之義也。

宰

朱一 引申為宰官。《漢書·百官公卿表》有「廱太宰」，《周禮》有「太宰」，皆不過為治飯者耳。宰之稱始於商，如「冢宰」，是其證也。伊尹割烹為湯宰相，當時皇帝甚近下人，猶漢唐時暱近宦官，唐治中為下僕，後為宰相，皆是。

朱二 在屋下執事者。廚夫曰宰夫，伊尹以割烹為宰，後為宰相。《周禮》宰夫、太宰皆宰夫，後為政治官。不改其名，觀《左傳》所稱宰夫、太宰等尚為廚夫可知。

錢一 引申為宰官（？），《漢書·百官公卿表》有「廱太宰」，《周禮》有「太宰」，皆不過為治飯者耳。宰之稱始于商，如「冢宰」之稱，是其證也。可見伊尹以割烹為湯之相，實有其事，又可知當時人主每樂與賤者親（猶漢唐時暱近宦官），而仕者亦莫不原於人主之隸僕也。唐治中為下僕，後為宰相皆是。（？）

錢二 辠人在屋下執事者，恐即宰夫之類。因天子好與小人為伍，宰夫權漸大，後有輔相之實，而宰遂為宰相之宰矣（漢有「廱太宰」，周有「太宰」，皆治飯之職）。猶後世之宦官，其職雖極卑，若天子親暱之，則往往有相之實權。

宥

朱一 《莊子》「在宥」，天下寬容放任之義。因寬而能容，故引申為有，故有無字當作宥，後姷、侑皆从此引申。

錢一 寬也。《莊子》之「在宥天下」即寬容放任之義。因寬而能容，故引申為有，有無字‖宥◎，後之姷、侑皆由此引申。

錢二 寬也。《莊子》「在宥天下」，寬容放任之義也。有無字或當作宥，後姷、侑皆由此引申。

宐　朱二　孫云：說文疊，據鐘鼎當作𡨋，上為宀，下為𡧪（从夕，肉也），𡧪从且从肉半間。《爾雅》：「宜，肴也」，古文宜作𡧪，即从且从肉半間，訓安也，猶寧。飽食訓安也；肴，吃也；《詩》「弋言加之，與子宜之」，即「與子吃之」也。宴（亦訓安，義同）亦由安引申。

寫　朱二　置物也。書寫字當為疏之借。
錢一　謂提此注彼也。由此碗移至彼碗曰寫。
錢二　謂去此注彼也。由此碗移至彼碗曰寫。

宵　朱一　《莊子》「宵人」郭象注：宵人乃夜出之人，如賊是也。其實乃「小人」之假借耳。「宵雅」即「小雅」。
錢一　夜也。《莊子》之「宵人」＝小⊙人之借，不必如郭象注所謂「宵夜乃出之人，如賊是也」。
錢二　夜也。《莊子》「宵人」即「小人」，如賊是也。

宿　朱一　先期曰宿。宿將等皆夙＝𡖟之假字。
錢一　止也。宿將、宿學（先期曰宿）皆＝夙⊙。夙，早也，即前輩也。星宿係由止義引申，因有定躔故也。
錢二　止也。《史記》宿將、宿學（前輩先生）字係假自𡖟字。

寑　錢一　卧也。寢，病卧也。故寑⊙卧、寑⊙室。醜貌曰「貌寑」＝寢⊙（見《武安侯傳》），蓋寢引申之義也。

寁　朱一　「居之速也」，此說不通。《詩》「不〈疌〉〔寁〕故也」，毛傳訓「速」，其實〈疌〉〔寁〕止可訓居，或聚居之速也。
錢一　「居之速也」，此說欠通。「不寁故也」之寁，疌之借，寁止應訓居，《說文》誤。(1)　《詩》「不疌故也」，毛傳訓速，其實疌止可訓居。(2)　○二說不同，疑後説誤。

錢二 尻也。

寡

朱一 少也。寡人，只有子一人之意，非謙詞也。

錢一 少也。寡人者，只有子一人之意，非謙詞也。

宛

朱一 《左傳》：「怨利生孽」，怨、藴、宛音義同，「内無怨女」，内無藴積之女也，與「無曠夫」對。宛積後作寫積。宛丘亦圜而可積聚之丘耳。《説文》：「夗，卧不伸也」。

朱二 屈艸自覆。今作寫者，歌寒對轉也。《爾雅》「宛中」、「宛丘」，其形作），俗音亦作渦。

錢一 屈艸自覆也。宛《方言》訓蓄，故怨女＝宛女（怨女，積女也，對曠夫），歌寒對轉之故。宛又轉為寫積。寫字《説文》無，被寫者亦＝被宛（歌寒對轉），由自覆之義引申也。宛曲＝夗曲。《左傳》「藴利生孽」，藴利亦作怨利，皆宛之借。

宛，積也。宛丘者，乃丘上有丘之丘也。

錢二 「怨利生孽」（《左傳》），怨亦作藴，實即宛，宛，積也。「内無怨女」即「内無藴積之女」也。宛積後作寫積。被寫字亦當作宛字。宛丘者，乃丘上有丘之丘也。

宛寫為寒歌之對轉。

寓

朱一 木禺龍，禺實與偶同。

錢一 寄也。木禺龍（禺者，寓之借），寓＝偶，木偶之龍也。

錢二 木禺（＝偶）龍。

窶

錢一 當以貧為本訓，因貧不能備禮，故謂「無禮居也」。

宊

朱一 俗作疚。

錢一 俗作疚，非。

錢二 貧病也，俗作疚。

𡩋

朱一 搜索當作𡩋。引申為盡，「𡩋然無味」是也。

錢一 搜索‖𡩋◎。引申為盡（因搜索則盡故），如「𡩋然無味」是也。

錢二 搜索當作𡩋。引申為盡，「𡩋然無味」是也。

宄

朱一 今法律「監守自盜」即「內為宄」之意。

錢一 今法律之「監守自盜」即「內為宄」之意。

錢二 宄【鬼】。宄者，今法律所謂「監守自盜」也。

宕

朱一 《左傳》「寔有豕心」，《列女傳》作「宕有豕心」。宕訓過，甚也，即「甚有豕心」。其他訓過未見。

錢一 過也。《左傳》「寔有豕心」，《列女傳》作「宕有豕心」。宕，過也；過，甚也。

錢二 《左傳》「寔有豕心」，《列女傳》寔作宕。宕，過也，即甚也，實「甚有豕心」也。其他不見有訓過者。

宋

朱一 《漢書·地理志》：「宋子縣」，王莽改為「宜子」，是訓居之本義。

錢一 凥也。《漢書·地理志》有「宋子縣」，王莽改為「宜子」。宜，安也，故宋子縣之宋乃「凥也」之本義。

錢二 《漢書·地理志》「宋子縣」，王莽改為「宜子」，是即訓凥之本義。

𡪏

朱一 墊，今作塌。

錢一 𡪏之入聲曰塌，塌乃俗字，正作屋𡪏◎。

錢二 𡪏【店】，屋傾下也。墊，土塌下也。

宗

朱一 近人所稱「宗旨」，即由「尊」義引申，即「主」意也。引申世世主祭亦曰「宗宗」是也。

朱二　官書：「一宗事」，今云「一椿事」，東部轉江部也。實當作「一終」，古云「一成」。

錢一　尊祖廟也。近人所稱「宗旨」即由「尊」義引申，即言「主」意也。

錢二　近人所稱「宗旨」，即由「尊」義引申，即「主」意也。

宔　錢一　木宔⊙。

宙　錢一　宇宙皆「頂」也。

宮部

營　朱一　（段注所有，不載）。醫書「營⊙（血）衛」，亦由帀居（兵營）引申。《老子》：「載營（血）魄（氣）抱一」。《法言》：「熒（血）魂（氣）曠枯」，即營魂。

朱二　與環雙聲。「帀居」即環居。

錢一　帀居也，引申為兵營。醫書之「營衛」，血為營，氣為衛；《老子》之「載營（血）魄（氣）抱一」；《法言》「熒（血，與營同）魂（氣）曠枯」。凡上所列，皆由「帀居」之義引申，因氣血周圍人身也。

錢二　帀居也。醫書「營衛（＝氣血）」，《老子》「載營（＝血）魄（＝氣）抱一」，《法言》「熒（＝營＝血）魂曠枯」。

呂部

躳　朱一　身伸曰身，身曲曰躳。从呂者，呂乃脊骨也。

錢一　身直曰身，身曲曰躳。从呂者，呂乃脊骨也。

錢二　身直曰身，身曲曰躬。从呂者，呂乃脊骨也。

穴部

𥨍 朱一 地室。《漢書》有「𥨍土將軍」。

錢一 地室也。《漢書》有「𥨍土將軍」。

錢二 地室也。《漢書》有「𥨍土將軍」。

窯 朱二 陶器即匋字，匋即窯字。

寮 朱一 本訓穿，引申為窗，因窗必穿。今同學曰同窗，故同官曰同尞乎！然言同官為寮，實同官為勞也。○僚，姣也。

錢一 穿也。引申訓窗，因窗必穿也。同官為寮即同官為勞也，即勞之借。僚義亦別。

錢二 穿也。引申為窗，因窗必穿。同官為寮，寮乃勞也。

空 朱一 司空，《周禮·考工記》「司空」不但治水，乃管一切工事耳，故司空實司工（今工部是也）耳，猶司馬即司武也。空从工聲，故借之。「空」指一切之竅，「孔」專指人身之竅。

錢一 竅也。司空＝司工。《周禮·考工記》「司空」不但治水，乃管一切工事耳，故司空＝司工。空从工聲，故得假借，猶司馬＝司武。

錢二 司空或即司工，空工音近，猶司馬即司武也。

穵 錢一 穵洞。

錢二 穿孔之意也。

窊 朱一 污衺，雙聲又疊韻，古音衺讀污。

錢一 污衺，雙聲又疊韻，古音衺讀污（?）。

窳 錢一 「器不苦窳」，楊承慶説是也。

窬　朱一　假為竇。《史記·萬石君傳》：「廁窬」或即今馬桶之類。
錢一　穿木戶也，假為竇。(1)　竇由此假借。(2)

窵　朱二　窵【弔】，窵遠。

竀　朱一　偵探之偵當作竀，或作貞，有疑卜意。
錢一　偵探之偵《說文》無，作貞亦可（卜問也），作竀亦可。《左傳》之「如魚竀尾」=赬⊙。
錢二　偵探字或從此，或作貞，有疑問意故也。

窋　朱二　躲（隱匿）在穴中，當即此字。
錢一　物在穴中貌。躲△避=窋⊙避，窋之轉音也。

突　朱二　突出不可作突，亦不可作去，當作肰。

竄　朱二　黜竄乃移之義。《莊子》「竄句」即「移句」也。

窘　朱一　《詩》箋訓「仍」，實如《爾雅》「郡」訓「乃」同，乃、仍前已講過。
錢一　《詩》鄭箋「窘」訓「仍」者，與《爾雅》之「郡」訓為「乃」同（乃、仍見前）。
錢二　《詩》箋訓「仍」（猶《爾雅》「郡」訓乃（仍）也）=羣。

窕　朱二　綽，《說文》訓「緩也」。綽古讀舌頭音，與窕同。

穹　朱一　訓窮乃弓字之假借。
錢一　訓窮乃弓之借。(?)

竁　朱一　後人作橇，又作撬，讀若橋，誤。
錢一　穿地也。亦借為橇，俗誤作撬△。撬字《廣韻》已有，讀如橋之去聲，然實誤也。
錢二　穿地也。竁【毳】，後人作橇。撬，係俗字。

㝱部

𡪢　朱一　病卧之寢當從此。寑乃貌寑。○貌𡪢當從此，不可作寢，由病卧引申。

錢一 ⿸疒需◎疾。貌⿸疒需◎。

⿱宀⿰爿米 錢一 寐而厭也。厭俗作魘，非。

寱 錢一 俗作囈，非。

疒部

疾 朱一 籒文从知。醫書：「一劑知，二劑已」。古文⿰知亏省作矢，故疾从矢【一】。

錢一 籒文作⿰知亏，从知。病半瘉曰「知」。《素問》：「一劑知（半好），二劑已（全好）」。知、智通，故籒文作⿰知亏，从𥏾省。小篆之疾殆亦从知省也。

錢二 籒文从知。醫書「一劑知（半好），二劑已（全好）」。小篆乃从知省聲。

瘽 朱一 今人作廑念，當作瘽（痛）念。

錢一 廑△念＝瘽◎念，瘽可訓痛也。

錢二 廑念當作瘽念，瘽，痛也。

瘵 錢一 今訓癆病。

瘨 錢一 俗作癲△，非。

疒 朱一 疒【絞】。

錢一 疒◎腸痧。

癈 朱一 廢疾當作癈，廢乃興廢字。

錢一 固病也。癈◎疾。廢乃興廢字。

錢二 固病也。癈疾字從此。廢乃興廢字。

瘍 朱二 瘍、痒實一字。

【一】《廣雅·釋詁》：「知，瘉也。」《素問·刺瘧篇》：「一刺則衰，二刺則知，三刺則已」。

㾓 朱一 廣東麻風病當作㾓；痳乃痳木病（《說文》無痳）。
錢一 「惡氣著身」、「蝕創」之訓即痳瘋之正字。痳（《說文》無痳（?））,痳木也，義別。
錢二 廣東麻風病當作㾓，痳乃痳木病。

㾷 朱一 音沙。《王莽傳》：「大聲而嘶」，即㾷字，當作㾷為是，後轉為沙，《禮記》：「鳥〈標〉[皫]色而沙鳴」是也。今尚云㾷喉嚨。
錢一 散聲也。《王莽傳》：「大聲而嘶」，即㾷字，當作㾷為是（?）。後轉為沙，嘶沙雙聲。如《禮記》：「鳥皫色而沙鳴」是也。
錢二 㾷【西】，散聲也。今作嘶，與沙雙聲，嘶、沙聲近。

疛 錢一 小腹痛。古音「對」，故可以擣字借之。

⿸疒府 朱一 本意為曲背，引申為俯仰。俯（《說文》無）仰字當作⿸疒府。後以頫、俛作俯，然俛當讀為勉，不可作俯讀。
朱二 今人以頫、俛二字為俯字，俯字《說文》無，俯仰字當作⿸疒府。俛从免聲，《禮記》：「俛焉日有孳孳」，乃勉之借。
錢一 俛病也。本義為曲背，引申為俯仰。俯字《說文》所無，正當作⿸疒府⊙。後以頫、俛作俯字用，然俛因从免聲故當讀勉，不可讀俯。「俛焉日有孳孳」，俛即勉字之借。
錢二 本義為曲背，引申為⿸疒府仰（《說文》無俯字）。後以俛字作⿸疒府，謬。「俛焉日有孳孳」，俛借自勉。俛、⿸疒府音全異，俛从免聲當讀如免。作頫亦不可。（⿸疒府仰）。

痤 朱二 族絫病也。族絫合聲為痤。

癘 朱一 後人作癩。《史記》：「漆身為厲」，厲即癘。《莊子》：「厲之人夜半而生其子」，厲亦癘字。後皆作癩。

錢一 惡疾也，俗作癩△。《史記》「漆身為厲」，厲即癘⊙。《莊子》「厲之人夜半而生其子」亦‖癘⊙。麻癩等疾皆稱為癘。

錢二 後人作癩。《史記》「漆身為厲」、《莊子》「厲之人」，皆即癘字。

瘺

朱二 偏枯之病當作瘺。

錢一 瘺⊙枯。

瘇

朱一 脛氣腫，即腳氣病。

錢一 脛氣瘇也‖腳氣病。

錢二 脛氣腫‖腳氣病。

痍

朱二 凡夷傷當作痍。

痙

朱一 痙【僅】。

痋

朱一 即疼【騰】字。

錢一 古無舌上音，故痋从蟲而讀若同，俗作疼△。

錢二 即疼【騰】字。

瘍

朱二 驚病，狂易是也。

錢一 脈瘍也。狂易‖瘍⊙。

疷

朱一 病不翅【剃】也。

癃

朱二 罷病也。今人稱無小便之病亦曰癃，乃痳【林】病之音誤。

瘛

朱一 瘛瘲，小兒驚風病也。

錢一 小兒瘛瘲病也。瘛瘲即驚風也。

𤻲

朱一 與療⊙同。「可以樂飢」，樂即𤻲。

錢一 或作療。「可以樂飢」‖𤻲⊙。

錢二 與療同，或从尞。

瘌　朱一　今作辣者，俗字。
錢一　楚人謂葯毒曰「痛瘌」，今之辣字正即瘌字，其引申義也。

癆　朱二　癆、毒雙聲。勞病不作癆。
錢一　朝鮮謂藥毒曰癆。癆病正應作勞◎，俗用癆，非。

瘦　朱一　㿾衰當作此。衰乃蓑衣也。
朱二　瘦、瘥雙聲，故等衰【吹】亦作等差。
錢一　減也。㿾衰等衰皆＝瘦◎。衰即今蓑衣字。
錢二　㿾瘦乃正字。衰乃蓑衣之蓑也。

瘉　朱一　愈，《說文》無。引申為勝為賢。
錢一　病瘳也。《說文》無愈字。病瘉◎，引申為勝為「賢」矣。
錢二　《說文》無愈字，病愈字當作瘉。

冖部

冠　朱一　古人惟弁冕稱冠，外國人所戴曰冒。後人混稱外人所戴者曰冠，即為劉知幾《史通》所詆。冃亦稱幘。
錢一　惟中國人得稱之（惟弁冕稱冠），外國人的帽子則稱為冃（俗作帽△）。後人混稱外國人所戴者亦曰冠，于是乎就被那位做《史通》的劉知幾先生所譏罵了。冃亦稱幘（?）。總而言之，冠（特名），冃（通名）。
錢二　中國人專稱。外國人則稱冃（即今帽字）。

冣　朱一　冣【聚】。引申總計曰冣。又因總計分高下，故引申為（最）冣◎。最者，犯取也。
錢一　積也，引申總計曰冣。又因總計分高下，故引申為冣好、冣壞，俗誤用最，大謬。最者，犯而取也。因聚故有「殿冣」之稱。殿冣者，殿，最後；冣，最高。

冂部

冂 朱=重覆也，引申為重。

肯 朱一俗作腔。○腔子當作肯，「按腔合板」當作椌。
錢=俗作腔△，非。腔即肯⊙之引申。
錢一俗作腔（《說文》無）。

冡 朱一蒙覆當作冡。蒙，艸也。
錢一冡⊙覆。蒙，艸也。
錢=冡覆乃正字。蒙，艸也。

冃部

冃 朱=《周禮》僅有冕、弁、冠，漢則巾幘，未有冃也。後冠制不合於古有者，皆云冃，未嘗專指蠻夷也。古弁兜、章甫之「弁」即冃字耳。

冕 朱=大夫以上之冠也。漢時冕制尚多，大夫以上皆冠之，不專為皇冠。後人以冕專為皇冠。今則東、西學生皆冠冕矣。
錢一大夫以上冠也。此為中國所特有。今稱外國帝王之「加冕」，實不適也。

冒 朱=貪冒。「侵牟萬民」之牟，乃「冒」字之借。今小兒摸冒（吾邑云「捉覓」）。鄧廷楨《筆記》以為《說文》有「覓」字，即小兒「摸覓」，兩人見後口稱「覓」也。其實作「冒」字亦可。

㒳部

网部

网　朱二　罔、網實一字，罔訓無者乃「亡」之借。

繯　朱二　今作羂，或作罥。繯字之義與縣挂之縣同。

罬　朱一　「張彌天之網」，彌當作罬。

錢一　「彌天」之彌＝罬◎。

錢二　「張彌天之網」之彌字當作罬。

罩　朱二　捕魚器也。罹，捕鳥器也。罩引申為籠罩。

罪　朱一　《詩》「畏此罪罟」、「天降罪罟」，二罪字皆當作网字解，不可作辠字解，段注誤。○然有罪入网羅，則网引申即為罪。

錢一　捕魚竹网。「畏此罪罟」，「天降罪罟」皆用本義，段非。

錢二　捕魚竹网也。《詩》：「畏此罪罟」，又「天降罪罟」，此二罪字皆作网解。

罛　罟

朱一　罛、罟實一字，亦《說文》未了處。

錢一　罛、罟實是一字。

錢二　罛、罟實一字。

罜　朱二　罜麗。罜，古音獨，古樂府有「獨漉篇」，即「罜麗」也。

羅　朱一　作罹者亦當作羅。

錢一　俗作罹。羅◎入网罟。

䍢　錢一　窗网也。

署　朱一　部署也。「署，位之表也」，此署字乃宁字之假借，銜署字即此。

朱二　部署也。官署之署乃宁之借，宁猶今之照牆也。

錢一 部署也。「位之表也」之署及官署之署＝宁。

錢二 部署也。訓「位之表」者，乃宁字（□），徛署字亦宁字，門、屏之間曰宁。

罷

錢一 遣有辠也。由休致之義引申為休為止。

置

朱二 赦也。赦與捨同放也，故置引申為放。

錢一 赦也，故引申為放。

詈

罵

錢一 从网，因有罪也。罰从詈刀，同意。

羈

朱一 羈旅字乃寄字之假借。

朱二 「羈旅」乃「寄廬」之借。

錢一 羈旅＝寄。

錢二 馬落頭也。「羈旅」字乃「寄廬」字。

襾部

覂

朱一 覂【諷】。

覆

朱一 覆蓋當作復。

錢一 覂也。訓蓋之覆當作復（勹）（?）。

錢二 訓蓋者乃復字。

覈

朱一 核字當作此。

朱二 實也。覈實者，反覆考覈也。果實之覈或作核。核，《說文》云：「蠻夷鏡具也」。果核之核其本字當作荄。荄，根荄。根由實出，則果核亦可名荄。

錢一 實也，核字當作此。核，係俗字。（?）

錢二 實也。核係俗字。

巾部

巾 巾

朱一 布帛皆从巾。

錢一 凡布帛之類皆从巾。

錢二 布帛字皆从巾。

帥 帥

朱一 悅，將帥之悅（＝帥），本為衛、達。

朱二 「將帥」即「將悅」，其本字為衛、達，古或以率借之。本為名詞，後引申為動詞，猶將領軍官而引申為將兵之動詞。

錢一 佩巾也。或作悅。將帥＝達⊙，或衛⊙之借。

錢二 帥或悅【歲】，佩巾也。將帥字當作衛、達。

㡕 㡕

錢一 與帥同。

幣 幣

朱一 幣與敝最初古或只作㡀，後作敝，後又作幣。然㡀已从巾，再加巾不通。

錢一 帛也。此字最初蓋只作㡀，後作敝，後乃更造幣字。然㡀已从巾，幣从二巾不合六書。

錢二 帛也。古或只作㡀，後作敝，後又作幣。然㡀已从巾，再加巾不通。

幅 幅

朱一 「幅員」與「福云」同，員，均也。

朱二 布帛之廣也。引申為廣，又引申為幅員，幅仍訓廣而為名詞矣。

錢一 布帛廣也。《詩》「幅（廣也）〈員〉[隕]（均也）」＝福云（?）。

錢二 布帛廣也。《詩》「幅（廣也）〈員〉[隕]（均也）」＝福云。

㡉 㡉

朱一 與肓訓鬲聲意同。

錢一 一曰隔也，與肓訓鬲聲義俱同。

錢二 一曰隔也，與肓訓鬲聲意同。

常 常

朱一 下裙。引申為「恒常」（其本字為恒長）。

朱二 下裙也。常久之常乃長之借。

錢一 下裙也。引申為恒常者，恒長◎之借。

錢二 下裙也。引申為恒常乃長之假字。

帬 帬

錢二 裠係或體。

幝 幝

朱一 《漢書》謂之「窮袴」，今日本之裙即古犢鼻褌。

朱二 綺乃套綺，軍中兵用以包纏腿。《左傳》謂之「附注」。古人無袴，以赤市蔽前而已。

錢一 《漢書》謂之「窮袴」，今日本之裙即古之犢鼻褌。

錢二 【河溫】《漢書》作「窮袴」，即犢鼻袴也。

幎 幎

朱二 古或稱「面積」，曰「幎積」因幎有廣闊面積，故云。

帳 帳

朱二 今云「計帳」、「算帳」，非中國語，魏晉時已有此語。其語本於鮮卑，以其游牧為生，以蓬帳為室家，故户口謂之帳，計户口謂之計帳。

幕 幕

朱一 今篷帳。《漢書·李廣【傳】》「莫府」注：「大府」，今人用「幕府」非本義矣！

錢一 即今篷帳，上覆曰幕，旁遮曰帷。《漢書·李廣傳》「莫府」注：「大府也」（顏說恐非(?)），今人所用「幕府」，非本義矣！

錢二 今篷帳。《漢書》「莫府」訓「大府」，今人用「幕府」，非本義矣！

帖 帖

朱一 帖服乃慴服之假。粘帖之帖當作沾。妥帖之帖當作聑。

錢一 帛書之者也。占古音「天」，如沾即添字。帖古音如添(?)。帖服‖慴◎服（俗作帖）。妥帖‖妥聑◎（聑，安也）。帖在牆上，帖‖黏◎（沾？）。

錢二 占古音「天」，如沾即添字。帖服乃慴【則】之假。糊帖字乃黏之假，蓋黏亦从占聲。妥帖字乃聑之假，《說文》：「聑，安也」。

徽　朱一　徽號當作徽。徽，美也。
錢一　徽識也。徽號正作徽⊙，蓋無美意，不過徽識而已。徽，《詩》訓「美也」。
錢二　徽識也。徽號乃正字。徽，美也，蓋徽號不過一招牌耳，並無含美意於其間也。

幖　朱一　標識當作幖，立標當作標。《周髀》：「長八尺」，亦即標。
錢一　幖⊙（標）榜。幖⊙（表）識。表⊙裏。
錢二　標識當作幖，作表亦當作幖。

幡　朱一　《史記》：（疑《莊子》）「繙十二經以說老聃」。繙（＝幡）即煩[一]。康有為訓為繙譯，大謬。
錢一　《莊子》（《史記》？）：「繙十二經以說老聃」，繙（＝幡）＝煩⊙。康有為訓為繙譯，謬甚。
錢二　《莊子》「繙十二經以說老聃」，繙即煩字。

飾　錢一　㕞也。飾之本義即俗之拭字，引申為襐飾（即裝飾）。

幏　錢一　覆于面者曰幏。
錢二　覆于面者曰幏。

幃　錢一　囊也。《爾雅》：「婦人之褘（亦作）〔謂之〕縭」，香囊也。與段氏所訓異。

席　朱一　古人不必用竹、草為者謂席，凡褥皆可曰席，如「羆席」是也。
錢一　藉也。凡敷底者皆可曰席。如《周禮》「羆席」是。蓋古人不必定以竹、艸為者始曰席，凡褥子等皆可稱席也。
錢二　凡敷底者皆可云席，如《周禮》「熊席」是。

[一]《莊子・天道》：「〔孔子〕往見老聃，而老聃不許，於是繙十二經以說」。

幐 朱一 與帒同。黱同黛，螣同蟦可證。

朱二 囊也。音轉為袋，猶黱轉黛、螣轉蟦，皆之蒸對轉。

錢一 朕在蒸部（六部），代在之部（一部），之蒸對轉，故俗作袋△。黱同黛，螣同蟦可證。

錢二 黱後作黛（係之蒸對轉），故可知幐即帒。

帑 朱一 《唐韻》讀「奴」，引申為妻帑。因古人視妻帑為家私財也。《宋史》有「八百媳婦國」，即以八百媳婦為家財也。鳥帑（鳥尾）、麥奴皆言其末（皆引申之義）。

錢一 金幣所藏也。古者以妻子為家產，故由金幣所藏之義引申為妻帑（段謂：奴字之借。非）。《宋史》有「八百媳婦國」，即以八百媳婦為其家財也。鳥帑（鳥尾）、麥奴（梗）皆由主奴字引申（皆言其末，皆引申之義。鳥尾曰帑當作奴，以麥稈曰奴故？）。

錢二 帑【奴】。引申為妻帑字，蓋古人往往以妻子為家財也。《宋史》「八百媳婦國」，即以八百媳婦為其家財也。鳥奴（尾）、麥奴（梗）皆由主奴字引申。

辟 錢二 油漆布也。

巿部

帛部

白部

白 朱二 《說文》解甚謬。皀、皃皆从白。皀，米粒；皃，人面，皆有白色，或以此為白乎？

古文白，象米粒也。

皢 朱一 與曉音義近。
錢一 與曉音義皆近。
錢二 皢、曉音義近。

皅 朱二 與白同部（魚模）又雙聲。皎、皢、皭、皦聲皆相近。其實一字耳。

皛 朱一 通白。皎、皢、皦（敫，放光，已从白）三字皆从皛孳乳字。
錢一 顯也。皎、皢、皦三字皆皛之孳乳字。皦恐是俗字，蓋訓放光之「敫」，已从白矣。
錢二 皛（通白）。皎、皢、皦三字皆由皛孳乳。皦恐係俗字，蓋敫已从白，訓放光。

㡀部

㡀 朱一 疑此為㡀帛本字。幣（从二巾，未善），敝敗也。
錢一 敗衣也。疑㡀為幣帛本字，幣从二巾，乃俗字。據章老夫子看來：敝當訓敗衣（从攴，打壞也），㡀當訓忕也，幣乃後出俗字。
錢二 疑此為㡀帛本字，幣从二巾未妥。敝从攴，或即訓敗衣字。

黹部

䵉 朱一 「衣裳楚楚」之本字。清楚亦當作䵉，或作⿰㐅疋。
錢一 「衣裳楚楚」之本字。
錢二 「衣裳楚楚」字當作䵉䵉。

黻 朱一 弜，此黻之本字。
錢一 其本字作弜，从二弓相背。
錢二 黻之本字即弜（从二弓）。

第八篇上

人部

人 朱二 人象脛臂之形，儿象兩腰形。

僮 朱一 僮僕當作童。漢王式被髪為童。引申為童山者，山無草木也。未冠曰僮，今正反用。段氏已說。

錢一 僮，未冠也。僮子、童僕，今反用。

錢二 僮，未冠也；童係僮僕字。今正反用。

保 錢一 从采（古文孚）省聲，古無輕唇，采古音近保也。

錢二 从采省聲，采古文孚。古無輕唇音，孚音如保也。

仁 朱一 仁、夷同，仁羿即夷羿可證。

錢一 古文作𡰥，與古文夷同，蓋古文仁、夷同字也。《左傳》之「夷羿」，《山海經》作「仁羿」可證。

錢二 古文仁、夷同。《山海經》「仁羿」，《左傳》作「夷羿」可證。

企 朱二 舉踵。開口說曰「企」，開口說曰「〇」（倚也，俗語有音無字。）

仞 朱二 今認字《說文》無，本字當作仞。猶尺字之義作為丶以誌之也，故指斥乘輿之斥當作尺。認識亦多作丶以記，仞亦訓丈尺，亦必作丶以記，故認識之認當作仞。

仕 朱一 學習行走之義。訓事者，同音假借。

錢一　學也，古與官同訓。子夏曰：「仕而優則學」，學、仕分為二事矣。蓋仕者，即今言學習行走之義，訓事者，同聲假借。

錢二　仕，學也，猶今學習行走也。訓事者，同音假借也。

僎

錢一　具也，湊數也。

儒

朱一　或即从偄字轉來。故儒懦、偄愞音意同。侏儒，短小之稱，又樂師也，故引申為術士之稱。

錢一　柔也。儒恐是偄之變體（故音義皆同），猶愞之變懦也。侏儒，短小之稱，又樂師也，故引申為術士之稱。

錢二　或即从偄字轉來，蓋懦从愞字轉。

伋

錢一　好思之人也。

錢二　好思之人也。《注》引荀卿說可證。

伯

朱一　嫡出長子曰伯，庶出長子曰孟。大則明白，故伯从白。孟訓明也；幽，幼也；童，昏〔也〕，皆其反意義。此皆音訓。

朱二　伯从白聲，明白也；孟訓明，亦明白也。凡年長者必較明白事理。幼訓幽，童訓昏，幼者必較昧於事理也。

錢一　長也，當訓白也。猶孟，明也（大有禮）；幽，幼也。以聲為訓。嫡出長子曰伯，庶出長子曰孟，大則明白，故伯从白。

錢二　嫡出長子曰伯，庶出長子曰孟。大則明白，故伯从白。孟，明也；幽，幼也。

伊

朱一　从人不可解。

錢一　「尹治天下者。从人、尹。」（从人不可解）然古文伊从古文死，蓋非為伊尹特造也。伊又訓發語辭。此字究是存疑。

倩 朱一 人美字也，訓借不通。「倩人作事」則請字之假借耳。
錢一 訓借者不通(?)。倩人作事＝請。
錢二 从青聲。「倩人代事」字乃請字之假。

倓 朱一 恬淡當作倓。
錢一 安也。恬淡＝倓。
錢二 倓【談】。恬淡字當作倓。

僚 朱一 同僚乃寮字之假借。
錢一 同僚＝寮或勞。
錢二 好貌。同僚之僚當為勞字之假。

儦 朱一 今跑字當作儦，音義同也。
錢一 行貌。今之跑字＝儦，即儦之音變。
錢二 儦【彪】。今跑《說文》無正字，當作儦。

儺 朱一 乃魌（《說文》「魌，見鬼驚詞。」）字之假借。走快曰儦，走慢曰儺。
錢一 「鄉人儺」字恐係魌字之假。
錢二 「鄉人儺」字恐係魌字之假。

僑 朱一 僑寓之義尚未知。
錢一 高也。大官曰僑，大廈曰產，故公孫僑字子產。僑寓之義尚未知。

俟 錢一 大也。訓待之俟＝竢。

侗 朱一 大貌。混沌未鑿之意。
錢一 大貌。渾沌未開貌。

仜 大腹也。今無所見。

僤 朱一 可假為顫（戰）字。

錢一 可假爲顫（戰係假字）字。顫，頭動貌。

錢二 僤【憚】，可假爲顫（戰係假字）字。顫，頭動貌。

倞 倞

錢一 弓强曰彊，人强曰倞。

倨 倨

朱二 《説文》有奡字，傲則奡起頭也 倨亦有傲意，有昂頭意。恭則俯矣，與倨等義相反。

俚 俚

朱一 俚俗當作里。

錢一 賴也。俚俗＝里俗。俚，賴也。《孟子》「稽大不理於口」。無俚即無賴。

錢二 俚俗當作里。

伴 伴

朱二 伴侶當作㚘。

錢一 大貌。㚘侶。

倬 倬

朱一 「倬彼雲漢」訓著，「倬（菿）彼甫田」訓大。

錢一 箸大也。「倬彼雲漢」訓著，「倬（菿）彼甫田」訓大。倬彼甫田＝菿。

侹 侹

朱一 挺秀當作侹。

錢一 長貌。挺秀＝侹。

錢二 長貌。挺秀當作侹。

倗 倗

朱一 堋（《周禮》作封）＝倗，亦可作幫，會幫，會黨也。（「朋淫于家」，釋文或作堋淫。朋友之朋當作倗）。

錢一 輔也。今人呼一叢之人曰幫，幫即倗字。倗之轉爲幫，猶堋轉爲封（堋，《周禮》作封）。

錢二 輔也。幫當由倗字轉，堋【波翁】，《周禮》作封可證。

俶 俶

朱一 淑女當作俶，淑，清也。訓始者，尗爲豆，頭从豆，始也。

錢一 美也。淑，水之清湛也。「窈窕俶女」。訓始者，尗爲豆，頭从豆，始也。

錢二 俶【叔】，善也。淑女當作俶。淑，清也。俶（始也）、頭義近，尗轉爲豆可證。

傭 朱一 雇庸亦可作雇傭，工與值均也。《唐書》「租庸調」尚作庸，不作傭。
錢一 均也，直也。雇庸作雇傭，均可。「租庸調」乃正字。《唐書》「租庸調」尚作庸，
不作傭。「租庸調」唯以均直引申，假借為雇傭亦無不可。
錢二 雇庸亦可作雇傭，「租庸調」乃正字。

佗 朱一 負何（荷）也。馱、駝皆俗字。
朱二 他，《說文》弛數也。訓放之施當作弛。《論語》「己所不欲，勿施于人」之施當
作他，訓加也。
錢一 負何也，俗作馱△、駝△。引申為凡有所加之義。
錢二 佗【徒】，負何也，引申為凡有所加之義。駝、馱皆俗字。

何 朱一 何（荷），儋（擔）也。《史記·貨殖傳》有甔，與儋同。
朱二 背之為他，肩負為何。何引申為誰何，他引申為誰他。
錢一 儋也。擔荷＝儋◎何◎。
錢二 儋也。《史記·貨殖［列］傳》有甔（《方言》有此字）字，與儋同。

儋 錢一 何也。《史記·貨殖［列］傳》作甔（《方言》有此字）。

備 朱一 防備◎、葡◎具。
錢一 慎也。防備◎、葡具◎。
錢二 慎也。防備、葡具。葡，具也。

位 錢一 列中庭之左右謂之位。引申所占之處皆可稱位。

儐 朱二 从手之擯訓棄者，乃屏之假。

倫 朱一 漢至六朝稱人類曰人倫，乃論之借也。《後漢書》「品藻人物曰人倫」，與論意同（乃
論之借）。五倫，倫，輩也。凡有條理曰侖，故絲有條理曰綸，其他如論字等皆是。倫
又訓理（即條理），《禮記》「倫膚」，有紋理之肉也。「一曰道也」，即訓理。

朱二 與類一聲之轉。

錢一 輩也。五倫，倫，輩也。人倫，人類也。《後漢書》「品藻人物曰人倫」，借爲論。凡从侖聲字皆有條理，故絲有條理曰綸，其他如論字等等皆是。倫可訓理（條理），《禮記·祭義》「倫膚」有紋理之肉也。

錢二 輩也。人倫，人類也。漢品評人物曰人倫，與論意同。凡从侖聲字皆有條理，《禮記》「倫膚」，有次弟（文理）之肉也。（倫又訓理）。

俱

朱二 俱、偕一聲之轉。

儹

朱二 聚也。今人積錢曰儹錢。

錢一 最也。俗呼聚錢爲儹錢。

傅

朱一 古引申爲附，其實傅訓相，相又訓兩人切近，故可引申爲附。聲轉爲把（訓附，八平聲），猶輔聲轉爲巴、匍聲轉爲扒。

朱二 太傅（先生），漢有傅婢（亦女先生）。附近之附可作傅。

錢一 相也。古引申爲附字用，因傅訓相，相又訓兩人切近，故可引申訓坿。聲轉爲巴（訓坿），猶輔聲轉爲巴、匍聲轉爲扒。《漢書》「傅婢」。

錢二 相也。古引申爲附，其實傅訓相，相又訓兩人切近，故可引申爲附。聲轉爲八（訓附），猶輔聲轉爲巴、〈葡〉［匍］聲轉爲扒。漢「傅婢」，婢之年老者，專教人讀書。

俌

朱二 輔佐之輔當作俌。

佽

朱二 《韓非子》有「佽飛」，人名。漢乃借爲官名。訓遞之佽乃次之借。

錢一 利也。「佽飛」非从此，訓疾也。(?)

佴

朱一 搑（訓推）。司馬遷《報任少卿書》訓「次」爲是，以上有「既」字可證。

佴

朱=《墨子·經上》：「佴，自作也」，「佴，所然也」。訓然。

錢一 佽也。「僕又佴之蠶室」之佴=揖◎【音從】。揖，推而進也（《說文》「揖，推擣也」。）。

錢= 佴【耳】，佽也。佽，便利也。「佴之蠶室」字係揖【從】之假，《說文》：「揖，推擣也。」

侍

朱=《禮記》「詩懷之」乃侍之借，訓承。[一]

佡

朱= 謐，靜言也；佡，靜也。泚為佡之借，溢或云為〈謐〉「謐」之借。

付

朱= 孚與付古實一字，孚與莩音轉，故付亦可音轉孚。古無輕唇音也。

傳

朱一 俠。今傳命、傳財字即此。

錢一 俠也。今傳命、傳財即此字。

錢= 俠也（把持之義），今俗語傳命、傳財字。

仰

朱一 頫仰當作卬。仰，舉也。

錢一 舉也。俯卬◎。（不知《說文》所謂舉是首舉呢還是手舉，故俯仰字總以作卬為是。）

錢= 舉也。俯仰字當作卬。

侸

朱= 豈、豎、侸多有立意，即豆之本義亦有立義，尌、樹亦有立義。今住駐字《說文》當作侸，逗留之逗當作豆。

儽

朱一 垂貌，衰弱也。引申為嬾懈，猶㼌（垂貌）引申為嬾㼌也。

錢一 垂貌（衰弱也）。引申為嬾懈，猶㼌（垂貌）之引申為惰懈也。

錢= 垂貌（衰弱也）◎。引申訓嬾懈，猶㼌之引申為嬾懈也。（㼌，垂貌。）

偁

錢一 揚也。偁讚◎，再舉◎。稱，衡也。

[一]《儀禮·特牲饋食禮》「詩懷之，實于左袂。」鄭玄注：「詩猶承也」。

伍 什 佰

朱二 五人、十人、百人相組織相互糾察也。

散

朱一 小稱散，本訓。微者，隱行也。

錢一 眇也。微，隱行也。散，小。微，行。

錢二 微，隱行也，微行字作此。散，眇也，散小字作此。

傆

朱二 謂鄉原。鄉原有二義：一謂拘謹，則鄉原即愿字；訓黠之鄉原則為傆矣。

錢一 鄉傆。（蓋所謂鄉愿者，非一鄉最敦厚之人，乃最黠慧人也。）

錢二 黠也。即鄉愿字。蓋所謂鄉愿者，非一鄉最敦厚之人，乃最黠慧之人也。

假

朱一 非真也。假借當作叚。

朱二 非真也。訓至為假之借。訓遠今作遐。訓大為嘏之借。

錢一 非真也。叚借。

錢二 非真也。假借當作叚。

借

朱一 其本字當作耤。

錢一 正字當作耤。

錢二 假也。其本字當作耤。

儥

朱一 覿面當作儥，覿，《說文》無。

錢一 見也。覿面＝儥面，《說文》無覿。

錢二 儥【狄】。覿面當作儥（見也）面，覿，《說文》無。

僅

朱一 凡杜詩、韓柳文用僅字（見段注）皆幾字之假借。訓庶幾。幾、僅一音之轉。幾、僅雙聲。

錢一 材能也，引中為財。凡杜詩、韓柳文所用之僅字（見段注）皆訓庶幾，實即幾之借。

錢二 材能也。幾僅雙聲。注中杜詩、韓文所用之僅字皆幾字之借。

儀

儀

朱一 度也。威義，仁誼。

朱二 今借威義為儀，借仁誼為義。訓善當作誼。兩儀、渾天儀皆為本訓，皆有度誼。

錢一、度也。威儀＝義，仁義＝誼。

錢二 度也。仁誼，威義。

佀

佀

朱一 似，像【讀若樣】也。（像子今云樣子）。嗣續、似續同，或用似字本訓亦可，所謂肖子也。○㠯象胎兒之形，胎从已聲，已即㠯之反形，子必肖父，故作佀，古音同。

錢一 像【讀若樣】也。子像父，子子孫孫遞相像，故引申訓似為繼。似續亦作嗣續，似續即肖子之義。

錢二 像也。子像父，子子孫孫相像，故引申訓似為繼。似續亦作嗣續。

像

像

朱二 原止作象。《易經》象、象皆取大獸之名，似未見其物，故象取像以為義。

任

任

朱一 可保護曰任，可儋何亦曰任。任俠，其力可儋何俠名也。

朱二 擔任當作壬，壬橫視之為巾，象人負擔也。任為孳乳字。

錢一 保也。可保護曰任，可儋何亦曰任。任俠者，言其力可擔荷俠之名也。

錢二 可保護曰任，可儋何亦曰任。任俠者，言其力可儋何俠名也。挑儋子之任當作壬，橫壬為巾，即像挑儋之形，丨象封形。

俔

俔

朱一 閒見與磬（折）同。

錢一 諭也，磬（磬折）也。磬有半見之義，故引申訓閒見。

僖

僖

朱一 《說文》又有婜，皆訓樂，俗作嬉。

朱二 小心畏忌曰僖，當為譆。《左傳》「譆譆出出」，有謹懼之意。

錢一 樂也。《說文》又有婜（悅也）字，亦訓樂，今俗作嬉。

錢二 《說文》又有婜字，亦訓樂，今俗作嬉。

儉

朱一　凡少亦曰儉，荒年少收曰儉歲。

錢一　約也。引申訓少，荒年亦曰儉歲。

錢二　引申為少。荒年亦作儉歲，因收成少也。

偭

朱一　訓鄉，亦訓背（反訓）。《離騷》「偭規矩而改錯」。

朱二　面縛之面乃偭之借，訓背。

錢一　鄉也，亦訓背。如「偭規矩而改錯」。

錢二　鄉也，亦訓背。如「偭規矩而改錯」。「面縛」等面皆當作偭。

俾

朱一　裨。益當作俾。今派使人作事當作俾，該派亦當作俾，俾，職也。附益之人曰婢，婢可使，故引申為使，婢必服從，故又引申為從。

朱二　在女曰婢，在男曰俾，故俾訓職，引申訓使。一曰俾，門侍人是也；門侍人有看守義，引申為俾倪，斜視也。

錢一　益也。裨益（俾益非裨？）。一曰門侍人，故引申訓為使，使派之派當作俾。附蓋之人曰婢，婢可使，故引申為使。婢必服從，故又引申訓從。

錢二　益也。俾益非裨。俾訓使，故今派人作事之派字當作俾。

倪

朱一　天倪（不可解），天研，或可解為天儀，古倪、儀通用。天儀者，天自然之象也。

錢一　俾也。耑倪當作耑題，題、倪古音同部。《莊子》「天倪」亦作「天研」。倪、儀古相通用，天倪或即天儀，即天自然之象也。(1)《莊子》「天倪」亦不可解，大約亦可作端倪之倪。天倪，自然之端倪也。亦可謂〈義〉「儀」之假借。(2)

錢二　俾也。耑倪當作耑題，題、倪古音同部。《莊子》「天倪」亦作「天研」，倪、儀古相通用，天倪或即天儀，即天自然之象也。

儷

朱一　引申為伉儷。

朱二　棽儷乃參差意。枝梧相交，故引申為伉儷。麗，本兩鹿也。

傳 傳

錢一 棽儷者，參差錯落之象也。引申為伉儷。

錢二 棽【春】儷＝參差，甚好看之象也。

朱一 本為遽，引「申」為驛傳，又引申為傳舍，又引申為傳遞（書信），又引申為經傳。

錢一 遽也。引申為驛傳，再引申為傳舍，再引申為傳遞。

錢二 本訓遽，引申為驛傳，又引申為傳舍，又引申為傳遞。客棧＝傳。

倂 倂

朱一 今媵字。古文為訓字，與順通。《易經》「媵口說也」，實即「順口說也」。

朱二 即媵字。古送人皆云倂，後作媵，从女，乃專指媵女矣。

錢一 送也，今作媵。古文以為訓字，訓、順同意。《周易》「騰口說也」，亦作「媵口說也」，即「順口說也」。

錢二 倂【運】，今俗作媵字。古文以為訓字，訓、順二字通。《易經》「騰口說也」，亦作「媵口說」者，即「順口說也」。[一]

偄 偄

朱一 弱也。柔輭當作偄。輭，車也。

錢一 弱也。柔輭＝偄⊙，俗作軟△，非。有作輭者則義別，輭乃車名。

錢二 弱也。柔偄乃正字。愞、偄音誼近。

倍 倍

朱一 段氏以為加倍，恐非。加倍當作培，或作陪。

錢一 反也。加倍＝加培⊙（土上加土曰培），或作陪亦可。段注非。

錢二 反也。加倍字恐係培、陪，段注非。

傿 傿

朱一 「悔不小傿（靳）」（擡價也）。見段注。

錢一 引為賈也。「悔不小傿」者，「悔不小擡價也」。

[一]「騰口說也」，今本《易經》作「滕」，校勘記云：「石經、岳本、閩監毛本同。《釋文》九家作乘，虞作媵。」是無作「騰」者。疑錢記誤。

僭　僭　錢一　僭擬也。無其實而有其事曰僭，引申爲無其事而有語，故訓不信。(1)　本非其所有而有曰僭。(2)

錢二　本非其所有而有曰僭，引申爲「無」其事而有其語，故訓不信。

擬　擬　錢一　僭也。議擬不當作擬。

倀　倀　朱一　昌（从犬者無）狂當作倀。爲虎作倀，不知何自而來。

錢一　狂也。猖狂亦作昌狂。猖，俗字；昌，假字；其實正作倀狂。虎倀之倀不知何自而來。

錢二　倀狂，正字。昌狂亦疊韻連語。爲虎作倀不知从何取義。

儔　儔　朱一　《說文》翿（翳），今作纛，與此字同。儔侶當作雠。經典作疇。

錢一　翳也。纛、翳與此字同。儔侶＝雠侶。

錢二　纛【翿】、翳、儔三字同。儔侶字當作雠。

侜　侜　朱一　侜張當作譸張。

錢一　有廱蔽也。侜張雙聲，即《論語》之「侏張」。(1)　侜張當作譸張。(2)

錢二　侜張當作譸張。

佃　佃　朱二　佃户之佃當作畋。《說文》訓「中」，必有所本。《爾雅》「中庭謂之堂，堂途謂之陳」，陳當作佃，即中庭也，陳之音與田同，可證。則廷、庭皆可爲佃矣。

錢一　中也。佃户＝畋户。

佻　佻　朱一　愉也＝偷，《說文》無偷字，故以愉爲偷。《漢書·趙廣漢傳》已有「偷」字。〇《國語》「挑天之功」，韋昭訓偷。

錢一　愉也。愉即今之偷字。偷，《說文》無，即以愉爲之。然《漢書·趙廣漢（張敞？）傳》[一]已有「偷」字。

[一]《漢書·張敞傳》：「長安市偷盜尤多」。

錢二 愉也。愉，《漢書》以偷假之。偷，《說文》無。

辟

朱一 辟．因辟必盤旋，故引申為盤僻，又引申為邪僻。

錢一 避也（段說非）。因避必盤旋，故引申盤旋曰僻（盤僻）。又引申為邪僻。

侈

錢一 掩脅也。段以為掩其上脅其旁，非也。掩脅者（掩斂也），手叉腰也。奢侈之侈‖移◎。（侈、叉歌麻相轉）。

佁

朱二 《說文》佁騃皆為癡騃字，音義同。

僞

朱一 人為為僞，裝作亦為僞。《荀子》「人之性惡，其［善者］僞也」，僞訓人為。

朱二 詐僞（做作也）與作為意近。造，作為也，今語云「造出來的」，則為詐僞矣。僞與譌音近，故作僞又為譌詐。

錢一 此作為之正字（作僞◎）。蓋僞有「作」與「假」二義，猶今俗語之「做作」亦含有作為、真僞二義。《荀子》：「人之性惡，其善者僞也」，僞即做作也。故章老先生以為「作為」、「真僞」皆當作僞◎。為者，母猴也。

錢二 今俗語「做作」含有作為、真僞二義。《荀子》：「人之性惡，其善者僞也」。僞即做作義。故余以「作為」、「真僞」字皆當作僞。為，母猴也。

倡

朱一 古倡兼男女言，《東方朔傳》「幸倡郭舍人」是也，今僅指女，俗作娼。「歌倡」今作唱，非也，唱乃唱導字。

錢一 樂也。倡◎優，唱◎和，唱◎隨。歌倡不作唱（唱，唱導也）。倡兼男女兩言，今專稱女，俗作娼。

錢二 倡並指男女，今專指女，俗作娼。歌倡，唱和。

佚

朱一 「逸民」當作佚民。〈佚〉［逸］，逃也。佚民謂遁世無〈悶〉［聞］。

錢一 佚民也。《論語》之「逸民」應作〈逸◎〉［佚］。逸，逃也。

錢二 佚民作逸民亦通。逸，逃也。

俄 俄

朱二　頃也。俄、頃皆斜折義，引申為俄頃之時。

錢一　頃也。頃曰正，等了一歇則邪，故曰俄頃。俄頃之訓須臾，日須臾而無位置也。

「仄弁之俄」者，歪（帶）〔戴〕帽子也。〔一〕

傛 傛

錢一　喜也。相承假用陶。

錢二　傛【姚】，喜也。往往以陶字假之。

傞 傞

朱一　今傻字乃傞字之轉。醉舞貌。从傻字之後亦讀如傻。《廣韻》亦有此字，訓不仁，與今義稍異。

錢一　醉舞貌。今指不解人事者曰「傻子」，傻乃俗字，正作傞（韻轉麻）。

錢二　傞【穌】，醉舞貌。今指不解人事者曰傻【司矮】子，即傞字也。（歌部轉麻部？）

傷 傷

朱一　難易當作傷。易，守宮也，交易當〔作〕敭。

錢一　輕也。本慢傷，引申為輕傷，難傷。易者，守宮也。交敭（《説文》雖有「交傷」之文，然正字終當作敭。）

錢二　輕也。難傷。易，守宮也。交敭。

僨 僨

朱一　仰倒為僵。

朱二　僨、僵、偃皆仰仆，仆則覆仆矣。

錢一　僵也。仰倒曰僵，覆倒曰僨（當為「仆」）。「象有齒以焚其身」，焚即僨之借。〔二〕

僵 僵

錢二　仰倒曰僵（僨偃），痡倒曰仆【付】，今音為扑。

仆 仆

朱一　仆【付】。頓。今贊禮「俯伏」當作仆。

錢一　頓。俯伏（今贊禮）當作仆（？）。

〔一〕《詩·小雅·賓之初筵》：「側弁之俄，屢舞傞傞」。毛傳：「俄，傾貌。」

〔二〕《左傳·襄公二十四年》：「象有齒以焚其身」。陸德明釋文：「服〔虔〕云：『焚，讀曰僨。僨，僵也』」。

傷 傷 錢一 創也。引申為可傷。

俑 俑 朱一 俑【痛】。此俑字借為偶字，「始作俑者」即「始作偶者」（木偶），偶、俑音近而轉。

錢一 【他紅切】。痛也。「始作俑者」‖偶◎，蓋東侯對轉也。

錢二 俑【通】、【勇】，痛也。「始作俑者」之俑乃偶之假字也（東侯對轉）。

伏 伏 朱一 艮，服事也。引事為帖服，又引申為隱伏【服】。伏乃假借字。三伏當作三疈（夏殺犬以祭）。

朱二 伺也。降伏當作艮。

錢一 事也。伏事、心伏、俯伏、隱伏等皆艮之假字。《說文》：「艮，服事也」。由艮事引申為佩服、佩服斯俯伏、俯斯隱伏矣，段說非。伏臘之伏（《史記》可證）‖疈◎（疈者，磔牲也），俗謂三伏時陰氣伏下者，非也。

錢二 司也。伏事、心伏等皆艮之假字。《說文》：「艮，服事也」。伏臘之伏當作疈【必】、【福】，疈者，磔牲也。俗謂三伏時〈陽〉[陰]氣伏下者非也（《史記》可證）。

例 例 朱一

錢一 段老先生疑謂無謂。[一]

伐 伐 朱一 （古重唇讀拔），伐讀重唇去聲即為敗，故音轉為敗。伐勝有功，故引申為伐閱（今作閥閱非），明其等為伐。

錢一 一曰敗也。古無輕唇，伐讀曰「白」，白（入）、敗（去），聲同。《公羊》「伐者為主」，見伐者也，即敗之借。伐（功也）閱[閱歷也]者，即履歷也，俗作閥閱，作門第解，可笑之至（《史記》「明其等曰伐」）。

[一] 原文如此，其義費解。

錢二　擊也。一曰敗也。因古讀伐重唇作拔，故音轉為敗。伐，功也。伐閱即履歷，伐閱今作閥閱，非。

錢一　裼也。因但裼不穿衣服，徒跣不穿襪貌，故徒、但義同。今誤書袒，非。袒，即綻字（袒裂）。

但　但

朱一　不衣衣服，身上已空。但、徒為一聲之轉。

錢二　但裼非袒。袒，破衣也（即今綻字）。徒（徒跣）、但一聲之轉。

僂　僂

朱二　尪也。《說文》：戾，犬欲出，半在外半在内，門一閉，故不得不曲也。僂亦訓曲，義與戾同。「周公韈僂」，「韈」乃末之借，頭也，身長則頭曲出在前。

錢二　大徐作「尪也」，是。小徐之「厄也」不可解。段注非。

僇　僇

錢一　音劉，經典音六，訓且。聊，且也，音廖。

咎　咎

錢一　引申為有罪。

倃　倃

朱一　凡罵人當用此倃。然亦……。

錢一　凡罵人當用此倃字，訐人之短曰倃。然段說亦是。

值　值

朱一　彼此相當之值但當作直，逢遇之值亦然。

朱二　乃直之借。

錢一　持也。訓當者當作直，彼此相當曰直（引申為逢遇）。價直。

錢二　持也。訓當者當作直，訓逢遇者亦當作直。

偶　偶

朱一　「桐人」或謂「相人」之誤。偶然之偶當作寓，「寓寄非常」，乃寓然（偶然）也。

朱二　桐人也。桐為湯紅切，乃俑之誤。偶然之偶即遇字耳，謂相遇也。

錢一　「桐人」或謂是「相人」之誤。偶然＝寓然。「寓寄非常」，乃偶然也。奇偶＝耦。

錢二　或謂作「相人」也。偶然字恐係寓字之假。

弔

朱二 迅即到字，故訓至。弔讀為的，訓至，即迅字，弔起。《方言》有乚，即到字，今作倒懸之倒。倒懸，故不見手足也。

錢一 訓善者，因與俶音近故也。

錢二 訓善者，因與俶音近故也。

佋

朱一 佋穆。段氏以為後人所廁入，非也。

錢一 佋◎穆。段以為後人所廁入，未然。

錢二 佋穆。段氏以為後人加入，非也。

㑗

朱一 㑗或从申。申，重也。身内懷孕，故曰重身。

錢一 神也，神=申。申本有重義，如「三令五申」、「申命羲叔」。[一]申（重也）、㑗（重身也）、妊（身也），蓋有娠者，身中有身，故曰重也。

錢二 或从申。三令五申、申命之申，本有重義，故懷孕曰㑗，言重身也。

僊

仚

朱一 仚，僊之或體。《説文》未了，别作一字。人在山上，何必特製一字？故即僊字之或體耳。今尚作僊人字為仙。

錢一 僊、仚當是一字。《説文》未了。

錢二 僊、仚（今形變作仙）實一字。

僰

朱一 僰【僕】。雲、貴之間苗人。

錢一 今雲、貴之間之苗子也。

錢二 僰【僕】。雲、貴之苗人。

[一]《書·堯典》：「申命羲叔宅南交」。孔傳：「申，重也」。

⿰亻尌 錢一 市也。兑换＝⿰亻尌换。
錢二 市也。兑换當作⿰亻尌。

俇 朱二 與臩字音義近。
錢一 俗稱游行曰俇。

𠤎部

𠤎 朱二 古稱人死為化，死則人倒，故从倒人。

𣬉 朱一 疑惑當作𣬉，疑者定也。
錢一 未定也。𣬉惑。疑者定也，義反。
錢二 未定也，𣬉惑乃正字。疑，定也。

真 朱一 《莊子》「真人」乃用本訓。真實當作慎。然《說文》說明亦以真為慎矣。「予慎無罪」即「予真無罪」也。
錢一 真實＝慎。惟相沿用真。
錢二 真實字當作慎，段注已言之矣。《內經》及道書之真人是其本誼。

化 錢一 教化。變𠤎。

匕部

匕 朱二 相與比叙，从反人。用以比取飯及刀匕字，恐為刀字反形。蓋反人為匕，反刀為匕，象刀及匙也。
錢一 有二義：(1)比叙。(2)取飯器。

𠤟 朱一 保甲當作𠤟，𠤟，相次也。
錢一 保甲＝𠤟甲。

錢二 午【保】，相次也。故保甲亦當作午甲。

頃 朱一 頭不正，引申為凡不正之稱。

錢一 頭不正也。引申為凡不正之稱。

卬 朱一 俯仰當作卬。

錢一 人與卩比必仰（卩高），故卬从匕从卩。俯卬。訓我者，音相近。

錢二 俯仰當作卬。

卓 朱一 古音如的。

艮 朱一 怒目相視。相視必定，故引申為止。

錢一 彼此怒目相視曰艮，兩個對看久必目定，故引申訓止。

从部

从 朱一 服從當作从。惟隨行作從，其餘皆作从。縱橫之縱由隨行引申，直行也。

錢一 相听也。從，隨行也。除隨行外皆當作从。服从、从順、隨從。

錢二 除隨行作從外，皆當作从。

比部

毖 朱一 祕密當作比（毖）。祕，神祕也。

錢一 慎也。祕密＝毖密。祕，神祕也。

北部

北 錢一 南面而立，背向北，故引申為北方。

冀　朱一　北方州也。冀望乃期字之假借，音相近也。故騏驥相同。

錢一　訓望、訓幸者殆期之借。冀、期音近，故騏驥為一物。段說非。冀、覬音遠故。

錢二　訓望與幸者，乃期字之假也。冀、期音近，故騏驥為一物。段注非，冀、覬音不近。

丘部

丘　朱一　仲尼亦作仲泥，尼即屔之假字。

朱二　《漢書》「丘嫂」即「空嫂」，猶言寡嫂也。虛，大丘也，故引申為空虛。

虛　錢一　大丘也，俗作墟。因丘大則空曠，故引申為空虛。

屔　朱二　泥，水名。泥土之泥當作屔，反頂受水則多化為泥，則其本字作屔可也。

錢一　反頂受水丘也。仲屔，作尼作泥均借字。

㐺部

㐺　錢一　林立＝㐺立。

臮　朱一　今作曁，訓及。

錢一　今借曁，訓及。

𡈼部

𡈼　朱二　挺之本字即𡈼字。重从𡈼，𡈼音頂，今語云重頂頂是也。

徵　朱一　本義為徵驗，有感斯來，故引申為招，相感招斯成，故又引申為成。

錢一　召也，恐非本訓，徵驗乃本訓。有感斯來，故引申訓招（當是召），相感召斯成，故又引申訓成。

朢 朢 朱二 古以臣朝君之義訓朢，猶潮訓來朝也。然壬有直義，日月至朢日，東西直線可相朢。
從臣从月者，臣象伏形，月出日伏正相朢也。

𡈼 𡈼 朱一 貪𡈼◎、浸淫◎、姦婬◎。「淫刑以逞」，貪刑也，當作𡈼。
錢一 近求也。貪𡈼◎、浸淫◎、姦婬◎。「淫刑以逞」，貪刑也＝𡈼◎。
錢二 貪𡈼、浸淫、姦婬。

重部

臥部

臥 臥 錢一 非必仰臥也，「隱几而臥」亦曰臥。

監 監 錢一 臨下也。監、臨皆从臥，因臥俯視貌也。俯首曰臥者，高臨下形似臥，故臨从臥。

身部

㐆部

㐆 㐆 朱一 今作皈，俗所造。
錢一 歸也。俗誤作皈△。
錢二 㐆【依】，今俗作皈，歸也。

殷 殷 朱一 《禮記》「壹戎衣」，《尚書》「殪戎殷」。鄭康成謂衣姓乃殷姓之後。「相當」曰殷，當作檃（檃栝）。「漢案户（直户）」亦當作檃。
錢一 當入殳部，㐆聲。殷，古亦作㐆，衣、殷古音同。「壹戎衣」，古文《尚書》作「殪戎殷」是也。鄭玄謂衣姓乃殷之後。「相當」曰殷＝檃（檃栝）。《夏小正》

「漢案户（直户）」，案亦當作櫽。

錢二　當入殳部，作㐆聲。「壹戎衣」，《尚書》作「殪戎殷」，衣、殷古音同。故康成謂衣姓乃殷之後。「相當」曰殷，當作櫽。櫽者，櫽栝也；櫽栝者，夾板之類，使物歸於平也。《夏小正》：「漢案户（即直户）」，案亦當作櫽。

衣部

 衣　朱二　象覆二人之形。《論語》「必有寢衣」乃今被耳，故能覆二人。引申為衣服。

 裁　朱一　纔、財、才當為裁意，初亦然。經典相承前後（時間）之前即古剪字，與初始作裁同。惟前進（空間）之前仍當作歬。

錢一　製衣也。初，始裁衣也。二者引申均可訓才。才，草初生也，財、纔者，假借，故才、裁皆訓初正字。又歬亦可訓初，惟前、後二字頭難定。訓為時間（歲月）謂已往者曰前，未來者曰後；而空間（路）謂未去者曰前，已過者曰後。故前後或者字不同形：空間者＝歬，時間者＝前（即剪）。前，初也，與裁、才等同訓。

錢二　裁、才、財、纔等字同。

 袗　朱一　本訓玄服，段改「襌衣」，無所據。然黑髮曰鬒，故玄服亦可名袗。

錢一　亦可訓玄服，因㐱即「㐱髮如雲」之㐱（即鬒），義訓黑，故訓玄服亦可。

錢二　袗【診】，頭髮黑而密曰袗，今作鬒。《詩》「鬒髮如雲」，故袗言玄服亦通。

 表　朱一　上衣。表章、表識皆當作幖（＝標），立表亦當作標、幖。

錢一　凡表章等表字當作幖。幖，幖識也。

錢二　上衣也。表章字當作幖，標識亦當作幖。

 袷　朱一　古自領至衽皆名袷。

錢二　袷【斤】，古自領至衽皆曰袷。

褘 褘 朱一 王后之服畫翬，即蔽厀。古無衣服，遮蔽生殖器也。

襲 襲 朱一 左衽袍，死人服（與生人不同服）。重服亦曰襲，即今外套。

錢二 左衽袍也，所以衣死者。重服亦曰襲，即今外套。

袍 袍 朱二 古衣裝綿曰袍，襌、袂者不云袍。

袤 袤 朱一 衣帶以上必直，故引申南北（直形）為袤。

錢二 袤【茂】。衣帶以上必直行，故引申為南北（直形）。

⿰衤青 ⿰衤青 朱二 今背心也，無袖（＝袂）衣也。

⿰衤毒 ⿰衤毒 朱一 衣躬（背）縫。督脉在背，今名神經，古止作⿰衤毒。

錢二 ⿰衤毒【督】，衣後縫也。故督脈當作⿰衤毒脈，即今言神經也。

袪 袪 朱一 褏也。「胠篋」乃袪字之假借。

朱二 袂＝袖，下曰袪，上曰袖。

褏 褏 朱一 褏抱當作褏，抱乃捊之義。

錢二 褏褏乃正字，抱即捊字，即扒東西攏來之義。

袉 袉 朱一 裾也。今稱大襟。

錢二 裾【拖居】也。今稱大襟（在前面）。

衧 衧 朱一 諸衧，女人之披風。今男人之外套也。

襗 襗 朱一 「與子同襗」，與子同絝（絝，今之套絝也）。

錢二 襗【獨】，絝也。《詩》「與子同襗」＝與子同絝（鄭康成說）。古之絝，今套絝也。

襑 襑 朱一 襑从彡聲，即今衫字，衫，《說文》無，然《釋名》已有。

錢二 襑【尋】从彡，或即今衫字。衫，《說文》無，但《釋名》已有此字。

袑　朱二　絝上也。套褲至大腿處曰袑。

褍　朱一　外衣皆對衿，所謂正幅即今外套之形。

複　朱一　重衣。引申為一切重複之稱。
錢二　重衣也。引申為凡重複之稱。

裻　朱二　裻，衣之背縫也；督，背中脉也。引申為中。《莊子》「緣督以為經」，督乃裻之借。

袳　朱一　今奢侈字當作袳。侈，「掩脅」也。
錢二　袳【次】，衣張也。奢侈字當作袳。

裔　朱一　邊也。四裔，四邊也。

裵　朱一　裵姓當作䢩，見《說文》邑部。
朱二　徘徊當作裵回。
錢二　長衣貌。姓裵者，乃䢩字。

𧝝　朱一　𧝝，凡从鳥聲如凋、袑皆有短意。

褊　朱一　衣小。引申為凡小之稱。

襌　朱一　單袷【夾】當作襌。單，大也。
錢二　單夾字當作襌。

襄　朱一　耕地辟除也。引申為翻，「終日七襄」是也。襄又引申為攘，亦除也。襄贊乃相贊之假，相贊者，相助也。謚法：「辟土有得曰襄」，非贊襄義。
錢二　「攘夷狄」字即襄字，蓋襄引申之義作除去故也。襄，助也，乃相之假。

褻　朱一　私服。暬瀆、娙媟。
錢二　褻【雪】，私服也。訓昵狎義者，乃暬（瀆）、（娙）媟之假也。

褌 朱一 益也，衣之副為褌。引申為褌將之褌。

衦 朱一 摩展衣也，引申衦麪。
朱二 《說文》又有扞，今扞麪、扞綿條當作衦。
錢二 衦【敢】，摩展衣曰衦，引申為衦麪等之衦。

裂 朱一 今餘烈非餘威也，乃裂字之假借，裂亦餘也。分裂當作列。
錢二 繒餘也。今餘烈非餘威，乃裂字之假。分裂當作列。

袒 朱一 衣縫解也。合作綻，聲同。
朱二 今綻字。古無舌上音，讀綻為袒。
錢二 袒【綻】，衣破曰綻（纏），即袒字也。但裼者，衣非盡去，乃僅去外衣也。

衺 朱一 邪正、邪曲字當作衺。
錢二 衺正非邪。

褭 朱一 各本訓書囊，今常訓亦然，段氏改訓纆。

齎 朱二 緶，裳下緝，齎，縗下緝，斬縗下不緝。

衰 朱一 艸雨衣，今作蓑。盛衰當作㾓。齊衰、斬衰當作縗。然經典相承作衰，或與艸雨衣同。「其無美[?]等衰」之衰乃差之借，衰、差雙聲，故亦作等差。
錢二 艸雨衣也，今作蓑。盛㾓非衰。齊衰、斬衰當作縗。等衰‖差。齎縗，齎緶衣也。

裘部

裘 朱二 衣裳之裘與求索之求，古皆作求。其實當作逑。

䘩 錢一 緬縫裘之處曰䘩。

老部

耆 朱二 今文《禮》之鬐耆亦當録之。

考 朱二 古稱父爲考，今稱父爲老子。考擊之考當作攷（與敂音近）。考據亦當作攷（攷、敂同，敂實爲攷據）。攷與考意亦同。考成者，攷丁也，敂釘則攷實矣。考與攷即敂義，父同考，以手持杖敂子也。

錢一 老也。引申訓「成」，《尚書》「三載考績」。

毛部

⿰龺毛 朱一 獸毛。翰，鳥毛。人毛亦稱⿰龺毛（汗毛）。

錢一 獸豪也。翰，鳥毛也。人毛亦稱⿰龺毛。翰林主人亦⿰龺之借，因筆引申也。

錢二 獸毛也。翰，鳥毛也。人身上之毛亦稱⿰龺毛。

⿰毛㒼 朱二 《詩》「毳衣如⿰毛㒼」，當作虋或璊，段氏之説後段較是。

毳部

尸部

尸 朱一 象臥之形，直臚也。非但死从尸，凡有直意者皆从尸，身體、房室皆有从之。

錢一 陳也。象臥之形。故从尸之字或訓自陳，或訓自臥，故尸不僅指死者言也。本是睡直挺尸，引申死人必挺直不動故亦曰尸。凡有直意者比从尸。

⿸尸眞 朱二 ⿸尸眞與奠同。

居 朱一 今作踞，居住當作凥。
朱二 凥（今居），居（今踞）。
錢一 俗作踞。凥◎處。
錢二 蹲也。今俗作踞，居處字當作凥。

屓 朱二 贔、屓疊韻字，用力大也。贔，後誤贔。又誤作贔，屓誤作屭。

展 朱一 展轉當作㞡。㞡布四體無所隱蔽，故引申為信為誠。珏視。
朱二 展視當作珏。
錢一 轉也。展◎布四體，纖毫無隱，故引申訓誠、訓信（段謂與真音近，非是）。珏◎視。
錢二 轉也。㞡布四體，無所隱蔽，故引申為信為誠。珏視。

屆 朱一 《詩》「致天之屆」，極也（殛也），《書》「殛（極同）鯀于羽山」。
錢一 一曰極也。「致天之屆」，屆訓極。極，殛也，言致天之誅殛。
錢二 一曰極也。極，誅也，「致天之屆」其例也。

㞟 朱二 軍後曰殿，即㞟之借。先鋒曰顔，行兩邊稱兩翼可證。殿（宮殿）比㞟，陛（兩階）比髀（兩腿）。

⿸尸旨 朱一 ⿸尸旨巴。
朱二 此訓㞟，亦稱⿸尸旨巴。
錢一 ⿸尸旨◎把。

尼 朱一 《爾雅》訓定，「私之定也」。「不𥝩」音同尼，今俗罵人之肏字實即尼。
朱二 從後近之。《爾雅》「尼」，李氏注「私之定也」，即今云「屆屁股」耳。仲尼之尼當作𡰥。
錢一 從後近之。《爾雅》訓定，舍人注：「私之定也」，蓋即今罵人「入他媽」之入字。古音尼、日音同。《左傳》「不義不𥝩」，後作昵。尼字後以孔老頭兒的台甫書作仲尼，始不用本訓，今都作昵。

錢二《爾雅》訓定，「私之定也」。黏【暱】、昵（與暱一字）音同，故今罵人「入你的」之入即尼字之音轉也。

㞘　㞘

朱一　眉、尼、㞘三字連屬有意。

錢一　從後頭插進去。

錢二　從後頭插進去。

屟　屟

朱一

朱二　引申為抽屟字。

屏　屏

朱一　蔽也。屏氣亦蔽氣不出也。

錢一　蔽也。屏氣者，蔽氣不出也。攔之不許來曰屏，即「屏諸四夸」之屏。

第八篇下

尺部

尾部

尾 朱一 段云「人可言尸，禽獸不〈可〉［得］言尸」，非也。尻字，柔獸皮，从尸矣。

屬 朱一 从尾相連。

朱二 鳥獸孳尾之尾。

錢一 連也。即「肏」字。

屈 錢一 屈伸＝詘伸。

履部

履 朱二 福履之履乃禮之假音。

舟部

俞 朱一 凡从俞皆有空意。醫書：俞，脉竅數也。

朱二 引申為空。《內經》「俞」訓穴是也。窬（穿窬）从俞，亦訓穴。牏（今馬子）亦空中木也。

錢一 空中木為舟也。引申空處曰俞。醫家謂穴曰俞（俞，脉竅數也）。

彤

錢二　空中木為舟也。凡从俞聲字皆有空意，如「穿窬」。又醫書：俞，脉竅也。

錢一　船行也。趁（撐？）船＝彤船。

舫

朱一　「舫人」，船師也，即榜人。

朱二　船師也。《周禮》「舫人」即船師。段改云「船也」，非。舫訓舟者，乃「方舟」（併船）之方之借。

錢一　船師也，即榜人也。《爾雅》：「舫，舟也」，係「方」之借。

錢二　「舫人」即榜人，船師也，亦即今船長也。

般

朱一　今之篙也，故从殳，今船轉，故引申為般旋。「般樂」乃昪之假借。

朱二　从殳者，殳即篙也。「般樂」之般當作昪。搬物之搬當作般。

錢一　即今之篙子，故从殳。由今船轉之義引申為般旋、般移（俗作搬）。昪樂、昪遊。

錢二　今之篙也，故从殳。「般樂」乃昪之假字。「昪」【音卞】，《說文》訓喜樂貌。

方部

方

朱二　方之引申為併，即比也（比方人物）。方圓當作匚。

杭

朱一　《詩》「一葦杭之」。今作航，《說文》無。

錢一　《詩》「一葦杭之」，今作航，俗字也。

錢二　《詩》「一葦杭（今作航亦非）之」，當作杭。

儿部

儿

朱二　引申為腰，此儿字像人腰也。《說文》「虎足象人足」，即儿字耳。《左傳》公叔禺人字公為，人即儿字，腰也。禺儿者，猴腰也，名字相應，故字公為。

兌

朱一 本義毛傳訓「易直」。路易直而成蹊，故云「塞其兑」。因易直故引申為悦。

錢一 《説文》訓「悦也」，恐非本義。其本義即毛傳訓為「易直」。路易直而成蹊徑，故云「塞其兑」。因易直故引申為悦。

錢二 「塞其兑」者（《老子》），即塞其路也。

亮

朱一 本為倞，京省作亮，乃朗字之假字。

朱二 實即倞字之誤。倞从京，其人字若置∧人字∨於下則為亮矣。倞本訓强，倞訓明由景字借假而來，凡从京字皆可為亮聲。

錢一 此字為淺人段茂堂者所妄增，實即「倞」字之譌。「亮，相導」，不知是何字。「明也」之訓亦老段所妄造。《爾雅》、《廣雅》均無此訓。孔明名亮，雖似相應，或者是朗之借，亦未可知。段謂「假涼為亮」，誤。倞、㤀、㤀為涼省筆也。○此句費解已極。

錢二 即倞字之誤體。訓明者，或即朗字之假。

兄部

旡部

兓

朱一 今尖字。

朱二 今尖字，鋭意也。

錢一 俗作尖△。

錢二 兓【爭】，即今尖字。

皃部

覍　覍　朱一　今作弁。

朱二　「褊急」，《左傳》作「卞急」，卞乃褊之借，褊當作辯。

兆部

兆　兆　朱二　固蔽、錮蔽本字當作兆。蠱惑亦可作兆。鼓、瞽亦可作兆。凡聲音相同皆假借。

先部

禿部

禿　禿　朱二　秀，開花結實，與禿似異。秀與禿聲音果相近。《周禮》髡者使守積，古倉中有連稿之米穀，使禿者守之，不使稻稿米灰積頭也，故禿从禾从人耳。

穨　穨　朱一　虺穨，疊韻連語。

錢一　虺穨，疊韻連語。

錢二　禿皃。虺穨係疊韻連語。

見部

視　視　朱一　望下看曰視，与人看亦曰視，今作示。

錢一　望下看曰視，与人看亦曰視，今作示。

覝　覝　朱一　今廉訪字當作覝。

錢一　察視也。覝訪，覝察。（今作廉）。

錢二　覝【廉】，察視也。今廉訪字當从覝。

觀　朱一訓多，猶灌木之為叢木也。
朱二訓多之觀引申與灌木同。灌為灌溉，其本字皆當作吅，則有衆多之義。
錢一訓多者，猶灌木之為叢木也。

㝵　朱二古見或作㝵。今云聽㝵、聞㝵，即聽見、聞見也。

覭　錢一目瞟一瞟正作覭◎。

覰　朱一偷視也。
錢一偷視也。

覢　朱一今閃電字當作覢。
朱二電光閃閃，即覢字。
錢一暫見也。一閃一閃電＝覢◎。
錢二暫見也。今閃電字當从覢。

⿱冖見　朱二突前也。今小兒捉⿱冖見是也。

覺　朱一訓明者乃斠之假借，比斠也。
朱二訓直之覺當作「斠然劃一」之斠[一]。訓大之覺乃嶽嶽高大之嶽之借。
錢一訓明者乃斠之假借，比斠也。

靚　錢一靚妝＝彰◎。

⿰它見　朱二面柔之「戚施」，本字當作𪓰𪔂（癩蝦蟆）。引申為面柔者，因身染癩病，為人厭之，蓋羞見人也。

[一]斠，《說文》訓「平斗斛也」。《漢書·曹參傳》：「蕭何為法，講若畫一」。《史記·曹相國世家》作「顜若畫一」。唐·程晏《蕭何求繼論》作「斠若畫一」。

見部

欠部

欽 朱一 欠貌。《詩》「憂心欽欽」，疊語耳。至于訓敬之欽，乃頷（向下之意）之假借。《尚書》：「帝欽伐之」亦即頷字。

朱二 「欽欽」，使人樂進也。此欽字乃廞之借。《爾雅》「廞，歆也」。欽敬之欽乃頷之借，頷，倒頭也。

錢一 欠貌。「憂心欽欽」係疊韻連語。至于訓敬之欽＝頷。（低首向下也。低頭則敬）。《尚書》：「帝欽伐之」亦＝頷。

錢二 欠貌。「憂心欽欽」，疊語也。訓敬者，乃頷【汗】之假，頷者，向下之意。《尚書》：「帝欽伐之」亦即頷字。

歇 朱二 鼻息也。引申為休歇者，因臥則鼻息出聲，行止則喘息也。

弞 朱二 从引省聲。段氏改之，非也。

錢一 段改「己聲」，非也。當作引省聲。

款 錢一 訓空者＝窾。

欲 錢一 俗作慾。

歍 朱一 歍⿰鼀欠（口相就也）。唐朝有「嗚唼」二字亦訓口相就，即今接吻也。

朱二 唐人譯佛經有「嗚唼」，正當作歍接。

錢一 歍⿰鼀欠，口相就也。唐人有「嗚唼」二字，即今之接吻，其正字＝歍。⿰鼀欠。

錢二 歍⿰鼀欠【烏蹙】，口與口相就也＝唐「嗚唼」＝今西人之接吻。

欪 錢一 俗作嗤。

㵣

朱一 飢渴當作㵣，渴，水竭。猶饑，荒年；飢，腹餓也。皆引申耳。

錢一 欲飲歠也。飢㵣。渴，水盡也。猶飢餓，荒年曰饑也。

錢二 飢渴當作㵣，渴，水竭也。然亦可互引申，例如飢、饑字。

⿰⿱㸚魚欠

朱二 今「若干」字即⿰⿱㸚魚欠干之變。

歃

朱一 一切飲皆曰歃。

錢一 歠也。一切㱃皆可曰歃。今傳用于歃血矣。

錢二 一切㱃皆曰歃。

歁

朱一 欿同。

錢一 與欿同。

欱

錢一 歠也。喝酒=欱酒。

欭

朱一 氣梗曰欭，食梗曰噎。

錢一 氣梗曰欭，食梗曰噎。

錢二 欭【懿】。氣梗曰欭，食梗曰噎。

欿

朱一 今面凹曰欿（音歐）。

朱二 今人稱凹面字當作欿。

錢一 今面凹曰欿（音歐）。

欥

朱一 遹、聿、粵、曰皆欥之假借字。

錢一 詮詞也。（前語未了，須以語釋之曰詮詞。）凡遹、聿、粵、曰皆欥之借字。

錢二 欥【聿】。遹、聿、粵、曰皆欥之假字。

⿰康欠

錢一 飢虛也。凡从康之字皆有虛義，如㝩、⿰康欠、漮皆是。

㱃部

次部

羨 朱一 从羊次聲。

朱二 从次羨省。羨，今貪誘字。羑，今誘導義。

錢一 从羊次聲。有餘亦曰羨者，段說是也。

旡部

旡 朱二 道書作「炁」，从火不可解。

𣄞 朱二 「夥頤」之夥即𣄞之借。

錢一 「夥頤」，夥，正字。

𣄢 朱一 善也。引申為𣄢薄，俗作涼。

錢一 𣄢◎薄。

錢二 引申為𣄢薄，今作涼，非。

第九篇上

頁部

頁
錢一　𦣻、頁、首三字果屬于那一個，尚未能定，只得權當他是首字罷了。

顏
朱一　眉之間也。引申為額，又引申為顏色、顏料。
錢一　本義為眉心。引申為額角。顏色本為面色，今謂色曰顏色，引申太遠矣。題匾曰顏，亦其引申。
錢二　眉之間也。引申為額，又引申為顏色、顏料。

頌
錢一　頌◎貌。

顛
朱一　顛、頂一聲之轉。
朱二　顛、頂一聲之轉。顛沛當作蹎。
錢一　頂也。顛、頂一聲之轉。⿺走真◎什。

題
朱一　頟也。引申為題匾頟。
朱二　頟也。題目、題署、匾頟皆由頟之本義引申。
錢一　頟也。引申為題匾頟。再引申一切之題皆可曰題。
錢二　頟也。引申為題匾頟。

頷
朱一　頷、顄，一入聲一平聲，實一字耳。
錢一　顄也。二字一平一入，實一字也。
錢二　顄也。顄，頤也。頷、顄一平一入，實一字耳。

頸

朱一　全體稱頸，在後曰領、曰項。

錢一　全體(?)稱頸，在後曰領、曰項（頸，全體；項、領，後頸）。

錢二　全體稱頸，在後曰領曰項。

領

錢一　項也。引申為領頭，再引申為綱領（訓治，理）。

煩

錢一　玉枕骨＝煩。

頔

朱一　古嘗以魋字假借頔字。

朱二　頔頭肤額，後人作魋顏。

錢一　銳額角也。音與魋同，古多借魋字為之。

錢二　古嘗以魋字假之，音鎚。

顜

朱一　臉長。假借字為鬑，後變為臉字（臉字唐時尚未見，五代以後始用之）。《釋名》有「鬑車」，亦顜字之假借耳。

朱二　古以鬑為顜，俗作臉。

錢一　【音顏】。頭頰長也（即臉長也）。以用鬑【音廉】字假借，俗遂製臉字，故臉之正字＝顜，蓋人之頰總長也。《釋名》之「鬑車」，鬑亦顜之借。○臉字唐時尚未見，五代以後始用之。

錢二　長臉也。古以鬑假之，今俗作臉。又《釋名》兩頰曰「鬑車」，因鬑鼠食積於頰，人食似之，因以名也。

碩

錢一　頭大也。引申為一切大之稱。

頒

朱一　大頭也。今用班字。

朱二　頒布當作䫜。

錢一　大頭也。《詩》「有頒其首」、「牂羊頒首」。今之用頒字係借為班字用。

顝

朱一 巨魁當作顝。俗語「賊骨頭」當是顝字之誤讀者，「賊魁」也。

朱二 渠魁當為巨顝之借。《漢書》有「巨滑」，凡賊首不滑乃能服人，則滑當即顝字，以皆從骨也。今人尚有云「賊骨頭」者。

錢一 大頭也。骨之平聲為圭，故顝讀如魁。渠魁＝渠顝◎。賊顝◎頭。

錢二 巨魁當作顝，顝，大首也。俗語「賊骨頭」當是顝字，猶言「賊魁」也。

願

朱二 大頭也（腦大則思想足），故引申為思，又引申為欲。

錢一 大頭也。情願之願，因願、甯雙聲，故通借。

頎

朱一 古假為懇（《說文》無懇字，有貇字）。

錢一 讀「祈」者，之諄對轉。古亦假為懇，然懇亦《說文》所無，只有貇字。

錢二 頎【其】。古假為懇，《說文》無懇，有貇。

頑

朱二 《說文》元訓始，實即首字，《左傳》「狄人歸其元」是。元从兀聲，元、兀實一字；元之入聲為兀，兀上一為首也。下从儿，即人字。則頑亦為頭耳。髡、髡又為一字可證。

錢一 棞頭也。言愚昧也，頭腦未分析也。引申為頑固。

錢二 頭腦未分析也。引申為頑固。

顆

朱一 凡物小者皆从果聲：「果下馬」者，果，小也。顆首，小首也。蓬顆（顆乃塊之假字耳）。

錢一 小頭也。凡从果聲字皆有小義，如「果下馬」者，小馬也。舜妹曰「婐首」亦＝顆◎，小首也。蓬顆之顆段謂是堁字之耤，然堁字《說文》所無，當是與塊字雙聲而借耳。

錢二 小頭也。凡以果聲字概有小意，如「果（＝小）下馬」；又舜妹曰顆首，蓋古人往往以形取名也。

頲

朱一 直也。挺、梃皆有直意。庭，直也。

錢一 狹頭頲也。《爾雅·釋詁》頲訓直。凡庭、挺、梃、頲等字皆有直義。

頲

錢二　直也。凡从廷聲字皆有直意，如挺、梃、庭。

錢一　頭閑習也。頭不亂動也。

錢二　頲【委】。頭不亂動也。

頷

朱一　頤乃假字。

錢一　顑頷，餓得面孔黃也。訓頤者‖頤◎。

錢二　訓頤者，乃頤之假也。

頍

朱一　《說文》只有槶，後人作簂，實即頍。

朱二　槶頭。

錢一　舉頭也。《說文》有槶字，後作簂（《說文》無）。因頍、簂音義近，故借頍為簂。

錢二　頍【魁】。《說文》有槶字，後作簂。頍、槶音義近。

顧

朱二　今雇、僱字皆為故之借，使為之也。

順

朱一　理也。川古作鬊（髮也），𩠐字亦从川，故順者言頭髮之有理也。

錢一　理也。川字可借為鬊（髮也）字用，順之从川，亦借為鬊。順者，髮理也（頭髮之有理也）。

錢二　从川，川古可假作鬊，鬊，髮也。首亦从川，故順者，言頭髮之有理也。

顓

朱二　叀、嫥、顓皆有謹意。

顉

朱二　欽、顉、趛音同義近。

錢一　低頭也。今見人行禮言顉【今音候】，顉頭也。

錢二　顉【汗】，見人行禮。顉，顉【今讀候】頭也。

頓

朱一　稽首，頭到地。稽顙（喪禮）、頓首（急事）皆頭到地而撞也。

朱二　頓與頷義近。稽留。頓宿　頓兵堅城之下，頓猶乇。

頓

錢一　稽首者，頭至地而已。頓首、稽顙同一樣子，皆磕響頭。但頓首（尋常）；〔為〕稽顙（凶）。

錢二　稽首，頭着地也。稽顙（喪禮），頓首（有急事時），皆頭着地而撞也。稽之正字乃䭫〔起〕字。

頫

朱一　人皆謂俯即頫、俛之俗字，實則不相關。頫、俛當讀免，俯當作府。見前。

朱二　音與俛同。俯仰之俯正當作府。「人面頫」（揚雄語），又有「面靦」語。頫與靦音近，則頫即靦字耳。

錢一　人皆謂俯之正字為頫、俛，非也。頫、俛均應讀免（段亦云然）。蓋俯之正字＝府。

錢二　人皆謂俯即頫（或俛）之俗字，實則無關。頫、俛當讀免，俯當作府。

頡

錢二　直項也。引申直飛而上曰頡，直飛而下曰頏〔杭〕，如《詩》「頡之頏之」。

[illegible]

朱一　頷稱衡，平衡、下衡、眴衡是也。權、準皆謂權骨，準不必讀拙。

錢一　頷稱衡，如平衡、下衡、眴衡是也。權、準皆謂權骨，準不必讀拙。

錢二　頷稱衡，如平衡、下衡、眴衡是也。權、準皆謂權骨，準不必讀拙。

顥

朱二　皓首當作顥。

錢一　「四顥」是本訓，引申為白。

顧

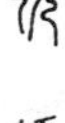

頃

錢一　顧、頃一聲之轉。

頼

朱二　與俾倪之俾同。俾倪與頼睨同。

錢一　頭偏也。引申為凡偏之稱。

頗

朱一　引申為凡偏之稱。

錢一　頭偏也。引申為凡偏之稱。

頄　朱一　贅疣（乃瘤之假字），疣之本字當作頄。
朱二　《說文》又有肬字，與頄同。頭搖貌，所謂顫也。今戰戰兢兢之戰乃顫之借。
錢一　顫也。或作疣。贅疣＝贅瘤。
錢二　頄（或疣）【宥】，顫也。顫，頭不定也。贅疣字乃瘤之假字。

顡　朱二　與佁、騃音義同。

頪　朱一　既有此頪，从犬之類可不用。
錢一　頪，通語；類，別言。種頪。
錢二　既有此頪，从犬之類可不用。

䫏　朱二　孔子「面如蒙倛」，倛即䫏（頭）之借[一]。

籲　朱一　仰面而呼，故从頁。
錢一　呼也。讀裕者，二、四部之轉。仰面而呼，故从頁。
錢二　籲【喻】。仰面而呼，故从頁。

顯　朱一　頭明飾也。既有㬎字，顯字亦可不造。《爾雅》顯訓代（今年代明年，今日代明日）。「丕顯哉，文王謨；丕承（承接）哉，武王烈」、「不顯」、「不承」，顯皆訓代。《經義述聞》顯訓明，承假仍訓美，較不妥。
錢一　頭明飾也。㬎（通言，衆明），顯（別言，專指頭明飾）。凡訓明之字皆有代意，如明日（代今日）、明年（代今年）。顯亦訓代，（《爾雅》訓顯為代），如《書》：「丕顯哉，文王謨；丕承（⿰言乃之借。⿰言乃，繼也？）哉，武王烈」，及「不顯」、「不承」，顯皆訓代也，蓋與承字同義。《經義述聞》所解非也。

[一]《荀子·非相》：「仲尼之狀，面如蒙倛」。楊倞注：「倛，方相也」。

錢二 訓明，故又訓代。明年代今年，明日代今日也。「丕顯哉」、「不（丕）顯」字皆訓代。

百部

脜 朱二 脜與柔同。柔、為一切柔；脜，為面脜（柔）。

錢一 柔，通名；脜，別名，面柔也。

錢二 脜【柔】。面柔也。

面部

面 朱二 本訓面，又訓背。偭縛，背縛也。《離騷》「偭規矩」亦訓背。

靦 朱一 面見。靦，䩄，羞見人也。

錢一 面見也。面見，疊韻形況語，非正字，即俗之靦䩄字也。

錢二 靦【他典】。羞見人也（或說）。

酺 朱一 即輔字。凡从甫聲今讀巴。

朱二 古讀重唇，今音轉為巴（巴掌之巴）。輔頰之輔正當作酺。

錢一 頰也。與輔當是一字。蓋輔非指車言也（?）。魚模轉麻，故今讀巴。

錢二 酺【甫】。頰也。兩頰曰輔車，酺、輔殆一字。从甫聲字轉為巴聲者，因魚模部轉入麻部也。

丏部

丏 朱二 反正為乏，賓从丏，頻作𡴀。不知何時變為乞丐之丐。【一】

【一】反「正」為乏字，非丏。与賓無涉，原稿如此，疑誤。

首部

𩠐　朱二　後作斷、作剬（歌寒對轉。剬又變作剁）、作剸。

県部

県　錢一　俗作梟。

縣　朱一　郡縣从系字引申來恐未是（然尚通，當从之）。漢人稱皇帝為縣官，《史記》有「赤縣神州，天子掌之」，故稱縣官。《周禮》已有「縣正」，古縣上無繫屬之府、省，直隸於天子，故訓為系（繫）亦通。

朱二　猶今「直隸」也。春秋時縣直隸于國君，不為卿士大夫食邑。天子古又稱縣官，縣又變為寰，寰字「赤縣神州」即由此稱。

錢一　繫也。挂首曰縣，引申為一切縣挂。州縣之解，段說未是。漢人稱皇帝曰縣官，或曰即「赤縣神州」之縣（鄒衍說）。（《史記》「赤縣神州，天子掌之」，故稱）。縣字不可知，只好照段說，當是直隸之隸字之意。縣直隸于天子，故訓繫，尚通。《說文》曰「繫也」，猶今之隸也，言直隸于君之地也。蓋段說雖未是，然古縣上無繫屬之府、省，即直隸于天子，故訓為繫，亦尚可通。

錢二　【新睦音正】。漢人稱皇帝曰縣官，《史記》「赤縣神州，天子掌之」，故稱。縣直隸於天子（國君），故訓繫尚通。

須部

𩑛　錢一　即冄之孳乳字。

頿　錢一　須（口下），頿（口上），𩑛（連鬢）。

顊 朱二 顊為須白之須之正字。

彡部

形 朱一 形乃所畫之象，引申為形象，又引申為一切有形之物。
錢一 象也。所畫之像曰形。引申為形象，再引申為一切有形之物。引申畫出之物亦曰形。

㐱 朱一 鬒，本有黑〈字〉〔義〕，故或作黰。
朱二 鬒，稹密作鬒密亦可。
錢一 稠髮也，或作鬒。以本有黑義，故又作黰。

修 朱二 飾也。修長之修乃攸之借，攸、永皆水長也。
錢一 以帚拂拭也，故从彡。因拭則光潔，故引申訓修飾。

彰 朱一 彣彰。有形而美曰彣彰，僅有形可見曰文章。
錢一 彣彰也。有形而美（有文采）曰彣彰，僅有形可見（無文采）曰文章。
錢二 彣彰，有形而美曰彣彰，僅有形可見曰文章。

彫 錢一 琢文也。因其刻缺，故引申訓彫敝。

彭 錢一 彭⊙粧。

㣎 朱一 穆乃禾名，假借字也。
朱二 穴孔中細光起波紋也，故訓細文。引申訓美、訓敬。訓和，乃睦字之借。
錢一 穆乃禾名，假借字也。

彣部

彣 朱二 文，錯畫也，名詞。紋即文字。彣乃形容詞。文明、文章皆當作彣。

彥　朱一　漢人取名號多从彥，猶今人多用甫也。
錢一　漢人多以彥取名，猶今人多用甫字也。
錢二　漢人多以彥取名，猶今人多用甫也。

文部

辬　朱二　《易經》白黑襍為貴，即辬之借。辬與斒同，辬為通「名」，斒為〈通〉「别」名。
錢一　辬◎駁（俗作斑），虨◎孟堅。

斄　朱一　豪釐當作氂，段謂當作斄。
錢一　豪釐＝氂，段謂＝斄。(1)《漢書》皆作氂，亦可。(2)　段謂毫厘當作此，厘本作氂，从毛亦可，用為毫氂。(3)
錢二　【厘】。毫釐字當作氂，段謂當作斄。

髟部

鬗　朱一　既有曼，不必再製鬗字。
朱二　曼，引也，引申為長，通言；鬗，髮長貌，别言。《郊祀歌》「鬗長」乃曼之借。
今俗語尚有曼長字。
錢一　曼（毛傳：「曼，長也」），通言；鬗（髮長），别言。
錢二　鬗指髮長，曼指通長。既有曼字，何必再造鬗字。

髳　朱一　髳至眉，今之前鬋也，鬋，女鬢垂貌也。
錢一　如今之前劉海也。

鬋　朱二　今前〈雷〉「劉」海。
錢一　劉海也。

鬄 朱一 今之假髮。

錢一 髲也，假髮也。

錢二 鬄【滌】。髲也。髲，益髮也，即今假髮也。

髲 朱一 益髮也，今稱髲子是也。

錢一 益髮也。亦假髮，今稱髲子。

𩬊 朱一 今作髻。

朱二 今之髻字當作𩬊。

錢一 俗作髻△。

鬣 朱一 引申為人長之稱。

錢一 引申為人長之稱。

髴 朱二 《說文》又有仿字，仿髴猶今仿佛也，猶形容也。《漢書》作「放物」，又作「方物」。

錢一 與仿佛之佛同。

鬌 朱一 存髮不剪曰鬌。因其橢圓，故名。

錢一 髮墮也。剪髮為鬌，言橢圓形也。段非。(1) 存髮不剪曰鬌，因其橢圓，故名。(2)

鬌，髮墮也。此墮不知訓橢抑否？橢雖正字，古亦有作墮。段注引《內則》，非。(3)

⿱髟剔 朱一 鬀髮也。凡剪毛髮皆曰鬀，非若今鬀頭也。耏，鬀鬍髭也。

朱二 ⿱髟剔、鬀、鬄（髢。鬄，假髮，因鬀髮所作）三字實一字。

錢一 ⿱髟剔髮。鬄，假髮也。凡剪毛髮皆曰鬀（⿱髟剔？），非若今之鬀頭也。

錢二 ⿱髟剔【滌】。凡剪毛髮皆曰⿱髟剔，非專⿱髟剔頭也。耏，鬀鬍髭也。

髡 錢一 元寒以之為入，故髡从兀。髡，鬀髮（罪重）；耏，鬀鬍子（罪輕）。

⿱髟並　朱一　段謂相遇曰掽，實即逢。（古讀重脣）字。

朱二　忽見也，今掽見字。

錢一　卒然相遇也之碰乃‖逢。段非。

錢二　今人謂卒然相遇曰掽，實即逢字。蓋古無輕脣，逢音如掽。段以⿱髟並即掽字，恐非。

⿱髟坙　錢一　古人繞髮必用布（曰纚），去布曰⿱髟坙。

后部

后　朱二　繼體君。引申為前後之後。

㖃　朱一　當云从口后聲。俗作吼字。

錢一　當入口部，作从口后聲。今形變作吼。

錢二　从口后聲，今形變作吼。

司部

司　朱二　臣司事於外者。司，古伺字。「邦之司直」、漢御史中丞、丞相、司直皆偵察之官也。則司直即偵探矣。直，（說）「十目……」也。[一]

詞　朱一　名詞當作詞，文詞當作辭。意內而言外，如罵人之龜字並無可賤之意，而今則為惡詞，此則意內而言外也；又能（台）本鼈，未必美也，今人恭維人稱台，有美意，是亦意內而言外也。

錢一　意內而言外也。亦可入言部。詞（一句話），辭（文辭），名詞。、文辭。（辭者，成文之詞也）。意內而言外者，如罵人之龜字並無可賤之意，而今則為惡詞，此則意

[一] 此句有脫漏，蓋指《說文》釋直「从十目乚」。

內而言外也。又如能（台）本鼈，本非尊也，而今人恭維人稱台有尊意，亦意內言外也。

錢二 名詞、動詞。辭，文之成篇者也。意內而言外者，如罵人之龜字並無可賤之意，而今則為甚惡之詞。又台本能，能本鼈，今人用以為恭維之詞之類。

卮部

卩部

卩

朱二 守節之節本訓竹節，有節約意，則守節作節亦可。至于握節之節當作卩矣。古重卩，今重印，官守卩以死，猶守印以死也。

令

朱一 訓善乃靈之假借。

朱二 从亼卩，合卩也。古以卩為印，故必相合卩，乃施行也。

錢一 訓善者‖靈。

錢二 訓善者，乃靈之假字也。

𠨬

錢一 宰之也。宰，治也，故从卩。

卷

朱一 卷舒乃引申字。卷訓區乃雙聲字。

朱二 卷、區古雙聲。「拳拳服膺」則當从手。

錢一 厀曲也。卷舒是曲之引申義，俗誤用捲，非。卷訓區者係雙聲。

錢二 卷舒乃引申義。訓區者係雙聲。

卻

錢一 却退為其本義。

印部

𢑏　朱一　抑，訓美乃懿之假借字。

朱二　俗作抑。印訓美者，印為抑音，乃懿之借。引申為慎密，乃壹之借，《說文》「壹、壼」篆文皆从壺，吉凶未現，故云密也。

錢一　抑，按也。詩訓美者＝懿，發聲字同。

錢二　抑，按也。訓美者，乃懿之假字。

色部

艴　朱一　《說文》孛亦訓「色艴如也」，然艴乃正字，孛乃孛逆字。

錢一　「色艴如也」，正字＝艴。《說文》又引作「孛」等者，皆借字（孛乃孛逆字）。

錢二　色艴如也。《說文》亦作孛如，非。孛乃孛逆字。

艵　錢一　怒，面色斯青，曰艵。

卯部

卿　朱一　古讀鏘。章也。以聲為訓。卿雲，章雲，文章彪炳之雲也。今人改為慶雲，非是。

錢一　章也。卿雲者，章雲也，很明亮之雲也。「景星（亮星）卿雲（有文彩之雲）」，即明星彩雲也（俗訓慶雲，誤）。

錢二　【古音鏘】。章也，以聲為訓。「景星慶雲」＝卿雲＝章雲，言章明之雲也。

辟部

辟　𨐨　𨐨

朱一　辟，法也；𨐨，法也。其實一字，當云「辟，法也。古文作𨐨」。

朱二　法也。辟除等字乃避之借。偏僻亦避之借。《左傳》「闢西辟」乃壁之借。

錢一 辟、𤸁皆訓法也，其實是一字，當云「辟，法也。古文作𤸁」。

錢二 辟，法也；𤸁，法也。其實一字。當云「辟，法也。古文作𤸁」。

勹部

𥷚

朱一 鞠躬當作此。

朱二 《史記》「匑匔」乃躬𥷚之借，即今鞠躬也。

錢一 曲脊也。鞠躬＝𥷚躬。

錢二 𥷚躬非鞠。

匐

朱一 伏地也。伏地之伏本當作匐。伏，犬伺盜賊也。

錢一 伏地＝匐地。伏乃借字，許云「伏地也」者，以今字釋古字也（伏，犬伺盜賊也）。

錢二 伏地也。伏地字當从匐；伏，犬伺盜賊也。

勼

錢一 勼合。

旬

朱一 本訓為十日，引申為徧，即均。

錢一 本訓為十日，引申為徧，即均（?）。

勽

朱二 報（通叔母）乃勽之借。

𠣺

朱一 周徧當作𠣺。人謹慎周密乃作周。

錢一 匝徧也。周徧＝𠣺徧。周，乃謹慎周密之周（周訓忠信，引申為周密）。

𩛝

朱一 今人稱己足曰够，實乃𩛝字耳。

錢一 飽也。今俗語謂足之够，當作𩛝。

錢二 𩛝【救】。今人稱已足曰够，實即𩛝字也。𩛝，飽也。

𠣾

朱一 即複字。既有複字，不必再製𠣾字。

朱二 複之或字。重複當作緟𠣾。

冢　錢一　重也。復，通言；複，別言（衣之重也）。

錢二　重也。複乃衣之重也。

朱二　从豖聲，東侯之轉也，豖為侯部之入聲，段云第三部，誤也。

包部

包　朱二　巳篆作，猶今所謂精蟲也，巳，象子未成形。巳之反為㠯，胎从㠯，故古僅有包字耳。

匏　朱一　有甘、苦兩種，甘者可食，苦者不可食。

錢一　有甘、苦兩種，甘者可食，苦者不可食。

茍部

鬼部

鬼　朱一　《周禮》分大神、大祈、大鬼（在天之靈曰神，在山川之靈曰祈，人死為鬼）。後人造䰠字。

朱二　人所歸為鬼，鬼从甶，獸也，猶鬼魅罔兩也。則鬼即夔字，夔亦作歸，四川夔州當作歸州。

䰠　錢一　《周禮》有大神、大示、大鬼。在天之靈曰神，在地（山川？）之靈曰示，人死曰鬼。○○○○○○後乃更造䰠字，與神為天人之別。人死而有神靈曰䰠。

錢二　神也。在天之靈曰神，鬼之有靈者曰䰠。

魂　魄

朱一　魂，有知覺；魄，無知覺而僅運動耳。

錢一　耳之所以能聽，目之所以能視，以有魄存焉。故魄者，司運動也；因運動而外物皆得入乎内，于是有知覺，因知覺生辨別，此則魂之所主也。（魂有知覺，魄無知覺僅運動耳）。

錢二　耳之所以能聽，目之所以能視，以有魄存焉。故魄者，司運動也；因運動而外物皆得入乎内，於是有知覺；因知覺生辨別，此則魂之所主也。

鬽　鬽

朱一　太史公分鬼神與物（指䄏怪）。古人製鬼字不必專指人死，鬽訓「鬼有毛」，乃指䄏怪獸精，故有毛，非指人死之鬼。

朱二　或魅。由［勿］、鬽［勿］、𩳁實一字，猶曶、昧通用實一字也。

錢一　妖怪也。蓋古所謂鬼者，非專指死人，凡形之可怪者，即獸類亦得稱鬼，故「鬼毛」之説。太史公分鬼神與物（指妖怪）。

錢二　鬽（或魅），䄏怪也。蓋古之所謂鬼者，非專指死人，其形之可怪者，如獸類亦得稱鬼，故有「鬼有毛」之説。

⿰鬼𦰩　⿰鬼𦰩

朱一　「鄉人儺」當作⿰鬼𦰩。段訓「奈何」，非是。

錢一　「鄉人儺」＝⿰鬼𦰩⊙（段訓「奈何」，非是）○此訓未憭。「棄甲則奈何⊙」、「公是韓伯休那⊙」。［一］

錢二　「鄉人儺」當作⿰鬼𦰩。

醜　醜

朱一　醜同雔、疇，輩［意］。《國語》「況爾小醜（輩）乎」，《曲禮》「在醜夷（等輩）不爭」，皆無可惡意。

［一］《論語·鄉黨》：「鄉人儺，朝服而立于阼階」，何晏注：「孔曰：儺，驅逐疫鬼」。《左傳·宣公二年》：「牛則有皮，犀兕尚多，棄甲則那」，杜預注：「那，猶何也」。《後漢書·逸民傳·韓康》：「公是韓伯休那，乃不二價乎」，李賢注：「那，語餘聲也」。

錢一《國語》「況爾小醜乎」，小醜者，小輩也，小東西也；《曲禮》「在醜（類也）夷（同也）不爭」，言同類也，同輩也；及《詩》「獲醜」，以上之醜字皆雔之借也（疇、輩），並無可惡之意。醜訓穀（《內則》「鼈去醜」）者，與州同，雞巴也（豕之借？）。

錢二《國語》「況爾小醜乎」，即小輩；《曲禮》「在醜夷不爭」，醜夷者，同類也；《詩》「獲醜」，以上所用醜字，皆雔之假字也。

甶部

禺　朱一《史記》「木寓龍」，寓乃偶之假字。偶，木人，象人形，故偶乃禺之引申義。禺，母猴也。猴好似人，故相似為偶。

錢一　母猴屬。《史記》之「木寓龍」＝木偶龍。寓者，偶之借。偶自禺來。禺，猴也。猴善模仿人，故引申為木偶。木偶，象人形也。

錢二　母猴族。《史記》「木寓龍」＝木偶龍。偶从禺字轉，蓋禺最好擬人也。

厶部

篡　錢一　亦有「取也」之義。

羑　朱一　誘。「夫子循循然善誘人」，誘當作羑（進善也）。凡《詩》誘字必非今人誘騙之義。

朱二　或作誘，導也，古作羑。

錢一　騙拐也。或作誘。「善誘人」非善拐騙也，借為羑。羑，引也（進善也）。「吉士誘之」，毛訓「導」，亦羑之借，不是騙女人也。歐陽修不識字，故訓騙，可笑孰甚也。

錢（或誘）。「夫子循循然善誘人」，當作羑。羑，進善也。《詩》「古士誘之」，亦當作羑。

嵬部

第九篇下

山部

嵍 錢一 凡蜀西之山皆曰嵍山。

崵 錢一 首崵山。

岡 朱一 岡，山脊也；犅，牛脊也。同音義。

錢一 岡，山脊也。犅，牛脊也。音同者誼亦相近。

錢二 岡，山脊也；犅，牛脊也。

岑 朱二 尖山也。兟（今尖字）與岑聲義近。

巒 朱一 山形橢圓。

朱二 音與卵同，橢圓形也。

錢一 山形橢圓者也。凡从䜌聲字皆有橢圓義（？），如欒字。

錢二 橢圓山也。凡从䜌聲字皆有橢圓意。如欒字。

密 朱一 精密當作謐。周密當作宀。

朱二 山如堂者。秘密當作謐。

錢一 山如堂者。謹密＝謐，其餘一切密字如周密＝宀。

崛 朱二 山短而高，旁無起脈。故引申為崛起，有獨立意。

錢一 山短而高，陡絕也。故引申為崛起，言陡然起也。

崇　朱一　中嶽稱崇高。鯀之國在陽城，嵩山亦在陽城，嵩山古稱崇，故鯀稱崇伯。後人謂嵩高為漢武帝改為崇高，非也。

朱二　嵩、崧古無，皆當作崇。

錢一　中嶽稱崇高。鯀之國在陽城，嵩山亦在陽城，鯀稱崇伯，故知嵩山古稱崇。漢人謂嵩高為漢武帝改為崇高，非也。

錢二　鯀之都在陽城，嵩山亦在陽城，嵩山古已稱崇，故鯀稱崇伯。後人謂嵩高為漢武帝改為崇高，非也。

崝　錢一　崢△嶸‖崝◎。

錢二　崝【精】。今作崢。

崩　朱一　引申天子死曰崩，猶乎人死曰倒也。

錢一　山壞也。引申天子死曰崩，猶乎人稱死曰倒也。

⿱卪山　朱一　丞字从⿱卪山。

錢一　丞字从此。

屾部

屵部

岸　朱二　水厓洒（古音如信，乃峻之借）而高者。

錢一　水厓洒而高者。洒，峻也。

嶏　朱一　嶏、圮實一字。圮从土配省聲。

朱二　嶏、圮、毀三字音義同。

錢一　崩也。與圮實一字。圮从土配省聲。段注謂嶏、圮非一字，誤。

錢二 巃、圮實一字。圮从土配省聲。

广部

府 府

朱一 內有三公，外有刺史、太守（即府）。

錢一 藏文書之處也。引申官所居曰府，再引申最尊官所居曰府，再引申為幕府為政府。漢內有三公，外有刺史、太守，所居之處曰府。

錢二 內三公，外刺史、太守之處皆曰府。

廱 廱

朱一 《說文》無〈邕〉「壅」字。廱即壅字。辟傍，今謂壁箱是也。（〇，邕，旁為水，中為邑也）。

錢一 《說文》無壅蔽之壅字，訓塞者即邕字也。廱亦邕之孳乳字，辟廱者，四面皆水也。廱形如〇，旁為水，中為邑也。辟傍，今謂壁箱是也。（？）

錢二 壅，《說文》無，訓塞者即邕字。廱亦係邕之孳乳字。辟廱，四面皆水也。

廬 廬

朱二 田中之屋，今云莊是也。羈旅乃寄廬之借。

錢一 寄也。羈旅＝羈廬。《詩》「于時廬旅」者，「于時廬廬」也。

庭 庭

朱一 訓直者，乃頲字之假借。

朱二 宮中也。外為圍牆，其內即宮中，非專指房屋中。

錢一 訓直者，為頲之借。

錢二 訓直者，乃頲之假字。

廇 廇

朱一 (一)中庭。(二)雨注下之處曰廇，在房屋中間（天窗）。(三)〈然〉簷前亦稱為廇。「三進及溜」，溜乃廇之假字。

錢一 廇有三訓：(一)中庭。(二)雨注下之處曰廇，在房屋中間，即今天窗是也。(三)階前（即檐前）亦曰廇。《左傳》「三進及溜」，溜即廇之借也。

庌

錢二 有三義：(一)中庭。(二)屋之中央，即雨注下處。(三)簷前。如《左傳》「三進及溜」，溜即霤，即簷前也。

朱一 廊庌。夏屋又作廈（廈，《説文》無）屋，皆當作庌。兩下水謂庌屋，四下水謂之殿。

錢一 廊庌也。夏屋俗作廈（《説文》無），實即庌字。二下水者曰夏屋，四下水曰殿。

錢二 夏屋字俗作廈，其實即庌字。

⿸广虜

朱一 《説文》無廊字，乃⿸广虜字之聲轉（魚模與陽唐對轉）。古人罵人曰虜，今廣東罵人曰郎（佬）可證。

錢一 《説文》無廊廡之廊字，殆即⿸广虜字之聲轉。⿸广虜在魚模，廊在陽唐，魚陽對轉也。閩人以郎為賤稱，（〇朱氏曰：「此閩字一本作廣東」。錢氏曰：「疑作廣東者是也」。）古人罵人曰虜，此亦郎、⿸广虜聲通之一證也。

錢二 廊，《説文》無，當即⿸广虜字。⿸广虜【魚模】、廊【陽唐】雙聲。閩、（廣）人以郎為賤呼，或即⿸广虜字之音轉，亦廊即⿸广虜之一證也。

庫

朱一 《釋名》讀舍，庫、舍音可對轉。今俗作庫，讀舍。

序

朱一 庠、序，魚模（序）與陽唐（庠）對轉。次序乃敘字之假借。

錢一 東西牆也。庠、序為魚陽對轉。次序＝敘。

錢二 庠、序雙聲。次敘。

廣

朱一 即堂皇之皇。堂廣之廣，殿之大屋也。

錢一 即堂皇之皇字。堂皇者，堂無四壁也；廣，殿之大屋也。故堂皇＝堂廣。

屏

朱一 屏，茅廁之蔽；屏，一切之蔽。（屏，動詞；屏，名詞）。

朱二 《急就篇》曰：「屏廁清糞溷土壤」，溷本溷溎，引申為廁；廁本糞廁，引申為溎廁。

廁

錢一 屏（別言），茅廁之蔽也；屏（通言），一切蔽也。

錢二 屏，廁之蔽；屏，一切之蔽。

朱一 本訓茅廁，假借為側。

錢一 廁本茅廁，假借為側。廁，清也；清，今作圊。

錢二 廁【次】。清（古人亦作便所解）也。

廛

錢一 棧房（非客棧），乃屯貨之棧，廛之變也。（○朱力曰變，疑當作借。）

錢二 作屯貨解者，即今棧字之本字也。

㢋

朱一 侈之假字。

朱二 侈歛乃㢋廉之借。

錢一 廣也。訓廣之侈可作此。「侅溝而㢋我」之㢋與訓廣義不合，當是侈之借。侈，掩脅也。

廉

朱一 仄（側）也。

錢一 仄也，仄即側字。

底

朱一 訓下者唯見《高唐賦》。《列子》亦有，然《列子》之書真僞不可知。惟訓下者當作氐字。

錢一 訓下（下字疑當作山居）者唯見《高唐賦》。《列子》亦有，然《列子》之書真僞叵知。「一曰下也」之訓殆氐字之借。底訓止者，底、止同部相借。

錢二 底、止同部相假，訓下者，或即氐字。

庇

朱一 訓具者，乃比字之假借。

錢一 蔭也。訓具之庇為比之借。

錢二 訓具者，比之假也。

廔　朱一　凡房屋四面有窗曰麗廔。

錢一　凡房屋四面有窗曰麗廔。

錢二　四面有窗之屋。

廢　朱一　屋頓也。頓，傾倒也。因倒不動，故引申為屯。

朱二　屋頓（敗）也。古人折屋曰「發屋」，發即廢之借。頓引申為停頓，故廢又引申為置，「子貢廢君」即屯貨也。[一]

錢一　屋頓也。頓，傾倒也。因倒不動故引申訓屯積，如《貨殖[列]傳》「廢著鬻財」是也。

廑　朱一　與僅同。

錢一　少劣之尻也。與僅訓才能義相近。

廟　朱一　本訓祖廟，引申為廣大之屋。

㡿　朱一　郤屋者，造而後拆也。㡿土㡿地，㡿乃拓摭字（開拓之本字當作庑。㡿，古為舌頭音，假借字也），拓摭無開拓義。「指㡿」乘輿，㡿乃尺字；「㡿候」，㡿乃度字。

錢一　郤屋也（郤，拆也），即拆屋之拆字。斥土、斥地之斥字實即拓字，因古無舌上，讀斥如拓。然拓亦無開闢義，開拓＝開庑◎（庑，開張屋也）。㡿與度音亦近，故「斥候」之斥＝度◎。「指斥乘輿」＝尺◎。

錢二　拆屋也。㡿古音拓（古無舌上音），漢㡿土、㡿地千里，字皆拓字之假。㡿、度音近，故「㡿候」即度候；「指㡿」乘輿，㡿乃尺字之假。

廖　朱一　與寥同，今寥寥當作廖。

錢一　空虛也。寂廖◎。

[一]《史記·仲尼弟子列傳》：「子貢好廢舉，與時轉貨貲」。司馬貞索隱：「劉氏云：廢，謂物貴而賣之；舉，謂物賤而收買之」。

錢二 廫，寂廫。

厂部

厓 厓

朱一 與崖實一字。

朱二 从圭聲，有棱角也，與廉同。厓為山邊，廉為隅角。

錢一 厓與崖實一字。

錢二 與崖實一字。

厜 厜 㕒 㕒

朱一 厜【追】㕒【危】。

厲 厲

朱一 段改為𠪚，妄斷。凡惡者古皆稱厲，惡鬼曰厲鬼，惡疾曰癘疾。又音轉為癩，實癩之借字。「深則厲」當作砅。「厲禁」「遮列」之厲當作迾。「鳶飛戾天」[一]之戾乃巁之假，山高曰巁。

朱二 本訓旱石，引申為磨厲。猶底為柔石，引申為砥厲。

錢一 旱石也，即磨刀石也。磨刀石到厲，故引申為嚴厲，再引申訓危。凡惡者古皆稱厲，如惡鬼稱厲鬼，惡疾曰癘疾是也。癘疾之癘音轉為癩，實即癩之借字。「深則厲」‖砅⊙，「厲禁」、「遮列」、「列厲」‖迾⊙。「鳶飛戾天」‖巁⊙天，山高曰巁。

錢二 段改為𠪚，妄極。古厲有惡意，如惡鬼曰厲鬼，惡疾曰癘（今作癩）疾。「深則厲」，厲即砅字。「厲禁」字當作迾。

厥 厥

朱一 發。「獪動而鼓」，獪乃厥之假字。厥可讀為獪，如蹶字是也。

[一]《詩・小雅・四月》：「匪鶉匪鳶，翰飛戾天」。

錢一　發石也。《左傳》：「旝動而鼓」。旝，賈侍中訓發石，即＝厥。厥、旝同部雙聲，且从厥聲字，如蹶字亦有讀如旝者。（？）

錢二　發石也。旝，賈侍中訓「發石」；厥、旝同部雙聲。从厥聲字如蹶字亦有讀如旝聲者，故不穀以訓發石之旝，實厥之假字。

厗

朱二　今厗利字當作厗。

庯

朱一　古無輕唇，讀為逋。

錢一　古無輕唇，讀如逋。

厝

朱一　「他山之石，可以為錯」，即厝。「厝薪」乃措字之假借。

錢一　「他山之石，可以為錯」，錯即厝之借。「抱火厝之積薪之下」，厝＝措。

厖

錢一　石大也。龎訓大，為厖之借。引申訓厚。

㞕

朱二　今躍然而見，云清晰者。躍乃㞕之借。

厭

朱一　今作壓。壓，《說文》訓壞也、塞也。「天厭之」，《論衡·問孔篇》〔作〕「天壓之」。厭飽當作猒，夢厭亦壓字。

錢一　笮也，今作壓。《論語》「天厭之」，《論衡》作「天壓之」，是厭之本義也。夢厭俗又作魘。厭飽＝猒。

錢二　笮也。「天厭之」即「天壓之」也（《論衡》作天壓）。厭飽字當作猒。夢厭，俗作魘。

⺈

朱一　《廣韻》讀詹，詹字之古文耳。《唐韻》讀危，誤。

錢一　《廣韻》讀詹，或即詹字之古文。《唐韻》讀危，誤。

錢二　《廣〈雅〉〔韻〕》訓詹，或即詹字之古文。《唐韻》讀危，誤。

丸部

丸　朱二　段云兇與丸音近，非。

危部

敧　朱一　俗作攲。
朱二　敧斜字今借為敧。
錢一　俗作攲、敧。

石部

磺　朱一　今作礦。「卝人」，卝即卵，卵有殼有黃，磺有土有磺，故卝與卵聲意相同。
錢一　銅鐵樸石也。今作礦。《周禮》「卝人」之卝即卵字。卵有殼有黃，磺有土有磺，故卝與卵同。
錢二　今作礦。《周禮》「卝人」，卝即卵。卵有殼有黃，磺有土有金（磺），故卝與卵同。

磏　朱二　與厲雙聲。

𥕢　朱二　與隊墜同。

硍　朱一　硍本作硠，段改為硍，不妥。
朱二　硍本作硠，段改。然硍亦不過形清徹之小聲，不能形容大聲。與硠同，不必改。
錢一　硍，篆本作硠，段改从艮，甚誤。

磕　錢一　石聲也，石與石相擊。引申為磕破、磕頭。
錢二　引申為石與石相撞，再引申為磕頭。

磿　朱一　後改為礰。適歷，調和也，執綍者之力調和也。
錢一　石聲也，後改為礰。適歷，調和也，執綍者之力調和也。（？）

錢二 磿【立】。後作礰。適歷，調和也。

磽 磽

确 确

錢一 磽确，不適耕種之地。

錢二 磽确【翯哭】。不適耕種之地（多石）。

磬 磬

錢一 石樂也。又可訓譬喻字，故《詩》曰「磬天之妹」。(?)

硩 硩

朱一 硩，本从折，段改為从析，無理。折、硩雙聲。从折乃舌上音，與《周禮》音同，若从析則音不對矣。

錢一 本从折，段改从析聲，非。

錢二 从折，段改从析，無理。

䃺 䃺

朱一 今作磨。

錢一 今作磨。

砢 砢

朱一 磊砢，今人作磊落，落無義，當作砢（磊砢雙聲）。

錢一 磊落＝磊砢。

錢二 砢【魯】。磊落當作磊砢。

長部

長 長

朱二 从兀則指空間之長，久則變匕，則指時間之長。

肆 肆

朱一 極陳也。恣意放陳，故引申放肆。「肆諸市朝」，肆亦訓陳。肆訓極，今變為煞。

錢一 極陳也。恣意放陳，故引申為放肆。《禮記》「肆諸市朝」，肆亦訓陳。

錢二 極陳也。恣意放陳，故引申為放肆。

镾 镾

朱二 今皆作彌，借《説文》璽字為之。璽，弛也。

錢一 久長也。彌長、彌甚＝镾。

勿部

昜 昜 朱一 陰陽之正字。飛揚亦當作昜。

朱二 彊者衆貌，《莊子》云「天地之彊昜氣也」。

錢一 此陰陽之正字。勿，旗也，古旗比雲，即雲開見日，故訓開。飛揚亦‖昜◎，以从勿(?)也。

錢二 陰陽之正字。勿，旗也。古旗比雲，即雲開見日，故訓開。飛揚亦當作昜，以从勿也。

冄部

冄 冄 朱二 今髯字正當作冄。

而部

耏 耏 朱一 今徽州女人以綫絞去面上毛猶曰「耐〈耏〉面」。忍耐字當作能。能《說文》云「堅强也」。

錢一 或作耐。鬄髮之〈形〉〔刑〕。今徽州女人以綫絞去面上毛猶曰「耏面」。忍耐‖忍能◎，漢人能字多作耐。

錢二 耏【奈】。罪不至髡【去云】也。忍耐當作能，漢人能字多作耐。今徽州人以綫絞去面毛猶曰「耏面」。

豕部

豶 豶 朱一 羠豕也。羠豕，割去其生殖器也。

錢一 羠豕也，即閹豕。豕曰豶，羊曰羠，馬曰騬，牛曰犗。

錢二 已去生殖器之豕。羠，已去生殖器之羊。

豤 豤

朱一 《說文》無懇字，豤切乃豕齧之引申義。墾田之墾《說文》亦無，亦當借此字為之。

錢一 豕齧也。引申為懇切、勤懇。《說文》無懇字，正作豤。

錢二 《說文》無懇字，勤懇、懇切字皆當作豤。

豦 豦

朱一 甚用力，《說文》作勮，俗作劇。「打劫」，相丮不解也，亦當作豦。豦加力，亦讀如劫（劇）。

朱二 戲稱齣，今作劇，實當作豦。古角抵（或作觝）即戲，故以豦為是。

錢一 鬬相丮不解也。下棋「打劫」之劫＝打豦，即相丮不解也。甚用力之劇乃俗譌字。《說文》所無，正＝勮（勮亦豦之引申）。

錢二 極用力（勞苦），《說文》作勮，俗作劇。去、豦音近，故「打劫」字當作勮。

豙 豙

朱一 毅乃豙之孳乳字，其實一也，毅可省製。

錢一 豕怒毛豎也。毅（妄怒也）即豙之孳乳字，其實一也，毅可不必製。剛、豙訓同。剛，剛鬣也。

希部

豪 豪

朱一 本為修豪，今作豪。毫毛，古只作豪。豪傑當作𠢕。引申君長亦稱敖，即𠢕字（莫敖）。豪俊又可作髦。犬之出類拔萃者曰獒，馬融注「西旅獻獒」以為「獻君」。

朱二 𠢕、獒、髦皆可為豪之借（詳札記三册），然正字只當作豪。

錢一 本為修豪，今作豪。𠢕傑。豪毛。

錢二 或豪。豪傑字當作𠢕，有力之人也。

彑部

彖 彖 朱一 《易經》訓「才」，不可解。彖或為篆之假。借為篆者，引筆書也，所謂書八卦也。

朱二 彖與象作《易經》時尚行，神話或以象、彖（即豕）為表象，猶今星卜以各種物為表象也。

錢一 豕走也。《周易繫傳》訓彖傳之彖為「才」，不可解。或者是篆字之借，亦未可知。篆，引書也，彖畫八卦形。

錢二 「彖曰」字或即篆字之假。篆訓「引〈筆〉書【也】」，即八卦。

豚部

豸部

豸 豸 朱二 引申為「無足謂之豸」，如蛇等是也。

貔 貔 朱二 《方言》云本貍類，而《說文》以為豹屬，猶貓本豹類，而與虎形體相似，故虎亦稱貓。《詩》「有貓有虎」，貓即虎也。

貀 貀 朱一 貀【虐】。

貈 貈 朱一 狐貉，貉當作貈。貉乃貊字，即今滿人。

錢一 似狐，善睡獸也。狐貉＝狐貈。貉即蠻貊字，即今滿人也（東北方人種）。

錢二 貈【惡】。狐貉當作貈。貉【陌】，東北方人種，即今滿州人也。

貍 貍 錢一 即今之貓字。

錢二 即今之貓字。

 貒 朱二 今炭皮即貒皮也。

 貆 朱一 段改从亢聲，不必改，聲本相通也。

錢一 宀聲本可通，段老先生硬要改為亢聲，大可不必。

錢二 段改从亢聲，可不必。

 貉 朱一 《周禮》「表貉」，貉乃禡之假字。

錢一 《周禮》「表貉」，貉＝禡。禡，出軍祭也。

錢二 《周禮》「表貉」，貉乃禡之假字。禡，出軍祭也。

𢑚部

易部

 易 朱二 守宮也。《易經》之易當為覡。《易經》言卜筮，亦从巫。卜筮之官曰覡，則卜筮之書即曰「覡」，猶太史公為史記，其書即名《史記》，則卜筮之官其書亦可名《覡經》也。

象部

 豫 朱一 像，《說文》讀様，庠、序音轉，一字（陽唐對轉），象、豫亦一字。象本大，說大話曰象，說大價（虛價）亦曰豫。大則必寬，故引申為寬豫、悦豫。又引申為舒。舒必豫備，故引申為豫備。今作預，俗字。豫。備乃敘。之借，先事必有敘次也。

錢一 像，《說文》讀様。庠、序（雙聲）一字，故知象、豫（魚陽對轉）亦一字。象本大，說大話曰象，說大價（虛價）亦曰豫。大則必寬，故引申為寬豫、悦豫。又引申為舒。舒必豫備，故引申為豫備。今作預，乃俗字。

錢=像，《說文》讀樣。庠、序雙聲，象、豫亦雙聲，故豫即象之或體。豫訓大，因大引申為寬。豫再引申為豫備，今豫備字俗作預，但沿用已久。

第十篇上

馬部

馬　朱二　引申，《禮記·投壺》：「一馬從二馬」。馬乃勝算，引申為記算之法，如籌馬是，今云馬識。乘法之乘本訓四馬，因馬可記算，故引申為乘法。

騭　朱一　訓升不可解，陰騭二字至今不可解。
錢一　訓升者＝陟。(1)　訓升者不可解。(2)
錢二　訓升者係陟之假。○陟聲與登聲為之蒸對轉。

驪　朱二　引申為一切黑。《說文》無黧字，借為黎，實當作驪。

騢　朱二　凡从叚字皆有赤意，如瑕、鰕、騢等皆是。《說文》新附有赮，後更造霞字。

䮹　朱一　引申為䮹襪。
錢一　引申為䮹襪。

馰　朱二　馰顙即的顱（《三國志·劉備傳》），馰、的皆白也

駁　朱一　入聲，其平聲即爻字（古音）。
錢一　馬色不純也。从爻聲，爻與駁于古音止平入之別。引申我之議論與彼不同，故曰〈辨〉「辯」駁。

［一］《三國志·先主傳》裴松之注引《世語》有「的盧」一詞。「劉備傳」即「先主傳」。

驠　朱一　白州（州，生殖器也）也。
錢一　馬白州也。州者卯也。
錢二　白州也。州，生殖器也。

𩦠　朱二　凡長毛皆可稱𩦠，聲如翰，鳥長毛。人有𩦠毛，亦猶豪訓長毛，人身之毛亦稱豪毛。
錢一　𩦠⊙林主人。

驁　朱一　驁馬，與勢俊同意。驁夏，段訓翱翔之意，武斷。
錢一　驁馬也，與勢俊同意。段謂驁夏取翱翔之意，說甚武斷。
錢二　駿馬也，與勢俊同意。

驕　錢一　馬高六尺為驕，引申為驕傲。喬本有高義，《詩》「我馬惟驕」今作「我馬惟喬」。

驗　朱二　證驗字正當作譣。

驀　錢一　上馬也。引申為猝乍，其義不可解也。

駙　朱一　附近，漢人作駙近。
朱二　副馬也，猶貳車也。古駙、僕雙聲，又駙、拊音義近。《漢書·張敞傳》：「便面拊馬」是也。
錢一　附近，漢人作駙近。

篤　朱一　馬行頓遲。訓厚者乃竺、䈞二字。
錢一　馬行頓（鈍）遲也。竺⊙厚（或䈞亦可）。訓固者仍作篤⊙。

馮　朱一　訓滿者當作畐。馮河則應作淜河。
朱二　引申為氣焰盛也。《左傳》「震電馮怒」。訓滿者，馮（蒸）與畐（之）之蒸對轉，馮之入聲即畐。馮几乃凭之借，馮河乃淜之借。
錢一　訓滿者＝畐⊙。馮河＝淜⊙河。

騃

朱一 癡騃當作佁。騃，馬行仡仡也。

錢一 馬行仡仡也。癡騃＝佁◎，但騃字引申之義亦可通。

錢二 癡騃字當作佁，但騃引申之義亦通。

朱二 奔突亦可作奔駾，二字義同。

駾

朱一 「騫褰」字當即攓字。段説非。

朱二 「騫褰」字當作攓。

騫

錢一 馬腹墊也。「騫褰」＝攓◎褰。段非。

錢二 「騫褰」字當作攓。

馴

朱一 言不雅訓，馴乃訓字，言言不從雅訓也，而不典雅也。

錢一 馬順也。言不雅馴之馴＝訓◎，言言不從雅訓而不典雅也。

騬

錢一 割卵之馬。

錢二 已去生殖器之馬。犗，已去生殖器之牛。

馻

朱一 以人髮繫之曰鬆，以馬尾繫之曰馻。

錢一 以人髮繫之曰鬆，以馬尾繫之曰馻。意同。

騷

朱一 摩馬也。引申為騷癢（俗作搔）。《離騷》訓憂，當是慅字假借。慅，憂也。

錢一 摩馬也。引申為騷癢（俗作搔）。《離騷》者，言離憂也。騷當是慅之假字，慅，憂也。

錢二 《離騷》者，言離憂也。騷或即慅字之假。

馽

朱二 絆馬足也。引申人足絆，兩足不能相顧，曰縶。縶，古讀舌頭音，與馽音同。《左傳》「盜殺衛侯之〈弟〉[兄]縶」。故馽之別體為縶。

駘

朱一 馬銜脫。引申為駘蕩。

錢一 馬銜脫也。引申為駘蕩。

驵 驵　朱一　或讀掌。驵儈：驵，頭目也；儈，相會也。驵儈，惡語，今作掌櫃。稱老班者，遼人語。
錢一　或讀掌。驵儈者，驵，頭目也（由壯馬之義引申）；儈，相會也。（本惡名）。今書作掌櫃。稱老班者，非漢語也，出自遼人。
錢二　訓壯馬，音祖。驵【掌】會即今掌櫃。呼老板者，遼人語也。

騰 騰　朱一　傳（驛傳）也。譽，《説文》訓「迻書也」（騰書見《呂氏春秋》，猶今寄信也）。騰訓傳（傳，境上行書舍也），亦以此移彼意。超騰或即乘字、登字假借。騰、代之蒸對轉，猶黱轉黛，螣轉螣。是騰、代義同。
朱二　訓傳，由此驛傳彼驛，由此書騰彼書，皆有代易義。騰、代之蒸對轉。證見札記三。
錢一　傳也。譽，迻書也。騰訓傳，傳，境上行書舍也，亦有以此移彼意。超騰或即乘字之借。
錢二　傳也。傳，驛傳也。譽，《説文》訓「迻書」；騰訓傳，傳，即境上行書舍也。其義殆同。

驫 驫　朱一　驫【否】

廌部

薦 薦　朱一　獸食艸。訓進者（薦、進雙聲），猶享之訓進，饗之訓獻。薦紳猶搢紳，紳上插物也。
錢一　獸食之艸。引申訓進者，猶享之訓進，饗之訓獻。薦紳猶搢紳，紳上插有物也。訓陳及薦居字皆‖荐⊙(?)。
錢二　訓進者，猶饗之訓獻。薦紳即搢紳，紳上插有物也。

鹿部

麚 麚　朱二　牡鹿曰麚，牡豕曰豭。

麒　朱二　杜林以亓為麒。麒麟二字連字。

麇　朱一　《左傳》「麇之以「入」」，乃稛（綑）字假借。

朱二　麕，麕聚乃灌、眷、圈等字之借，有叢聚義。

錢一　《左傳》「麇之以「入」」，乃稛（俗作綑）之借。

錢二　《左傳》「麇之以「入」」，乃稛（俗作綑）之假字。

麗　朱一　伉儷亦麗字之引申。附麗亦旅行之引申。華麗（此字當為叕爾之叕之借）乃麗廔之疊韻聯語耳，單寫麗字無華麗意。麗訓「旅行」，相耦兩行，有二乃可數，故引申訓數，《左傳》作覹。

錢一　旅行也。因鹿性合羣兩行也，引申訓耦。伉儷係麗之引申。麗都乃由麗廔（疊韻連語）引申，但單個頭麗字並無華麗意。附麗即旅行之引申。一引申為伉儷，再引申為附麗。

錢二　伉儷係麗字之引申，麗都乃由麗廔（聯語疊韻）引出，但單用麗字並無華麗意。

麤部

麤　朱一　麤莽也。粗糙當作粗。

𪋻　朱一　陳陳相因當作此字。古人「常久」字作塡，今作「鎮日」。

朱二　有二義：一訓久，今作陳，乃塵之借。古作塡，今作鎮日之鎮。又訓堆積。

錢一　塵塵相因。新陳亦＝新塵。

錢二　陳陳相因當作𪋻字。

邑部

兔部

娩

朱一　兔生子甚快，故生子亦稱娩

錢一　兔子也。因兔生子甚快，故引申為分娩。

錢二　娩【勉】。兔生子甚快，故生子亦稱娩。

兔

朱二　袒綄字古只作冕。

萈部

犬部

狗

朱一　叩也。叩當作呴。

錢一　叩也。叩當作呴⊙。○（一本作叩呴近）。

錢二　叩也。叩呴近。○逖本云：叩當作呴。

尨

朱一　尨㹜當作牻㹜。

朱二　尨戎與蒙茸雙聲。

錢一　尨㹜＝牻㹜⊙。

狡

朱二　輕狡。引申為狂狡，又引申為狡猾。

錢一　少犬也。因少必多智巧，故引申為狡獪。

猗

朱一　犬去生殖器也。山西有「猗盧（犬）」。猗訓長者，奇字之假借耳。

朱二　去生殖器之犬。《漢書》山西有猗盧縣，盧，犬也。猗與阿音轉，猗从奇，奇从可，可从丂，故猗引申為嘆詞。

錢一　闇狗也。漢山西地名有猗盧縣，以此得名。（亦犬也）。訓長者＝奇。奇訓大，大斯長，故引申訓長。其用為重況形容詞、連語形容詞、感歎詞者，皆借聲耳。

錢二　犬去生殖器也。漢山西地名有猗盧縣，（亦犬也，盧令令）［一］。訓長者，係奇字之假。

默

朱一　靜默當作墨。

錢一　犬暫逐人也。靜默＝靜墨。

錢二　靜默字恐係墨字。

猩

朱一　狌。

錢一　猩猩，犬吠聲。狌狌（說文何脫？）。○此句不甚可解。

猥

朱一　猥鄙當作隈（隈，隱曲也。引申為隈鄙）。

朱二　猥鄙乃隈之借，隈，陰曲也，《內經》有「不得陰曲」者（陽病，不得交媾也）。偎訓倚偎，義同近。

錢一　猥鄙之猥＝隈，隈有隱曲（非正大光明）之義，故引申為隈鄙，凡鄙事必隱藏。

錢二　猥鄙字恐係隈字。隈有隱曲（非正大光明）意，故可引申。

狠

朱一　好勇鬬狠當很。

錢一　犬鬬聲。好勇鬬狠正當作很。

錢二　好勇鬬狠（很）當作很（狠）。

獡

錢一　韓盧宋獡。

獒

朱一　周狗者，忠心為周。

［一］良犬曰盧。《詩・國風・齊風》「盧令令，其人美且仁……」

朱二　其本訓為犬高四尺。「犬知人心可使者」云云，因《公羊傳》有「周狗」之稱而云。然非本義也。

錢一　周狗也。忠心為周，周狗，忠狗也。

錢二　周狗，忠狗也。

狧（篆）　狧

朱一　與舐「底」為一聲之轉。

錢一　犬食也。即咶之正體。狧與舐【音底】一聲之轉。

錢二　狧、舐【底】一聲之轉。

猜（篆）　猜

獧（篆）　獧

朱二　犬多疑，故云「恨賊」。

朱一　引申為狂獧。獧者，有所不為，其性急躁。

錢一　疾跳也，一曰急也。引申為狂獧（狂獧本為急也）。獧者，有所不為，其性急躁。

錢二　引申為狂獧。

狟（篆）　狟

朱一　犬行，引申為威貌，猶虔，虎行，引申為虔敬（不回顧也）。

朱二　引申訓威者，猶虔為虎行貌，引申為莊嚴也。

錢一　犬行也。引申為狟武（威也，假借用桓字），猶虔，虎行也，引申為虔敬（虎行直走不回顧，故訓敬）。

錢二　犬行也。引申為威貌（後以桓字假之），猶虔，虎行，引申為虔敬（不回顧也）。

犮（篆）　犮

朱二　急走而匆促也。《說文》又有跋䟦字，義同。

戾（篆）　戾

朱一　訓至者，厲亦訓至。

朱二　訓至者，與厲同，攋倒之攋亦同。

錢一　與厲近，皆可訓至（止？）。〇戾與厲同，厲可訓止（？）。

錢二　戾與厲近，皆可訓至。

獮 獮

朱一 引申為殺。

錢一 引申為殺。

獵 獵

朱一 躐等當作獵，放獵逐禽必獵等而速行。

錢一 躐等正＝獵◎等（《說文》無躐字），蓋放獵逐禽時常獵等而速行，不按常法也。

錢二 凌獵非躐。

臭 臭

朱一 臭即今嗅字，香臭當作殠。

朱二 一切氣息也。香臭之臭《說文》作殠，然古只有臭字。

錢一 即今之嗅字。香殠◎。

錢二 今俗作嗅（含香臭），香臭當作殠。

獘 獘

朱二 利獘當作敝，本字為㡀。敝布也。

錢一 訓死之斃當作獘。

獻 獻

朱二 文獻之獻乃儀之借，儀與表同，謂師表也。

錢一 獻、儀雙聲相轉。

錢二 獻儀雙聲相轉。

類 類

朱一 種類指犬。其他當作頪。

朱二 類訓善者，古以子肖父為善，不肖為不善，肖與類同。

錢一 類，犬類（別）；頪，一切之類（通）。毛傳訓善之義，段注不錯。

狻 狻

錢一 或即獅子。

錢二 狻【酸】。或即獅子。

玃 玃

朱一 黑猩猩。

朱二 善顧。其字从瞿，本从䀠，顧盼也。

錢一 或即黑猩猩之類。〇一本無「或即」二字。

猶 猶

錢二 或即黑猩猩。

朱一 猶豫雙聲連語，夷猶亦雙聲連語。猶訓為道，即迪字。

朱二 廣東稱馬猴為馬猶，音近也。猶豫雙聲，猶多疑，故引申訓謀。又訓圖者，圖謀、圖畫皆畫地為圖以謀畫也，皆由猶豫引申。

錢一 猶豫、夷猶皆雙聲連語。非由獸引申也。訓道者乃迪字。訓謀，訓圖者，本字難定。

錢二 猶豫雙聲聯語，非由獸引申也。訓道者係迪字。

狼 狼

朱一 狼善反顧，故引申不正曰狼戾、曰狼藉。

錢一 狼善反嚙（顧？），故引申不正曰狼戾、曰狼藉。

錢二 狼善反嚙，故引申不正曰狼戾、曰狼藉。

犾部

犾 犾

朱二 與狺聲義同，蓋相齧必猛吠也。

鼠部

鼠 鼠

朱二 引申為病。醫書「癙瘤」，《淮南子》作「鼠」，「貍頭愈鼠」是也。

鼶 鼶

錢一 竹鼶，即《莊子》「執留之狗」。

錢二 竹鼶，即《莊子》「執留之狗」。

鼫 鼫

朱一 五技鼠，疑即蝙蝠之類。

錢一 五技鼠也，疑即蝙蝠也。

錢二 五技鼠，疑即蝙蝠。

鼩 鼩

錢一 即今松鼠。

錢二 即今松鼠。

鼬 朱一 今黃鼠狼。
錢一 即黃鼠狼。

鼲 朱一 今聲轉為灰鼠。揮、翬、輝皆从軍而聲如灰是也。
錢一 今聲轉為灰鼠，鼲、灰雙聲。
錢二 鼲「渾」。鼲鼠即今灰鼠，鼲、灰雙聲。

𪕩 朱一 陸機《毛詩草木疏》訓「胡孫」（六朝人稱胡孫，漢人名王孫，有《王孫賦》）。後人作猢。
錢一 陸機《毛詩草木疏》訓「胡孫」。後人因作猢字。故猢猻之猢＝𪕩。
錢二 《毛詩草木疏》訓「胡孫」，後人作猢（亦作王孫，《王孫賦》）。

能部

能 朱二 《內經》借能為態，「病能」是也。賢本訓堅，能本訓堅中，引申為廣義之賢能。

熊部

火部

火 㷄 燬
朱一 火、㷄、燬實一字（古音同。漢人火音已與今同）。火，正字；其二字，或體。《方言》又有煤字，亦同。
錢一 三字古實只一字。宜云：火，正體；㷄、燬，皆或體。蓋古音火本作燬也。
錢二 火，㷄、燬，火古音㷄，故此三字實即一字耳。

然　然

朱一　語助之然當作嘫。然火之然加火旁作燃者不通，以然既从火也。

錢一　燒也。然◎燒。嘫◎否（語助詞亦＝嘫◎）。俗作燃，非。

錢二　今俗作燃。用作語助詞者當作嘫。

烈　烈

朱二　餘烈乃裂之借。三字本非餘業、餘光之謂。

炪　炪

朱一　火光也，引申為明。《商書》：「予亦炪謀」。

錢一　火光也，引申訓明白。《商書》「予若觀火，予亦炪謀」（今本作拙），炪謀者，言打算得很明明白白也。

錢二　火光也。《商書》「予亦炪謀」，炪謀者，言打算得很明明白白也。

烝　烝

朱一　訓塵、訓衆、訓厚，皆訒字之假借。訓君或作蒸，林蒸或作烝（上淫曰烝，猶下淫曰燒灰也）。

錢一　火氣上行也，引申訓進。訓塵、訓填、訓衆、訓厚者皆＝仍◎。

錢二　訓塵、填、衆、厚者，皆仍之假也。

𤎩　𤎩

朱一　段注甚謬。雁與鵝聲相轉，誐聲轉為假，「𤎩鼎」，假鼎也。

錢一　段注謬。雁【古音假】、鵝【誐】一聲之轉，誐聲轉為假。𤎩鼎，假鼎也。(1) 𤎩當訓假，為訛之轉。(2) 鵝與假音通（「何以恤我」亦作「假以」），故贋即假字。(3) ○三說均不相同，第(3)說近是。

錢二　段注謬。雁【古音假】、鵝【誐】一聲之轉，誐聲轉為假，𤎩鼎，假鼎也。

熲　熲

錢一　火光也。引申充實也。凡訓光明者皆可引申為充實。

燋　燋

朱一　火炷也，即今火把。

錢一　火炷也，即今火把。

錢二　火炷也，即今火把。

熛　錢一　盆中火。引申為熛物。

熄　朱二　畜火也。畜火者，以灰堆火上，便不一時盡也，事與滅火似，故引申為息滅。

烓　錢一　支清對轉也，非合韻。
錢二　烓【肯】。支侵對轉。

煁　朱一　行竈也。
錢一　行竈也。

燀　朱一　同爨，炊也。
錢一　炊也。燀、爨實是一字。
錢二　燀、炊【諂】或即一字。

齎　朱一　齊訓疾者，即此字之假字。齊疾、徇齊皆齎之借。
錢一　炊餔疾也。齊之訓疾速者，即齎之借。
錢二　齊訓疾者，即齎字也。

熹　錢一　「熹熹出出」，不過狀其聲耳。

炮　朱一　今之燒拷也，不去毛而燒。
錢一　毛炙肉也，即燒拷，不去毛而燒也。

⿱福火　朱一　今作焙。
朱二　《方言》變為⿱備火（近變為焙），服或作犕，福訓備皆（富訓備），音轉之例，之職同部故也。
錢一　今俗作焙，古音皆在第一部，一去一入。
錢二　⿱福火、焙（今作此字）古音皆在第一部，一去一入。

尉　朱一　《說文》𥁕訓仁。𥁕煖無正字，尉即𥁕煖之正字。（从𡰥即古文仁）。
朱二　慰安之慰當作尉。尉，《詩》毛傳云即煴字。

灺　灺

錢一　昷訓仁也。温煗之温殆正作尉⊙。熨斗亦當作尉⊙斗。安慰∥安尉⊙。㷉訓怨，義别。「灰諄對轉，故尉即煬一煬字（？）」〇龔本有如此一句，不解所謂，姑照録。

錢二　《説文》：「昷，仁也。」昷煖無正字，尉或即昷煖之正字，从𡰪即古文仁。灰諄對轉，故尉即煬一煬字。

朱一　凡稱了謂謝，花謝是也；字當作灺。

錢一　燭𤆍也。代謝之謝正當作灺⊙。

錢二　代謝字當作灺。

𤆍　𤆍

朱二　今作燼。盡从火，又加火，不通。當作𤆍。

燎　燎

朱一　即尞字。當从炎作尞火。

錢一　放火也。即尞字。當从炎作尞火（？）。

錢二　燎、尞或即一字。

㶾　㶾

朱一　或作爂。輕票即火飛之引申。信券之票乃符之假借，故符（古重唇音）音轉為票，猶殍〔破〕音轉為莩也。

錢一　票，火飛也。票、熛實一字（熛當从炎作爂）。段謂今信券曰票，猶存古義，非也。券票之票當是符字之借，符、票古音近也（猶莩本音孚，後轉為殍也）。惟兵部火票之票尚存古義。「輕票」即火飛之引申。

錢二　票、熛即一字。訓信券者係符字，符古音破（古無輕唇），轉為票，猶莩本音孚，後轉為殍（𠬪）也。

照　照

錢一　照、昭實一字。

熠　熠

朱二　凡从〔多〕與熠同

燿　燿

朱一　曜，《説文》無，即燿字。

錢一　照也。古無耀、曜，正皆作燿。

錢二 曜、耀，《說文》皆無。

煇 煇

朱一 今作暉。

錢一 今作暉。

炫 炫

朱一 光炫即光燭字也。

錢一 光炫即光燭字。

煖 煖

朱一 本讀暄，暄《說文》無。寒暄當作煖，寒煖當作煗。

錢一 昷也。《唐韻》況袁切，音暄。暄《說文》所無。寒暄△＝寒煖◎，寒暖△＝寒煗◎。

錢二 《唐韻》音萱。寒暄字當作煖。

煗 煗

朱一 今暖、煖字當作煗，煖乃暄字。

錢一 今誤用煖，非。煖當讀暄。煗則「乃管切」。

錢二 即今煖字（亦作暖）。

炕 炕

錢一 「晝聶宵炕」之炕＝抗◎[一]。

烕 烕

朱二 从火戌聲。

燾 燽

朱一 溥照也。

熙 熙

朱一 訓興者，熙、興對轉。訓廣則𦣞字耳，不从火；𦣞，廣頤也。

錢一 訓興者，熙、興對轉（雙聲），即興之借。訓廣者＝𦣞◎。

錢二 熙、興雙聲，訓興者即興之假字也。訓廣者係熙字。

炎部

[一]《爾雅·釋木》：「守宮槐葉晝聶宵炕」，郭璞注：「槐葉晝日聶合，而夜炕布者，名為守宮槐」。

炎 炎 朱二 凡从炎聲皆有尖意，剡訓削尖是也。

燅 燅 朱一 燅【仝】。昷尋（燖）即燅字。

錢一 春秋之尋盟當作燅盟。凡溫尋（燖）之尋皆燅之借。

錢二 春秋尋盟當作燅【仝】。

粦 粦 錢一 俗作燐。

黑部

黸 黸 錢一 旅、盧等字之訓黑者，皆黸⊙之借。

黲 黲 朱二 即今灰色。《元秘史》作慘白色即是。

䵝 䵝 朱一 足繭當作䵝。

錢一 黑皴也。手足胼胝＝䵝⊙，相承借繭、趼等字為之。

錢二 （今俗作繭）。黑皴【春】（即冬日皮膚乾燥）也。

黕 黕 黨 黨

朱一 黕、黨一聲之轉。今稱齷齪曰骯髒，髒當作黨。朋黨當作攩。

錢一 二字同，一聲之轉。今稱齷齪曰髒之髒＝黨⊙。朋攩⊙・鄉黨⊙。

錢二 今稱齷齪曰〈抗〉[骯]髒，髒即黨字。又稱掌，亦即黨字。朋黨字當作攩。

黜 黜 朱一 貶下也。垢穢、污辱等字皆从黑。

錢一 貶下也。垢穢，污辱等字皆从黑。凡从黑之字皆有污辱意。今人稱名敗曰黑。

錢二 貶下也。凡从黑之字皆有污辱意。今人稱名敗曰黑。

⿰黑𠂢 ⿰黑𠂢 錢一 ⿰黑𠂢青（亦通作瀫青）。

黭 黭 朱一 今人作奄然而逝，當作黭。

黬 黬

錢一 奄然而逝當作黭◎。《荀子》訓卒至之黭當作奄◎［一］。

錢一 从黑之引申為污濁等義，凡看不見、想不到，皆曰黑。

黟 黟

朱一 今烏木。

錢一 即今烏木。

錢二 今烏木，音衣。

［一］《荀子·彊國》：「黭然而雷擊之」。楊倞注：「黭然，卒至之貌」。

第十篇下

囪部

悤 朱一段注亦不了。

錢一段注不憭。當作从心囪聲較是。

焱部

熒 朱二引申為熒惑。熒惑與眩惑音轉（耕部與元寒部相轉），猶煢或為嬛，營或為環是也。

炙部

赤部

赨 朱一與彤聲意相同。彫蟲刻鏤，蟲即赨之假借。「明而未融」即赨〔一〕。

錢一與彤聲義皆同。彫蟲刻鏤之蟲＝赨。明而未融＝赨。

錢二赨、彤聲義同。彫蟲刻鏤，蟲即赨之假字。

縠 朱一日出柳谷，谷當作縠。

朱二日西曰柳谷（古以五色皆備曰柳），鄭氏作柳縠。

〔一〕《左傳·昭公五年》：「明而未融，其當旦乎！」杜預注：「融，朗也。」孔穎達疏：「明而未融，則融是大明，故為朗也」。

錢一《書》之昧谷亦作柳穀，穀即穀也。

錢二 穀【霍】。昧谷亦作柳穀，穀即穀也。

赭 赭

錢一 赭衣即今犯人所着之紅衣。

錢二 赭【斬】衣即今犯人着之紅衣。

大部

奎 奎

朱一 奎、袴雙聲。降（即夅字）婁，袴也。

朱二《莊子》「奎蹏曲隈」。奎婁（星名）或作降（即夅）婁。婁，女兩胯空處，即兩髀間也。

錢一 兩髀之間，即胯也（奎、袴雙聲？）。奎婁亦名降婁，降本作夅，與奎差不多（足一上一下曰夅）。

錢二 兩髀之間。奎婁亦作降婁（星名），奎、夅義〈盡〉【近】。足一上一下曰夅。

奄 奄

朱二 覆也。後造罨字，本當作奄，奄人，奄覆其精不能出也。

夸 夸

錢一 奢也。夸張。

𡗜 𡗜

朱二 耿介、光大也。

𡘍 𡘍

朱二 古讀重唇音，故與佛（訓大）通借。

契 契

朱一 訓開者，契字、剴字之假借。

朱二 㓞，後作栔，刻木也，又作契，古書契亦刻木為之。

錢一 大約也。契闊者，毛訓勤苦（疊韻），鄭訓約束（為本訓），言同生同死也，闊係餘音。訓開者，為㓞（或剴）之借（假栔為㓞？）。

錢二 契闊，毛訓勤苦，鄭訓約束，言同生同死也，闊係餘音。訓開者，㓞（或剴）之假也。

夷 朱一 从大从弓，滿州之人喜用弓也。

朱二 訓平乃徲之借。訓傷乃痍之借。訓尸乃夷與尸雙聲。

錢一 从大从弓，滿州人喜用弓也。

亦部

亦 朱二 今作腋。

夨部

夭部

喬 朱一 曲而上竦曰喬，喬鬚是也。讀如巧去聲。

錢一 高而曲也，蹺鬍髭之蹺＝喬。

錢二 鬍髭「妻畚」即喬字[一]。

奔 錢一 夭，頭屈，引申為足屈、一切之屈。○此句不甚了了。

錢二 夭，頭屈，引申為足屈、一切之屈。

交部

交 朱一 南為交趾，或稱交脛，或單稱交，《尚書》「宅南交」。

錢一 交脛也。交趾為其本義。南為交趾，或稱交脛，或單稱交，如《尚書》「宅南交」。

[一]「妻畚」是用切音代字，即[qiao]。

𡗝　𡗝　朱一　凡回字訓曲。皆即此字。

錢一　衺也。凡訓邪、訓曲之回皆𡗝⊙之借。

尣部

尣　尣　朱二　《檀弓》「汪錡」乃尣之借，又有「巫尪」。

壺部

壹部

懿　懿　朱一　訓深者，即壺中不知吉凶，其深奧也。古又借抑為懿。

錢一　訓深者＝壹⊙（?），即壺中不知其吉凶、其深奧也。古又借抑為懿。

錢二　訓深者，即壹字。

幸部

睪　睪　朱一　睪【亦】。今之警察、包探之類（俗名眼線）。

錢一　即警察、偵探之類，即眼綫也。

盩　盩　朱一　投物曰「兜（音讀）」，當即此字。

朱二　扶風有盩厔縣，乃周折之借。

錢一　丟當作此，或作投，亦可。《唐韻》「張流切」，古無舌上，正讀如丟。

錢二　盩【周】。古無舌上音，讀舌頭音如「底由」，今稱擲物曰「底由」，即盩字也。

報　報　朱一　當罪人。引申為〈執〉［報］讐，又引申為報恩、報信。

朱二　「毋報往」，鄭康成以為當作[illegible]，然亦可作暴。

錢一 當罪人也。引申為報怨，再引為報讎、報信。訓疾者，疑即暴字。

錢二 訓疾者，恐即暴字。

奢部

奲 朱二 本音單，今讀那者，歌寒對轉也。

亢部

亢 朱一 頏亢、高亢。骯髒（《說文》無），連語也，骯當作頏。

朱二 頡頏本頸項，引申為一高一下。頡、頏皆有直義。"吉不能亢身，焉能亢宗"，乃抗之借，抗，張也，有張蔽義[一]。

錢一 亢或作頏。頏亢，高亢。骯髒（《說文》無），連語也，骯＝頏。(1)

⿰夋亢 錢一 高亢字＝⿰夋亢。(2) ○二說可疑，俟質。

錢二 高亢字當作⿰夋亢。

夲部

𠦬 朱二 今忽然之忽本訓忘，忽然乃𠦬之借。

⿱日⿱出夲 朱二 从𠦬曓省聲。今疾暴字當作⿱日⿱出夲。⿱日⿱出夲，曓，曓米也。

皋 朱一 叫也。皋門，叫門；應門即應聲。「皋比」，《說文》有臭，訓大白澤也。白澤，獸名，虎豹類。故皋比或即臭之假借。孫仲容說鐘鼎篆有⿰糸虎，乃皋比之正字。然鐘

[一]《左傳・昭公元年》："吉不能亢身，焉能亢宗"。杜預注："亢，蔽也"。此條朱氏第一次筆記以「頏」為字頭，二次筆記則立「頏」、「亢」兩字頭，唯錢氏只立「亢」，頏乃亢或體，今合為「亢」。

鼎篆真偽未為定論。比，獸足比，如能从匕匕是也。

朱二　皋比，孫仲容說有虩。皋門乃應門之對（見《莊子新說》）。皋與号近，乃丂之借。丂、号、號、嘷同。告可入侯部，亦可入幽部，从牛口聲，則與上四字亦同。

錢一　皋比，虎皮也。臭，大白澤也。今獸中有名白澤者蓋虎獅之類。皋比之皋殆借為臭。孫仲容謂皋比之正字當作虩，見鐘鼎文。《說文》本義為「氣皋白之進也」，與丂、粵等同意。頭門曰皋門者，即叫門也，故二門曰應門。

錢二　頭門曰皋門，即叫門，故二門曰應門。皋皮字（虎皮之類）當作臭。臭，大白澤也（獸名）。鐘鼎有虩字，孫仲容以為即皋皮之正字。但鐘鼎之真偽未知，未可據為定論。

夰部

奡　奡　朱二　古只奡（嫚）字，後造傲字。雖敖从放聲可通，然古只作奡字。

臩　臩　朱二　與俇同。《詩》「憬彼淮夷」亦作「懬彼淮夷」，即獷字。

大部

臭　臭　朱一　大白澤也。段改去澤字，大謬。

朱二　孫氏以鐘鼎之虩為皋、臭，則臭為篆文，虩為古文。

錢一　大白澤也。段老先生刪去澤字，謬甚。

奚　奚　朱一　大腹也。雞、𪓰（田雞）皆大腹，故从奚。奚奴字當作㜎。

朱二　大腹。故雞、𪓰、豯从奚，皆大腹。奚奴當作㜎。

錢一　大腹也。鷄、𪓰（即田鷄），豯（豕腹本大）皆大腹；故从奚。奚奴＝㜎。

錢二　奚奴字當作㜎。奚，大腹也。雞、𪓰（田雞）皆大腹，故从奚。

耎　朱二　今柔輭字當作耎。輭與輀同，喪車也。

奰　朱二　一曰迫也。「内奰于中國」訓迫為正。古旁溥猶膨脹，迫、溥音義同。

夫部

規　朱一　規，取法於大夫；矩（父也），取法於父，父持丈。

朱二　从見者，古見與現同。規畫以畫圈以現其事。

錢一　規，取法于大夫；矩，父也，取法于父，父持杖。

錢二　規，取法於大夫；矩，父也，取法于父，父持丈。

㚘　朱一　㚘【伴】。伴侶當作㚘旅。伴，《說文》訓大。

錢一　伴侶（《說文》無）＝㚘⊙旅⊙。伴訓大，義別。

錢二　伴（《說文》「大也」）侶（《說文》無）字當作㚘旅（衆也）。

立部

立　朱二　从大在一之上，一者二也，上作〈二〉「二」同。

𥩋　錢一　臨莅△＝𥩋⊙。

竨　朱二　磊竨，今俗語當有此二字，音轉累墜。

錢一　磊⊙竨⊙

竦　朱二　後又造愯字（《詩》「不戁不愯」）[一]，今亦又用上字。

竫　朱一　竫、靖音義皆同，實可省并。

錢一　竫與靖音義皆同，實一字。

[一] 今《詩·商頌·長發》作「不戁不竦」。

竫　錢二　竫靖音義同，殆即一字。

朱二　青横口讀如倩，故訓細者，音訓也。凡从青聲有訓小者以此，如鼱鼩訓小鼠是也。

竢　錢一　竢待。俟，大也。

朱一　待俟當作竢。俟，大也。

竘　朱二　訓匠者，今俗竘巧是也。

錢一　扣巧之扣＝竘。（恰好也）。

錢二　竘巧，即剛剛好。

竵　朱二　俗作歪。

竭　錢一　引申為竭力。

[立須]　朱一　今作須。須待當作[立須]。須，古鬚字。樊須，須，待也。名字相應，故字遟。遟，亦待也。

錢一　須待＝[立須]。須即鬚字，義別。

錢二　今用須字，非。須，古鬚字。

竣　朱二　竣、夋、蹲三字聲義相近。倨、踞亦聲義相近。

竲　朱二　「夏則居橧巢」，橧乃竲之借。

竝部

替　朱二　音鐵。替代之替乃迭之借。顏師古訓為「替，廢」（見《匡謬》），顏氏音韻之學未精，故不知通借。

囟部

[囟比]　朱二　訓厚者，猶毛傳「腹」訓「厚」也。訓輔者，乃比之借。

錢一　引申為凥。

思部

思　朱二　古人知思用囟，故顖為欲。顖必假思慮，故訓大頭，猶今云思想多者必腦精亮是也。

慮　朱二　「無慮」乃「模畧」之借，亦以畫「○」為模略也。

心部

息　朱二　凡氣息字皆可引申為休息。

志　錢一　意也，即識之古文，後人作誌。

錢二　即識之古文。

意　朱一　《史記》「喑噁叱咤」，《漢書》喑作意，雙聲。憶即此引申，字从心旁者，俗。以既从心，不必又加忄旁也。

錢一　志也。引申為記憶（俗作憶，从二心，非古也），後人作億（？）。意从音聲，《史記》之「喑噁（啞？）叱咤」，《漢書》作「意烏」。

錢二　《史記》「喑啞叱咤」，《漢書》「喑啞」作「意烏」，喑意雙聲。

悳　錢一　从直聲。道悳。

應　朱一　由膺字引申，當也。應對之應、應敵之應皆訓當。

錢一　當也。《詩》「戎狄是膺」，膺亦當也。應即膺之孳乳字。引申為應對，應敵，皆有當義。應該，亦有當義。

錢二　當也。「戎狄是膺」，膺亦當也。應實膺之孳乳字。

慎　朱二　古為真假字。

錢一　謹也。即真假之正字。

⿰豸⿱頁心

錢二　真假字或即慎字。

朱二　美也。其上聲即藐。《詩》「既成藐藐」，亦訓美。今妙字《說文》無，《漢書》作「眇」，無美義，則妙之正字當作⿰豸⿱頁心，明藐為借字。

快

朱一　喜也。快速字當作夬。夬，決也。

朱二　快慢字《說文》作赽。然快為心快，赽為走速；㥑為心憂，憂為行遻。

錢一　喜也。喜與疾義不近，不能引申。老段非。爽快、快速之快由夬⊙引申。夬，急（決？）也。

錢二　訓疾者，恐係夬字。夬，決也。

憲

朱一　引申為法者，猶軒（訓明）、豁、欣、昕皆訓明，謂明章也，猶宣佈也。典章之章亦訓明，皆謂宣佈，故憲或即顯之假字。今俗語「此人甚利害」，即訓敏之憲。

朱二　《禮記·學記》「發慮憲」，憲乃訓思。《周禮》號令發命曰憲，所謂懸諸象魏也。則憲章乃顯之借。

錢一　敏也。訓為法者難明。軒、憲古通，軒有明意。借為顯，訓明，宣布斯明，故曰憲。○不可解。說人利害（可怕）之害＝憲⊙，憲，敏厲也。(1)訓法之憲蓋非憲可引申，訓法，言其發布也，明也。(2)憲憲猶欣欣。欣訓同昕（昕有明意，軒豁之軒亦有明意）。憲之轉訓憲法者，謂明法宣布也（典章之章亦訓明，亦謂宣布也）。憲、明也，非憲直訓法也。此猶典章之章，初並無法則意，徒因典章之為物須章明以布于天下，故可引申。古言「緩急」「存亡」，只有急、亡意，猶今人言利害只有害義也。○此與借為憲字說又異。(3)

錢二　憲憲猶欣欣（昕有明意）。軒、豁（軒亦有明意），訓法者，謂著明以示人也，猶典章之章初並無法則意，因典章之為物須章明以布於天下，故引申訓法者，係顯之假字。古言「緩急」「存亡」只有急、亡意，猶今人言「利害」只有害義也。○逖本以利害字即訓敏之㥶字。

忻　朱二　闓也。今心喜尚曰闓忻。開从幵聲，幵與忻音近，今闓忻作開，音轉也。

憧　惲

惲

朱一　穩重二字當作惲憧。

錢一　穩重之正字。人之穩重＝惲憧。

錢二　惲憧二字今以穩重假之。

悃　朱二　稛从困聲而讀為困聲，與此同。

錢一　段改得奇。

愿　朱一　《說文》有傆字，訓黠，鄉愿字當作傆。

錢一　謹也。謹愿。鄉傆，傆，黠也。然作鄉愿亦可，因謹必多詐故。

錢二　謹也。因謹必多詐，故作鄉愿、鄉傆（黠也）均可。

憭　朱二　明了、息了皆當作憭。事了亦曰了解，則了與解皆有明憭義，故了當作憭。

錢一　慧也。了了之了＝憭。

忮　錢一　憭也。明白斯快，故引申訓快。

瘱　朱一　瘱【意】。

悊　錢一　可借為哲字用，然非即哲字也（《說文》悊亦為哲之或體）。

恓　朱一　恓，段氏妄改从心西聲。

錢一　改作恓，非。

恢　錢一　引申為恢復。

恩　朱一　《詩經》：「因心則友」因即恩字。《周禮》：「孝、〈弟〉[友]、睦、婣、任、恤」，婣亦訓仁。

朱二《論語》：「因（訓愛與恩同）不失親」，是因者，兩邊相就，故引申訓恩也。姻亦有親近義可證。

錢一 惠也。从因係會意（恩即因之孳乳字）。《詩》「因心則友」，因，恩也。《周禮》「六行：孝、友、睦、姻、任、《卹》［恤］」，姻，仁愛也。故从因為會意。

錢二《詩》：「因心則友」，因有恩意。《周禮》「孝、友、睦、姻、任、《卹》［恤］」，姻訓仁愛。故恩乃因之孳乳字。《說文》「从心因，因亦聲。」

憖

朱二《左傳》：「兩軍之士皆未憖也」，訓缺，猶云「皆未缺」也。

錢一 肯也，引申訓願也。「旻天不憖（弔），不憖（肯）詒一老」，「兩軍之士皆未憖（獻齒）也」［一］。

悈

朱一 戒，兵備也。从心戒聲者，在心之備也。

錢一 心戒也。戒，兵備也。故兵備之戒⊙。悈⊙心。

錢二 心戒也。戒，兵備也。

愻

朱一 謙遜當作愻。遜，遁也。

錢一 順也。謙遜＝謙愻⊙。遜，遁也。如「夫人遜于齊」、「公遜于齊」。

錢二 謙遜當作愻。遜，遁也。

㥶

朱一 充實之塞从此。

錢一 在心之塞。○充實之塞當作此。

恂

朱一 信心也，雙聲為訓。信在心為恂。

錢一 信心也，雙聲為訓。形于口（信），存于心（恂⊙），恂、信雙聲。

［一］《左傳·哀公十六年》：「旻天不弔，不憖遺一老」。又《左傳·文公十二年》：「兩君之士，皆未憖也」。杜預注：「憖，缺也」。獻齒，《說文》「缺齒也」。

錢二 恂信雙聲。信在心為恂。

惟

朱二 凡思也，普遍之思。

慉

朱一 《說文》無謖，起也，與慉同。

錢一 起也。謖（起也）字《說文》無，以為畟（進也）、慉（起也）之或體均可。

錢二 起也。謖【朱】（起也）《說文》無，即慉之或體，作畟（進也）之或體亦可。

憀

錢一 與僇（僇賴）可算一字。

愯

朱一 懼。聳，耳聾也。悚即愯之俗字。

錢一 懼也。愯◎懼，今或借竦（與愯義近。又聳，耳聾也，全不相干，不過假借而已）為之，俗作悚。

錢二 愯【竦】，懼也。今悚字即愯之俗字也。

悟

朱一 訓覺者，一切覺也。寤訓覺，睡覺也。

朱二 古只有寤字。寤訓覺，引申為覺悟。

錢一 覺也（通言），寤，睡覺也（別語）。

錢二 悟，一切覺也；寤，睡覺也。

憮

朱一 憮然不動也。猶今人云「說得目瞪口騃」。

錢一 愛也。一曰不動。聽人言無應答而不動曰憮，即云「說得他目瞪口呆」。

錢二 憮然不動也，猶今人云「說得他目瞪口騃」。

㤅

錢一 恩㤅◎。

慰

朱一 訓怨者，本字；訓安者，乃尉之假字。

朱二 慍、慰、怨三字音義近。

錢一 安也。一曰恚怒也。但訓怨者是本義，訓安者‖尉◎之借。

錢二 訓怨者係本義，訓安者係尉之假字。

篙 朱二 古只一字，引長篙箸。
錢一 篙箸即躊躇。

怞 錢一 心了然也。故訓朗。[1] 訓動為是。[2]

忞 慔
朱一 《論語》「文莫吾猶人也」，文莫即忞慔，勉彊。
錢一 文莫者即忞◎慔◎之假，勉彊也。忞、勉雙聲。忞古音門。「文莫吾猶人也」，即勉彊力行之意。忞、慔、愐、𧏿、沒、密勿，皆雙聲字。
錢二 忞與勉為雙聲，忞古音門。《論語》「文莫吾猶人也」，文莫即忞慔，勉彊也。

愐 朱二 勉愐、忞慔、懋勖，又借為亹亹、黽孟。此數字皆雙聲。
錢一 在外（＝勉◎），在心（＝愐◎），其義一也。
錢二 在外曰勉，在心曰愐，其義一也。

慕 朱一 習也。習必久接，故引申為戀慕。
錢一 習也。常事（？）而後愈慕。習必久接，故由習義引申為戀慕。

㥦 錢一 安也。㦟之訓安由此借。

憺 怕
朱一 恬澹當作憺，澹泊當作怕。
錢一 恬◎憺◎，憺◎怕◎。澹，水動搖貌。泊尤其謬，決不能用也。
錢二 憺怕，今假作淡泊或澹泊。澹，水動也。

懽 朱一 款款當作懽懽。
錢一 款款＝懽懽。

恤 朱二 撫恤之恤即收也（救也）之義。

愵
朱二 《詩》「愵如輖飢」，愵訓憂也為是。
錢一 訓恖乃本義（恖，恖之則收矣）。○此句莫明其妙。
錢二 訓恖乃本義。

憸　愒
錢一 憸詖也。僉人＝憸⊙人。
朱一 俗作憩。與歇音義同。
錢一 息也。俗作憩△，非。愒、歇義近。
錢二 愒【氣】。今俗作憩。與歇【息】音義同。

急　辡　極
錢一 引申為急促。
錢一 弁急＝辡⊙急。
朱一 在事曰亟，在心曰極。謹、茍同。
錢一 急性也。亟（通），極（別）。「一曰謹重貌」係借為茍⊙或謹⊙。（在心曰極，在事曰亟）。（？）
錢二 在心曰極，在事曰亟。

懁　悻
朱二 古只作獧，後有趯、懁。猶狂只作狂，後有㤮字。
朱一 與悻、婞同。
朱二 悻，與婞同。
錢一 恨也。悻直＝婞⊙。悻悻然＝悻⊙（婞？）。悻與悻、婞同。

㥶　恁
錢一 懦弱＝㥶⊙。
朱一 下齎也。猶言下資也（資（質）本當作姿），下資猶下材也。
朱二 下齎也。與下資同（此二字鄭康成以為一字），所謂「不中用的東西」也。恁、念古音皆在侯部。
錢一 下齎也。齎與資通（資本當作姿（質？）），資，資（恣之借，恣＝姿？）質也。恁，下材也。《典引》之恁借為念（恁、念同部☒）。
錢二 下齎也，猶言下才也，即不中用的東西。資質字當作姿。

念

朱一 本訓為喜。

錢一 古讀塗。塗、嘾雙聲。許氏三訓：(一)喜也（通借用豫），是本訓。(二)忘也，未見。(三)嘾也（雙聲而已）。

錢二 念【古音塗】、嘾雙聲。訓喜者或即本訓。

憪

朱一 在事曰閒，在心曰憪，寬憪是也。

錢一 憪也。閒（通語），一切閒空；憪，心寬（別言）。在事曰閒，在心曰憪。(?)

錢二 在事曰閒，在心曰憪，寬憪是也。

愉

朱一 即偷字，偷，薄也。假借為諸偷、偷兒字（見《後漢書》）。引申為歡樂之愉，因喜則必較[憂患時]輕佻也。(佻亦可訓偷，《國語》「佻天之功」即「偷天之功」。佻、偷雙聲）。

錢一 即偷字，偷，薄也。（假借為偷兒、諸偷（見《後漢書》）。愉，輕佻也；偷，薄也。偷東西之偷由薄行義引申。引申訓樂者，樂時人必佻也。愉愉如也之義由樂訓來。（佻亦可訓偷，《國語》：「佻天之功」即「偷天之功」。佻、偷雙聲）。

錢二 今用作偷，皆輕薄也。引申為歡樂，因歡樂必較憂患時為輕薄也。

惷

朱一 蠢，蟲動也。今人罵人曰蠢，其實即惷之誤。

錢一 愚也。蠢，蟲動也（蠢動），蠢與惷通，惷、蠢形近，故誤。故蠢笨正當作惷◎，作蠢者非也。

錢二 愚也。蠢，蟲動也。今人罵人曰蠢，其實即惷字之誤。

懝

錢一 痴呆之呆＝懝◎。

態

朱一 古多以能為意態字，「病能」是也。

錢一 古多以能字借之，如「病能」即病態。

錢二 古人往往以能假作意態字，如「病能」即病態是。

慢　錢一　快慢之慢由惰義引申。

忽　朱一　忽然當作曶。

錢一　忘也。忽然＝曶⊙然。

忘　錢一　不識也。識，志也。不記得也。

愓　朱一　放蕩、淫蕩皆當作愓。

朱二　放蕩當作愓，蕩，水名也。

錢一　放也。放蕩，淫蕩之蕩＝愓⊙。

錢二　放蕩，婬蕩皆當作愓。

悝　朱一　啁也。啁即嘲笑字。詼諧當作悝諧，《說文》無詼字。

錢一　詼諧＝悝⊙。恢，俗字也。《說文》「啁也」，啁即調戲⊙、嘲笑之正字。

錢二　啁【曹】也。啁即嘲笑字。詼，《說文》無，詼諧字當作悝。

恑　錢一　恑⊙詐。詭，責也。

㦝　錢一　有二心也。「㦝⊙貳」。「招㦝⊙以禮」。

錢二　「攜貳」當作㦝。

悸　朱一　「垂帶悸兮」，毛傳：「悸悸然有節度也」，則仍訓動字。

錢一　《詩》「垂帶悸〈矣〉〔兮〕」之悸，毛傳曰：「悸悸然有節度也」，則亦由動義引申。蓋依毛訓謂垂斯手動，則知即由心動義引申矣。

錢二　《詩》「垂帶悸〈矣〉〔兮〕」，亦由動引申。

憿　朱一　徼幸字當作憿。

錢一　憿⊙幸。幸者，吉而免凶也。

惏　錢一　與婪義同。

懜　錢一　懜⊙懂。

慊　朱一　嫌隙當作嫌，嫌疑當作慊。

錢一　慊◎疑、嫌◎隙，義別。○《大學》「自謙」，謙，厭足也。（？）

錢二　慊疑。挾嫌。

惷　朱一　亂也。「王室惷惷」。又假作蠢，蠢蠢，動也。然妄動亦有亂意。訓厚者當作偆。

錢一　亂也，「王室惷惷」。又假作蠢，蠢蠢，動也。然妄動亦有亂義。「一曰厚也」者＝偆。

錢二　訓厚者當作偆。

惛　朱一　昏瞶當作惛。昏，黃昏也。

錢一　惛◎瞶。昏◎暮。

𢡱　朱一　即寱字，俗作囈。

錢一　與寱（字同？）古音同部。聲義亦相同。

錢二　𢡱言即寱（俗作囈）語。

怓　朱一　《尚書》「農（即勉也）用八政」，《方言》「怓，勉也」，皆努字之本字，《說文》無努字。

錢一　▵努字《說文》無。怓則作氣，故引申為怓力。「農用八政」之農訓勉，亦是怓力之怓。《方言》「怓，勉也」。

錢二　《尚書》「農用八政」，農訓勉；《方言》「怓，勉也」。故努力字當作怓。努，《說文》無。

惡　錢一　過惡◎。醜亞◎。可惡之義，惡、亞皆可引申。

忍　朱一　豙，豙怒也，毅，妄怒也。與此字同。

錢一　忍、豙、毅三字相仿（豙，豙怒也；毅，忘怒也。

錢二　忍與毅、豙音義同。

懣 懣 悶 悶

錢一 懣、悶一字。

錢二 懣、悶實一字。

愾 愾

朱一 「敵王所愾」，愾，怒也。《說文》別有一字。[一]

錢一 「敵王所愾」，愾，怒也。《說文》別有一字。

憯 憯 慘 慘

朱一 憯、慘實一字，《說文》未合者。

錢一 憯，痛也；慘，毒也（痛、毒本相引申）。憯、慘實一字，《漢書》「慘酷」多作憯。

錢二 憯（漢人多用之）、慘音義同，實一字。

慇 慇

錢一 痛也。隱憂即殷（慇）𢝊之借。

㥧 㥧

錢一 「哭不㥧」者，無聲調之哭也。

錢二 「哭不㥧」者，無聲調之哭也。

⿱簡心 ⿱簡心

朱一 「⿱簡心在帝心」當作⿱簡心[二]。

錢一 「⿱簡心⊙在帝心」。

慅 慅

朱一 騷動即慅動。

錢一 慅⊙動。

感 感

錢一 憾从二心，乃俗字，古只作感。凡人有所恨亦是動于心。

[一]《左傳·文公四年》：「諸侯敵王所愾，而獻其功」。杜預注：「愾，恨怒也」。

[二]《說文》「⿱簡心，⿱簡心存也。讀若簡」。嚴章福校議：「⿱簡心存即簡在。《書·湯誥》：惟簡在上帝之心。《論語》簡在帝心，皆當作此⿱簡心字。經典借簡為之，故云讀若簡」。

怲 怲 錢一 㥑也。凡从丙之字皆含憂義。

惔 惔 朱一 《詩經》「憂心如惔」，當作「如炎」。惔，憂也，「憂心如憂」文不通矣。

錢一 《詩》「㥑心如惔」，惔=炎◎。惔，憂也。「憂心如憂」文義不通矣。

慯 慯 錢一 悲慯◎。死傷◎。

㦬 㦬 朱一 㦬、惄實一字，憂貌。

錢一 㦬與惄一字，《說文》小誤。

錢二 㦬、惄實一字。

悠 悠 朱一 訓憂，亦實一字。悠悠洋洋（漾漾），思也。「悠悠蒼天」乃攸之假借，攸，長也。修、卣亦長也。

錢一 與㥑一字。「悠悠蒼天」=攸◎攸◎。攸訓長，故凡悠、修之訓長者皆攸◎之借。或云卣字之借亦可。悠悠洋洋，思也；洋洋，恙恙也，亦憂也。

錢二 悠、憂實一字。悠、修之訓長者即攸字之假。作卣【條】之假字亦可。

慁 慁 朱一 訓憂者與杜注訓「患」同。

錢一 擾而猒曰慁。訓憂者與杜注訓「患」同。

慽 慽 朱一 訓憂，為迫戚之憂。慼與慽同意。

錢一 迫切之憂也（引申為迫切）。《說文》無慼△字，=慽◎。

錢二 急迫之憂也。〈感〉[慼]《說文》無，與慽義同。

患 患 朱一 从心上貫，串即貫。董仲舒說大謬，因未識此字。

錢一 是淺人所改，蓋當作从心上毌，毌亦聲。董仲舒說謬甚，蓋老董不識得這個字。

錢二 从心上串，串亦聲。

恇 恇 朱一 心慌當作恇。

錢一 心慌=心恇◎。

悼 錢二 心慌當作恇。錢一 驚心悼⊙膽。

慴 朱一 與前訓「失氣」之懾同，失氣即懼也。慹，亦是此字。錢一 與前訓「失氣」之懾同，失氣即懼也。慹，亦是此字。

㤨 朱一 伀字當作㤨。伀，《說文》無。錢一 伀、伀二字《說文》無，伀當作㤨⊙，伀，不知何字。錢二 伀伀【充】，伀，《說文》無，當作㤨。

悑 朱一 怖轉音為怕。錢一 魚模轉麻，故轉讀「怕」。但怕另是一字，義別。錢二 即今用之怕字。怕乃憺怕也。

懯 朱一 今云吃力者即此字。錢一 憊也。吃力＝懯⊙力。錢二 懯【氣】。今云吃力者，即此字。（有說）

惎 錢一 「晉人惎之」，依杜注＝諅⊙之借，依《說文》＝畀⊙之借。［一］

恧 朱一 今作忸字。錢一 俗作忸⊙。亦作𢘓。錢二 今作忸。

忍 朱一 忍，能（耐之本字。耐，拔髭鬚罪也）也。

［一］《左傳·宣公十二年》：「晉人或以廣隊，不能進；楚人惎之脫扃」。杜預注：「惎，教也。」《說文·廾部》：「春秋傳曰：晉人或以廣墜，楚人畀之」。

錢一　能也。忍耐＝忍能◎；能，獸堅中。

錢二　忍能（即今用之耐字）也。

㥥

㥥　朱一　弭兵當作㥥。

錢一　㥥◎兵。

錢二　弭兵當作㥥。

惢部

繠

繠　朱一　𠂹从惢，故花繠稱繠。

錢一　花蕊即繠字◎。繠，垂也，𠂹亦从惢。

錢二　𠂹从惢，故今稱花繠。

第十一篇上

水部

水　朱二　水本有準誼，後造準字。

八　朱二　其入聲為八，故从八聲。《詩》作「[illegible]」。

河　朱一　古北方之水多稱河，南方之水多稱江。今則混矣。

錢一　古者北方曰河，南方曰江。今則混矣，北亦有江，南亦有河。

錢二　古北方之水多引申稱河，南方之水多稱江。今則不分矣。

涷　朱一　古人以涷字為暴雨本義。

朱二　本水名。《爾雅》：「暴雨謂之涷」。今川陝之間尚稱暴雨為涷。東轉為江，廣東人謂之（牀）涷是也。涷又音轉為篤，東之入聲為篤也。

錢一　古人以涷字為暴雨本義。

錢二　古人多以暴雨為涷之本義。

潼　朱一　古人用作疊字形容字。

朱二　車簾謂之襜，或謂之潼容（疊〈語〉〔韻〕連語），又作童容。

錢一　古人用作疊字形容詞，如潼潼。

沱　朱一　「江別流也」，从佗。

朱二　大小徐借為池字。沱為行水，池為止水。池為俗字，隄為正字。《說文》：「隄，唐也。」隄沱旁轉，古無舌上音，池讀為隄。後隄不變，池變為舌上。

浙 浙

錢一「江别流也」，江之佗也。蓋自「佗」字義來。

錢二 非今之浙江。有云即運河，非。蓋許式重[一]時尚無運河之名

涐 涐

朱二「汶江」即汦江。

湔 湔

朱二 湔洗字為假借字。洒（通用），洗（洗足）。湔洗同韻，故可借。

沫 沫

朱二 今泡字即沫之義，可作沫，然沫之本字不可見。

錢一 一曰唾沫也。

温 温

朱一 温煖當作熨。

朱二 昷柔。温水。温煖，當作叞，俗作熨。故温為叞之借（脂諄對轉），或為衮、涹之借（雙聲）。

錢一 水也。温煖之温為尉⊙之借。

錢二 尉煗（今作温煖）。熨（禾音育[二]。《說文》無）斗字，亦當作尉。

灊 灊

朱二 今借為潛字。

錢一 漢别為灊。

沮 沮

朱一 古人假作阻字，又假作渣（《說文》無）字，「取水沮也」。

朱二 渣，《說文》無。「揟」字下云：「取水沮也」，即借為渣。然沮亦為借字，或為沮水之别誼。

錢一 古人往往借為阻字用。渣▵（《說文》無）＝沮⊙（取水沮也）。此皆沮之别義。

錢二 沮【居】古往往假作阻字用。又假作渣（《說文》無）字，如「取水沮也」。

[一]「許式重」即許叔重。「叔」之寫「式」，蓋筆記者方音所致。

[二]「禾」字原文如此，不知何指。疑為「或」之方音。

涂

涂 朱一 古人道塗（徐，安步也。古讀涂），塗或作涂，後人造作途。其實或即徐之引申，謂可安步之路也。

朱二 《說文》無塗字。道塗之正字當作塲字，魚陽對轉，又雙聲。塲，《說文》：「祭神道也」［一］。《爾雅》訓道。又：「廟中路謂之唐」。亦塲之假借。陽轉入魚，故讀爲涂。塗，塈。《尚書》：「斁塈茨」。「斁丹雘」。然塗爲澤之借。澤讀如妒，今尚有潤澤義。

錢一 道涂，涂不可解。徐，古讀涂，《易》「來徐徐」，一本作「來荼荼」。道涂或是道徐，蓋道涂可任人徐行也。俗作塗、途。

錢二 道塗之本字不可知。塗，《說文》無。「來徐徐」亦作「來荼荼」，故徐或即道塗字。

溺

溺 朱一 弱水當作溺，沈溺當作休，小便之溺當作尿。

朱二 本爲弱水之溺。古音讀如鬧，故尿亦借爲溺。溺水條支亦有，今土耳其斯坦地。甘肅亦有。西方之山皆稱昆侖，水皆稱溺水。

錢一 沈休。便尿。弱水＝溺水。

錢二 溺【弱】水今作弱水。沈溺字當作休，作小便解者當作尿。

洮

洮 朱二 淘汰字當作洮，引申爲洮米。舌音變爲齒，即借爲澡。陶，陶器。淘，俗字。

錢一 洮頮、洮汰，皆別義。

涇

涇 朱二 水名。涇流當作巠，水脈也。

漾

漾 朱一 即漢水。

朱二 《韓詩》「江之漾兮」，借爲長。

［一］此爲《說文》對「塲」字的解釋。該條各「塲」字皆當作「場」。

漢　漢

錢一　即漢水。

錢二　即漢水。

朱二　从堇聲。古文漢作㵄，恐係漢人所造。从㦰者，大國也。漢前無大國之漢。

浪　浪

朱二　水名。波浪字古無，起于晉以後，正字不能尋。

錢一　波浪不知何字之借。

澇　澇

朱一　旱澇乃潦之假字。

錢一　旱澇　旱潦。

漆　漆

朱一　油漆當作桼。

朱二　今借為桼字。

錢一　油桼。

洛　洛

朱一　水名。洛陽當作雒。

朱二　洛水在陝西。洛陽當作雒。

錢一　雒陽。洛水不在雒易也。

錢二　水名。雒陽（古止作雒）。

澮　澮

朱一　後假為澮字，本字作巜。

錢一　く巜。

錢二　溝澮字當作巜。

沁　沁

朱二　今沁入心脾之沁，乃浸之借。同在侵部。

錢一　沁入心脾＝浸。

沾　沾

朱一　今添字也，訓益。添，俗字。

朱二　今作添。今又借為霑。

錢一　沾。減（「一曰益也」之訓），俗作添，《說文》無。

錢二 沾【添】，益也。今俗作添（《說文》無）。

潞

朱二 漢人往往借為暴露字。

漳

朱二 南漳與清（濁）漳不同。其始或僅作章水，後加水，故同也。

蕩

朱一 水名。浩蕩當作羕，放蕩當作愓。

朱二 浩蕩，《說文》作潒。放蕩，《說文》作像。蕩滌，《說文》作盪。蕩，水名。

錢一 湯陰古作蕩陰。浩蕩＝浩羕，或作洋，亦假借字。放蕩＝放愓。

錢二 浩蕩字當作羕【養】，水長之意。放蕩字當作愓（逖本作愓）。

沇

朱一 俗作兖。

錢一 水名。沇州，俗作兖，乃譌字。

錢二 今俗兖。

泲

朱二 今作濟，然通用已久。出常山之泜，非四瀆之泲。

錢一 泲水。四瀆之泲。不應作濟。

溱

朱二 廣西水。溱《渭》［洧］字當作潧。

深

朱一 水名。深淺當作㴱。

錢一 水也。㴱淺。

汨

朱二 从冥省聲，冥之入聲即汨也。

⿰氵買

朱二 實與汨為一字，或為汨之重文乎。

油

朱一 水名。油膩之油乃膏之音轉。油膏皆喉音。油桼當作髤【休】。

朱二 膏，今稱油。膏在蕭，油在幽，且皆為喉音，故油為膏之借。

錢一 膏油之油即借為膏。幽蕭通轉。油桼＝髤桼。

錢二 油膩字乃膏之音轉（皆喉音。油在幽，膏在宵）。油桼字當作髤【休】。

潭 潭 朱一 罙潭當作覃，長也。
朱二 訓深者乃罙之借。潭潭乃沈沈之借。
錢一 深水曰潭者（如龍潭），當是借為覃⊙、罙⊙等字。
錢二 今用之潭字當作覃，作罙亦可。

澑 澑 朱一 水名。雨注下之澑當作霤。
朱二 水急流之澑乃霤之借，乃霤之引申誼。
錢一 水名。雨注下曰澑者＝霤⊙。
錢二 雨注下之澑當作霤。

灌 灌 錢一 灌溉之灌乃別義。

漸 漸 朱一 今錢唐江。漸進當作䟅。
朱二 今浙江。
錢一 即今錢唐江也。䟅⊙進。
錢二 漸水，今錢唐江。漸進字當作䟅。

泠 泠 朱一 古稱伶人曰泠，誤。
朱二 清泠疊韻語，無正字。
錢一 泠人（？）。古稱伶人曰泠，誤。（？）

潕 潕 朱二 「南陽舞陰」之舞，當作潕。

淠 淠 朱二 訓衆之淠乃朮之借。「淠然」乃形容詞，無正字。

渦 渦 朱一 今作渦，安徽渦陽縣。《爾雅》：「過辨回川」。今旋渦，古止作過，或作過。
朱二 今安徽渦陽縣為此字之省文。今俗誼回旋之渦，乃《爾雅》「過辨回川」之借。過乃宛、夗之借。
錢一 今作渦。然水旋渦之渦＝過⊙（或作過？）。《爾雅》「過辨回川」。

泄 泄

錢二 今作渦。旋渦字古止作過。《爾雅》：「過辨回川。」

朱一 水名。漏泄當作渫。

朱二 宣泄乃渫之借。

錢一 泄漏之泄＝渫。

錢二 泄漏字當作渫。

汳 汳

朱一 汴梁當作汳。

朱二 汴當作汳。

錢一 汴梁正作汳。

錢二 汴梁當作汳。

潧 潧

錢一 潧洧，今借溱。

淩 淩

朱一 淩水。淩駕，止當作夌，或作陵。

朱二 訓歷者，或作陵。皆為夌（訓越）之假借。

錢一 夌駕。淩、陵皆借字。

錢二 淩駕字當作夌，作陵亦通。

濮 濮

朱二 西南夷稱濮，《左傳》「百濮」（今苗民），不可與濮陽混。其本字當作僰。

灤 灤

朱一 引申凡清水稱灤。

錢一 引〈水〉〔申〕清水曰灤，假用也。(1) 引申凡清水稱灤。(2)

淨 淨

朱一 魯北門池名。潔淨當作瀞。

朱二 潔淨乃瀞之借。

錢一 水也。潔瀞。

錢二 潔瀞乃正字。

濕
朱一 或省作㶟，後誤作漯，故漯水即濕水也。
朱二 漢省作漯，後人加丨於濕，變為漯字。
錢一 今形誤為漯△（蓋省作漯故）。以形義相近而借為溼。
錢二 濕【塔】《孟子》作「漯」，形誤也。

泡
朱一 浮漚之泡當作脬（假借），細胞亦當作脬。膀胱曰脬。
朱二 浮漚之泡即〈浮〉「脬」之借，古無輕唇音故也。
錢一 浮漚曰泡，古無此義，始自六朝。其實浮漚之泡字當作脬（假借？）。細胞亦‖脬。
錢二 水泡字當作脬，細胞字亦當作脬

泗
朱一 鼻涕亦曰泗，乃洟之假借。洟泗同部。
朱二 涕泗乃洟之借，同部。
錢一 涕泗（鼻涕）之泗借為洟字也。泗洟古同部。
錢二 涕泗（鼻涕）字係洟之假字，洟泗同部。

洋
朱一 水名。「洋洋」訓大者，當羕之假字。羕，長也。[一]
朱二 訓衆多、訓盛，乃潒之借。洋洋、潒潒同音。浩潒有盛大誼。
錢一 訓大、訓多者，皆‖羕。
錢二 洋洋，訓大也、衆也，係羕字之假。

濁
朱一 濁水一曰溷水，故本意為清濁。
錢一 濁水一曰溷水，故本義為清濁。
錢二 濁水一曰溷水，故清濁字乃其本義。

[一] 此條後朱自注「少上十餘分鐘」。

灕　朱二灕、灕皆水名。滙茷澆浩四字同義，與灕灕雙聲，乃借為浩。
錢一水名，一曰灕注。按，當以灕注為本訓。

汶　朱一古讀門，故汶山古作汶山。
錢一古讀門，故汶山古作汶山。
錢二古音讀門，故䊵山古亦作汶山。

治　朱一義為治亂。治亂字當作辭、𤔲、司，皆可。
朱二訓治亂，乃理之借。台从㠯聲，與里同部。或為辭之借。《周禮》「治令」即辭令。
辭訓治獄，故引申為治亂。
錢一治亂之治為辭⊙，𤔲⊙、司⊙諸字之借。
錢二治亂字之本字作辭，𤔲、司，皆可。

渚　朱二《爾雅》「小州曰渚」，在《說文》當作陼。［一］
錢一「小州曰渚」當為本訓。

濟　朱一［濟水在］山東，與大清河之濟別。引申為事了、事成之濟。濟渡字當作𣲖，作濟亦可。
朱二四瀆之濟為泲之借。濟渡乃脊之借。《說文》云：「不行而進也」。（人不行而進，藉船渡也。）古前、劑相借，或又稱為齊。劑借為前，故濟亦可借為脊。事了曰濟，乃霽之借。雨止曰霽，引申一切止皆曰霽。
錢一與山東之泲不同。濟渡之濟（＝𣲖？）或曰是別義，或曰濟渡是本義，濟水是別義。四瀆曰泲⊙。濟渡斯成，故成可訓濟。「檢言濟」［二］之濟訓止，＝𣲖⊙。濟，山

［一］《說文・𨸏部》：「陼，如渚者。陼丘，水中高者也。」
［二］此語出處不明。

東，與大清河之濟别。（？）

錢二 與大清河有别。濟，山東水名也。大清河今以濟字假之，其本字當作□。事了事成曰濟，今日本猶有是義。濟渡字當作㳅，作濟亦可。

濡 濡

朱二 師古注「乃官切」不誤，段氏誤。灤河，今熱河。

錢一 此灤河之正字。沾濡是别義。

沽 沽

朱一 大沽口，其本義。沽買字係賈之假字。盬，行貨；姑，將就。故沽有薄意。

朱二 今大沽口。沽買字乃賈之借。沽酒者，盬酒也。與「苦糊」（將就曰糊塗）（恐）誼同。[一]

錢一 《論語》「沽之哉」＝賈◎。注訓薄者，義與盬（不牢）、姑（將就）同，當是借為盬字◎（如《詩》「五事靡盬」，不牢也）。大沽口為其本義。

錢二 沽買字係賈之假。盬作行貨解，姑作將就解，故沽引申有薄意。沽，水名，今之大沽口，其本義也。

沛 沛

朱一 漢沛公字當作⿰木邑，顛沛當作跋。

朱二 入朝鮮。沛郡乃⿰木邑之借。

錢一 顛沛＝顛跋◎。沛然＝勃◎然。沛邑＝⿰巿阝◎邑。

錢二 沛公字當作⿰木邑，顛沛字當作跋。

浿 浿

朱二 與沛實一字，皆朝鮮水。

⿰氵虘 ⿰氵虘

朱二 《詩》「漆沮」之沮當作此。

錢一 即「漆沮」之本字。

[一] 此句原文如是，其意欠明。

泥

朱一 泥塗字當作昵。《論語》「致遠恐泥」，當作尼，尼，止也。

朱二 塗泥當作昵，反頂受水也。引申為昵土。

錢一 水也。泥塗＝昵，由昵丘引申。「致遠恐泥」＝尼，尼，止也。

錢二 泥塗字當作昵。「致遠恐泥」當作尼（止也）。

洦

朱一 或即薄之本字，蓋由淺意引申。

朱二 引申為一切淺，故淺薄字當作此。又引申為停洦。淡洦乃怕之借。

錢一 淺水也。水淺可停舟，故引申為停洦。浮薄之薄，其本字殆作洦，由淺水引申，淺水與薄義近也。

錢二 淺水也。引申為停洦。又或即薄之本字。

汘

朱一 千人夠用之水曰汘，百人夠用之水曰洦。（想當然詞）。

錢一 水能灌溉百人之田者曰洦，千人者曰汘。《說文》無阡陌字。(1) 千人夠用之水曰汘，百人者曰洦。（想當然詞）(2) ○《說文》水部之字，如沾、洮、灌、溉、濁等，均宜以水事為本義。蓋古者未必逐水造字，乃託名標識者多也。如山部之字皆山事為多，亦可證。

錢二 水之夠用千人者曰汘，夠用百人曰洦。（章先生所言）。

漠

朱二 訓清，乃募之借，寂募也。

洪  洚

朱一 洪、洚（古讀紅）恐是一字。

朱二 洪、洚實一字。

錢一 洚古亦讀紅（古無江音），此二字當是一字，蓋古今字也（洚，古；洪，今）。

錢二 洚水者，洪水也。洚古音同洪，故洪、洚實一字。

衍 衍

朱二 《小爾雅》「廣平曰衍」，乃台之借，山間陷泥地也。

錢一 流則多，故引申為衍餘，借用羡字。

淖 淖

朱二 海水朝宗于江漢，乃倒字。

涓 涓

朱一 涓，小流也；肙，小蟲也。

錢一 涓，小流也；肙，小蟲也（化蚊之蟲）。

錢二 肙，小蟲也，故涓訓小流。

混 混

朱一 混亂當作圂。

錢二 混亂當作圂。

朱二 混濁乃圂之借。

錢一 混亂＝圂亂。混本義為豐流，「源泉混混」，乃本義也。

錢二 混亂當作圂。

潒 潒

朱一 蕩漾當作潒羕。

錢一 蕩漾之正字＝潒羕。

錢二 潒【蕩】。蕩漾當作潒羕（水長流也）。

黎 黎

錢一 龍黎是別義，段非。

潚 潚

朱一 《唐韻》讀卓，《廣韻》［讀］肅，今讀潚。

朱二 今肅清字乃潚之借。

錢一 此潚湘之本字。《唐韻》讀卓，《廣韻》讀肅，今讀蕭。

錢二 《唐韻》讀卓，《廣韻》讀叔，今讀蕭。

演 演

朱二 與濥實為一字。

涣 涣

朱一 波成紋。《論語》「煥乎其有文章」當作涣，煥俗字。

朱二 風行水上有紋，故文章曰涣。煥字《說文》無。

泌

錢一 「散流也」。煥，《說文》無。「渙乎其有文章」者，散流成文章也。（從《易》「風行水上」之義引申來）。

朱二 「渙乎其有文章」字，今俗作煥。

錢二 《通俗文》有滭字，其本字即泌。兩邊夾而出，逼出也。

朱二 「俠流」者，逼流也。逼出水當作泌。

錢一 分泌是本訓。泌清水之泌。泌者，兩邊夾而逼出者也。《通俗文》有滭字，即泌之俗。(1) 訓輕快之流＝滭。(2)

錢二 「俠流」者，夾流也。夾之使沮（俗作渣）剩而流清也。《通俗文》有滭字，《說文》無。

活

朱二 流聲。引申為生活，故止水曰死水。

錢一 「水流活活」為本義，因水流動引申為生活之活。

淲

錢一 殆本作滮。

濊

朱一 汪濊，雙聲連語。

錢一 汪濊，雙聲連語。

滂

朱二 即旁字。薄也，沛也。

汪

朱二 深廣為本訓。訓池為潢之借。

錢一 深廣是本訓，引申為池也。

泚

錢一 清也。引申為新鮮貌。

況

朱二 語詞之況乃兄之借。

錢一 況且之況＝兄。

錢二 作語助詞用者，係兄之假字。

沖

朱一　沖虛字作盅。沖淡，《荀子》作神禫。在古人不過雙聲連語耳。

朱二　涌繇也。〈涌〉[沖]，古舌上變舌頭音，與動同訓。動，摇也。沖人乃僮人之借。

錢一　動摇也（攸革沖沖）。盅虛。沖淡，《荀子》作神禫。沖，古讀動，與淡爲雙聲。殆非本義，不過雙聲連語耳。

錢二　沖虛字當作盅（中虛也）。沖（古無舌上音，讀舌頭音如動）淡，《荀子》作神禫，在古人不過雙聲連語耳。

浩

朱二　段氏以爲沆也，是也。

泬

朱二　回泬乃遹之借，斜也。

錢一　本義今無見。《詩》之「回泬」假用遹字。

錢二　回泬字係遹（衺行也）之假字。

灂

朱二　瀺灂雙聲，蕭咍對轉。嚵嚼。纔（爵頭色）亦作緅。此六字實三字，皆對轉。

滕

朱一　沸騰字或作騰。

朱二　凡超騰字皆當作此，由水超踊引申。

錢一　超騰、百川沸騰皆＝滕。

錢二　超騰字當作滕。騰，傳舍也。

洸

朱二　與潰雙聲語，無正字。

瀾

朱二　與淪一聲之轉。按浪字恐亦係瀾之借。

淪

朱一　《詩》「河水清且淪兮」。

朱二　淪陷乃陯之借。

錢一　訓没者＝陯。《爾雅》：「淪，率也。」（《詩》淪胥以鋪）＝綸。

錢二　訓没係陯之假。訓率（网類）係綸（束類）之假。

漂 錢一 浮也。《詩》「風其漂女」當是飄◎之借。

浮 朱二 重唇與飄音誼同。

錢一 汎也。汎則過，故引申為過。汎愛。

濫 朱二 濫、氾音同，故相轉注。

泓 錢一 泓，水泓。宏，室宏。

測 朱二 引申度深所至。

洞 朱一 與〈洞〉「迵」同。

朱二 洞達乃通之借。山洞乃竇之借，東虞對轉。《素問》「洞泄」，乃疾流之本誼。

錢一 疾流也。洞達、洞壑之洞＝迵◎。迵，通也。由通引申訓穴。

錢二 洞達字係迵之假。迵，通也。因通引申訓穴。

潘 朱二 與波雙聲，歌寒對轉。

汋 朱二 與激實一字，古音相近。汋借為液，未必是。乃《莊子》「淖約」之借。

錢一 激水聲也。古人以精謂勺。自臍以下曰水腸。

渾 朱一 溷流聲也。至于……。

朱二 渾、混二字實同，惟溷訓濁。

淑 朱二 淑女非美女，乃清女，以淑訓清湛也。

澂 朱二 形容詞引申為動詞。澂、持之蒸對轉。五音之徵亦澂之借，之蒸對轉。

溷 錢一 水濁曰溷。

淈 錢一 汩亂字＝淈亂。

淀 錢一 水旋渦＝水淀◎過◎。

淵 錢一 引申訓深。

澹　澹　朱一　澹者，三人澹者當作三人澹者。[一]

朱二　澹雅乃贍雅之假。本誼與沖動一聲之轉。

錢一　澹泊＝淡泊。「海淡淡」＝海澹澹。相如告蜀父老文之「灑沈澹災」，即贍災，撫恤也。贍，《說文》無。贍，給也，周也，贍災者，言救災也。

錢二　澹泊字當作淡。「海淡淡」字當作澹。澹災字當作贍災。贍，給也，周也。贍災者，言救災也。

滑　滑　朱一　與汩同。「滑夏」者，汩亂夏也。

錢一　利也。《書》「蠻夷猾夏」之猾，《說文》無，只作滑（亂也），其本字則當作淈。

錢二　猾，《說文》無。「蠻夷猾夏」字當作淈。淈，亂也。今作汩。

淫　淫　朱一　淫亂當作婬。

朱二　久雨之淫乃霖及霃之假。貪淫當作㸒（《說文》：「近求也」。），奸淫當作婬。

錢一　浸淫。婬亂。

錢二　淫亂字當作婬。

瀸　瀸　朱一　《公羊傳》「齊人瀸於遂」今當「齊人殲於遂」。

錢一　「齊人瀸于遂」之瀸為殲之借。

錢二　「齊人瀸于遂」，瀸乃殲之假字。

泆　泆　錢一　水所蕩泆也。由蕩泆引申為淫泆。

潰　潰　朱二　《左傳》「民逃其上曰潰」。《說文》引《司馬法》「師多則〈兵〉〔民〕讀」，則左之潰乃讀之假。

錢一　「民逃其上曰潰」，《司馬法》作讀。

[一] 此條不知所云，姑存其舊以待質。

沴 沴

錢二「民逃其上曰潰」，《司馬法》作讀。

朱一 與俗戾意同。《漢書》用戾作盭，惟關於天災作沴。然三字同。

朱二 今讀戾，乃之蒸對轉。

錢一 戾，犬从户下出也。謬盭。災沴。《漢書》都用盭代戾，惟關于天用沴。

錢二 《漢書》用盭代戾，惟關于天用沴。其實沴、戾、盭三字皆通。災沴。

渻 渻

朱一 媘。在人作媘字，在物作渻，今混作省旁。

錢一 減省字在物曰渻，在人曰媘。省，視也。義別。

錢二 減省字在物作渻，在人作媘。

淖 淖

朱二 音鬧，與泥雙聲。

溽 溽

朱二 濃之入聲為溽，故可訓濃。《左傳》、《史記》「蓐食」或作溽食，皆有厚義。

涅 涅

朱一 《方言》涅訓化。雞伏卵曰化。引申染黑曰涅。今捏造之意，亦變白為黑者。

錢一 《方言》訓化（鷄伏卵），引申染黑曰涅（化白為黑）。今捏造字當作涅。造，蓋涅造者，言變亂黑白也。

錢二 涅【逆】《方言》訓化（鷄伏卵），引申染黑曰涅。今捏造字當作涅，蓋捏造者，言變亂黑白也。

⿰氵曶 ⿰氵曶

朱二 古音末。昧爽亦作曶爽，可證。音轉為黴，《說文》：「黴，久雨青黑也。」

沙 沙

朱二 《禮·内則》「鳥【皫】色而沙鳴」，沙乃澌之假，俗作嘶。沙汰乃揟之假，《說文》云：「取水沮也」。揟與疏音同。《周禮》讀疏為澌，可證。

沸 沸

朱一 當作灪。

錢一 鼎灪。

錢二 四海鼎沸字當作灪。

汜 汜

朱一 《說文》兩引，一引作洍，一引作汜。三家詩（毛詩、魯詩）不同之故。

錢一《詩》「江有汜」，《說文》又引作「江有洍」，蓋三家詩之不同耳。
錢二「江有汜」，《說文》又引作「江有洍」，三家詩之不同耳。

滎

朱一 本當作營，或作熒。
錢一 小水曰滎，小火曰熒，故凡熒聲字皆有小意。螢，《說文》無。
錢二 滎，小水也；熒，小火也。螢，《說文》無。

窪

朱二 讀一穎切，乃支青對轉，故又讀洼。

池

朱一 乁（流）、匜、也、池，皆一字。凡積水在內皆曰池。
朱二《說文》本無池字，段氏从應氏《風俗通》增。《初學記》引《說文》不甚可信，蓋有引《說文注》為《說文》正文者。○池本字當作隄，古皆舌頭音，《說文》云「唐也」。四面及中央空皆可稱唐。隄亦有二誼，邊岸曰隄，四邊亦曰隄。唐人稱邊曰隄，池氈是也，又「魚躍弗池」是也。故池之正字為隄，借字為沱。
錢一 此字大徐謂是沱字，固非。然池字亦不必補。乁（流也）、也（从乙，玉池）、匜（从也，積水），三字皆可作池字用。池字當係《說文》漏去。道書謂女陰曰玉池，於此可知从也聲字皆有積水也，故池可不必補，作也、作匜皆可。
錢二 乁（今作曳），流也。也从乁，女陰也。匜，盛水器也。道書女陰作玉池。於此可知，从也聲字皆有積水意，故池可不必補入，作也、作匜皆可。

洫

朱一「老洫」或作侐，或作謐。
錢一《莊子》之「老洫」及《詩》「閟宮有洫」之洫皆‖侐◎。侐，清靜也。又作謐亦可。
錢二「老洫」字當作侐、作謐變。

渠

朱一 凡通水之漕皆曰渠，「渠眉」是。對稱曰渠，古無此語。
朱二 今稱河漕、水漕、一條漕。《周禮》「渠眉」，圭璋之漕（即縫）也，可證。
錢一 通水之漕也，《周禮》作「渠眉（湄？）」。稱人曰渠，為語助詞。
錢二 渠眉（遡本作湄）者，一物之通水處也。

𤅩
朱一 水濡而乾也，引申為沙𤅩。
錢一 由水濡而乾之義引申為沙(水)灘，非假字也。
錢二 沙𤅩字非假字也。

決
朱一 決斷當作夬。
朱二 與潰聲誼相同。決从夬聲、潰从貴聲，夬、貴音同。決斷當作夬字，夬，決也。離別曰訣別，訣《說文》無，亦當作夬。
錢一 下流也。決斷＝夬斷。
錢二 決斷字當作夬【快】，訣別＝夬。

注
朱一 記注當作註，本亦作丶。
朱二 註記之註即《說文》丶字，識也。註，《說文》無。
錢一 訓口之註＝咮。註，《說文》無，故訓識之注(記注)＝丶。
錢二 註，《說文》無，訓識者，係丶字。○注，古音斗。

湊
朱二 與澆聲義同，芙聲堯聲同。

湝
朱二 《漢律》「及其門首「洒湝」」，洒乃湝之假，水門也；湝，匽也。

津
朱一 津液當作盡。
朱二 古文作䑜，隹聿之蒸對轉。
錢一 盡液。
錢二 津液字當作盡。

淜
錢一 《論語》「暴虎淜河」。

潛
錢一 涉水也，没于水中之意也，故引申訓潛藏。
錢二 訓涉水，没于水中之意也。

泛
朱二 氾濫。浮泛，又可作汎。

汓　朱二　《說文》無遊字，敖遊本字當作汓，引申為遨遊。游，旌旗之旒也。

砅　朱二　引申為渡。《大人賦》「橫厲飛泉」。

湊　錢一　湊合、湊集、輻湊。
錢二　湊合。

湛　朱一　浮沈當作湛。湛露之湛，形容字。
錢一　浮沈＝浮湛。沈、山上久雨水也。湛露係形容字。
錢二　湛【陳】。浮沈字當作湛。湛露字係形容字。

㲻　朱一　溺水當作㲻。
錢一　沉溺＝湛。㲻。
錢二　沈溺水中之溺當作㲻。

沒　朱一　一切湛於水也，引申為盡。
錢一　湛也。湛下則盡，故訓盡。湛下則不見，故訓乾沒。

淒　朱一　雨雲起，引申為陰黯。
錢一　雨雲起，引申為陰黯。

溟　朱二　北溟當作冥。水官曰玄冥。

瀑　朱一　疾雨，引申瀑布。
錢一　風瀑。瀑雨。瀑布由疾雨再引申。
錢二　瀑【暴】。瀑布乃其引申義。

潦　朱一　旱澇當作潦。
錢一　旱澇＝旱潦。
錢二　旱澇當作潦。

涿　朱二　古音舌頭，故讀如篤，與滴雙聲。引申為生殖器，由流下滴引申。《爾雅》「白州」，《内則》「鼈去醜」，皆由涿音轉。又為豝，《國語》「日月會于「龍豝」。此字《說文》無。

錢一　古舌上歸舌頭，讀竺。今俗語猶謂一滴曰一涿，正同古音。

錢二　舌上音讀作舌頭音，讀篤。

渿　朱一　泰山旁有渿水，顧亭林以為渿何橋。

錢一　渿水（河）在泰山傍，顧寧人以為渿河橋。

錢二　渿水在泰山傍。

滈　朱一　《始皇本紀》「滈池君」。

錢一　久雨也。《秦始皇本紀》之「滈池君」乃借為鎬字。

沈　朱一　陵上滈（久雨）水也。與浮湛異，與黕同。

錢一　陵上滈（久雨）水也。與浮湛異，與黕同。

瀀　朱二　與渥一聲之轉。

錢一　優渥‖瀀渥。《詩》曰：「既瀀既渥」。

涔　朱一　《詩》「潛（涔）有多魚」，皆當作罧。

錢一　「潛（涔同）有多魚」‖罧。

漚　朱二　與渥一聲之轉，一平一入。

錢一　漚麻，洗麻也。久漬斯可洗，故引申訓洗。

溓　朱一　溓溓與廉隅同，有棱角也，冰有棱角也。《公羊傳》「羣公溓」，溓當訓兼。

朱二　與《公羊》之「廩」一聲之轉。

錢一　溓、廉（廉隅也）同聲。廉有棱角，薄冰亦多棱角，故曰溓。《公羊》「羣公溓」，溓當訓兼。

泐

錢二 灡、廉（隅）同聲，廉有棱角，薄冰亦多棱角，故灡灡訓薄冰。

朱一 木有條理曰朸，水有條理曰泐，刻石亦曰泐，又作勒。

錢一 水之理也。力，有條理也；泐，水理；朸，木理；阞，地理。刻石曰泐石，亦通作勒，然以作泐為是。

錢二 泐，水之理也；朸，木之理也。刻石曰泐石，亦作勒石，作泐較妥。

澌

朱一 《詩》「王赫澌怒」，肆怒也。由盡義引申。

錢一 水索也，索，盡也。由盡引申訓極。如《詩》云「王赫澌怒」。（肆怒也？）

錢二 水索（盡）也。由盡引申訓極，如《詩》「王赫澌怒」。

汽

朱一 「汽可小康」，幾可小康。

朱二 汽與幾一聲之轉。

錢一 水涸也。「汽可小康」=⿰豈幾⊙。⿰豈幾，庶幾也；庶幾可小康也。

錢二 「汽可小康」，字當作⿰豈幾。⿰豈幾，庶幾也。

潐　渴

朱二 潐與消聲誼同。

朱一 盡。饑渴當作㵣。

錢一 饑㵣⊙。渴⊙盡，今誤用竭。

錢二 渴【竭】。饑渴字當作㵣【克】。

漮

朱一 康，空也，故漮，水虛也。

朱三 段云「水之中心有空處」，不通。

錢一 水虛也。虛（古音墟）、空、康皆雙聲，故凡从康聲之字皆有空義。

錢二 丘、漮、空、虛（古音去）皆雙聲，凡从康聲字皆有空意。

洿

汙

朱一 濁薉之義，一字也。

朱二 小池為汙。汪潢皆積水也，音轉為汙，魚陽對轉。《孟子》「壞宮室以為汙也」，汙乃汪之借。

錢一 洿、汙殆一字，音義皆同也。

錢二 洿、汙音義同，實即一字。

汀 汀

錢一 水之平也。洲渚曰汀，引申之義也。

瀞 瀞

錢一 潔瀞◎。淨，水名。

錢二 潔瀞。淨，水名也。

瀎 泧 瀎 泧

朱一 抹殺當作此二字。

錢一 摩娑、末殺，其正字均當作瀎◎泧◎。指抹之抹＝瀎◎。

泊 泊

朱一 與泉、訖相假借。

錢一 洗釜也。引申為……。「泊（及也）乎晚節」＝泉◎或訖◎。

錢二 「泊【忌】乎」字當作泉，作訖亦可。

渜 渜

朱二 今熱河作灤河，俗字也。《漢志》作濡，乃渜之誤。煗，一切煗；渜，煗水也。

涫 涫

朱一 今云水滾（沸）當作涫。

錢一 灊也。滾沸＝涫◎灊◎。

汏 汏

朱二 即汰字。《九章》「擊汏」當依《爾雅》注訓墜。

㵎 㵎

朱一 从簡者，柬擇之意。

錢一 淅也，有淘汰之意，故簡擇＝㵎擇。从簡者，柬擇之義。

錢二 㵎擇，係正字。

溲 溲

朱二 本訓汏。果汁有氣味，故氣惡曰溲，而小便亦曰溲。案今俗溲飯字當从此引申。又與滫（久泔）同。

浚　浚

錢一　溲臭＝滫臭。

錢一　抒也。浚河即開河。將水底之泥挹之于上也。《孟子》「浚井」，使深之也。《左傳》「浚我以生」，挖我也，食也。（？）

錢二　浚河即開河，將水底之泥挹之于上也。

潘　潘

錢一　淅米汁也。古無肥皂，故以潘洗頭也。

泔　泔

朱一　即米泔水。

錢一　今俗稱豆腐干水曰泔水，乃其本義。

錢二　今俗稱豆腐干水曰泔水，乃其本義。

滫　滫

朱一　今云久積飯而敗其氣曰滫，正久泔之意。

錢一　滫臭。

湑　湑

朱二　與醨茜【朱】一聲之轉。

漿　漿

朱二　酢（今醋字）漿也。猶今梅子湯也。

錢一　酸水曰漿。

澆　澆

朱二　與渼音義同。今渼（酒又加酒也）引申為厚，澆（酒加水也）引申為薄。

錢一　澆薄。

灝　灝

朱一　今假作浩用。

錢一　本義今無所見，今人用灝瀚，乃浩之借。

錢二　今用之灝字皆浩之假字。

洒　洒

朱一　一切洒物曰洒，惟洒足曰洗。灑埽即作洒埽解亦可。汛字下云「灑也」，洒埽乃汛埽之假。

錢一　滌也。洗，洒足也。洒，通言；洗，別言。

錢二　洒指一切；洗，洗足也。二字古音同。洒、灑雙聲。

滌 朱一「條狼氏」猶今天警察使人及時洒掃者也。狼，狼藉之物。

朱二 滌，古音讀條。

錢一《周禮》有「條狼氏」者，司大掃除之警察，滌去狼藉之物之官也（衛生警察也）。條與滌通。

錢二《周禮》「條（＝滌）狼（狼藉）氏」，猶今衛生警察。

瀋 朱二 瀋與汁一上一入，音義同。

洱 錢一 飲歃。俗云略飲曰「抿一抿」，即洱字。

漱 朱一 盪口也。《曲禮》「漱裳」當作涑。

錢一 盪口也。漱，漱口（別）；涑，一切之漱（通）。「漱裳」宜作涑裳。

錢二 漱【叟】，盪口也。涑，一切之盪也。

滄 朱一 滄海，《史記》、《漢書》皆作倉，是也。滄，寒也。

錢一 寒也。滄海之滄，古只作倉。《史》、《漢》尚然，如「張良見倉海君」。

錢二 滄海字，《史》、《漢》皆作倉。

淬 朱一 引申為淬厲。淬，以刀燒紅者入水使滅火；厲，磨刀也。

錢一 滅火器也。古人以刀燒紅後置之水中，使其堅而後磨之，故引申為淬厲。○以刀燒紅者入水使滅火。厲，磨刀也。

錢二 淬【崔】，引申為淬厲，以刀燒紅者入水使滅火。厲，磨刀也。

沬 朱二《禮樂志》「沬流赭」，沬乃流沫，非靧字。

浴 朱二《夏小正》「黑鳥浴浴」，浴乃搈之假，同从谷聲。搈，搖也。

錢一 入浴時乍上乍下，故《夏小正》云然。

淳 朱一 淳，渌。淳厚當作醇，或作𦏧。作淳，乃假字也。

朱二 淳厚乃醇之借。

淳　錢一　淳，渌也。醇⊙厚。然𦎫亦可訓厚。作淳者，乃借字也。
錢二　淳厚字當作醇，作𦎫亦通。

渫　朱一　泄漏當作渫。
錢一　渫⊙漏。
錢二　泄漏字當作渫。

濯　朱二　《詩》傳：「濯濯，光明」，與赫赫對舉，乃燿燿之借。同从翟聲，古音皆爲調。

灑　朱一　《詩》「訊予不顧」，訊亦作誶，故洒掃亦作汛。潮汛當作信，汛地亦當作信。
錢二　灑，汛也。「訊予不〈敢〉[顧]」亦作誶，故灑掃亦作汛。潮汛字當作信。武官曰汛，亦當作信（鎮守一方不離）。

汛　錢一　潮汛、汛地（塋汛）皆＝信⊙。（汛地作信者，言鎮守一方不離也。）『汛，灑也。「訊予不顧」亦作誶，故灑掃亦作汛，「訊予不顧」，訊有作誶，凡卒音轉也。』
〇『　』內均有些費解。

泰　朱一　泰【撻】。滑達當作滑泰。《論語》「泰而不驕」，泰乃太假，寬大而不驕也。
朱二　泰，滑也。引申爲通。
錢一　滑澾△＝滑泰⊙。縱泰＝縱大⊙（即「大而不驕」之大，言寬大而不驕也）。泰否之泰訓通，滑則通也。（?）
錢二　滑澾字當作泰。「泰而不驕」，泰係大字，言寬大而不驕也。〇太係大之俗字，非古文夳字之形誤。

灒　朱一　俗作濺。
錢一　灒，汙灑也。俗作濺，非。
錢二　灒起水來，俗作濺。

湩 湩 錢一《管子》「湩然擊鼓」。湩容，疊韻連語。

洟 洟 錢一鼻洟。洟，泣也。泣，洟也。

潸 潸 朱一涕（當作洟）流貌。

錢二涕（當作洟）流貌。

瀻 瀻 朱一瀻與議音義近，故瀻與儀古通用。

錢一議罪也。以聲為訓，瀻、儀古通用可證。

錢二瀻【逆】訓議罪，以聲為訓也，瀻儀古通用可證。

泮 泮 錢一訓散者＝判。

汩 汩 朱一汩亂當作淈。

錢一訓亂者＝淈。

錢二訓亂者係淈之假字。

第十一篇下

沝部

流 朱一 逆水，故从倒子𠫓。

錢一 从㐬，故流當訓逆流而上。浮，順流而下也。

錢二 流从㐬（音突，倒子也），故流作逆流而上解。（章先生所言）。

頻部

瀕 錢一 嚬戚、水濱皆＝頻◎。

顰 朱一 既从卑聲，當讀卑，不讀平。

錢一 既从卑聲，則當讀卑，不當讀頻。

錢二 既从卑聲，當讀卑，不讀平。

𡿨部

巜部

巛部

巠 朱一 涇，涇渭也。《莊子》「涇流之大」當作巠。

錢一《莊子》「涇流之大」。涇本涇渭字，涇流之本字當作巠。

錢二 巠【今】。涇，涇渭也。《莊子》「涇流之大」字，當作巠。如菜花巠、王江巠等不當作涇。

 巟

朱一 訓大之荒當作巟，荒唐亦當作巟。

錢一 訓大之荒，如荒唐等，皆當作巟。巟，水廣也。由廣引申訓大。巟唐見《莊子·天下篇》，大言也。

錢二 巟唐非荒。凡訓大之荒皆當作巟。

 𡿺

朱一 荀彧字文若，彧乃𡿺之假字。

錢一 荀彧字文若，故荀彧當作荀𡿺。《論語》「𡿺𡿺乎文哉」。後人作淢。

錢二 荀彧字文若，彧乃𡿺之假字。

 𡿪

錢一 當作歺省聲。

 邕

朱一 壅乃邕之俗字，《説文》無。

錢一 辟廱者，四周有水，故即作辟邕。俗作壅。

錢二 壅塞字《説文》無，即邕字。辟雍字亦即由邕字引申，以辟雍四周有水也。辟廱古止作雝，實作邕足矣。

 𡿧

朱一 一切之災當作𡿧，唯火災作災。

錢一 𡿧，一切之災（通）；災，火災（别）。

錢二 𡿧係一切之災，唯火災作災。

 州

朱一 今加水作洲者，俗字。九州者，因當時洪水環流，故以水中可居名之也。

錢一 洲△乃俗字。洪水泛濫，平地盡沒，其可居者，惟數高原而已。而此數高原，皆各有水環其四圍，故曰水中可居者曰州。九州者，猶言九個水堆耳。後引申則凡人所居皆曰州。

錢二 今俗作洲。洪水泛濫，平地盡沒于水中，可居者唯數高原而已。而此數高原各以水環繞四周，故曰水中可居者曰州。九州者，猶言九個水堆也。

泉部

灥部

原厵 朱一 水本也。平原當作邍。原諒亦推其本心意。

錢一 本源（俗字）＝本原。平原＝平邍。原諒者，原心略跡之謂，推其本心也。又赦罪之原。此二義皆由本原義引申。

錢二 原厵或原，今俗作源。原野字當作邍，原諒亦推其本心意。

永部

永 朱一 永、羕本一字，永古音與羕同也。

錢一 永、羕實一字（古音永亦讀羕）。羕，水長也。引申為凡長之稱。今借用洋。

錢二 永【古音羕】、羕實一字。

𠂢部

𠂢 錢一 𠂢與派實一字。（？）

錢二 𠂢、派實一字。

覛 朱一 俗作覔，誤作覓。

錢一 邪視也。今形誤作覓。凡尋物必衺視，故引申為尋覔。取義于邪，故入𠂢部。

錢二 今形誤作覓。

谷部

裕 錢一 《高唐賦》之「芊」，正當作裕。古無芊字也。

容 朱一 深通川也。引申為心深通之人。

錢一 深通川也。引申為睿（心深通之人也）（容？）哲文明。

仌部

仌 錢一 今作冰。《爾雅》「冰，（至）［脂］也」，即凝字。

冰 錢一 今從俗作凝，以冰代仌。

𠗰 朱一 或作凌，今假為夌虐字。

錢一 仌出也，仌之棱角也。今或借為夌虐字用。𠗰或作凌。

錢二 𠗰或作凌，仌出【崔】者，言有棱角也。今有時假作夌虐字用。

凋 朱一 凋傷字。

錢一 今借用彫。

冶 朱一 陶冶、冶容之冶與蠱音義近，故冶為蠱之假字。

錢一 《易》「冶容誨淫」之冶為蠱之借。冶與蠱古音頗相近。

凜 錢一 俗作懍。

雨部

霆 朱一 古與電通用。《穀梁傳》：「電，霆也。」電謂其光，霆謂其聲。

錢一 古人霆與電有時通用，《穀梁》：「電，霆也。」（電謂其光，霆謂其聲。）

錢二 古與電字通用，《穀梁傳》：「電，霆也。」

雪　錢一　彗、雪雙聲，故雪从彗。

霄　朱一　雪珠子也。今用為天高之霄。
錢一　即雪珠也。雲霄之義非古也。《淮南子》之「霄霓」本疊韻連語。
錢二　霄，雪珠也。「霄霓」係疊韻語。○霄霓為空氣誼，後止以霄為天，不通。

霝　朱一　零落，當作霝零。
錢二　零落當作霝零。

零　朱一　落雨當作零。
錢一　零落＝霝零。落雨亦當作零雨。
錢二　落雨當作零。

零　朱一　引申為零星、凋零。
錢一　引申為零星、凋零。
錢二　引申為零星、凋零。

霢　霂
錢一　霢霂與溟濛一聲之轉。

⿱雨众　錢一　東侵相轉，故⿱雨众雨為淫雨。(?)

霃　錢一　沈阴＝霃阴。

霖　⿱雨㐺
朱一　霖、⿱雨㐺一字，一聲之轉。
錢一　霖、⿱雨㐺一聲之轉，實一字也。
錢二　霖、⿱雨㐺一聲之轉。

霑　⿱雨染
朱一　一切染作染，雨染作⿱雨染。

錢一　沾染字當如此。染雨曰⿱雨染，染色曰染。（染，通；⿱雨染，別。）
錢二　一切染作染，雨染作⿱雨染。

屚
錢一　穿屚。刻漏。

霽　霋　窶
朱一　霽、窶一字。
錢一　霽、窶，一字也。

霩
朱一　廓清字當作此。廓，城郭也。
錢一　霩。清。廓，《說文》無，本郭之俗體也。
錢二　廓清字當作霩。（景物澄廓＝霩，清也。）〇虛【去】、霩雙聲。

露
朱一　引申暴露；又引申為露骨（瘦也）；又引申為流露。
錢一　潤澤也。引申為暴露，再引申為露骨，再引申人瘦曰露（《孟子》有「羸露」）。
錢二　引申為暴露，再引申為露骨（瘦也）。

霾
朱一　雨黃沙也。
錢一　雨黃沙也。
錢二　落沙也。

霚
錢一　俗作霧。

霿
朱一　日中無雲，忽日光不見，或即霿也。
錢一　能看遠不能看高。（？）日中無雲，忽日光昏闇，或即霿也。
錢二　日中無雲，忽日光昏闇，或即霿也。

需
朱一　从而者，而乃須也，非若段訓所引「難也」「緩辭也」之謂，實乃同聲假借。如以亐為丂，以頁為首，則需即為須也，宛如日本訓讀。

錢一　古人之字意同而音不同者亦可借。如丂，古文以為亐字，聲異而誼同；頁（稽首之稽），古文以為首字。需从而聲者，蓋借而為須（而、須本一物。夏案：須又盨之借），其實須聲也，與訓讀相似。段說未是。

錢二　須而一物，从而者，或即从須也。如丂【考】亐【于】、頁【起】首，皆異音同義，古時亦得相假借。

雲部

魚部

鮥

朱一　叔鮪也。叔，小也。

錢一　尗鮪也。尗借為少也。

鰥

朱一　从魚罤省聲。《莊子》「鯤魚」即鰥之假借。鰥寡字，《釋名》解鰥字可笑，以一切魚皆不閉目也。段氏以為矜之假（假）【借】，是也。惟以為憐之假借則非。說見《新方言》「光棍」條。

錢一　當从罤省聲。《莊子》之鯤借為鰥⊙。鯤，魚子也。鰥寡　矜寡。矜，光棍也，與憐不涉（見《新方言》）。○崇伯鯀【一】字亦即矜⊙字，言惡棍也。（段注謂鰥寡為矜之借，是也；謂矜為憐之借，非也。）鯀、鰥或是一字（見《新方言》）。

錢二　从魚罤省聲。《莊子》「鯤魚」係鰥之假。矜，棍也，言光棍也，故鰥寡字即矜【今】字之假。崇伯鯀字，亦即矜字，言惡棍也。○罘【代】。

【一】《書·堯典》：「於！鯀哉。」孔傳：「鯀，崇伯之名。」

鮒 朱一 鯽魚也。古鯽作鰿。
錢一 即今鯽魚。

鰿 錢二 鰿魚也。鰿今俗作鯽。
錢一 鰿魚俗用鯽。義别。

鱺 錢一 鰻鱺。

鯢 朱一 秦始皇以鯢魚油爲燭，置於其陵内。

鰌 錢一 泥鰌。

鯇 錢一 今作鯶。

鮆 朱一 刀魚也，小魚。凡从此者皆有小意，如仳、呰是也。
錢一 凡从此聲字皆有小義，如仳、呰是。故鮆，小魚也。
錢二 凡从此聲字皆有小意，如仳、呰字，故鮆訓小魚。

鯫 朱一 漢〈生〉「人」稱小生爲鯫生。今稱袖頭或即鯫頭乎？皆有小意。
錢一 小魚之名。鯫生，漢人語（亦曰鄒）。今俗語之壽頭，可作鯫頭。

鱓 錢一 即黄鱔（俗字）也。

鯆 朱一 今江豬尚作鱄鯙。
錢一 今江豬尚作鱄鯙。

魦 朱一 今魦魚翅爲珍味，段氏以爲其狀不可得而知，豈魚翅未曾吃過乎？
錢一 今魦魚翅爲珍味。段氏以爲其狀不可得而知，豈未曾吃過魚翅乎？

鮮 錢一 魚名也。新鱻。

鰂 朱一 今烏賊當作鰂。
錢一 烏鰂魚。
錢二 或「作」鯽，烏鰂（今俗作賊）魚也。

鮐 朱一 老人台背乃駝背耳，非謂其背如鮐紋也。
錢一 老人台背乃佗。（俗作駝）背耳，非謂其背有鮐文也。
錢二 老人台背乃駝背耳，非謂其背如鮐文也。

鱷 錢一 大魚也。或作鯨，从京聲。京，大也。

鮏 朱一 魚腥當作鮏，肉腥當作胜。
錢一 魚臭也。魚腥氣＝鮏。，肉腥氣＝胜。俗作腥、鯹。
錢二 魚腥當作鮏，肉（牛羊猪類）腥當作胜。

鱢 朱一 魚臊當作鱢，肉臊當作臊。
錢一 魚鱢。，肉臊。。
錢二 魚鱢氣，肉臊氣。

鮺 錢一 今作鮓，麻陽兩部通轉，故亦讀想。

鰕 朱一 蝦子當作鰕。蝦，蝦蟆也。赮、霞，《說文》皆無。凡从叚聲皆有紅意。鰕，紅色；騢，紅馬；瑕，紅玉。雲霞之霞只假鰕可也。赮較霞稍古。
錢一 魚鰕。，蝦。蟆。古無赮、霞（更俗）字。凡从叚聲字皆有紅義。鰕，煮熟則色紅；騢，赤色馬；瑕，赤玉。雲霞之霞作鰕可也。《史記》借用蝦字。
錢二 蝦子當作鰕。蝦，蝦蟆也。霞、赮（較早出）字，《說文》皆無，當係鰕、騢（帶赤馬）、瑕（赤玉）字之假。凡从叚聲字皆有赤意。

鮥 錢一 即今之鰣魚。

鯙 錢一 取魚也。

鱻 朱一 新鮮當作鱻。
錢一 新鱻。。
錢二 新鮮字當作鱻。

𩺰部

𩺰　朱一　或即魚之籀文，以其音同也。籀文往往疊二字為一字。

錢一　殆籀文之魚字，以有从「魚」「𩺰」者，故分為二字。

錢二　𩺰、魚實一字，以有从𩺰者，故分為二字。

燕部

龍部

龍　朱一　或稱為龗。《南都賦》「赤靈解角」，即龗之假字。

龗　錢一　《南都賦》「赤靈解角」即龗字之借。龗與龍雙聲，方言不同耳。

飛部

翼　朱一　引申為輔翼、馮依也。訓敬之翼當作趩。

錢一　訓敬者＝趩。輔翼之引申。

錢二　訓敬者係趩字之假。

非部

靡　錢一　披靡也，此是本訓。由分散意引申為精細，故為「靡麗」。至訓「無」之靡，則一聲之轉耳。

陛　錢一　俗作狴。

卂部

煢　朱：煢獨之意尚未知。段注非。

錢：煢獨不知何字之借。段說亦未是。

第十二篇上

乙部

 孔

朱一 通也。《漢書》「孔道」，通衢也。《爾雅》「好倍玉」、「玉倍好」，好即孔之假字。孔，甚也。今云好怪，即甚怪，古云孔怪也。

朱二 孔訓穴，乃坎之借。《詩》「亦孔之醜」猶今云好難見看也。孔、好聲近，好、孔雙聲。

錢一 通也。「孔道」（見《漢書》）即通衢。因有嘉義，故引申訓好（孔好音相轉，故古人往往通用），引申孔訓甚。「亦孔之醜」者，即這個人好醜也。（孔字參考《新方言》）。

錢二 孔，通也。「孔道」即通衢。《爾雅》「好倍肉」、「肉倍好」，好即孔也。孔，甚也。今云好怪，即甚怪，古云孔怪也。故「亦孔之醜」為這個人好醜之義。

 乳

朱一 生子。引申為子所食為乳。

朱二 《荀子》：「霜降逆女，氷〈判〉[泮殺]，内十日一御。」故春分時乳子。

錢一 生子也。引申謂子所食者亦曰乳。

錢二 生子。引申為子所食者。

不部

 不

朱二 「不下來」引申為不來，又引申為不。或云不之本義當作否。

錢一 古讀輔鳩切。

否 朱一 不之正字。古不皆讀否。
錢一 不，古音否。否即不之正字也，古皆借不。
錢二 不，古音否，故否即不之正字。

至部

至 朱二 「下至地」引申為至，又引申為親至。「不上去而「至」下，來也」，段句讀誤。
不上去而至下來也。

到 朱一 古無倒字，即以到為倒。到从至，因鳥從高下至地頭在下也，故引申為顛倒。
朱二 引申為倒。蓋至自高而下，故到引申為倒。字只當作到。到、迺、[illegible]三字同。王延壽《王孫賦》有[illegible]字，即到懸字，本字即到。
錢一 至也。至，鳥飛從高下至地也。鳥自高而下，其頭必向下，尾必向上，故引申為顛到。古無倒字，倒乃俗字。
錢二 至也。至，鳥飛從高下至地也。鳥自高而下，其頭必向下，尾向上，故引申為顛到字。倒係俗字。

臻 朱二 臻至一平一入，至為入。

𦤺 錢一 懫懥當作此。忿𦤺。

臺 朱一 《釋名》：「臺，持也。」今作擡。輿臺，皂隸。輿，舁也。臺，持也。
朱二 古持音同臺，故臺訓持。今兩人相持猶作臺音。
錢一 臺舉＝持舉，俗作擡，非。「輿臺，皂隸」者＝舁持。舊說臺，謂在臺下供奔走者故名臺，非也。《釋名》：「臺，持也。」

錢二 臺擧字係持之假。輿臺即轎夫之類。輿，舁也；臺，持也。

西部

垔 朱一 段注是也，係後人妄造。

錢一 是淺人妄增，段說是也。

錢二 係妄人所增。

鹵部

鹽部

盬 朱一 引申為不堅固之稱。《左傳》「伏〔己而〕盬其腦」，盬乃餬之假字。

錢一 引申為不堅牢之謂。《詩》「王事靡盬（不牢實也）」，良盬（今借楛字為之）。因盬為未湅之鹽，故引申為不固。〇盬腦‖餬腦。

錢二 以未湅治之鹽，故引申為不堅固之稱。《左傳》「盬其腦」，或即餬之假字。

戶部

戶 朱二 在内曰戶，在外曰門。

扇 朱一 引申為蒲扇，又引為煽惑字。煽，《說文》無。

錢一 扉也。引申為蒲扇。再引申為扇惑，俗作煽，《說文》無。

錢二 引申為扇惑。煽，《說文》無。

肁 朱一 凡从聿者皆有始開〈字〉〔義〕，建字、肁字是也。肇始當作肁。肇，擊也。

錢一 始開也。凡从聿之字皆有始義，如建、肁皆是。肁，始；肇，擊也；義別。

扆 朱二 本屏風。

錢二 凡从聿字多有始義（如建字），故肁訓始開。肈訓始者當作肁。肈，擊也。

扃 朱一 《說文》又作鼏。

錢一 本即門閂，引申為横貫鼎兩耳之器，即鼏之借。

錢二 鼎扃字另有鼏字。

門部

門 朱一 門，聞也。皐門、應門皆有聞意。閶，天門也（城最高樓門）。闟，樓上戶也。閬，郎門。《司馬法》：「鼓聲不過閶【湯】，鼙聲不過闟，鐸聲不過琅。」《說文》閶作鼞，闟作鼛，琅作閬。《禮記·投壺》鼞作□，鼛作□。鼓聲高者閶可聞，次高者闟可聞，低聲者閬可聞也。此皆門訓聞之義。古人宮室外有門，宮室內無門，唯有戶耳。戶，單扇門也。故闈、閨、閤、闟皆訓戶，蓋宮室內無門也。

錢一 （照録章師《說門》篇語可也）。古人室內無門（止有室外之大門），堂前本無門，堂後之室只有戶，東西兩廂亦只有戶，無門。故《爾雅》稱闈為室中之門，《說文》改曰「戶」。

錢二 皋門之皋即號呼之號。有呼必有應，故又有應門（二門）。呼而後聞，聞而後應，故曰：「門，聞也。」《司馬法》：「鼓聲不過閶【古音鼞】（天門也。天門者，最高之城門）；鼙聲不過闟（即《投壺》中「□」之聲鼛）（樓上戶也）；鐸聲不過閬（閬者郎門，即高門也）」。是可見古時造門以所聞之聲為準，故曰「門，聞也」。古人室內有戶無門，故闈、閨、閤、闟皆訓戶。

閤 朱二 門旁戶也。內閤、閤下皆當作閤。內閤起自明，非正印官，故不從正門引見。有事則呼之，自閤門入，以議秘事。

錢一 內閤、閤下＝內閣◎、閣◎下。閤，所以止扉者也，（閤，臺閣，可閣物也？）故「擱△（俗體，《說文》無）置」之擱可作閣◎。

闒

錢一 樓上户也。今作闥。引申為小户之稱。

闠

錢一 市外門也。闤△闠之闤《說文》無，作環◎，作營◎均可。

闕

朱一 禮，諸侯之門觀中央闕，故引申為缺。

錢一 門觀也（即今城樓之類）。禮，諸侯之門觀中央闕，故引申為缺。

錢二 禮，諸侯之門觀中央闕，故引申為缺。

闑

錢一 古門限中植一木，曰闑。

錢二 古門限中植一木，曰闑【逆】。

開

朱二 開與闓聲誼同。

闓

朱一 忻，闓也。猶今云開心也。

錢一 與開同一字。《心部》曰：「忻，闓也。」猶今言開心也。

錢二 闓【愷】。忻，闓也。猶今言開心也。故闓、開實一字。

閜

朱一 「谽閜」猶今云「海外」也。

朱二 大開也。引申為閜碗（哈音變為海）。

錢一 「谽閜」猶今云「海外」也。

閟

朱二 閟與閉聲誼同。

錢一 與閉音義皆同，可作一字。

閣

朱一 所以止扉者。豎形，可閣物，故引申為擱（擱，俗字）。內閣、閣下當作閣。

錢一 所以止扉者，（引申為高閣？），即門中之梱。因豎形可閣物，故引申為擱（俗字）。內閣◎、閣◎下。

錢二 引申為高閣，擱係俗字。內閣、閣下字當作閣【葛】。

閒　錢一　言門縫中可透入月光也。

⿵門䜌　朱一　段云自由可从此，非也。宜从隨從之䜌。
錢一　段云自由當用⿵門䜌，非也。自由＝自䜌。言自己隨從自己也。
錢二　段云自由可从此，余以从䜌較妥。䜌，隨從也。自䜌者，即自己隨從自己也。

闌　朱二　今栅門也。欄干當作闌。欄乃今楝樹字。

閑　錢一　段謂當从午，是也。

閡　朱二　閡與礙聲誼近。

闇　朱二　《禮記》「高宗諒闇」，鄭氏作「梁闇」。蓋由閉門引申為無門也，故又引申為庵，猶今蓬帳，其梁直下無門，故云梁闇。

關　錢一　横的門閂叫做關。

⿵門龠　朱二　管，即今鎖；⿵門龠，即今⿵門龠匙。

閹　朱一　閹不必割去生殖器，奄則必割。
朱二　祇當作奄蓋之奄，精氣閉藏也。
錢一　閹，不必割卵，奄則必割。
錢二　閹，不必割去生殖器，奄則必割。

閽　朱一　刖足罪人使司門也。
錢一　刖足罪人使司門也。
錢二　刖足罪人使司門也。

⿵門䜌　錢一　闌入＝⿵門䜌入。因妄入，故引申有妄義。《列子》：「宋有蘭子者」(?)。

閱　朱一　明其等曰伐，積其功曰閱。引申為閱歷。《詩》「我躬不閱」，言我尚無地洞可穿也。閱訓空穴，段説妙。
朱二　具數於門中也，猶今在門口點名。大閱者，點兵也。

錢一　明其等曰伐，積其功曰閱。引申為閱歷。「我躬不閱」，言我尚無地洞可鑽也。閱訓空穴，段說妙甚。〇一本云：伐，功也；閱，資格也。

錢二　積其功曰閱，引申為閱歷。又訓空，如「我躬不閱」，猶言我尚無地洞可穿也。

闞

朱一　《詩·大雅》「闞如虓虎」，當為敢之假字。

錢一　望也。「闞如虓虎」‖敢之借。

錢二　「闞如虓虎」當係敢之假。

闖

朱二　本讀如寸。

耳部

耳

朱二　「云爾」者，爾云也，猶如此說也。《孟子》：「然而無有（衍）乎爾（彼），則亦無（衍）有乎爾（此）。」生女耳。耳，猶而已也。

耴

朱一　輒，在車旁。

朱二　耴、𦕈、耽三字雙聲。耽耳，大約耳環也，故垂于肩。「聸耳國」，《釋名》云，穿耳起于聸耳。

錢一　耳垂也。輒在車旁，故因以為聲。

錢二　輒，在車傍。

𦕈　耽　聃　聸

朱一　耳朵之朵乃聸之音轉，如那轉為奴聲也。耳朵即耳聸。

錢一　𦕈、耽、聃、聸四字實為一字，音義皆同也。聃即耳朵之朵字，老子名耳字聃者，即名耳朵也。聃从冄聲，轉為朵者，猶那从冄聲而讀奴也。

錢二　耳朵字即聸字之音轉，如那（端）轉為奴聲也。

耿

朱一　从耳，烓省聲。《詩·邶風》「耿耿不寐」，猶掛念不寐。掛、耿皆从圭聲。

朱二　从耳，烓省聲。圭可讀為卦，又與光音近，故北人曰打耳卦，南人曰打耳光。

錢一 从耳，烓省聲。烓、挂皆从圭，故「耿耿（儆儆之音轉，猶挂念也？）不寐」云者，猶言有所挂念，不能成寐也。

錢二 从耳，烓省聲。「耿耿不寐」，猶言有所挂念不能寐。挂、烓皆从圭。

聯

錢一 連絡＝聯◎絡。

聖

朱一 通達事理曰聖。聖與聽音義相似，鐘鼎篆聖聽皆作𦔻。孔子六十而耳順，則達乎聖之域，即善聽也。

朱二 鐘鼎作𦔻，即聽字。聖人者，通人，能聽人也。

錢一 聖人者，通人也。通達事理曰聖。聖與聽音義相似（聖古音近聽）。鐘鼎文聖聽皆作𦔻。孔子六十而耳順，則達乎聖之域，即善聽也。或謂聖當訓聆，聽當訓通，因聖从呈、聽从悳也。而聽又引申為善（？），此說亦可從。

錢二 聖人者，通人也，通達事理也。聖聽音義相似，鐘鼎皆作𦔻。孔子六十而耳順，則達乎聖之域，即善聽也。

聆

朱一 「九齡」古作「九聆」。

朱二 《說文》無齡字，古語年與聆音近，亦作舌頭音。「九聆」乃「九鈴」也。

錢一 九齡△＝九聆◎（實借為鈴），齡，俗字也。

錢二 「九齡」當作「九聆」。齡，俗字也。

職

朱一 記𢼸也。默識當作職，俗作誌。凡作事當職（記也），故引申為職事。

錢一 記𢼸也。默識＝默職◎，俗作誌△。凡作事當職（記也），故引申為職事、官職。

錢二 「默而識之」字，當作職，今之誌字，俗字也。凡作事當職（記也），故引申為職事。

聘

朱一 問也。猶今云大清國大皇帝問大英國大皇帝好是也。徵聘當作娉。

朱二 聘、訪皆重脣音，雙聲。

錢一 訪也，即問好也。如今云大清國大皇帝問大英國大皇帝好也。徵聘＝徵娉⊙。古禮娉女人必以物，今聘請教習等必以錢，故徵聘＝徵娉也。

錢二 問也。聘請字當作娉。古禮娉女人必以物，今聘請教習等必以錢。故聘請當作娉請。

聳

朱一 聳懼當作愯，聳恿俗作慫，《漢書》作從。

錢一 聾也。聳懼＝愯懼⊙。聳恿（《方言》：「秦晉之間相勸曰聳」），俗作慫△，非。《漢書》借用從⊙字為之。

錢二 《方言》：「秦晉之間相勸曰聳」。《漢書》作從。

聝

朱一 引申為斬頭之馘，又引申生人之面亦曰馘，「槁項黃馘」是也。

朱二 引申生人之臉亦曰聝，《莊子》「槁項黃馘」。

錢一 或作馘。本訓斷耳，引申謂殺頭曰聝，再引申生人之面亦曰聝，如云「槁項黃聝（老人面也）」是也（見《莊子》）。

錢二 或作馘。斷耳，引申為已殺之頭，再引申為生人之頭，如《莊子》「槁項黃聝（老人面也）」。

聑

朱一 帖妥當作聑，帖，其假借字也。

錢一 安也。妥貼△（俗字）＝妥聑⊙，今借用帖。

錢二 妥帖當作聑。聑，安也。

𦣝部

巸

朱二 《詩》「學有緝巸于光明」，「光明于光明」，于通乎。猶「孝乎惟孝」，一本作「孝于惟孝」。「光明乎光明」，猶「禮乎禮」，今云「好呀好」也。

錢一 古文作戺。堂廉曰戺者，因𦣝為「首之廉也」義引申（？）。

手部

掌

朱一　引申為掌管。周人曰掌，漢人曰尚，「尚食」等是也。周人掌故，掌亦尚意。

朱二　捧持之也。《周禮》曰掌，《漢書》曰尚。

錢一　手中也。因掌握引申為掌管。周曰掌，漢曰尚，如云「尚食」、「尚方」、「尚衣」等是也。周之「掌故」之掌字，亦有尚意。

錢二　引申為掌管。周人曰掌，漢人曰尚，如「尚食」是。

拇

錢一　將指也。古謂將指者，即中指也。今謂巨擘。

掔

朱一　捥、腕皆俗字。

朱二　扼腕。揚雄云：「腕，握也。」怒則握拳，故云扼腕。

錢一　俗作腕、捥。

錢二　今作腕、捥。

摳

朱一　摳【扣平聲】。古人用帶以摳，今人用鈕珠以摳，故或稱鈕摳（扣）。

錢一　古人用帶以摳，今用鈕子以摳，故或稱鈕摳（俗作扣）。

錢二　摳【扣】，鈕摳，今作扣，誤。

撎

錢一　跪而拜也。

攘

朱一　推手曰攘，猶與物不受謙攘也，故謙攘字从攘。讓者，責也。

朱二　攘寇之攘，即推也，不必訓使人退讓。

錢一　推手曰攘，猶與物不受而謙攘也，故謙讓＝謙攘。讓，責也。義别。揖，攘也；攘，推也；皆敬禮也。

錢二　推手曰攘，與物不受推而還之也，故謙攘字非讓。讓，責也。

捧　朱二　空首或云控首也。「振動」一本作「振董」。「吉拜」、「凶拜」握拳，尚左尚右不云。「奇拜」，屈一膝而拜也。「褒拜」，再拜也。

揞　朱一　今剜字當从此。《說文》揞眼之揞特作𥄉。
朱二　尋常曰揞，揞眼曰𥄉。剜，俗字。
錢一　俗作剜。揞，一切之揞（通）；𥄉，揞眼睛（別）。
錢二　今作剜（通言也）。剜眼字當作𥄉。

搯　朱一　搥胸也。
錢一　搥胸也。

排　朱一　排比。擠與躋同。
朱二　排列之排當作輩。
錢一　擠也。排比即係借為比字（?），擠與躋同（?）。

抵　朱二　抵當之抵當作擋，當也。齒音變舌頭音，則與抵同。

摧　朱一　擠也，引申為止。
錢一　擠也，引申訓止。
錢二　擠也，引申為止。

拉　朱一　古訓摧折，今用為拉手字。
錢一　摧也。古訓摧折（即「一曰」之訓，非「擠也」之訓），引申為拉襍。今用為拉手字，誤。
錢二　古訓摧折。

挫　朱二　挫與摧一聲之轉。

𢪊　錢一　將養、扶將等均＝𢪊。

揲 揲

朱二 揲从世聲，故《逸周書》「世俘」乃揲之借，更迭數之也。

錢一 閱持也。一二三四數過去叫做「閱持」。《易》：「揲著」(?)。

摯 摯

朱一 引申為褺，俗作贄。

錢一 引申為褺(?)，俗作贄。

捦 捦

朱一 古止作禽。今一切捦皆作捦，不必捦人捦鳥獸也。

錢一 古止作禽。今一切捦皆作捦，不必有捦人捦鳥獸之分也。俗作擒，非。

搏 搏

朱一 《考工記》之「搏埴」，搏，迫也，敲也。「搏扶搖而上者九萬里」，搏，迫也。今譌作摶，不通。

朱二 與今捕誼同。搏擊乃拍字之借。拍音轉為爬，今打爬掌是也。《考工記》「搏埴」，《莊子》「搏扶搖而上」，皆拍之借。

錢一 索持也。《考工記》「搏埴」，搏，迫也，敲(?)也。《莊子》「搏扶搖而上者九萬里」，搏，迫也，言兩只翅膀拍！拍!!拍!!!的飛上去了。今誤作摶，不可通矣。

錢二 搏【卜】。「搏扶搖（風也）而上者」字，今作摶，不通。搏，迫也。

攝 攝

朱二 本誼猶引挺也。攝訓兼，乃籋之借，與箝誼同，故引申為兼。

抪 抪

朱一 摸索也。

錢一 摸索也。

錢二 摸索也。

挾 挾

朱一 俾持，夾持也。接挾當作接匝。

錢一 俾持者，夾持也。接挾當作接帀(?)。當作从手夾聲，段改為夾聲，非也。古多假俠為之，如《孟子》「俠貴」、「俠賢」是。

錢二 从手夾聲。

捫　捫

朱一　捫與摸一聲之轉。

朱二　「撫持」猶言摸持也。

錢一　捫與摸一聲之轉。

擥　攬

朱一　俗作攬。

錢一　俗作攬，非。

錢二　俗作攬。

把　把

朱一　把柄也。柄與秉同。

錢一　把柄也。柄與秉同(?)。

搹　搹

朱二　二十兩為一溢，或云即搹。然黃金一溢不滿一把，米二十兩一把不能持，未知以何為標準。

錢一　把也，與搤訓同，滿把也。

拏　拏

朱二　段所改未是。乃他書之誤，段據以改耳。

攜　攜

朱一　攜貳當作懏。

錢一　攜貳＝懏貳。

錢二　攜貳當作懏。

控　控

朱一　《詩》「控于大邦」，控，告。

朱二　控，引也。「控于大邦」，求引援于大邦。不必訓告也。

錢一　引也。引，緣也。故「控于大邦」者，即與大邦為緣也。　控告字，僅有告字之誼。

「控于大邦」者，即所謂控告(?)。與前說大異，俟質。

錢二　控，引也。引，緣也。「控于大邦」字，即訓緣也。控告字僅有告之義。

揗　揗

朱一　撫揗。

錢一　撫揗。

掾 掾

朱一 緣也。輔佐之意。

錢一 緣也，輔佐之義。緣其旁而廣之曰掾（？）。

錢二 緣也，輔佐之義。

拓 拓

朱一 擘也。拊掌，拓掌也。

朱二 拊有二義，一訓拍，一訓揗。「擊石拊石」，拊當訓拍。

錢一 拓，拊也。拊，揗也。揗，摩也。故拓亦有撫揗意。「擊石拊石」、「拊掌」，皆拓也，非摩也。今作拍。

錢二 拓，拊也。拊，揗也。故拓（今拍球字）亦有撫揗意。

掊 掊

朱二 杷也。掊、杷古雙聲。

錢一 「掊克」，挖之意也。

捊 捊

朱二 《毛傳》「捊，取也」，乃「五指捊也」之捊之借。

錢一 《詩》「薄言捊之」＝孚。孚，取也。

錢二 「薄言捊之」字當作孚。

撩 撩

朱一 料理當作撩理。

朱二 撩理今作料理，非。

錢一 料理＝撩理。

錢二 料理當作撩理。

掄 掄

錢一 《周禮》「掄材」，即「擇也」之本義。

挻 挻

朱一 挻【山】。《老子》「挻埴以為器」，挻乃撚之假字。

朱二 《老子》「挻埴以為器」，此挻字別有本義，一時未能尋得。

錢一 長也。其本義當是手長（以从手故）。《老子》之「挻埴以為器」則＝撚。《方言》之挻訓取者，即借為纂字。

錢二 挻【山】。本義或是手長。《老子》「挻埴以為器」，挻乃撚之假字。

揃

朱一 磨之意。

錢一 揃，搣也；搣，𢭏也；𢭏，捽也；捽，持頭髮也。……(?)揃有摩之意。

錢二 揃有磨意。

搣

朱一 與今抹字同。

朱二 𢭏也。𢭏與揃一聲之轉。

錢一 與今抹字同。

錢二 搣與今抹字同。

撮

朱一 撮【則】。「二指撮」為本訓；「四圭」，其量也。

錢一 「二指撮」為本訓；「四圭」，其量也（引申義?）。

錢二 「二指撮」是本訓。「四圭」，其量也（引申義）。

捊

朱一 與掊訓把同。段改為「引堅也」，誤，當作「引取」。

朱二 與掊聲誼近，「引取」與「引堅」義同。此在幽部，彼在侯(?)部。

錢一 或作抱。懷抱＝褎⊙。捊本「引取也」，引申為「堅」之義。段氏改為「引堅也」，非。〇捊與掊訓把同(?)。

錢二 捊【賠】，引取也，引申為堅之義。

承

朱一 本訓奉，引申為受。《詩》〔傳〕：「承，止也。」乃懲之雙聲之轉。徵與止亦同音。

朱二 訓止者乃烝之借，烝與止對轉（之蒸對轉）。《易》「徵（止之借）忿窒欲」，又「角徵羽」之徵，皆本音曾而讀止。

錢一 本訓奉，引申訓受。《詩》〔傳〕：「承，止也。」乃是懲⊙之借，懲止雙聲，故徵與止亦同音。承从卪者，持卪也，古人重卪不肯放。

挋

錢二　本訓奉，引申為受。訓止者，係懲之假。懲止雙聲　故徵亦音止。

朱二　給也。今振饑字當作挋，古或作賑，亦挋之借。

抪

錢一　抪，㨷也。㨷，飾也。拂拭＝抪拭◎。拂，過擊也。義別。

朱二　抪與拂古音同。「過擊」者，「拂」過擊也。

錢二　抪拭字作拂，亦通。

攩

朱一　朋黨字當作此。黨，不鮮也。

朱二　《儒林傳》「黨」字屬下句，段氏讀破字。

錢一　朋攩◎。鄉攩◎。黨，不鮮也。義別。

錢二　朋黨字當作攩。黨，不鮮也。

接

錢一　交也。兩腿叉曰交，兩手叉曰接。今猶用交代等語(?)。

挏

朱二　乃撞之借。古撞、挏音同。鄧廷楨云：今陝西尚有挏馬酒，以袋盛馬乳，安馬上，使走數十里撞之，即成酒。

撫

朱二　本誼為揗，訓安者當作古文𨑘。

捪

錢一　撫也。俗作抆△（抆淚稽首）。

揣

朱一　訓捶。端、垛同聲。

朱二　寒轉歌讀為垛，故揣、椯、垛三字實同。垂，古意以為朵，故揣又借為捶。

錢一　量也。「揣本齊末」＝竱◎。〇訓捶者，端垛同聲(?)。（此句不憭）

摜

朱一　習慣當作摜。

錢一　習摜◎。與遦音義皆同。古只作貫，俗作慣△，非。

錢二　習慣作遦亦可。今俗作慣，古只作貫，如「仍舊貫」。

投

朱二　擿也。擿今俗作擲。古音舌頭，故與投一聲之轉。

擿 朱二 擿與提一聲之轉。《史記》「以藥囊提荊軻」，提即擿（擲）之借。本誼搔也，搔頭之物尖，故孔子「鐵擿三折」，擿乃筆也，與搔頭物同，皆尖物。
錢一 投擿。俗作擲，非。

搔 折
朱一 扴與搔皆訓刮。疥搔皆當刮，皆引申字。
錢一 皆訓刮。疥瘙皆當刮，蓋皆引申孳乳之字也。
錢二 扴、搔，刮也。疥、瘙字，由扴搔孳乳，因疥瘙必須扴搔也。

摽 朱二 摽與〈摽〉「捊」一聲之轉，餓莩讀餓蔈是也。

挑 朱一 「挑天」本借佻。佻，俞也；俞，偷也。
錢一 撓也。挑戰為其本義。「卻至挑天」＝佻。佻（愉也？），俞也；俞，偷也。
錢二 「卻至挑天」字，係假自佻字。佻，愉也。愉，今俗作偷。

撓 朱二 撓與擾一聲之轉。
擾 朱一 煩也。引申為馴擾，猶亂訓治。
錢一 煩也。馴擾，然作擾亦可，猶亂訓治也。
錢二 煩也。馴擾字作擾亦可，猶亂訓治也。

挶 朱一 戟持。《說文》本有訓戟持之丮。
朱二 戟持也。段注誤。戟乃據之借，與丮同。
錢一 戟持也。戟即丮字之借。
錢二 戟持也。戟係丮字之叚。

摲 朱二 暫也。段改「斬取」，非。
拹 錢一 《公羊傳》「拹幹而殺之」之拹為折斷之誼。
錢二 「拹〈骨〉〔幹〕而殺之」，此拹為折斷之義。

摺　朱一　敗也。摺疊當作習。習，鳥數飛也，有重疊意。《易經》「習坎」，正訓疊。
朱二　摺疊當作㯻，本義摺縐紋，引申為摺疊。
錢一　敗也。摺疊＝習◎疊。習，鳥數飛也，有重疊之義。《易》之「習坎」，習正訓疊。
（習坎者，上下皆坎卦也，故訓疊）。
錢二　敗也。摺疊字或即習字。習，鳥數飛也，有重疊意。《易經》「習坎」字正訓疊。

抎　朱一　抎，自手上落下；隕，自上落下；二字相近。
錢一　抎與隕義近。由手奪下曰抎，自上落下曰隕。
錢二　抎、隕義近。由手奪下曰抎，自上落下曰隕。

披　朱一　从皮聲字皆有旁意。皮者，剥皮也。剥皮必從旁起。陂，旁也。
朱二　訓分析之披當作柀。
錢一　從旁持曰披，从手皮聲。皮，剥皮也。剥皮從旁披開（一本作「必從旁起」），故
凡从皮之字皆有旁義。如陂，旁也。柀◎靡。「披山通道」者，由兩傍開道也。
錢二　从皮聲字皆有傍意，如陂，傍也（或即山傍？）。「披山通道」者，由兩旁開道也。

摩　朱一　今作掣。
錢一　俗作掣△，非。

搖　朱二　與搈一聲之轉。

搈　朱一　「動搈」，雙語。王氏《經義述聞》：《孟子》「動容周旋」，容當作搈，以皆雙
字耳。從容亦然。《莊子》：「進退，一成龍，一成虎；從容，一中現，一中矩。」
《史記》「上為之動容」亦當作搈，猶言上為之動也。
錢一　動搈也，係雙聲連語。《經義述聞》曰：《孟子》之「動容乎周旋乎」者，容為搈◎
之借。從容，亦動之義。《莊子》：「進退，一成龍，一成虎；從容，一中規，一
中矩。」從容與進退對文，與動搈同，亦動搖之義。《漢書》（《史記》？）「上為之動容」，言

上為之動也，亦借為搈，非從容不迫之謂也。

錢二 《孟子》「動容周旋」字，容當作搈，動搈係雙聲聯語。《莊子》：「進退，一成龍，一成虎；從容，一中規，一中矩。」從容與動搈同，僅有動意，如《史記》「上為之動容」，亦當作搈，猶言上為之動也。

⿰扌貣 朱二 古音抵，舌頭音，當也。⿰扌貣當今作抵當，非。抵，排擠也。

掔 朱一 固也。此字當為臤之或體。

錢一 固也。此字當為臤之或體。

錢二 固也。當作臤之或體。

擧（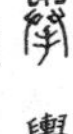 擧 大徐）

朱二 揵乃赶之俗字。此字段據《玉篇》改，非也。

揚 朱一 「對揚」亦作「對越」。揚訓飛舉，於「對揚王休」解不通，實乃舉之假字耳。「對揚」者，對舉也，故舉訓對舉。

錢一 「對揚」亦作對越，揚越古雙聲。對揚者，僅有一「對」字之義。〇一本云：揚訓飛舉，於「對揚王休」解不通，實乃舉之假字（？）。對揚者，對舉也。故舉訓對舉。〇一本云：「對揚王休」，揚義由舉引申。「對揚王休」者，對王休也。舉訓對舉，亦可訓對也。（此本所說似最不錯，應自記。）

錢二 對揚亦作對越，揚、越古雙聲。對揚字僅有一對字之義。逖本云：揚訓飛舉，於「對揚王休」解不通，實乃舉之假字耳。對揚者，對舉也。故舉訓對舉。

舉 朱二 舉與輿論之輿，本字皆為舁。舉、輿、擧、與皆後起字。

拯（ 抍 大徐）

朱一 段改形，亦謬。

朱二 本作抍，段改之，亦未是。

錢一 段改形，亦殊可不必。

振

朱一 振濟當從此。

朱二 本誼當作奮。舉救之也，乃拯之借。

錢一 振◎給、振◎饑，不當作賑。賑，富也。義别。

錢二 振濟。賑，富也。

扛

朱一 兩人共舉曰對舉，横關對舉曰扛。共（江部，古讀東部），衆人共舉；扛，兩人對舉；「兩」字音義相近。

朱二 誼與共同，聲亦相同。今俗語「扛一事」，即「共一事」也。

錢一 古者兩人對舉曰舉，横關（穿以木横）對舉曰扛。但一人之力能舉者亦可云扛，如項羽之「力能扛鼎」是也。扛、共義近（音亦近，江部字古讀東部也），蓋一字。衆人共舉曰共。

錢二 兩人對舉曰舉，（古時）横關（穿以木）對舉曰扛。但一人之力能舉者亦可云扛，如《史記．項羽傳》「力能扛鼎」。扛、共義同。衆人共舉曰共。

扮

朱一 握也。讀若粉。裝扮乃粉之假字，裝扮者，裝粉也。

錢一 粧扮之扮即粉字，作扮者誤。但《廣韻》已訓粧扮矣。

錢二 握也。裝扮字係粉之假字，裝扮即裝粉也。蓋扮音本讀粉也。

撟

錢一 「撟◎首而遐觀」[一]。

捎

朱一 取物之上貨曰捎。俗裝扮得捎，乃上等之裝扮意。

朱二 訓「除」，乃消之借。

[一] 段注引陶淵明原文為「時矯首而遐觀」。

揳

錢一 取物之上者曰揃。今貨之上者曰「揃【俏】貨」。裝扮得揃者，乃上等裝扮之意（？）。

錢二 取物之上者曰揃。今貨之上者曰【妻[illegible]】〔一〕貨，即揃字也。

（**擩** 擩 大徐）

朱二 本作从手，需聲，段改耎聲，非是。蓋雙聲可轉，不必拘韻改也。《五經文字》云：「字書無此揳字」。可證段誤。

擊

朱二 擊擭。《詩》「畔援」，鄭讀為跋扈，或即擊擭之借。

拚

朱一 今作抃。拊手也，即拍掌也。

錢一 俗作抃△，非。即拍掌也。歡拚◎。

錢二 今俗作抃。鼓掌也。

揆

朱一 揆【癸】。《孟子》「先聖後聖，其揆一也」，揆訓度，言其程度一也。

錢一 度也。「其揆一也」者，言其程度一也。

錢二 度也。「其揆一也」者，言其程度一也。

挩

朱一 解脫字當作挩。脫，脫肉也。奪，从手挩也（無意）。挩，解挩（有意）。

朱二 解挩。肉脫。逃奪。取敓。

錢一 解挩也。脫◎肉。丟挩◎（有意）。跌奪◎（無意）。

錢二 解脫字當作挩。脫，消瘦肉也。奪，从手挩也，無意之挩也。挩，有意之奪，如解挩是。

撥

錢一 撥轉之撥，為撥之引申義。

抒

朱一 《說文·斗部》：「斛，抒也。」故抒有斛意。《周禮》「大圭抒上」，即斛上也。

〔一〕此用反切注音以代字，【妻[illegible]】所切即「揃」字之讀音。故加黑括號標示之。下同。

朱二　斜、抒實一字。斜从余聲，抒从予聲，二字同。《周禮》「大圭抒上」，即斜上也，乃衺之借，古音抒、衺同部。

錢一　挹也。「斜，抒也」。故抒有斜意。《周禮·考工記》「大圭抒上」（⋂　），即斜上也。因抒水時必斜入水中，故引申訓斜。

錢二　《説文》：「斜，抒也。」故抒有斜意。《周禮》「大圭抒上」，即斜上也。抒水時必斜入水中，故可引申。

抯

抯

朱一　俗作抓。

錢一　俗作抓，非。

錢二　今俗作抓。

拾

拾

朱一　掇。《史記》「決拾」，決乃韘之假字，毋於指；拾，毋於臂。

朱二　「決拾」乃韘之借，「拾級」乃涉之借。

錢一　掇也。決拾＝韘拾（？），毋於指者。拾，毋于臂。決，班指也；拾，毋臂上之皮物。

○《史記·貨殖列傳》「射有決拾」之「拾」＝韘（？）。

錢二　掇也。決拾，決乃韘之假字，毋於指者。拾，毋於臂。

擐

擐

朱二　《左傳》「擐甲」猶言穿衣甲也。

錢一　擐甲，穿甲也。

錢二　毋也。擐甲，穿甲也。

摍

摍

朱一　蹴引。《説文》蹴一訓縮。《戰國策》「縮閔王之筋」，縮，抽也。

朱二　摍與抽一聲之轉，得相借。

錢一　蹴引也。縮（蹴？），一曰蹴（縮？）也〔一〕。故「縮閔王之筋」者，即抽閔王之筋。

〔一〕《説文·糸部》：「縮，一曰蹴也。」但「蹴」字下並無「縮」訓，故當以原文為是，注文蓋依朱記而誤，朱記當从錢。

擢 擢 錢二 蹴引也。縮，一曰蹴也。故「縮閔王之筋」即抽閔王之筋。
朱二 擢與抽亦一語之轉。

揠 揠 朱一 訓拔，與穵不同。
錢一 拔也。與穵異。穵，挖也。
錢二 揠訓拔，與穵義異。

擣 擣 朱二 擣與築古音同，一字也。

挺 挺 朱一 挺拔，本訓。挺拔有直意，故引申為直。然古人以庭為直。挺與贏古以為相近字。（疑）
朱二 訓直者，乃頲之借。《月令》「挺重囚」之挺訓寬，乃縕之借。
錢一 挺，拔也；拔，引也；挺亦引也。挺引申訓直（拔時必直上故），猶庭訓直，皆从廷聲也。古多假庭字為之。訓寬者，係贏⊙之假(?)。
錢二 拔也。拔時必直上，故挺引申訓直，但古人多用庭字（直也）。訓寬者，係贏⊙字之假(?)。

探 探 撢 撢
朱一 探、撢音義皆同，實一字耳。
朱二 探、撢實一字。
錢一 探、撢音義皆同，實一字耳。《周禮》「撢人」即偵探之意。
錢二 探、撢音義同，實一字耳。

挼 挼（挼 挼 大徐）
朱一 今推拏⊙字當作挼⊙，兩手相切摩也。
錢一 推拏字當作挼⊙，兩手相切摩也。
錢二 挼【奴禾】。今推拏字當作挼，兩手相切摩也。

擊 朱一 飾（拭同）也。

摵 朱一 今作撼。
錢一 俗作撼△，非。

揮 朱二 古音昏與奮一聲之轉。

掍 朱二 今琵琶，或云當作掍耙。反手擊之者，猶掍耙（頰也）也。
錢一 反手巴掌也。批頰當作此。

攬 朱二 今攬有好意，兒童云「攬攬」是也。是猶亂訓治之例。

搑 朱一 太史公書作佴，佽也，即次意。「佴之蠶室」，次至蠶室也。
錢一 《與任安書》「僕又茸以蠶室」，《文選》「茸」作「佴◎」。佴，佽也，言次入蠶室也（此一說最可通）。搑，推下蠶室去也。
錢二 「搑之蠶室」，搑亦作佴。佴，佽也，言次入蠶室也。

括 錢一 括，絜也。絜，束也。括髮者，束髮也。再引申為總括。

抲 朱二 「執抲」，古讀為迦，在麻部，猶有執止誼。段注非。

擘 朱二 今擘【拍】開字，故訓撝。撝，裂也。

撝 朱一 指撝當作擘。花或作蘤。華開，裂開也。擘者，擘開也。抲訓撝，可與為古音同部。《尚書》「抲」字實迦字耳。
朱二 音轉（古音呼）為華。《曲禮》［為天子削瓜者副之。巾以絺。為國君者華之。巾以綌。］
錢一 裂也。今俗語之華開，即撝◎開之借。花亦作蘤，从為聲，故撝亦可讀花。指撝＝指麾◎。〇擘，撝也。今俗云「百開」即擘開也。〇抲，撝也。《尚書》「盡執抲」，抲即迦字之借。抲、迦古音同部。

扐 扐

錢二 裂也。今俗語之華開，即裂開也。華即撝字。蘤从為聲，即古花字，故撝亦可讀花。指撝字當作擘。〇擘，撝也。今俗云「【百阿】開」，【百阿】即擘字也。〇抲，撝也。「盡執抲」，抲即迦字。抲、迦古音同部。

朱一 或作仂，即今所謂零數耳。故鄭注十分之一、三分之一。

朱二 餘也，幾分之幾皆可謂扐。

錢一 或作仂，即零數也。故鄭注訓 1/10、1/3。

錢二 1/10、1/3 皆可作扐，即今零數也。

摹 摹

朱二 摸索乃撫字。摸，名詞；摹，動詞；規，則兼名、動二詞。

揩 揩

錢一 「縫指揩」者，即今頂鍼。

錢二 「縫指揩」，即今頂鍼。

摶 摶

朱一 以手圜之，引申為團（當作摶）圓。

朱二 團，非，俗字。

錢一 以手圜之也。引申為摶圓，即團圓，當作摶。

錢二 以手圜之，引申為團（當作摶）圓。

搰 搰

掘 掘

朱一 此二字實可為一字。

朱二 搰、掘聲誼同，實一字。《左傳》「闕地及泉」乃掘之借。

錢一 古音同部，實一字耳。

錢二 搰、掘古音同部，實一字耳。

掩 掩

朱一 今作揜。

錢一 掩襲＝揜襲◎。(1) 今假揜作掩。(2) 掩，今作揜。(3) （三說均不同，俟質。）

錢二 掩襲字當作揜。逖本云：俗作揜。

摡

朱一　指，《說文》無，即摡字。溉為灌溉，摡為滌摡。

朱二　今指字。

錢一　指，正作摡。溉為灌溉，摡為滌摡。

錢二　今指抹之指當作摡。溉為灌溉，摡為滌摡。遯本云：指，《說文》無。

揟

朱二　音轉為沙，即沙汰字。

播

朱二　古音盤。歌寒對轉為布。「發揚」之播，乃簸揚之借。

錢一　播揚、（播遷？）＝簸。但播亦可引申。

錢二　播揚字當作簸，但播亦可引申得通。

撽

錢一　《甘泉賦》之撽，乃刺也。段非。

錢二　撽，刺也。

摎

朱一　兩邊糾結縛殺（絞殺）。《說文》有䦧字，亦兩邊糾結而鬥也。

朱二　摎、絞一聲之轉。《漢書》逕死作「繆死」，即摎之借。實則古僅有丩字，孳乳為糾、絞、摎、䦧、繆，誼並同。

錢一　縛殺也（兩邊糾結），即絞煞也。摎、䦧義近。䦧，鬥丮不解也。

錢二　縛殺也。縛殺者，絞殺也。摎、䦧義近。䦧，鬥丮不解也。

抨

錢二　彈繩墨。

捲

朱一　《小雅·巧言》「無拳無勇」，拳（體）即捲（用）之引申字。權力之權，或即捲字。捲即力，所謂氣勢也。權，黃華［木］也。權衡亦當作捲，有氣勢使之輕重。權骨亦從權衡引申，亦當作捲。權為權骨，衡為額，皆借物比喻意。

朱二　或體為攉。今權力等字，乃攉之誤。攉力當作捲。權，黃花［木］也。權衡亦當作捲。以力平其重輕，故當從「捲，氣勢」引申。

錢一 氣勢也。權力＝捲力。捲即力(?)，即所謂氣勢也。權，黃花「木」也。義别。權衡亦當作捲衡(有力也)。有氣勢，即能輕重于其間。權骨亦＝捲骨。古顴稱衡，蓋古人往往假物以比喻也。○拳、捲義相近，惟拳屬形體，捲為氣勢也。「無拳無勇」，拳(體)即捲(用)之引申字(?)。

錢二 捲力非權，捲即力，即所謂氣勢也。權，黃花「木」也。權衡字亦當作捲(有力也)，有氣勢即能輕重于其間。權骨字亦當作捲。古顴稱衡，蓋古人往往假物以比喻也。

摷

朱一 《書經》「天用摷絶其命」，摷當作剿。

錢一 《書》「天用摷絶其命」，摷當作剿(?)。

錢二 摷絶字當作剿。余本作劋，恐非。

擊

朱二 擊與敲音誼近。

扺

朱一 「抵掌而談」當作扺掌。「提荆軻」、「提文帝」，段云扺之假字，當非。乃擿之假字，擿讀揥，與提音近。

朱二 「抵掌」乃扺之誤。抵，排擠也。「扺璧於谷」亦擿(提)之借。《史記》「薄太后以冒絮提文帝」，提亦擿之借。

錢一 抵掌＝扺掌。抵，排擠也，義别。「提荆軻」，「提文帝」，段謂扺之假字，當非。乃擿(投也)之假字。擿讀揥，與提音近(擿从帝聲，與提音近。)

錢二 「抵掌而談」當作扺掌。抵，擠也。扺，側擊也。「提荆軻」、「提文帝」字，當係擿(擲也)之假。擿从帝聲，與提音近。○逖本云：擿讀揥，與提音近。

捭

朱一 捭訓開者，乃䦑之假字。

朱二 捭闔，乃擘之借。擘，開；闔，合。

搉

錢一　兩手擊也。訓開者‖𦟝◎（分開也），如捭闔是。
錢二　訓開者，係𦟝之假（分開也）。
朱一　揚搉、都凡，乃雙聲語。
錢一　《廣雅》之「揚搉，都凡也」，係雙聲字。
錢二　「揚搉，都凡也」（《廣雅》），係雙聲字。

抌

朱一　手擊與刀斫皆曰擊，故抌又訓刺（深擊）。
朱二　《史記·刺客列傳》「右手揕（抌）其胸」，揕音變為斫（?）。
錢一　手擊與刀斫皆曰擊，故抌又訓刺（深擊）。
錢二　手擊與刀斫皆曰擊，故抌又訓刺（深擊）。

扞

錢一　忮也。干城‖扞城◎。扞本抵禦，引申為保衛。
錢二　「干城」字當作扞。扞本抵禦，引申為保衛。

抗

朱一　「亢身」、「亢宗」，即扞意，又有保護意（乃抗之引申義）。
朱二　禦外曰抗。《左傳》「吉不能亢身，焉能亢宗」，亢乃遮蔽之誼。高抗，乃旋之借。抗訓舉，或亦旋之引申誼。
錢一　扞也。禦外，引申為衛內。「亢身」、「亢宗」‖抗◎，即扞意，又有保護意（乃抗之引申義）。
錢二　扞也。《左傳》「吉不能亢身，焉能亢宗」字，當作抗，言保衛身、保衛宗也。

簎

朱一　簎【出】。聲轉為搠。今搠字、戳字，當作簎，讀若出。
朱二　簎與錯皆从昔，音促，刺也。今尚云刺為簎，讀如促。
錢一　刺也。俗作搠△、戳△。
錢二　「簎【出】魚鼈」，簎，刺也。言以叉刺魚鼈也。今俗作搠、戳。

挂 挂

朱一 唐本《說文》不可恃，故訓「懸」者非也。挂誤當作絓。

朱二 訓「懸」者乃縊之借。古圭聲與益聲通轉，「吉圭」為「吉蠲」是也。轉入青部為經，故經、縊一字也，皆有懸誼。縊、畦音同，亦一證。

錢一 唐本《說文》不可恃，故〈引〉〔訓〕「懸」者，非也。訓懸者當即絓字。八卦之卦亦畫也。

錢二 訓懸者或即絓字。逖本云：挂誤，當作絓。

格 挌

朱一 「格殺勿論」當作挌。司馬光訓「格物」，亦作挌。

錢一 挌殺。格物亦＝挌，拒絕一切也。司馬光說。

錢二 格物字或即挌字，拒絕一切也。格殺字當作挌，挌，擊也。

掤 掤

錢一 古多假冰字為之。

攠 攠

朱一 本義為指攠，引申為指攠之旗，今作麾。

朱二 指攠為本誼，旌旗乃引申誼。「戲下」之戲，三軍之偏也。以旌旗為門，故又名旌門，又名牙門。牙，牙旗也。故戲下字無所謂假借。

錢一 本義為指麾，引申為指麾之旗。俗作麾，非。

錢二 本義為指攠，引申為指攠之旗。今作麾。

捷 捷

朱一 不但訓勝，兼訓獲得。勝國者，所獲得之國也。

錢一 獵也。獵以得禽獸，故捷不僅勝，必兼有所獲得也。已亡之國曰勝國者，言所獲得之國也。訓速者，係＝疌。

錢二 獵也。獵以得禽獸，故捷不僅勝，必兼有所獲得也。已亡之國曰勝國者，言獲得之國也。訓速者，係疌字之假。

掖 掖

朱一 扶掖。訓臂下者，《說文》作亦字，今作腋。

朱二 引申為扶掖。宮掖、掖庭，乃帟（幃幕也）之借。然帟《說文》亦無。古掖左、掖門，乃亦之借；宮掖則不能从亦引申。

錢一 一訓臂下者，《說文》正作亦。俗作腋。

錢二 一訓臂下者，《說文》作亦字，今作腋。

𠦒部

第十二篇下

女部

女 女

朱二 混言，則已嫁未嫁皆曰婦人；分言之，已嫁曰婦，未嫁曰女。

姓 姓

朱一 最初之人知有母，而不知有父。古人姓、氏分。姓者，〈姓〉「生」也；氏者，猶今郡望也。

朱二 《五經異義》先成，《說文》後成。然說姓以《五經異義》為長。

錢一 古之氏即今之姓，古之姓即今之郡。原人知有母而不知有父，故姓从生。

錢二 原人知有母而不知有父（感天而生），故姓从女。姓、氏古分。氏者，猶今之郡望也。

姜 姜

朱一 西羌即姜戎。

朱二 即西羌之羌。《漢書·西羌傳》云即《左傳》姜戎。太公釣于渭水，故姓姜。漢姜姓多在天水，則皆與西羌有涉。

錢一 與羌同。西羌出自姜戎也。

錢二 西羌出自姜戎，故姜、羌同。

姬 姬

朱一 姓也。姬妾之姬，《漢書·文帝紀》注讀為姨，《說文》另有妷字。

朱二 姬水不知在何處。今姬妾字乃妷【怡】之借，見《漢書》。今尚云妷太太是也。

錢一 姓也。姬妾之姬《漢書·文帝紀》注讀為頤，《說文》別有妷◎字，乃正字也。今俗猶云妷◎太太。

嬴

錢二 姬妾字讀姨，其正字為㛅。今稱妾為㛅太太，猶存古義也。

朱二 段《注》「其子皋陶」，子乃父之誤。

姚

朱一 姚易，佻撻也。

朱二 姚易，今挑撻也。

錢一 姚易，佻達也。

錢二 姚易，佻達也。

嬀

朱二 今人有氏而無姓，然今姓乃古之氏，今之派別亦古之氏也。

㜨

朱二 㜨國疑作莘，《詩》「纘女維莘」，姒姓也。

姹

朱二 少女也。《廣韻》訓「美女」，非。

媒

朱一 引申凡可和合二性者曰媒蘖。

朱二 酒藥亦曰媒，媒蘖是也。媒蘖引申為釀，「媒蘖其短」是也。某乃某花，有調和意，此字从之，意兼聲也。

錢一 由媒合義引申為凡和合之稱。酒藥曰媒蘖，言釀成酒也。（《史記》「媒蘖其短」，亦釀成也）。

錢二 引申凡可和合二性者，如稱酒藥曰媒蘖，以其釀成酒也。

婚

朱一 婦家。結婚當作昏。

朱二 婚禮之婚當作昏。

錢一 婦家也。婚嫁＝昏嫁。

錢二 婚嫁字當作昏。

姻

錢一 引申為凡親睦之稱，《周禮》：「孝友睦姻任恤」。

妻

朱一 从帚（帚），反巾于上作𦘒

妃

朱二 古文妻作𡜊，从貴女。肖或即臾字，即箕帚，妾之義也。

錢一 从帚，反巾于上即成事形（帚）。

錢二 从帚，反巾于上作事

朱一 从女己。己，中宮也（非自己之己，《說文》無）。與曩、跽所从同。古人視女賤，故从己者，跽之意。配偶當作妃。配，酒〈名〉[色]也。

朱二 妃與匹古雙聲，配偶當作妃。配，酒色也。

錢一 匹也。从女己。己與曩、跽同，跪也。古人賤視女人，故从己。段說非。配偶‖妃◎

偶。配，酒〈名〉[色]也。義別。

錢二 妃从己，己，中宮也（非自己之己），己象跪形，故曩、跽字皆从己。妃之从己者，

以古人輕女也。配偶字當作妃。配，酒〈名〉[色]也。

嫛

朱一 嫛婗，小貌。嫛乃嬰之轉音。

錢一 嫛婗也。嬰兒之嬰即嫛之轉。

嫗

朱一 嫗【雨】。

錢一 煦嫗……（？）。

媼

朱一 媼【奧】。〈媼〉[奧]从弄聲，讀與宛同，音轉為媼。

朱二 媼讀若奧。[奧]从宀从弄，則古音當與宛同聲。

錢一 讀若奧。奧从乆聲，乆古讀與宛同，因轉為媼。

錢二 媼【奧】。奧从弄，弄古音宛，與宛、怨近，故媼可讀奧。

姐

朱一 《說文》讀左，後讀賈。

錢一 讀若左，今讀為姊雅。

錢二 《說文》讀左，後讀賈。

姑 姑

朱一 姑者，故也。舅者，舊也。故古人異姓親戚年長者曰舅。

朱二 繼父，借父之名。小功以上稱兄弟；大功以上稱昆弟。

錢一 姑者，故也。舅者，舊也。故古人異姓親戚年長者曰舅。

錢二 姑者，故也。舅者，舊也。故古人親戚年長者稱舅。

威 威

朱一 威姑。威乃莙之音轉。君舅，君姑。君姑乃作莙姑，轉爲威姑。

朱二 威姑非君姑，猶君舅不可稱威舅也。威儀乃畏之借，畏則有可畏之威儀，故引申爲畏儀。

錢一 威姑即君姑，威古音與君近，如莙《説文》讀若威可證。

錢二 威姑即君姑。威、君古音近，如莙从君聲，讀如威可證。

媦 媦

朱二 與妹音義近。

姪 姪

朱一 謂我姑者，我謂之姪。男子只稱從子，無稱姪者。

錢一 女子謂兄弟之子爲姪（無論男女），男子則稱爲從子，無稱姪者。

錢二 男人稱兄弟之子曰從子，惟女人稱姪。

姨 姨

朱二 今姨母之稱不通，古稱從母。

娿 娿

朱一 女師。阿保亦女師。最後男師亦稱阿保。娿即阿之本字。伊尹稱阿衡，亦爲女師隨嫁於王。

錢一 女師也。阿保亦女師。後來男師亦稱「阿」矣。（如太阿、少阿是。見《王莽傳》）娿即阿保之阿之本字。伊尹稱阿衡，亦爲女師隨嫁於王者。又「可者」亦同。故可者、阿保＝娿者、娿保。

錢二 娿【阿】。阿保本爲女師，後引申爲男師，如太阿、少阿。不知何代官名。伊尹曰阿衡，亦爲女師隨嫁于王者。

媾

朱一「重婚」謂親上加親。

錢一 親上加親曰「重婚」。

錢二「重婚」謂親上加親。

姼

朱一《方言》「婦妣」，段誤作父妣。

朱二《方言》曰：「謂婦妣曰母姼」。「婦」今《說文》段注誤刻作「父」。父姼今作爹。

錢一《方言》謂婦考曰父姼，婦妣曰母姼。段本「婦」字作「父」，誤。

㜎

錢一 㜎⊙奴。

婢

朱二 女之卑者曰婢，男之守門曰俾。

娀

朱一 號曰娀，非姓也。

錢一 其號曰娀，非姓也。

妸

朱一 女字。今女人小名上加阿字，正當作妸。

錢一 女字也。今女人小名上加「阿」字，正當作妸⊙。

錢二 妸【阿】，女字也。今女人小名上加阿字，正當作妸。

䫀

錢一 女字也。有才智之稱。

改

朱一 妀己當作改。

錢一 妀己‖妀改⊙。

錢二 妀己當作改。

始

朱一「女之初」者，女人初生兒之時也。故始祖等亦以此稱。

朱二「女之初也」，謂初成胎。始、胎皆从台聲。

錢一「女之初也」，女人初生兒之時也。故始祖等亦以此稱。

錢二「女之初也」，女人初生兒之時也。故始祖等亦以此稱。

媚

朱一 悅也。媚字古人並無惡稱之意，如佞，今尚用為「不佞」之稱。

錢一 說也。媚字古者並無惡意，如佞亦然，故今尚有「不佞」之稱。

錢二 說也。媚字並無惡意，如佞，今尚用為「不佞」之稱。

媄

錢一 美貌＝媄⊙貌，媄⊙惡。

錢二 媄貌非美。

嫷

錢一 由好引申為佻達。

錢二 嫷【度】。由好引申為佻達。

好

朱一 媄也。引申為好惡，假借為孔。

錢一 媄也。引申為好○惡○。假借為孔（?）。

嬹

朱一 「興高采烈」當作嬹。

錢一 高嬹⊙。嬹⊙高采烈。

錢二 嬹高采烈字非興。

㚼

錢一 與姝實為一字。

姣

朱一 好也。引申為婬。《左傳》穆姜自稱棄位而姣，杜注：「姣，婬也。」

朱二 今作嬌，專指女。然姣則兼男女言。

錢一 好也。引申為淫也。《左傳》穆姜自稱「棄位而姣」，杜注：「姣，淫也。」蓋美好斯淫矣。

錢二 好也。引申為婬。《左傳》「棄位而姣」，杜注：「姣，婬也。」

娧

朱一 佻達⊙當作娧。

朱二 今佻達字當作娧。

錢一 好也。佻達＝佻娧⊙。

錢二 好也。佻達字當作娧。

孎 朱一 籒文作孌。今孌作戀。
錢一 籒文作孌，今作戀（？）。

妴 婉 朱一 妴與婉宜併為一字。
朱二 妴、婉二字實一字。
錢一 妴、婉實一字，音義皆同也。
錢二 妴、婉實一字。

嫣 錢一 「嫣然一笑」係別訓。

孅 朱一 兌（銳）細也。孅，今作尖。
錢一 兌細也（兌、銳同）。凡有銳意之字多从韱聲，如孅是。孅，俗作尖。尖實作兟，然作孅亦可。
錢二 兌細也。凡有兌意之字多从韱聲，如孅（今作尖）。

嬛 朱一 材緊，材能堅強也。與便嬛義相反。
錢一 材緊也，言材能堅強也，與便嬛（佻達也）義相反。
錢二 材能堅強也，與便嬛（佻達）義相反。

委 朱二 委隨也。段委字下逗，非也。委輸、委積，乃宛之借。《方言》：「宛，蓄也。」《春秋繁露》「鶴無宛氣」。〇妥从古文爫，作，實即委字耳。委隨，曲也。委、宛雙聲，委引申訓安，即妥之誼，綏訓安亦然。

婐 朱二 與委字音誼同。

婧 錢一 竦立也。婧亦有立義。
錢二 竦立也。婧亦有立意。

姡

朱一 面（或云即覥）靦也。

朱二 面靦，疊韻語。靦，面見人也，本誼。段云如今人言無面目相見也，非。

錢一 面靦也。面靦或謂即靦覥。

錢二 面靦或謂即靦覥，怕醜也。

嫢（[illegible] 大徐）

錢一 媞也。女子安祥者曰嫢曰媞。

媞

朱一 謂母為媞，即與㚷意同。

錢一 謂母曰媞者，即㚷字。

錢二 謂母曰媞，即㚷字。逖本云：即與㚷同。

婺

朱一 不由也，女强硬也。

錢一 不繇也，即女强硬也。

錢二 不由也，即女强硬也。

嫛

朱一 熙熙，當作嫛嫛。

朱二 嫛與嬹之蒸對轉，故音誼同。

錢一 嬉戲之嬉 ‖ 嫛⊙。(1) 熙熙 ‖ 嫛⊙嫛⊙。(2)

娭

錢一 與嫛或即一字。

錢二 今之嬉字當作嫛字。娭、嫛或即一字。

媅

朱一 甚，尤安樂也。加女作媅，可不必。

錢一 樂也。此即「甚」之孳乳字。甚，尤安樂也。

娓

朱一 與媚同一字耳。

錢一 與媚同一字耳。

錢二 與媚同一字耳。

嫡　朱一 謹也，即與諦字音意同。嫡子當作適。

錢一 孎也。嫡、孎皆謹也。嫡从帝聲，故訓謹，與諦義略同（謹則審諦矣）。嫡庶＝適◎庶。

錢二 嫡、孎雙聲。嫡从帝聲，故與諦義同。適庶。

孎　朱二 嫡、孎雙聲。

嫥　朱一 專一當作嫥。專，紡塼也。

錢一 壹也。嫥◎一。專◎頭（俗作磚）。

錢二 嫥壹非專。專，六寸簿也。

如　錢一 由從隨義引申為ゴトシ[一]之如。

嫧　朱一 凡从責者皆有齊意。𪘀，齒齊也。

錢一 齊也。凡从責之字皆有齊意。如𪘀，齒齊也。

錢二 齊也。从責聲字多有齊意。如齒齊曰𪘀。

嬪　朱一 不必指妾，亦指妻，「嬪于虞」是也。

錢一 不必指妾，亦指妻，如「嬪于虞」是也。

婺（婺 大徐）

朱一 贄見當作婺。

錢一 至也。贄△見＝婺◎見。贄，俗字也。

錢二 婺見非贄，贄，俗字也。

嬗　朱一 訓「傳」者，即禪位之字。

[一] ゴトシ，日語假名，所記詞當漢語之「若」，像似之義。

㜓

朱二　訓「傳」者乃〈單〉「禪」之借。

錢一　「一曰傳也」，此即禪位之禪字。

朱一　本訓保任（擔任），引申為估計，作㜓摧。

錢一　保任也（擔保、擔任也）。引申為㜓價、㜓摧之㜓。前人多借「韋」字為之，俗作估，非。

錢二　本訓擔保，引伸為㜓價，今作估，誤。

媻

朱一　今作婆，訓老女。然《說文》本訓為奢。老太婆或云作嶓，非是。婆娑乃男女通稱，「老子婆娑」是也。《漢書》「王媼武負」注：老母為負。音轉為倍，即媻。然其本訓為婦。唐人自稱阿婆，婆乃僕之音轉耳。

朱二　媻姍即媻娑。

錢一　今訓老女，俗作婆。然《說文》本訓實為奢。（媻娑，本舞貌。）老太婆，或云作嶓，然非是。婆娑乃男女之通稱，「老子婆娑」是也。《漢書》高祖「常從王媼武負〈飲〉「貰」酒」，如淳注：老母曰負。古音負如倍，因轉為媻。然其本訓為婦。（一本作「然自有婦字」。）唐人男人有自稱阿婆者，婆乃僕之音轉耳。媻訓奢，故从般聲，般有大義也。（以上所述，攪得莫名其妙，以意定之，大約是：老太婆＝老太負；唐人自稱之婆＝僕；媻乃媻娑，與婆字不相涉，婆《說文》無。然否，俟質諸師。）

錢二　今作婆。老太婆字或云作嶓（以其髮白），非是。《漢書》「王媼武負」注：負，老母也。負，古音倍；負、媻雙聲，老婆字或即負字與，抑或婦字之轉音與？〇逖本云：唐人自稱阿婆，婆乃僕之音轉耳。憲本云：男人自稱阿婆。

姷

朱一　侑，佐助之意。

妛
錢一 耦也，引申為佐助意，與侑近(?)。
錢二 或侑【右】，佐助之義。
朱一 婦人小物也。方物、人物之物。
朱二 婦人小物也，物指形體。
錢一 婦人小物也。方物、人物之物，物謂形體，如「不可方物」。段氏以為即今些字(?)，言婦人形體小也。
錢二 婦人小物也。物謂形體，如「不可方物」。

妓
朱一 伎女當作技。
朱二 女妓當作技，日本云藝技。
錢一 技女，以其能作樂也。
錢二 婦人小物也[一]。妓女字當作技。

嬰
朱一 《說文》無攖字，或即此字。
朱二 引申為攖，字當作嬰。
錢一 《說文》無攖字，或即此字。嬰、賏實一字。
錢二 嬰、賏實一字。攖，《說文》無，或即嬰字。

娉
朱一 朝聘當作娉。聘禮有問名，朝娉亦問也。徵聘乃作聘。
錢一 問也。古人納采問名。娉請。朝娉。徵聘。
錢二 問也。古人納采問名。娉請。朝娉。

孌
朱一 戀慕當作孌。

[一] 此處原稿作「同上」，即同「妛」字下錢記。以文不相連，恐生誤會，故代改。

錢一 慕也。孌◎慕，作戀非。

錢二 孌慕非戀。

孌 朱二 與短雙聲。

娟 朱一

𡝩 錢一 巧也。引申為𡝩豔。

錢二 巧也。引申為𡝩豔。

佞 朱一 古人稱佞為高材，故有不佞之稱。

錢一 古人以佞為高材，故有不佞之稱。

錢二 古人稱佞為高材，故有不佞之稱。

婾 朱一 愉亦為偷。偷盜字當作婾為是。

錢一 巧黠也。婾◎盜。愉亦為偷，然偷盜作婾為是。

錢二 婾盜。

妯 朱一 《方言》「妯娌」又有築里之稱，稱於儕輩，非僅稱於兄弟婦也。

錢一 妯娌（見《廣雅》？）之娌△，《說文》無。《方言》作「築◎里◎」，猶言儕輩也，不僅為兄弟婦之稱。(1) 兄弟之妻相呼也，後亦有以呼儕輩者。(2)

錢二 《廣雅》「妯娌」（《說文》無娌），《方言》作「築里」。兄弟之妻相呼也，後亦有以呼儕輩者。

媘 朱一 與渻同。省減當作上二字。

錢一 與渻同。省減當作上二字（媘、渻）。

錢二 媘渻同。省減當作上二字。

姎 朱一 女人自稱，與卬同。

婎 婎

錢一 女人自稱，與卬同。

錢二 女人自稱，與卬同。

朱一 姿婎，今作睢。

錢一 姿睢‖恣婎◎。

錢二 姿婎今作睢，非。

嬬 嬬

錢一 與懦義略同。

姡 姡

朱一 今地痞、〈地〉「痞」棍當作地姡，不肖也。

朱二 今姡棍之姡。

錢一 地痞△、痞△棍‖姡◎。

錢二 不肖也。今痞棍字當作姡。

嬯 嬯

朱一 今人謂癡如是。《方言》罵人有嬯字。

錢一 《方言》有「嬯」字，罵人賤稱。今人謂癡如是。

錢二 《方言》有「嬯」字，罵人賤稱。

婁 婁

朱一 婁空，空也。麗屢引申為屢。俞曲園云：「踰東家牆而摟其處子」，婁為摟之本字。从毋，止姦也；从中女，在家也。籀文从臼，更可會意。

朱二 籀文从臼聲。俞樾解最通（从毋，止之詞也，中女，攫房中之女也。）。若非對轉，想誼雖通，而字形仍不解。

錢一 俞樾曰婁當即摟字（「摟其處子」之摟也），故从毋从中女（从毋，止姦也；从中女，在家也。籀文从臼，蓋係會意，更可證）。訓空者‖廔◎（窶？）。窗牖曰麗婁，謂空格也。由麗婁引申為屢屢（屢，《說文》無）。

錢二 空也。俞德清云，「踰東家牆而摟其處子」，婁為摟之本字。从毋，止姦也；从中女，在家也。籀文从臼，更可證。

嬈

朱一　今俗語云嬈【音鬧】死（殺）人，與苛意合。

錢一　苛也。苛、疴近。今湖北尚謂毒死人曰「嬈死人」。(1)　今俗語尚云嬈【音鬧】殺人，與苛意合。(2)

錢二　苛也。苛、疴近。今湖北尚謂毒死人曰嬈死人。

孃

朱一　訓煩擾，與嚴【義近】。稱母為孃，當作娘。从良者，良家子也。作孃者，雖《廣韻》有此稱，非是。

朱二　訓煩擾者，作嚴是矣。訓母之孃以娘為是，娘當作良。《漢書》「壤子王梁代」，乃郎之借。

錢一　訓煩擾，與嚴義近。稱母為孃者＝娘（《說文》無）。从良者，良家子也。作孃者，雖《廣韻》有此訓，然實非也。

錢二　煩擾也，與嚴義近。訓母者當作娘。《說文》雖無娘字，但……。

媆

錢一　俗作嫩△，非。

錢二　俗作嫩。

婬

朱一　「私逸」或即私逃也。

錢一　捲逃也。

錢二　私逃也。

姘

朱一　屏除也。

錢一　除也。「屏諸四夷」＝姘。

錢二　屏除也。

奸

朱二　奸犯乃干之借。奸，犯淫也。

錢一　从干聲，干，犯也，故奸、干古通用。

錢二　从干，干訓犯，故奸、干古通用。

娗　朱一　女出病也。醫書有「陰挺」病，女子生殖器突出也。
朱二　醫書《傷寒論·金匱要略》有「陰挺」病，即此誼也。娉婷無正字。
錢一　女出病也。醫書（見《金匱要略》）有「陰挺（＝娗⊙）」病，即屄突出也。
錢二　女子「陰挺」病，即生殖器突出也。（醫書）

妥　朱一　《說文》本無，段氏所補。

毋部

毐　朱一　毐【娭】。嫪【留】毐。（或即古人之綽號）。
錢一　嫪毐，殆非其本名，實綽號也，如「鯀」之類。
錢二　毐【艾】。嫪【勞】毐字恐非其本名，或即其野號也，如鯀。

民部

丿部

丿　朱一　丿【撇】。

弗　朱一　矯拂當作弗。
錢一　矯也。拂人之性＝弗⊙，故矯弗⊙。今訓弗為「不」，北京語之「別」，即此弗字。
錢二　「拂人之性」，拂乃弗字。弗，矯也。

乀　朱一　乀【拂】。

厂部

厂　朱一　厂【異】。

 弋 朱一 乂，象物能挂也。

朱二 雅叉也，挂物之物。

錢一 「弋不射宿」＝隿。

錢二 「弋不射宿」字當作隿。

乁部

 也 朱一 今湖北稱女陰曰「也【ヤ】[一]巴」。

朱二 語助之也乃兮之借。也，乁乁流也，與涿訓滴相同。

錢一 今湖北猶稱女陰曰「也巴」。

氏部

 氏 朱二 姓氏之氏乃之借，觗或作觶，可證。系即蟬聯之誼。

 氒 朱一 氒，木本也。从氏，非。

錢一 木本也。从氏，非。當从氏引長（氒）。

錢二 木本也。从氏，非。从氏引長作氒【厥】。

戈部

 肈 朱一 今借為肁始字。

【一】此用日語假名注音，讀為[ya]。

戛

錢一 此肇戟字，肁⊙始。
錢二 訓始者係肁字。
朱一 引申為灋。「斧柯」之柯亦訓灋，楷與戛同音義。蓋古人量灋，以丈尺外，又用戈戟等量之，故訓灋。
朱二 訓常者，八尺為尋，二尋為常。常引申為典常，故戛亦引申為典常。
錢一 引申為灋。斧柯之柯亦訓灋，楷與戛音義同（？）。蓋古人量灋，丈尺之外，又用戈戟等量之，故訓灋。楷灋＝戛⊙灋。戛訓戟，引申訓常訓灋。
錢二 引申訓灋。斧柯之柯亦訓灋。蓋古人量灋，以丈尺外，又用干戈等。楷亦訓灋。楷、戛音近，楷即戛字也。

戎

朱二 《毛傳》訓「相」，乃揖之借。揖，推也。西戎乃人音之轉，故引申訓大。胡亦引申訓大，則不可知。
錢一 訓相者，或即佴字。佴，佽也，佽，助也（《唐風》注）。茸从耳，讀蟲，則佴亦可讀蟲。
錢二 訓相或即佴字。佴，佽也；佽，《唐風》注「助也」。茸从耳，讀蟲，故佴亦可讀蟲。

戢

錢一 干戈＝戢⊙戈。

賊

朱一 从戈則聲，則亦刑也。
錢一 从戈則聲。則，等畫也。《墨子》有「則刑」。

戰

朱一 戰戰栗栗，當作顫顫。
朱二 戰懼、戰栗，乃顫之借。
錢一 戰栗＝顫⊙栗。
錢二 戰栗字當作顫。

戲

朱一　即麾字，或即一字，不必分。軍門稱和門。

朱二　軍門以指麾旗為門，故名麾，字亦作麾。三軍之偏亦曰戲。《孫子》「交和而舍」，又以旌旗為左右和之門。和與戲古音近。赫戲與曦音近假借。

錢一　即麾字。蓋即一字，不必分也。

或

朱一　邦國之國古僅作或，疆域亦可作或，引申為（囿）有。或問者，有人問也。

朱二　國之本字，國乃俗字。或既从口，國又加口，是不通。

錢一　邦國之國古僅作或，疆域亦作或。引申為（囿）有(?)。或問者，有人問也。域、有古通，「九有」即九域也。

錢二　或問即有人問，或、有古通，故「九有」即九或也。邦或。

戕

朱二　《晉律》注：「將害，未發謂之戕。」《公羊傳》：「人臣無將，將而誅也。」[一] 將乃戕之借。引申他國人來弑君亦謂之戕。弑，試也；戕，將也。

戮

朱二　訓殺，與鐂音誼同。

戧

朱一　檮（木棍），戧（削尖為槍）。

朱二　「槍非古兵器」，非也。《史記》：「天槍天棓」。《春秋傳》有檮（不剡尖）、戧（剡尖）。

錢一　檮（木棍也），戧（則削尖為槍）。

錢二　檮（木棍），戧（削尖為槍）。

戩

朱二　履訓祿，乃禮之借；戩訓福，乃滅盡惡之引申誼。祓，福也，亦祓除惡乃為福。

錢一　訓福者未詳。

[一] 此句引文有誤。查《公羊傳·莊公三十二年》作：「君親無將，將而誅焉。」又《漢書·叔孫通傳》有：「人臣無將，將則反罪，死無赦。」臣瓚注：「將謂為逆亂也」。

㦰　朱一《尚書》「咸（伐）劉厥敵」，《左傳》「克減（伐）侯宣多」。
錢一讀若咸。「咸劉厥敵」∥㦰◎。「克減侯宣多」∥㦰◎。
錢二絕也。《尚書》「咸劉厥敵」，《左傳》「克減侯宣多」，「咸」、「減」皆㦰字之假（咸）。

武　朱一止，足也。舞蹈之舞或謂即武。
朱二步也。从止，足也。步伐整齊，步从止，伐从戈，武則兼从之。止戈為武，乃舞之借。乃楚莊王之謬談。〇毛傳：「武，迹也。」
錢一从止，止，足也。舞蹈之舞，或謂當作武。武之本訓或即為足。
錢二从止，止，足也。故武或即本訓為足。

戔　朱一與殘、殉同。
錢一與殘、殉同。

戉部

戉　朱二今作鉞，乃《詩》「鸞聲噦噦」之噦。戉亦作揚，《詩》「干戈戚揚」。

戚　朱一古讀戚為蹙。親戚。縮小曰蹙，即縮字之假借。親戚不知由何假借。
朱二親戚、蹙蹙（∥戚戚）等，乃㞭之借，㞭，至也。
錢一古音蹙。訓縮小者即∥縮◎。親戚，未知其本字。蹙△，《說文》無。
錢二古音蹙。訓縮小者即縮字之叚。親戚字，其本字不可知。

我部

我　朱二頃頓也，乃本誼。从戈𠂹聲（㣺古文）。「施身自謂」乃「吾」之借。吾◎為正字，音變為我、言、卬（雙聲）。《爾雅》余◎為正字，音轉為陽（魚陽對轉）；台◎為正字（台，《爾雅》音變為賚。），音轉為朕（之蒸對轉）；卜。、僕。為正字，聲變長為不穀，又為甫；身。、自。，《爾雅》音變為畀。共有六稱。

義　朱一　威儀。仁義當作誼。

朱二　从羊我聲。威義而加己者，因入我部。

錢一　威義。。仁誼。。

錢二　威義。仁誼。

亅部

乚　朱一　鉤乙字當作乚。丶，今點句；乚，今劃段，所謂鉤識也。

錢一　鉤識也。丶即今點，乚即今劃斷處之「乚」。鉤乙＝鉤乚。。

錢二　乚「厥」。丶即今點，乚即今劃斷。

琴部

瑟　朱一　訓矜莊貌，當作璱。

錢一　訓矜莊貌、絜鮮貌者＝璱。。

錢二　訓絜鮮貌者，係璱字之假。

乚部

直　朱一　十目燭隱，故漢有司直官。

錢一　燭隱也，故漢有「司直」之官。

錢二　燭隱，故漢有司直之官，引申為曲直。

亡部

乍 朱一 《說文》有迮，訓迫。

錢一 乍與迮皆有倉卒意（迮訓迫）。

錢二 乍、迮【酌】皆有倉卒意。

𣞤 朱一 古只有亡，後乃作無。

錢一 古只作亡，後乃作無。

匄 朱一 乞匄之乞當作〈气〉「氣」。

錢一 乞丐＝氣丐。

錢二 〈气〉「乞」匄字當作氣。

匸部

區 朱一 《荀子》「投鉤」、漢有藏鉤之戲，今有拈鬮字，皆作區，藏匿也。區域當作丘。

區區，連字形容詞。

錢一 《荀子》之「投鉤〈亦作彄〉」、漢有「藏鉤」之戲，今有拈鬮字，其鉤、彄、鬮皆＝區。區，古音如彄。區區，係連語形容詞。區域＝丘域（？）。

錢二 《荀子》「投鉤」，鉤亦作彄【叩】，漢有藏鉤之戲，今有拈鬮字，皆區之假字。

區古音彄，區區係連語形容詞。

匿 朱一 後作慝。

錢一 今俗作慝，《說文》無。

錢二 訓亡，今俗作慝。慝，《說文》無。

㔻　㔻　朱一　側逃，今云溜逃是也。側㔻，逃世隱逸之人。
錢一　側逃者，即今云「溜逃」是也。側㔻者，逃世隱逸之人。溜了出去＝㔻◎了出去。

匽　匽　朱一　訓廁、訓路廁者，似忘匿意。偃豬，蓄水池也，今作堰。
錢一　匽猪，蓄水池也。《左傳》作偃豬，今俗作堰，非。○訓廁、訓路廁者，似忘匿意。
此句費解。
錢二　匽豬，蓄水池也。《左傳》作偃豬，今俗作堰。

匹　匹　朱一　四丈。古人以四丈分為二，故引申為匹偶。又匹，單也。匹夫與匹婦猶一夫與一婦也。
朱二　从匸八聲。匹配為本誼，引申為四丈之匹，取兩兩相合也。
錢一　四丈也。古人以四丈分為二，故引申為匹偶。又匹，單也。匹夫匹婦、猶言一夫一婦也。

匚部

匚　匚　朱一　受物之器。引申為方圓之方。方技亦當作匚，因能製物器也，故漢有尚方官。又引申為處方。
朱二　乃矩之尺寸形。匠人用矩，故亦从匚。
錢一　引申為匚◎圓、匚◎技（因能製器也），又引申為製器者之稱，故漢有尚匚◎官（製器之官也）。又引申為地匚◎（？）。故匚◎圓－尚匚◎－匚技－醫匚◎（？）。
錢二　受物之器也。引申為匚圓字。方技亦當作匚，因能製器也，故漢有尚方官。再引申為處方。

匡　匡　朱一　引申為軭刺。

朱二 匡正也。匡剌乃軭之借，段説非。車輪曲曰軭，足曲曰尪，木曲曰枉。

錢一 訓正者‖軭，軭剌。

錢二 訓正者係軭字，軭剌。

匴 朱二 今淘米籮及帽篚，古皆名匴。

錢一 引申為凡竹器之稱。

⿷匚贛 朱一 大杯為閜（今音海碗），小杯為⿷匚贛（今云工碗）。

朱二 大杯為閜，今音轉為海碗之海音，⿷匚贛即今⿷匚贛碗。

錢一 大杯為閜。海碗‖閜盌。小杯為⿷匚贛，宮碗‖⿷匚贛碗。

錢二 大杯為閜（今音海碗），小杯為⿷匚贛（今音工碗）。較小于閜，非真小。

匫 朱一 今云古董，當作匫董。

朱二 「曶鼎」乃以人名鼎，非古器。匫即骨董之骨之本字。

錢一 古董當作匫董。

錢二 今之古董當作匫董。

匱 朱一 匣。匱乏當作讀（人散為讀，器乏亦為讀）。匱，匣也，不可引申為之。

錢一 訓乏者‖讀，如《詩》「孝子不讀」是。人散為讀，器乏亦為讀也。

錢二 「孝子不匱」字當作讀。

匵 朱二 匵乏乃缺之借。缺从夬聲，與貴音同，潰、決音誼同可證也。[一]

曲部

曲 朱一 與匚倒置，因方必用曲尺製也。

[一] 此條雖列于字頭「匵」下，而所論似為「匱」字音義。然則正文「匵乏」疑為「匱乏」之誤，而整條當移于「匱」字下。

朱二 即曲尺，古名榘，與匚誼近。

錢一 即横展之籀文匚（[illegible]），因方必用曲尺製也。

甾部

疀

朱一 畚當作疀。

錢一 畚當作疀。此條必有誤無疑。

瓦部

甄

朱一 甄引申為甄別，與陶引申為陶汰同。

錢一 匋也。引申為甄別，選擇也。與匋引申為匋汰同例。蓋製物須擇好泥，剔去壞者也。

錢二 引申為甄別（選擇），與匋引申為匋汰同，蓋製物須擇好泥為之也。

瓽

朱一 今作鐺。

錢二 今作鐺。

朱二 今作鐺。

錢一 大盆也。今俗作鐺△，非。（盆及鍋皆可曰瓽）

錢二 今俗作鐺。凡盆類皆可云鐺，不必限大盆也。

甌

朱一 小盆也。凡从區者有小意，「區區」是也。

錢一 小盆也。凡从區者皆有小義，如「區區」是。

㼝

錢一 俗作碗△，非。

瓴

朱一 本為甕，引申為屋上瓦，高屋建瓴是也。

錢一 本為甕，引申為屋上瓦，如高屋建瓴是也。

甂

朱二 今長匾之匾當作甂，由卑引申。

錢一 圓扁＝甂⊙。

甓 錢一 令適（漢時語）也，即今屋上所用之瓦。

錢二 令適（漢語）也，即今屋上所用之瓦。

甃 錢一 井欄也。

瓬 朱一 與碎同。

錢一 與碎同。

瓪 朱一 今稱瓦瓪（瓣）是也。

錢一 今云「瓦瓪」是也。

錢二 敗瓦也，今瓦瓪是也。

弓部

弴 朱一 與彫音轉。

錢一 與彫音轉。

弭 朱一 「弭兵」，解兵也。

錢一 弓無緣可以解轡紛者，故引申為解散義。「弭兵」者，解兵也。

錢二 「弭兵」者，解兵也。

弨 錢一 弓反也，即弛不用也。

彄 朱一 與今扣音義近。

朱二 今扣帶、扣牢等字，皆當作彄。

錢一 今之扣字可作此。

弸 錢一 俗語猶言弸弸硬。

錢二 弓彊貌。今極硬曰弸弸【波杏】硬。

彎　彎

朱一　《説文》無彎字，古只作宛字，夗曲也。

錢一　《説文》無彎△字，彎曲當作宛◎曲，或作夗◎曲亦可。

錢二　《説文》無彎字，古只作宛字，夗曲也。

引　引

朱一　訓長之引當作廴。

錢一　訓長者＝廴◎。

錢二　訓長者係廴字。

弘　弘

朱二　弓聲也。引申有彊誼。訓大者，乃宏之借。强弱字亦當是弘之借，强从弘聲。《論語》「士不可以不弘毅」，弘即彊也。「執德不弘」，弘亦彊也，非訓寬大。

錢一　弘大＝宏◎大。

𢐱　𢐱

朱一　𢐱（今作镾）、〈弛〉「弛」實一字。

錢一　訓長者＝镾◎。𢐱、〈弛〉「弛」實一字（?）。

錢二　今用作镾義。

㢮　㢮

朱二　當云「从弓支聲」。

彉　彉

朱一　擴充當作彉。擴，《説文》無。

朱二　擴張、擴充，皆彉之借。

錢一　擴△，俗字也。擴△充＝彉◎充。

錢二　擴（《説文》無）充字當作彉。

彈　彈

朱二　弓本作㢩，是。段从《汗簡》正，《汗簡》不可恃也。

𢏚　𢏚

朱一　后羿當作𢏚。

錢一　后羿＝后𢏚◎。

錢二　后羿字當作𢏚。

弜部

弜　朱二　屈彊當作弜。

弼　朱一　正之也。又為不正之也。「弼戾」乃後義。

錢一　輔弓也。引申為輔弼。本不正而正之曰弼，引申之則本正而不正之亦曰弼。「弼戾」乃後義(?)。

錢二　後引申為軭正。

弦部

弦　朱二　引申為琴瑟等弦。

玅　朱二　今拗字當作玅。

系部

系　朱一　系【細】。

孫　朱二　謙孫乃愻之借。《春秋經》「公孫于齊」，乃遜之借，與遁音誼同。

繇　朱二　《書·大誥》「猷爾多邦」，猷，于之借。由乃《說文》「𢎘櫱」之𢎘，古文作由。

第十三篇上

糸部

糸 朱二 音轉爲㪔、緬、緢，皆細絲也。

緒 錢一 引申爲緒餘。

純 朱二 訓大，乃奄之借。

綃 朱二 今名生紗。

經 朱二 經典之經，古人以絲綫編竹簡，猶今綫訂書也。經常、經脈，乃巠之借；巠，水脈也。

錢一 經、緯，引申爲橫、直之稱。

緷 朱二 緷與緯脂、諄對轉。緷，大束也。束必橫巠，與緯同，故引申爲緯。

績 錢一 「一曰畫也」者‖繪◎。

紀 朱二 「絲別」，絲之派別，不必改爲「別絲」。《五帝本紀》，紀與經同，經傳與紀傳同。

錢一 別，分絲也；引申爲綱紀。

纇 朱二 《左傳》「忿纇無期」，乃「戾」之借。又「刑之頗纇」，亦「戾」之借。

紿 錢一 今借爲「詒」字用。

納 朱一 「絲濕納納」爲本義。納進之納本作內。

錢一 納入之納‖內◎。

紡　紡　錢二「絲濕納納」為其本訓，納進之納本作內。

朱二「網絲」，以絲縷縱横相系。《晉語》「執而紡于庭之〈外〉［槐］」，［紡］與縛陽唐與魚模對轉。曹操曰：「方馬埋輪」，方即縛，乃紡之借［一］。又別義為网絲。

錢一 引申為以絲縛之，即「執而紡于庭之槐」之紡。

纘　纘　朱二 纘，段所添。「或作繼」，恐係後人所加，否則必有篆文。

（繼　繼 大徐）

續　續　朱一 賡亦讀續。

朱二 賡，古文續，俗讀為庚。

錢一 或作賡，亦讀續。

錢二 或體賡亦讀續。

絙　絙　朱二《禮記》「挺重囚」，乃「絙」之借，緩也。

縱　縱　朱一 訓「緩」者，施縱絲也。

錢一 縱横‖從◎横。訓「緩」者，施縱(?)。

綷　綷　朱二 綷與婞，人直為婞，絲直為綷(?)。

纖　纖　朱二「纖驪（馬細頸）」，或作「盜驪」，談宵對轉。

緢　緢　朱一 氂（毫氂之氂），最細絲也。

錢一 氂絲也。氂即毫厘之厘，最細之絲也。「惟緢有稽」者，言毫厘必察也。

縒　縒　錢一 參縒◎。

錢二 參縒。

［一］《孫子·九地》：「方馬埋輪」。曹操注：「方，縛馬也。」

繙 朱一 煩雜當作繙。煩，頭痛也。緐，馬髦飾。

朱二 「繙冤」即緐多意。《淮南子》：「孔子繙十二經以見老聃」[一]。亦謂繙冤而厭也。

錢一 繙冤也。煩雜＝繙雜。煩，頭痛也；緐，馬冠也（即緐纓之緐）；二字義皆別。故繙殆為繙冤之正字（麄雜也）。繙惱。

錢二 煩雜（亂）當作繙。緐，馬髦飾；煩，頭痛也。

縮 錢一 訓「直」者，以相反為訓也。

級 錢一 引申為階級、等級。

紾 朱一 紾【之忍切】。紾轉者，絞轉也。

錢一 紾轉也。紾轉者，言絞轉也。「紾兄之臂」者，戾兄之臂也（亦音戾？）。

錢二 紾轉者，絞轉也。亦音戾。

繯 朱一 今云「投繯」字，即此。

錢一 今云「投繯」字，即此。

⿰糸𠂢 朱二 ⿰木𠂢，分麻；⿰糸𠂢，分絲；音誼相同。

綝 朱一 綝【寸】。

錢一 訓「止」者，因綑好了不能動，故从糸。

錢二 之所以訓「止」者，以糸縛住也。

終 朱一 絿絲一束，引申為一終。

[一] 按《淮南子》無此記載，當為《莊子》之誤。《莊子·天道》：「孔子……往見老聃，而老聃不許，於是繙十二經以說。」

䌖

朱二 絿（結）絲也。始終當作冬。

錢一 絿絲一束引申為一終（?）。

錢一 合也。此絲集也（別言），通言集者當作亼◎。

錢二 絲集也。通言集當作亼。

紈

朱二 今官紗。

錢一 生絲，綰曰素。此句不知其何字下，疑在「紈」字下，姑記于此。

繒

朱二 《甘泉賦》「上天之縡」，乃《詩》「上天之載」之借，作「繒」字非。

縠

朱一 今之縐紗。

錢一 細縳也。即今之縐紗。

錢二 今之縐紗。

縳

朱二 今生紡。縳、縑，皆今之紡綢。

錢一 今生紗也。

錢二 縳、縑，皆今之紡綢。

縑

朱一 今之紡綢。

朱二 今紡綢。素繒，今之絹也。

錢一 今紡綢也。

練

朱二 精簡之稱，單作柬字可也。

縞

朱一 白雜黑者。

朱二 亦今紡綢，黑經白緯。

錢一 縳類。縞與帛有別，縞黑經白緯。(1) 縞、帛義異。(2) 縞，白雜黑者。(3) 三說均莫名其妙。

錢二 縞、帛義異。○逖本云：縞，白雜黑者。○縞，亦紡類。

纏 纏 朱一 今云絲紬者，當作絁紬。
錢一 絲綢，正當作纏⊙綢。即綿綢之類，俗作絁△。

綮 綮 朱二 「一曰微識信也」，乃「棨」（傳信也）之借。

綾 綾 錢一 古今義稍異。古人于布之細者亦稱綾。
錢二 古今義稍異，古布之細者亦稱綾。

縵 縵 朱一 《漢書》「縵田」，謂田之畝畦未經刻畫者也。
朱二 《禮記》「操縵」，《周禮》「縵樂」，皆獨唱無和而無文者也，今謂之小曲。
錢一 《漢書》之「縵田」，謂田之畝畦（?）未經刻畫（?）者也（?）。

絢 絢 朱二 「後素」者，猶今先以白筆雙鉤，後施五彩也。

繪 繪 錢一 會五采繡也。以絲曰繡，畫亦曰繡。〇「今以繪為畫事，不以為繡事。」此說與上說異。

絹 絹 朱一 麥稍，麥莖也，色黃，古稱黃絹。段注「青色」，非是。
朱二 繒如麥稍色，黃絹也。
錢一 麥稍，麥莖也，色黃，古專以稱黃絹。段注云「青色」，非也。
錢二 或古人專指黃絹，以收麥時其莖之色必已成黃。

絑 絑 朱二 朱，赤心木，引申為一切之朱。絑則專指染布帛之絑色。段說非。
錢一 布帛之赤者＝絑⊙。朱，赤心木也。

纁 纁 （**纁** 纁 大徐）
朱一 縓，桃紅（赤黃色）；赬，梅紅；纁，大紅；絳，亦大紅。
錢一 縓，桃紅（赤黃色?）；赬，梅紅；纁、絳，皆大紅。

絀 絀 朱二 絀與絑一聲之轉，猶黜與誅一聲之轉。棳與侏儒之侏聲誼近。

縉

朱一　縉紳，當作搢紳。搢，插也。

朱二　縉雲，紅雲也。搢紳，或誤作縉紳。

錢一　縉紳應作搢。搢，臿也，言物可插於紳也。今作縉，甚荒謬。「縉雲氏」者，赤雲也。

錢二　縉紳當作搢紳。搢，臿也。

綪

朱二　赤繒也。青从生从丹，恐亦是赤色。青色之青，乃蒼之借。

緹

朱二　衹，張參《五經文字》、顏、段皆信之，然不可信。

縓

朱二　縓【茜、欠】與綪聲誼同，恐是一字。然此字當讀如原。

紫

朱一　青赤。

錢一　「青赤色」不誤。

紅

朱一　今所稱「粉紅」、「桃［紅］」是也。

朱二　最淺之紅為紅，深紅之字當作絳，絳古音亦讀紅。

錢一　今所稱「粉紅」、「桃紅」是也。

紺

朱一　今之青蓮色。

朱二　即今青蓮色。或謂即天青，非也。天青乃玄字之誼。

錢一　即今青蓮色。

綥（綥 大徐）

朱一　綥，一縷白一縷黑。

朱二　今青灰色。

錢一　「不借綥」者，即「下馱」。○「綥，一縷白一縷黑。」（？）

繰

錢一　本訓今不用。（假纔絲字？）

緇 緇

朱二 古人染黑，先染紅，然後加黑色。

纔 纔

朱一 今借為才字，始也。

朱二 即緅，即今之絳色也。纔，古音與爵同。《說文》「訬」讀毚，宵談對轉。方纔，乃才之借，此由淺引申。

錢一 今借為才字（始也），因係雙聲也。今作緅。

錢二 「方纔」字當作「才」。

綟 綟

朱一 青間紫色。

朱二 「流黃」，今沈香色。

錢一 青間紫色。

纚 纚

錢一 古人不露髮，必以纚先套髮，而後冠，故纚即綱巾之類。

錢二 綱巾之類。

紘 紘

朱二 冠絡。冠卷即冠圈，維即絡也。武屬于卷，即紐也，所以繫紘。

紞 紞

錢一 男人耳環也，繫于冕上兩垂下者。

纓 纓

朱二 紘，不結者，纓，結者，皆冠絡。

緌 緌

朱二 旌旗之緌，乃「麾」之借。

錢一 以二帶繫帽為纓，到頸間二帶縛攏打一結者，曰緌。

緄 緄

朱一 今稱「鑲緄」，是也。

朱二 今「鑲緄」字即此，乃闌干紋帶也。

錢一 「鑲滾」之正字。

錢二 鑲緄。

紳 紳

朱二 引申為申，訓重，古人往往用之。

綬　綬

朱一　韍維也。古無褌子，惟用韍以蔽其前後。套褲惟軍中用。韍繫於帶，所謂韍維也。引申為印綬，蓋古人印亦必繫於腰間之帶，故曰掛印。

錢一　韍維也。古無褌子，惟用韍以蔽其前後，套褲惟軍中用。韍繫于帶，所謂韍維也。引申為印綬，蓋古人印亦必繫于腰間之帶，故曰掛印。〇韍上有綬。

錢二　韍維也。古無褌子，惟用韍以蔽其前後，套褲惟軍中用。韍繫于帶上，所謂韍維也。引申為印綬，蓋古人印亦繫于腰間之帶，故曰掛印。

組　組

錢一　引申為組織。

纂　纂

朱一　纂位當作纘，纂述當作籑，同撰。

朱二　亦闌干也。總纂、分纂或謂即蕝之借，然不過如組織之誼而已。

錢一　纂述＝籑。纂（繼也）位＝纘。

錢二　纂位字當作纘；訓撰者係籑字，二字義近。

綸　綸

朱一　綸【闕】。諸葛之綸巾即以絲綬製之。

錢一　諸葛亮之「綸巾」即以絲綬製之。經綸是引申義。

錢二　綸【闕】。諸葛之「綸巾」即以絲綬製之。

緣　緣

朱一　因其相連，故引申為因緣。

錢一　因其相連，故引申為因緣。

朱二　因緣、夤緣，乃掾之借。衣之邊曰緣。

絝　絝

朱一　「脛衣」即今套褲。衣下半全身者為幝。

朱二　「犢鼻幝」，《漢書·外戚〔傳〕》稱「窮絝」，女人所衣，男子無絝。

錢一　即今套褲也。衣下半全身者曰幝。

絛　絛

錢一　即編攏來的絲。

紃 紃 朱二 《荀子·非十二子》「反紃察之」，借為「循」。
錢一 《荀子》借為「巡」字（沿）（?）。

緟 緟 朱一 重疊當作緟。
錢一 緟。疊。

纕 纕 錢一 攘臂＝纕臂，蓋擄起袖子以纕（帶?）束之也。
錢二 纕臂相爭，纕臂者，以帶束臂衣也。

縷 縷 朱二 絳綫也，引申為凡綫之稱。段改之，非也。

紩 紩 朱一 紩【適】。

緛 緛 朱一 衣裳襞〈績〉[積]。
錢一 衣裳襞積也（即打簡）。

組 組 錢一 補縫也，補破也。綻，破裂也；亦作袒。
錢二 《說文》無「綻」字，當作袒。袒，破縫也。

繕 繕 朱二 古人往往與「勁」通用。

纍 纍 朱一 揚雄《反離騷》「纍」與「囚」同。
朱二 「不以罪死曰纍」，「湘纍」是也。《左傳》「纍臣」「纍囚」，前人注《漢書》「湘纍」不引《左傳》，讀為帶纍之誼，謂罪非己作，人所纍也。
錢一 揚雄《反離騷》之「纍」，言因在那邊也。蓋纍一訓大索，引申則以大索縛之之人亦曰纍，故纍亦有因義，如《左傳》「纍臣」是。
錢二 纍一訓大索，引申以大索縛之人亦為纍，故纍亦訓囚，如《左傳》「纍臣」。

繄 繄 朱一 古人往往「用」為發語詞。
朱二 引申為一切韜，故華蓋（今涼傘）曰翳。

緣

錢一　古人往往用為發語詞。

錢二　古人往往用為發語詞。○翳，華蓋，亦取遮蔽之誼。

旞

朱一　旗之正幅。旒（游），旗之飄帶也。

錢一　旗之正幅也。旒（游），旗之飄帶也。

錢二　旗之正幅也。旒，旗之飄帶也。

徽

朱二　古人無袴，行路時以衺幅束脛。訓美善，以徽从微聲，媺或作嫰，即媺之借。訓止者，乃「三糾繩」之引申誼。

纆

朱二　「纆纆」訓戒，其正字尚未察得。

絇

朱一　絇【古讀糾】纑（布縷）繩絇也。

朱二　絇與糾聲誼同，句从丩聲，句與丩亦一字耳。

絥

朱一　絥與憑義同。車絥者，車憑也，猶今轎中之靠手也。

朱二　恐非駕車之被，乃軾上之飾。《漢書·汲黯傳》「茵伏」即「茵馮」，此絥音與馮近，讀如備。

錢一　絥與憑義同，車絥者，車憑也，猶今轎子中之靠手也。

錢二　絥與憑同（義），車絥者，車憑也，猶今轎中之靠手也。

緐

朱二　引申為冕上飾。《逸周書》「冕上垂者為緐露」。《春秋緐露》者，潤色春秋也。緐亂、緐簡，乃緐帣字之借。緐音煩，鄭讀為鞶，誤。許舉或字為緐，亦頭上物也。

錢一　馬髦飾也。煩，頭痛也。煩惱＝緐◎，緐冤也。

紛

朱一　紛亂當作㔾。

朱二　紛紜乃㔾䰖之借。繽紛乃闠㔾之借。大帶之紛乃帉之借，引申為凡衣之稱。段說非。

錢一　紛亂＝㔾◎亂。

錢二　紛䰖、紛亂字當作㔾。

紖 紲

朱二 古無舌上音，讀若挺。

朱一 犬系。古人牽犬，如李斯牽黃犬等是。

錢一 犬系也。古人牽犬如李斯牽黃犬等是。

繁

朱一 引申為繳繞。

朱二 繳繞（《史記》太史公《論六家要旨》）乃引申誼，由繞再引申繳還。

錢一 引申為繳繞。

繫

朱一 繫攬為系之假借字。

朱二 本誼「煮繭絓頭」，今借為系。

錢一 繫纍（攬？）‖系◎。

錢二 繫攬字當作系。

緝 縐

朱二 《孟子》「妻辟纑」，辟乃緝之借。緝熙訓光明者，乃「㬎巸」之借。

朱二 葛布之縐者，引申為蹙。

錢一 「一曰戚（俗作蹙）也」，即俗語所謂縐眉頭。

錢二 一曰戚也（《說文》無蹙字），即俗語所謂「縐眉頭」。

緆 縗 緶

朱二 其疏與緦同，特治之使滑易，如今之竹布也。

朱二 古字僅作衰，即衰衣也（與斬縗同）；惟變為縗，所以包齊縗。恐古只有斬衰耳。

朱一 「緶衣」者，猶今之帖邊也。

錢一 緶衣，即今云帖邊也。

錢二 緶頭，即帖邊也。

⿰糸封 緉

朱二 鞋⿰糸封。凡一黨之人稱為一幫，乃倗之借；封或作堋可證，東蒸旁轉。

朱二 唐稱鞋一雙曰一量（見《匡謬正俗》），即一緉。《詩》作「兩」。

繆　朱一　綢繆，相絞轉也，引申為紕繆（謬）。

朱二　漢人稱自經死曰繆死，乃「摎」之借。謚繆之穆乃繆之借。《蒙恬傳》「秦穆[公]殺三良」，故謚繆公。「關壯繆」清為改去謚繆[一]。

錢一　綢繆，相絞轉也。引申為紕繆。

絣

紕　紕

朱二　引申有并比集合之誼。紕繆之紕非引申誼，不知由何假借。

縊　朱二　經也。段妄改為絞也。

綏　朱二　訓「安」乃「妥」字之借，妥之正字為委。

錢一　升車必正立執綏，此其本訓。訓安者＝妥。

錢二　訓安者係妥字，妥＝委。

彝　朱一　酒器。

錢一　酒器也。

錢二　酒器也。

素部

素　朱二　《史記》注：素王，徒守其位而無權一也。孔子素王，有其法而無其位也。太史公素王，眇論與素封同，言富則等于王侯封君也。

錢一　即今白絹。引申為無文飾；再引申為「空」，如「素食」是。

錢二　即今白絹。引申為無文飾，再引申為空，如「素食」。

[一] 三國蜀將關羽為吳國殺害，後追謚壯繆侯，清朝乾隆詔改本傳之壯繆為忠義。

繂 朱二 《毛傳》「紼，繂也」，與此異，繂恐係率字。

繛 朱二 緩繛，鐘鼎作緩綽、綽从卓聲，與窕音同。房屋寬綽當作窕。《說文》：「窕，深肆極也。」

絲部

𢇁 朱二 古只有毋字，引申為錢貫。杼𢇁，門關。

率部

率 朱二 先導曰率，後循曰述，故訓循之率乃述之借。率引申為循，與「從人」及「人從我」同為「從」同。大率乃大律之借。《說文》：「律，均布也。」律音轉為類，大率如云大類矣。

虫部

虫 朱二 大蛇也。古借〈虺〉為虺；虺，守宮也。虫，今之土骨蛇。一切動物皆著虫旁者，以古無房室，草居野處，所患者虫，故無佗即無蛇也，於是以蛇表一切動物。

螣 朱一 螣與蟘雙聲通用（之蒸對轉）。
錢一 螣與蟘雙聲通用。
錢二 螣、蟘雙聲，之蒸對轉。

蚺 錢一 其膽可醫病。

螾 朱二 丘蚓乃曲蚓之借，今名曲蟮。

蛁 朱一 或以螢釋之，未知是否。案，後又曰蟬之類。
錢一 或以螢釋之，未知是否。

螝　朱二　今尚名螝（音違）蟲。

蛕　錢一　即蛔蟲。

錢二　蛕【回】蟲。

雖　朱一　壁虎之類。雖然之雖，以聲假借。

朱二　从〈□〉〔唯〕聲，與虺實一字。雖然乃婎之借。婎，恣睢，引申為縱，縱使，猶雖然也。

錢一　壁虎之類。雖然之雖＝婎。

蝘　蜓

朱一　壁虎（今稱乾龍）；蜥易，四腳蛇。

錢一　即今乾龍蛇。蜥易，四腳蛇。

蟦（蟦 大徐）

錢一

錢二　蟦【特】。「吏氣貣則生蟦」，國人以荒年歸咎于官吏之心，可見由來已久。

蛭　朱一　水蛭，螞蝗也。

錢一　水蛭，即螞蝗也。

蛵　錢一　丁蛵，即蜻蜓。

蟜　朱二　蠍子。《春秋》公孫蠆字子蟜。

蛓　朱二　今刺毛蟲當作蛓。

錢一　蛓◎毛蟲。

蠆　錢一　蠍子也。

蜀　朱二　《方言》：「一，蜀也。」《廣雅》：「蜀，弌也。」《爾雅》：山「獨者蜀」。

《管子》：「抱蜀不言」。今福建稱一為蜀，音索。此等蜀字，皆獨之借。

蠲

朱[1] 古音與螢聲相近，支青對轉。〈胡〉〔故〕《明堂月令》「腐草爲蠲」。又假爲「潔」，「吉蠲」是也。圭猶潔，一聲之轉。

朱[2] 此當立一蜀部。《逸周書》「腐爲蛙」，蛙與蠲古通。

錢[1] 古音與螢聲近，故《明堂月令》云「腐草爲蠲」。吉蠲＝潔（訓吉者假爲圭？）。

蛾

朱[1] 螞蟻當作蛾。蠶蛾當作䖸。

朱[2] 今作蟻。

錢[1] 馬蟻＝馬蛾。蠶蛾＝蠶䖸。

錢[2] 蛾【吳】（蟻）即馬蟻。蠶蛾當作䖸。

蚳

朱[2] 古文䗖，之蒸對轉。

螘

錢[1] 蟋蟀＝悉螘。

蟗 蠰

朱[1] 蠰與蝍當爲一字。

錢[1] 螳蝍＝蟗蠰。

錢[2] 蠰、蜋當爲一字。

蜋 蠭

錢[1] 蜋與蠰音義俱同，實一字耳。

錢[1] 米中小黑蟲。

錢[2] 即今米蟲（黑色）。

蛅

朱[1] 毛蟲。

錢[1] 毛蟲。

錢[2] 毛蟲。

蜆

朱[2] 音轉爲磬。《禮記》「磬于甸人」，磬，縊死也。先有此字，音轉爲蜆，爲縊蟲。

蜰　朱一　今之臭蟲。
朱二　音轉爲壁，壁蠜。
錢一　臭蟲也。鼈蠜、蜰蠜。蜚、蜰音近。
錢二　即今臭蟲，俗云「必色」，必即蜰字。

螔　朱二　古語云：細腰無雌，廣肩無雄。廣肩謂龜之類，以蛇爲雄。
蠃　朱一　虒蝓，今之蜒蚰。
錢一　一曰虒蝓。蜒蚰＝虒蝓。
錢二　一曰虒蝓，即今之蜒蚰。

蛺　朱二　音轉爲胡。
錢一　蛺蜨，音變爲胡蜨。

螌　蝥
錢一　斑猫＝螌蝥。

蟠　朱一　今之地必蟲也。蟠龍當作般。
錢一　蟠屈＝般屈。蟠即今之地壁蟲。
錢二　今之地必蟲。蟠龍字當作般。

蟬　朱二　《方言》「蟬，續也。」乃單之借，即Y字。

蜺　朱一　後借爲虹蜺。
錢一　後借爲虹蜺。

螇　錢一　螇鹿，蛁蟟也。枝鳥＝蛁蟟（?）。

蜻　朱二　蜻蛚，今金鈴子也，似悉蟀而小。
錢一　蜻蛚也，悉䗤類。今之蜻蛉即丁蛵。

蠓 朱二 段云「其外皆鴻蒙矣」，非也。从蒙聲，有小誼。

蠨 錢一 蠨蛸，即壁喜。

蜡 錢一 蠅胆也，引申為陰穢之所之稱。《周禮》「蜡氏掌除骴」。

蚩 朱二 蟲曳行也。段改「曳」為「申」，非。（蚩在至質部，其平為真；清之入為錫部，真清通，故屮音轉〈甹〉[騁]。）

蝙 錢一 蠅翼也。

螫 錢一 蟲行毒也，引申為凡行毒之稱。

蛘 朱一 痛癢當作蛘。

朱二 本誼為瘡之癢，引申為一切癢。

錢一 痛蛘。

錢二 痛癢當作蛘，引申為一切之蛘。

蜦 朱二 《廣韻》為大蝦蟆，今瀨蝦蟆。蜦、蜧、瀨一聲之轉。

錢一 《廣雅》以為大蝦蟆。

蛤 朱二 《月〈月〉[令]》：「鴻燕來賓爵入大水為蛤」。漢每讀「賓爵」，漢《賦》有「賓爵下革，田鼠上騰」，惟鄭康[成]讀為「鴻燕來賓」。

錢一 魁蛤，即今蚶（音酣）子。

蠣 錢一 牡蠣。

蜎 朱二 此乃肙之或體。

錢一 蜎與肙當為一字。古稱蛣蟨（孑孓，デセウ？）[一]。

錢二 蜎肙實一字，即今到千蟲。

[一]デセウ，日語詞，讀[deseu]。此疑誤。孑孓當日語ぼうふら，讀[bōfula]。

蟺 蟺 朱二 夗蟺，今作曲蟮。
錢一 曲鱔△＝曲蟺⊙。

蟄 蟄 朱二 《詩》「螽斯羽，蟄蟄兮」，蟄乃斟之借，又作汁。

蝦 蝦 朱二 魚蝦乃鰕之借。鰕引申為雲鰕。
錢一 蝦⊙蟆。魚鰕⊙。

蠵 蠵 朱二 揚雄《賦》「海若馮蠵」，亦作「馮夷」。《爾雅》：「龜……右倪不若」。海若、馮蠵，皆龜也。

蜮 蜮 朱二 含沙射人。今暑時發沙氣病，皆由古蜮含沙射人之習，引申病亦名沙。

⿰虫屰 ⿰虫屰 朱一 鰐魚當作⿰虫屰。
錢一 鱷△魚＝⿰虫屰⊙魚。
錢二 ⿰虫屰即鰐魚字。

蝯 蝯 朱二 《說文》爲為母猴，音轉為蝯，歌元對轉，猶援讀為指撝之撝。
錢一 俗作猿。

蛩 蛩 朱一 今蟋蟀亦云蛩。
錢一 今悉蟀亦云蛩。

蝙 蝙 朱二 蝙蝠，古疊韻語。蝠从畐聲，古音壁。

蠻 蠻 閩 閩 朱一 蠻與閩一聲之轉。
錢一 蠻、閩一聲之轉。
錢二 閩、蠻一聲之轉。

虹 虹 朱二 螮蝀，東轉江為虹。浙名虹為⿰口后，東侯對轉。又謂之雩，侯虞旁轉。

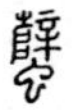 蠥

朱一 妖孽當作蠥。

錢一 妖孽॥䄏蠥。

錢二 䄏蠥非孽。

第十三篇下

䖵部

⿱我䖵　錢一 蠶⿱我䖵。

蠿　錢一 即蜘蛛。

蠤　朱二 與螬音誼同。

蠯　朱二 从卑聲往往讀為票，蠯即螵蛸也。「周髀」，髀長周尺八尺，即標也。《詩》「髀」或作膘[一]。然其音轉不可解。

錢一 螵蛸＝蠯蛸。

蠭　朱一《漢書》鋒刃借作蠭。

錢一 鏠刃之鏠，《漢書》多借蠭字為之。鏠有尖，蠭有刺，正同。俗作蜂。

錢二 古多假作鏠刃字，以皆有刺也。

⿱亡䖵　朱二 與「莔」通。

蠹　朱一 聲變為蛀。

錢一 聲變為蛀，即今蛀蟲。

蠡　（蠡　大徐）

朱一 古螺字借作蠡，鐘紐曰追蠡，即螺絲旋也。

錢一 古螺字多借用蠡，鐘紐曰追蠡者，即螺絲旋也。

錢二 古螺字假作蠡，鐘紐曰追蠡即螺絲旋也。

[一]《詩》無「髀」字，疑記誤。查《公羊傳·桓公四年》何休《注》釋文有「脾，本又作膘」句，章說蓋本此。

蠢 朱二 人愚稱惷，誤作惷，後又誤作蠢。

錢一 䖵動也。春本有動義。愚惷，今作蠢者，誤也，宜更正。

䖵部

䖵 朱二 《國語》「器不形鏤」，賈子《新書》作「器不䖵鏤」；揚子「彫蟲篆刻」亦形之借。䖵古音如形，故假借耳。

蟊 朱二 《左傳》「貪冒」，今音轉「貪墨」；《漢書》「侵牟」（牟或作蛑）；墨與牟皆冒之借。

蠠 朱一 蚳之或體。

錢一 即蝨之或體。

蜚 朱一 劉向以為青色，實為紅色，蓋北方無此物。

錢一 劉向以為青色，其實是紅色。蓋北方無此物，故劉氏不甚了了。

錢二 劉向以為青色，實為紅色。蓋北方無此物。

蠱 朱一 本為腹中蠱，為女迷男之藥，故引申為迷惑。《傷寒論》有「狐惑」，腹中生蟲，喉音沙，與蟲病同，今稱勞病。〇蠱毒為本誼，引申蠱病，又引申為惑，又引申為媚。

錢一 因下蠱事多是女蠱男，故引申為晦淫之疾（近女而得之疾也），又引申為女惑男之義（因為是女迷男之藥，故引申為迷惑之義）。

錢二 本為腹中蟲，為女迷男之藥，故引申為迷惑。

風部

飆 朱二 「扶搖」即「飆」之反切，古音扶重脣。

它部

它　朱二　上古草凥患它，故相問「無它乎」。「無它」今作「無佗」，猶言無恙也。無恙者，無蛘也。

龜部

䶰　朱二　衣邊曰襜，音轉為衻。龜甲邊曰䶰。今名曰裙。

黽部

黽　朱二　黽勉，《爾雅》「孟」訓勉，二字皆「勉」之借。「慔」與之對轉，虞魚模之入聲與陽唐對轉。

鼃　朱一　今之田雞。
錢一　即田雞也，與䵹同。

鼀　朱二　「其行圥圥」，段注誤。圥，跳也。《莊子》「翹足而陸」；陵梁，跳梁也；夌，越也。从圥聲亦跳也。
錢一　即癩施。从圥，圥，跳也。鼀䵺，一作「戚施」，即癩施也。
錢二　从圥，圥，跳也，善跳蟲也。夌从圥，越也。《莊子・馬蹄篇》「翹足而陸」。陸梁之地，跳梁之地耳。

䵺　錢二　䵺【絲】，賴䵺。

䵹　朱一　今讀鷄，田鷄也。
錢一　今讀鷄，田鷄＝田䵹。
錢二　田鷄也。鷄胸龜背。

蠅 錢一 非黽類，何以从黽？因其腹大故也。凡大腹字多从黽。

鼂 朱二 从旦，或即朝之省聲。

卵部

卵 朱二 《詩》「總角丱兮」，毛傳訓「幼稚」，似非。鄭云：「總角如丱也」。總角如卵，猶今言如桃子也，此當可通。

二部

亟 朱二 古當與苟同，敬也。亟訓敬，引申為敏捷，與肅訓敬引申訓敏捷同。《詩》「謂天蓋（天）［高］，不敢不跼；謂地蓋厚，不敢不（蹋）［蹐］。」从又从口二者，皆有恭敬意。或云即南北極之亟，新則新矣，未必也。

錢一 从二者，象跼天脊地(?)。人在天地之間，手口並需，故曰亟(?)。

恆 朱一 當云「从心亙聲」。亙者，舟在二岸之間不能行也。

朱二 亙孳乳為恆，𠄨孳乳為緪，恆、𠄨恐係二字，以恆無張弦誼。

錢一 當云「从心亙聲」。亙者，舟在兩岸之間不能行也。

錢二 當云「从心亙，亙亦聲」，亙者，舟在兩岸之間不能行也，故為恆久之誼。

亘 朱二 古宣訓曲，宣从亘聲，即係亘之借。

錢一 盤桓＝盤亘◎。

竺 錢一 竺◎厚。

凡 朱二 从𠂆，即人，从人是。人相及為凡即相與也。鳳从凡聲，古鳳、凡同聲。鳳古文，朋友字作，凡从人，即鳳之頭去𣏟形耳。一倗，猶今言一幫，即最括而言也。故凡即偁字，引申為總數，凡目是也。《中庸》：「知遠之近，知風之自，知微之顯。」「風」即「凡」之誤，總綱也；「自」即「目」之誤，散目也。

土部

土　土　朱二　即度量之度。《周禮》「以土圭土其地」，下「土」字即「度」字，測量也。古無度字，直作土耳。土从二者，即重差，丨即標。地與土音近，土地當只有地字，土則測量也，因量地引申為土地耳。草根為土，《詩》「徹彼桑土」；《方言》作「杜」，根也。由地引申為根。杜門，斁門。《公羊傳》「〈則是〉〔是則〕土齊也」，土乃斁之借。

地　地　朱二　古文墜。地在歌，彖在元部，對轉；土、彖又雙聲。段改从彖聲，非。

坤　坤　朱二　古人多借巛為坤，《漢書》、《緯書》《經典釋文》，乾坤皆以巛為之。後人或以巛字當作巛，謬甚；則乾當作☰矣。水似坎卦☵，則火亦當作☲；可知其謬也。

堣　堣　朱二　今文《尚書》「宅郁夷」似較可信；郁即倭音之轉，三家《詩》「周運倭遲」亦作「郁遲」。「宅倭夷」，今日本也；「宅南交」，今交趾也；「宅西」即鮮海，王莽時音轉為西海，今為青海；「宅朔方」即今河套（漢名朔方也有所本）。「宅」今文作「度」，度四方經緯寒暑，必遠出本國外，元朝測地亦至本國外。

均　均　錢一　古者徭役稱均者，取平遍之義。

壤　壤　朱二　从土襄聲，聲兼誼。襄，解衣耕也。耕地必柔，故壤訓柔土。《漢書》「壤子王梁代」，乃「郎」之借。

墧　墧　朱一　「的確」當作「墧」。

錢一　《易》「確乎其不可拔」=墧◎。的墧◎。

𡋯　朱二　𩦺、騂皆由𡋯引申，作𡋯可矣，不必孳乳。

錢二　「的確」當作墧。

坴　朱一　坴梁地，今安南、兩廣地，其人善跳。

朱二　「一曰坴梁地」，坴梁與跳梁同，夌亦从圥可證。

錢一　「坴梁地」即今之安南、兩廣等處，因其人善跳，故以為名。〇桂林象郡多蠻人，蠻人行疾，名之曰陸梁，故曰坴梁地。

錢二　坴梁地，今安南、兩廣地，以其土人善跳也。

凷　朱二　塊，俗字。《莊子》「大塊噫氣」，班固作「大塊」，實則「大傀」之借，謂天地大物耳，大、傀皆訓大。

坺　朱一　牛溲馬勃之勃，即坺之借字。

朱二　土坺，引申為一切之凷坺，故馬勃之勃亦坺之借。

錢一　馬勃=馬坺◎。「一臿土謂之坺」者，即今俗語謂泥土若干坺◎也。

錢二　牛溲馬勃之勃當作坺，〈猶〉〔由〕塊之誼引申。

圪　朱二　仡仡、言言，一聲之轉，古言音塞。

堵　朱一　長丈闊〈高〉丈為〈坂〉〔版〕，五〈坂〉〔版〕為堵。堵塞、杜塞，皆當作㪙。

錢一　堵塞=㪙◎塞，作「杜」者亦假借字。〇一堵版墻(?)此四字不了，大約是說「一堵墻」之堵當作堵也。

錢二　一堵版墻。堵塞、杜塞，皆當作㪙。

墽　朱二　墽亘非雙聲。

堨　朱一　訓堰者當作閼。

錢一　訓堰（壩之類）者＝閼。

坪

錢二　訓堰（壩之類）者，係閼之假字。

朱二　相等之坪，乃律、類之借。《史記》「富坪天子」，富類天子也，亦富律（同也）天子也。

堪

錢一　地突也。地突可載物，故引申為堪任。訓勝者＝戡。

堀

堀（堀　堀大徐）

朱二　突也。突，高而突出，此處則抑而突進。容閱，猶言藏身之固如狡兔三窟也。

堂

朱二　殿也。殿乃臀之借，陛乃髀之借。堂與殿實異：四面有墻曰堂，無曰殿。亦稱堂皇，猶今涼亭及四面廳。籀文堂从京省（或从高省），从土，尚聲。

垜

朱一　今之門房。堆垜，止作堆可矣。

朱二　孰即墪。墪，射之準的，地在門堂，故門堂亦曰墪。《說文》「䡄」从𦎧聲，䡄、誰旁轉，猶驗雕、敦弓雕弓旁轉雙聲也，故孰必為墪字音轉，本為墪字。

錢一　即今門房也。堆垜，即堆之餘音耳。

錢二　垜即今門房。堆垜字即堆字。

坫

朱二　今之圜臺，古以土，今以木耳。坫即今店字。

錢一　照墻也。又可以支物（俗名國板？），故引申為賣物之處之稱，俗作店△

墐

朱二　當作堇，粘土也，引申為涂。堇既从土，不必再从土旁。

塈

朱一　訓息者當作呬；訓及者當作臮。

朱二　訓息者乃呬及眉之借。

錢一　訓息者＝呬，訓及者＝臮。

錢二　訓息者當作呬、眉；訓及者當作臮。

𡋯　朱二 𡋯與糞同。𡋯从弁聲，糞从番聲。古音同。相對者音多同，故糞音與飯同。
錢一 糞除＝𡋯◎除。

在　錢一 存也。存字引申為存問之存，故在引申亦有察義。

㘸　朱二 坐獄，引申為坐罪，此坐不知何意。

塡　朱一 新陳當作塵。塵、蒸、塡皆假借為久。○時間積長曰塡，空間積滿亦曰塡。
錢一 成千成萬＝塡◎千塡◎萬。塡訓長久者，即今訓久之陳字。新陳＝塵。○塵、蒸、塡皆假借為久(?)。塡、塵、寘音近，皆可訓久(?)。
錢二 新陳字當作塵。塡、塵、寘音近，故皆可訓久。

封　朱一 古人封諸侯以社稷壇之土，故堆高土亦為封。古人封信亦以泥，故稱印泥。○丸泥石以封函谷。
朱二 从㞢，草出地；从寸，手以〈邑〉「挹」土，封之也。引申為封諸侯，亦以泥（社稷封之也。蟻堆土曰蟻封是也。或引《春秋大傳》：天子社壇，其土有五色；封諸侯于東用青，其餘各从其方色。引申為畛域之稱，亦由堆泥引申；訓大，亦由土堆引申，猶墳、冢、京引申為「大」同。
錢一 从之者，之，往也。封、邦古音同（古江合于東故）。古人封諸侯以社稷壇之土(?)，故堆高土亦為封。古人封信亦以泥，故稱印泥(?)。
錢二 古人封諸侯以社稷壇之土，故堆高土亦為封。古人封信亦以泥，故稱印泥。

壐　朱二 从土者，以壐印于印泥也（印于竹上，故必用泥）。

墨　朱一 墨即煤字。《説文》無「煤」字，墨即煤之入聲。
朱二 秦以前用竹書字，秦以後用帛書字。《漢書·藝文志》秦以前稱「篇」，用竹故也；秦以後書稱「卷」，用帛故也。「書墨」乃煤之借，顧亭林已説之矣。段云秦以前已用帛，非。

埻（篆）　埻

錢一　《說文》無「煤」字，即作墨。墨之平聲即煤字也。

錢二　煤，《說文》無。墨係煤之入聲，故墨即煤字。

朱一　準的當作埻。塾，《說文》無，亦當从此。

朱二　埻，古音敦，與的招音同。

錢一　準◎繩（以水取平曰準）。埻◎的。古讀埻如孰(?)，故塾之正字即埻字。

錢二　埻的非準。

墊（篆）　墊

朱一　縶、摯，今舌上音，古皆讀舌頭音，讀墊。墊子當作簟。

朱二　入聲為的，音轉為塌，今俗作塌（坍塌）。「墊，下也。」此「下」動詞。今借為簟，則以下為名詞，非。

錢一　墊子＝簟◎子，作墊非。从執聲字如縶、摯，今舌上音如贄，古皆讀舌頭如墊。墊之入聲為塌，今俗語曰塌下去。

錢二　縶、摯今舌上音如贄，古皆讀舌頭音如墊【殿】。墊子當作簟。

坻（篆）　坻

錢一　大曰州，小曰渚，最小曰坻。

㙲（篆）　㙲

朱二　㙲與墊音誼近，古皆舌頭音，其誼皆如塌。

垎（篆）　垎

朱二　垎與涸音誼同。

垐（篆）　垐

錢一　古文作堲。「朕堲讒說」＝疾◎。

埤（篆）　埤

朱一　裨益當作埤。

錢一　裨益＝埤◎益。

錢二　埤益非裨。

坿（篆）　坿

朱一　附益、附屬，皆當作坿。附，培塿也。

朱二　附◎益乃坿之借，附◎為附婁。附近乃駙之借。

錢一　坿益、坿屬，今用附，非。附即培塿之培。

錢二 坿益，今作附，非。附即培塿之培。（駙近）。

塞 塞
朱一 隔塞。塡寘。
錢一 隔塞◎，塡寘◎。
錢二 塞，隔也。塡寘。

圣 圣
朱二 此與搰古只作堀字。

埱 埱
朱一 透出之透當作埱。
朱二 莤歠之歠，乃埱之借。埱古音舌頭，即今透字。《國語》「贊陽秀也」，秀即透之誼，乃埱之借。
錢一 《說文》無「透」字，透△出＝埱出◎。〇透，《方言》讀如叔。
錢二 透出之透，《說文》無，當作埱。《國語》「贊陽秀也」，秀即透，即埱也。

壔 壔
朱一 保也。保即堡字。
錢一 保也。保即堡字。
錢二 保也。保即堡字。

培 培
朱一 加倍乃培之假借，倍乃借字。或為陪之借，陪從亦有加誼。
錢一 加倍＝培◎。倍，偝也；義別。
錢二 倍係反偝（背）字，加倍字當作培、陪（陪臣，重臣也）。

垠 垠
朱一 垠【行】。
朱二 圻與畿音誼近，脂諄相轉。

墠 墠
朱一 〈外〉〔郊〕外平土可以事者曰墠，土高者曰壇。
錢一 〔郊〕外平土可以事者曰墠，土高者曰壇。(1)（?）堆土曰壇。掃平地〈曰〉〔以〕聚會曰墠。(2)（?）

壘 壘 朱二 各本从畾聲，段皆改作「靁省聲」，恐畾即古靁字，不必改。

垔 垔 朱一 作堙字者不通，以垔既从土矣。
錢一 俗作堙△，从二土，不合六書。
錢二 今作堙，不通，以垔既从土矣。

塹 塹 朱二 塹與埂音誼同，實一字。

埂 埂 朱一 古假為庚字。「由庚」，庚，大道也。康，五達謂之康；兔迹謂之迒；皆訓道路，與庚音同。坑訓陌者亦同。
錢一 古借為庚字，如由庚、夷庚，庚，大道也。又五達謂之康（亦道也），兔迹謂之迒（亦道也），皆訓道路，與庚音同。坑訓陌者亦同。吳人謂堤封曰埂，即庚也。田埂，即田間道也。〇堤封為埂，係庚（由庚、夷庚，大道也）、康（五達謂之康）、迒（鳥迹）等之假借。案此本所説最可解。
錢二 堤封為埂，係庚（由庚、夷庚，大道也）、康（五達謂之康）、迒（鳥迹）等之假字。

壓 壓 朱一 壞也。厭，壓也。
錢一 壞也。俗訓之壓當作厭◎。
錢二 壞也。厭即今壓字。

⿰土虖 ⿰土虖 錢一 瓦有閒隙曰罅，土有閒隙曰⿰土虖。

坱 坱 朱一 骫°髒當作坱（?）。
錢一 骫髒之骫＝坱◎。
錢二 骫髒當作坱。

坋 坋 朱二 本名詞，引申為動詞，坋之言被也。
錢一 塵也。以塵撒去曰坋（?）。一曰「大防也」，即＝墳◎墓之墳。

坴　坴　朱二　坴與坋一聲之轉，脂諄對轉。《周禮》「匪頒」讀「分頒」可證。二字實一字。

坏　坏　錢一　一曰瓦未燒。今俗語謂材木未成器者曰坯子。

埍　埍　朱一　徒隸作工處也。

錢一　罪人做工處也。

𡎸　𡎸　錢一　因越獄＝𡎸獄。

瘞　瘞　朱二　與殔聲誼略同，稍分輕重而已。

堋　堋　朱二　堋與封古音誼同。封窆為本字，堋為雙聲假借。堋淫乃倗淫之借。

墓　墓

墳　墳

朱二　《尚書》「厥土黑墳」，墳乃坋之借。坋，鼠穴地而墳起中空也。

錢一　僅埋于地下曰墓（自其平言之）；上堆高起曰墳（自其高言之），引申凡土堆皆曰墳。

錢二　墓，無堆之墳。墳，有堆之墓；引申為凡堆之稱。

壠　壠　錢一　丘壠也。田埂亦曰壠，因古者田深。

垗　垗　朱二　垗與畔非雙聲。

錢一　凡有界限者曰垗，《尚書大傳》：「垗十有二州」。

場　場　朱二　引申為道。今道場云云，即祭神于道也。場圃之場古亦作唐，菜園作唐園。

垂　垂　朱一　邊垂。垂下當作𠂹。

錢一　遠邊也。邊垂。𠂹下。

錢二　邊垂。下𠂹。

圭　圭　朱一　土圭尺有五寸，所以量土也，故从土。段云「土其土也」，不通。量地曰土，《周禮》「以土圭土其地」。有圭之始，惟土圭而已。从二〈圭〉[土]，以土圭土其地也。後用以封諸侯。

朱二 《周禮》「琬圭」上圜，其餘皆尖。琰圭正尖矣，故云圭角。珪為後出古文。若正體有偏旁而或體無之，則正體為後出之古文，或體為古文。

錢一 从重土者，古有土圭，尺有五寸，所以量土（及日影？），故从土土。段云「土其土也」，不通。〇从重土者，算學有里差（？）。

垚部

垚 垚 朱二 與堯實一字。堯亦謚灋，訓高。後即以高為謚灋，如高皇帝是也。

錢一 高也。謚灋有堯、舜等，無高。太祖高皇帝者，即太祖堯皇帝也。

堇部

艱 艱 朱二 墾地之墾，《說文》無，乃敳之借，《說文》：「敳，治也。」

里部

釐 釐 朱一 福稱釐者，實即禧字。釐訓賜者，賜土田也，故釐从土田。

朱二 此字从里𠩺聲亦可，𠩺、里皆可為聲。非「家福也」。《書·堯典》「允釐百工」訓理，為本字。𠩺有分析誼，與理治玉誼同，故从𠩺里聲為是，與理从玉里聲同。

錢一 「福祿釐（訓福）之」＝禧◎。《詩》「釐爾圭瓚」，與賴同。「允釐百工」之釐訓整治，為理◎之借。釐訓賜者，賜土田也，故釐从土田（？）。

錢二 訓賜者，賜土田也，故釐从土田。

野 野 朱一 古讀野如叙，凡从予者如杼、芧，皆有予聲。後俗字有墅，不通；實即野字，野既从土，又加土，不通。

錢一　郊外也。引申為郊外之屋，後別有墅字，其實正即野字。从予聲字如杼、芧，皆讀樹，則野自亦可讀樹；且野已从土，下再加土，重複不合六書。

錢二　引申為郊外之屋，後有墅【樹】字，其實即野字。蓋从予聲字如杼、芧，皆讀樹，且野已从土，再加土，於理不合。

田部

町

朱二　「踐處」之訓，乃田中禾穀為獸踐而町町然也。段云「踐疑淺人所增」，非也。

疇

朱一　與治雙聲。疇官、疇人乃引申田之家業世世相傳之意，非疇類之引申。疇類乃雔之引申誼。

錢一　治田曰疇，引申並耕亦曰疇。祖宗耕此田，子孫亦耕此田，引申之則祖宗治此業，子孫亦治此業，而疇人、疇官等名起焉。至疇類＝雔類。

錢二　疇類字當作雔。

甸

朱一　四邱為一甸為別一意，一甸猶一嗽，即一乘也。

朱二　訓治者乃畋之借。

錢一　四邱為一甸（即乘字也？）係別義。一甸猶一嗽，即一乘也（？）。

錢二　「四丘為甸」，即乘字也。

畿

朱二　畿、近，脂諄對轉。

錢一　天子千里地。引申則凡有界限者曰畿。南北五百里即千里，即天子畿內也（？）。

畦

朱二　畦轉為頃，猶跬步轉為頃步，支青對轉。頃為百畝，據全數言也；畦為五十畝，以再易之田言之也，合之亦為百畝。《孟子》「圭田」即畦田。

錢一　《孟子·滕文公上》「圭田五十畝」，即畦田之借。

畔 畔 朱二 同伴，古亦借畔為之，正字當作跰。

畂 畂 錢一 「一曰百也」，與田埂之埂義相似。

畷 畷 朱一 十字路立「郵表畷」也。郵表畷之畷，即田畯之畧。

錢一 十字路口立郵表畷也。

畤 畤 朱二 古祭天地之處為垗，垗、畤支蕭旁轉，故義相似。

錢二 十字路口立郵表畷也。

略 略 朱一 本義為略取（畫界限而佔領之曰略取），引申為劫略，漢律有「略賣」。經略與經界誼近，《七略》，言七種書分界部居也。經略既廣，乃約略治之，故引申為約略。假借為䂮，《詩》「有略其耜」是也。後世「䂮錢」即是，字音落。

錢一 本義為略取。經略既廣，乃約略治（計？）之，故引申為約略。（經略土地必廣闊，故引申為詳略字？）《詩》「有略其耜」＝䂮◎。後世謂乾沒人身曰落＝略◎（略之引申義也）。

錢二 本義為略取。略取既廣，乃約略治之，故引申為約略。《詩》「有略其耜」，係䂮（即⿰罗刂字）之假。今俗語落頭（報虛帳），落即略字，蓋略亦从各聲，亦得讀落。

畯 畯 朱二 農夫之出類拔萃者為田官者曰畯，猶人中之俊、馬中之駿也。

錢一 農夫也。農夫者，□（此不知何字）田官也。

畜 畜 朱一 獸畜當作［嘼］，畜君當作媶君。畜非从玄田，乃蓄之省文。

朱二 淮南王訓字多荒謬，此其一也。許注《淮南子》，故引之。

錢一 六畜＝嘼◎生。《孟子》「畜君何尤」＝媶◎。畜非从玄田，蓋即蓄之省文。

錢二 獸畜當作嘼。畜君者，好君也；畜當作媶，媶，媚也。

畼 畼 朱一 畼茂當作⿰田蕩。

朱二 訓「充」者亦長之借。《詩》「暘轂」，長轂也。

錢一 暢茂＝蕩。

錢二 暘茂當作蕩。

畕部

畺 畺 錢一 古多借竟為之，音同故也。

黃部

𪏰 𪏰 朱二 此字當从夾〈聲〉，不从夾聲。許兼切。

䵋 䵋 朱一 面上灰氣色，灰當作䵋。

錢一 今人曰「晦氣色」之晦＝䵋。

錢二 面上灰氣色（不吉利），灰當作䵋。

男部

男 男 朱二 王莽非以男為任，蓋當時女人亦封五等爵，改男為任，而男子五等爵仍稱男也。

舅 舅 朱二 「舅父」起於《史記》封淮南王舅父趙兼，然異姓稱父惟外王父可稱。

甥 甥 朱一 妻之昆弟，漢稱外甥，今稱阿舅，皆非是。

錢一 古人為壻亦曰甥，《書》：「帝館甥于二室」。妻之昆弟漢稱外甥，今稱阿舅，皆非也(?)。

[一] 此語見《孟子·萬章下》，「二」原文作「貳」，副貳義。

力部

力 朱二 引申為氣力，本〈字〉「義」為筋。

勳 朱一 漢官「光祿勳」、《楚辭》「荊勳作師世何長」，皆「閽」之假借。

錢一 漢官有「光祿勳（為天子守門之官）」=閽。《楚辭·天問》「荊勳作師世何長」亦=閽。

錢二 漢官有「光祿勳（守門之官）」，係閽字之假。《楚辭》「荊勳」亦係閽之假。

勴 朱一 段云「力去其非」，甚謬。凡飛字等皆有相助之義。

朱二 从力非，非與飛同，兩翼出力為助，故翼亦引申訓助。凡从非皆有助誼，如「輩」是也。段云「力去其非」，非也。

錢一 从非，非字从飛而不見其翼，則兩翅必相輔而飛也，故从非之字有輔助之義。段云「力去其非」，甚謬。

錢二 段云「力去其非」，謬。凡从非聲字皆有相助之義，如排比、輩。

勥 朱一 剛彊。倔弜。勉勥。

朱二 强弱當作彊，勉强當作勥，倔强當作弜。

錢一 剛彊。倔弜。勉勥。

錢二 剛彊、彊弱。倔弜。勉勥。

勱 朱二 勱與勉一聲之轉。

錢一 俗作勵。

勖 朱一 勖與懋聲義同，實一字。

錢一 勖與懋聲義皆同。（勖从冒，古音如茂。）

𠢕 朱二 今謁𠢕字。

勍

朱二　勍與彊一聲之轉。

錢一　人有力作勍，古音亦如彊。

勶

朱一　徹去當作勶。

錢一　撤去＝勶去。

錢二　徹去當作勶

勠　勨　𠡣

錢一　勠力。

朱二　今於蕩之蕩當作勨。

朱二　从力畾。在地打滾今亦曰𠡣。

錢一　以物推過去曰𠡣。

勮

朱一　煩勮、病勮當从勮，从力，从刀者誤。因勮有甚誼，故引申之也。

錢一　務也，引申為急速（？）。俗誤作劇，非。〇引申為勞，再引申為利害。

錢二　引申為勞，再引申為利害。今形誤作劇。

勀　勦

朱二　訓尤劇者當為刻字。

朱一　訓勞。勦滅當作剿；勦說當作鈔。

錢一　勦說＝鈔說。勦撫＝剿撫。

錢二　勦說當作鈔（鈔録）。勦撫當作剿。

加

朱一　何亦加于肩上之義。

朱二　訓陵乃何（荷）之借，加在上亦何之借。荷與茄古亦通。《論語》「加諸人」可訓誣。

錢一　古音與「何」近，何訓負何，義與加亦近。《論語》「我不欲人之加諸我也」，此為本義。

錢二　加、何（今荷字）音近。

勢 錢一 勢傑。

錢二 勢傑。

勃 朱二 音與般旋之般相轉，誼亦近。《論語》「色勃如也」，乃艴之借。

勡 朱一 《史記》作「剽」，从刀。

錢一 《史記》作「剽」，从刀。

錢二 《史記》作「剽」，从刀。

劫 朱二 猶今之勒贖，與虜略誼異。

飭 錢一 致堅也。致，俗作緻。誡飭＝誡敕。

劦部

第十四篇上

金部

錫

朱一「錫与」之錫乃賜之借。又「阿錫」乃緆字之假借。

錢一 錫予＝賜。布名「阿錫」者＝緆。

錢二「阿錫」，光布也，錫係緆之假。

鍇

朱二 九江屬壽春，古為楚，故徐鍇字楚金。

鋚

錢一 鞗首銅也。即《詩》「鞗革」之正字。鞗，《說文》無。

鏤

朱一 本為剛（鋼字無）鐵，因可刻鏤，故引申為刻鏤。彔，刻木彔彔也，上聲即鏤字，故刻鏤字乃彔之借。

錢一 本為剛鐵（剛俗作鋼），因可刻鏤，故引申為刻鏤。

錄

朱一 金色為錄（銅上起青色為錄，「文王之錄」）[一]，布色為綠。記錄當作彔，刻木彔彔也。古用鐵筆（鏑）木版，故云訓彔。庸錄本作娽，或作逯，謹也。省錄亦彔之引申。

錢一 金色綠也。綠，布帛色綠也。目錄、記錄＝彔。彔，刻木彔彔也，引申為記彔。古用鐵筆書于方册，方即木板，故云刻彔。錄囚、省錄皆＝慮。

[一]《荀子·性惡》：「桓公之葱，大公之闕，文王之錄，……此皆古之良劍也。」楊倞注：「葱，青色也；綠與綠同，二劍以色為名。」

銷

錢二　記錄當作彔。彔，刻木彔彔也。

鑠

朱一　消殺、蕭殺、蕭颯皆當作銷鑠。假借為燿，《漢書·藝文志》「燿金為刃」。鑠从樂聲，樂之聲與燿同。因燿又引申訓美，《爾雅》鑠訓美，《方言》眼精曰鑠。

朱二　銷與鑠音誼同，一字也。

錢一　凡消殺、蕭殺、蕭颯皆銷鑠之借，引申為凋殘也。鑠訓美也者＝燿（鑠从樂，樂之去聲讀燿），燿、鑠古互通。《漢書·藝文志》「燿金為刃」＝鑠。

錢二　消殺、蕭殺、蕭颯皆當作銷鑠。《方言》以鑠為目瞳之燿之假；《爾雅》鑠訓美者，係燿字之假。鑠从樂，樂之去聲讀燿。又《漢書·藝文志》：「燿金為刃」，燿係鑠之假。可知此二字本可假借。

釘

朱一　今所用之釘當作丁，丁古文只作●。《詩》「伐木丁丁」，因其聲而取名。釘者，鍊鉼黃金也。

錢一　今之釘＝丁（段謂當作鐟，非也）。丁之古文只作●，象釘形。《詩》「伐木丁丁」，因其聲而取名（？）。「椓之丁丁」謂敲丁之聲。

錢二　今所用之釘當作丁。丁，古文只作●。《詩》「伐木丁丁」，因其聲而取名。

鑲

錢一　鑲邊＝相邊。

錢二　鑲邊字當作相。

鍾

朱二　與尊一聲之轉，凡从尊字皆有聚誼，《說文》僔、蕁、噂是也，鍾亦有聚誼，漢稱「尊章」，章或作鍾。尊、鍾義同。

錢一　酒鍾。鐘鼎字古人亦假此字為之。

鑑

錢一　盛冰器也。

鑊

錢一 鑴也。鑴，瓽也；瓽，大盆也。故鑊即俗作鍋（?）。

鍪

朱一 兜鍪，古云「牟追」，實即同字。

錢一 鍑屬。兜鍪，《禮經》借用牟字作「牟追」，其鍪、牟皆＝冃◎。

錢二 兜鍪當作冃。

銂

錢一 似豆。

鎬

朱二 鎬與鏖音誼同，一字也。聚麀引申有襍亂誼，故鏖戰乃有亂襍誼。

銚

錢一 田器之訓，係借為斛◎。

鐎

錢一 鐎斗，即刁斗，軍中煮飯器，夜即用之以敲更。

鏊

朱一 後引申摩鏊，作動詞。

錢一 後引申為摩鏊，作動詞（?）。

鑯

朱一 今尖字，古作铣。

錢一 尖之正字＝铣◎。

錢二 尖之正字當作铣。

錠

朱一 今假為梃，如一錠銀，即一梃銀也。

錢一 銀錠＝銀梃◎。梃，一根木也。引申為一梃銀子。

錢二 今假為梃字，如一錠銀即一梃銀也。

鍱

朱一 鍱，金鍱。葉，樹葉；葉，木片，如一葉扁舟是也。

錢一 木葉◎。樹葉◎。金鍱◎子。一葉◎扁舟。

錢二 鍱，金鍱。葉，樹葉。葉，木片，如一葉扁舟是也。

鉆

朱一 譁鉆乃呫之借。張敞傳鐘鼎欵識，「欵」乃鉆之借，古欵作叩可證。

錢一 譁鉆＝譁呫◎。

錢二 譁鉆＝話。

錯

朱一 小印曰錯。交錯當作逪，引申為誤。

錢一 逪道⊙。木錯⊙子。

錢二 交錯＝逪道。

鋙

朱一 鉏鋙即槎牙。

錢一 鉏鋙與槎牙義亦同。

錢二 鉏鋙＝今之槎牙。

鉥

朱一 《國語》「吾請為子鉥」，即今引線針也。

錢一 《國語》「吾請為子鉥」，即引線也。此字本義即草履上∩之針也[一]。

錢二 「我請為子鉥」（《國語》），即今之引線針也。

銎

朱一 《廣雅》：「鞏謂之銃。」凡鐵器有管者皆可名銎。今中國名鎗，不通。日本名銃，當屬《廣雅》古義。

錢一 《廣雅》：「銎謂之銃。」銃字《説文》雖無，而《廣雅》已有，亦古字矣。今之槍當云銃（日本尚不誤）。本義為斤斧穿也，引申為凡鐵器之有孔有管者之稱。

錢二 「銎謂之銃」（《廣雅》），鐵器有口者。

銛

朱一 銛利即尖利，今銛鎖字當用此。《孟子》「是以言銛之也」，「是皆穿窬之類也」。穿窬，善銛鎖窃人物。

錢一 銛利＝梲⊙利。《孟子》「言銛」之銛即銛鎖之銛。本義為臿屬，引申為以鐵器入内鉤出之偁，即為銛鎖之銛矣。

錢二 銛利＝梲利（㦰），銛鎖（賊所為）。

[一]「∩」疑非字，而象引線之針形。

錢　錢

朱一　《文選・景福殿賦》：「離離列錢」，乃銚之引申。古人所用之錢或其形如刀如田器，未可知，如王莽錢如剪是也。由泉引申者，非。

朱二　錢貨由錢鎛引申，中有孔，刀形，錢刀似之，故〈引〉[有]此引申義。持此，凡方孔者皆曰錢。《文選・西都賦》「金釭銜璧，是為列錢」，亦由此引申。

錢一　《文選・景福殿賦》：「離離列錢」（言大如錢也？），乃銚之引申義。古人所用之錢或其形如刀如田器，皆未可知，如王莽錢如剪刀是也。或謂由泉引申者，非也。

錢二　《文選》：「離離列錢」，乃銚之引申義。錢〈敝〉[幣]字或即錢字，蓋古錢似刀、田器之類。○古今皆作錢，唯秦漢作泉。錢鎛中有斗，引申凡中有洞者皆得稱錢，如《西都賦》「金釭銜璧，是為列錢」。錢貨本有孔，且古形如錢鎛，故錢貨為其引申義。

鈴　鈴

朱一　段氏云：鈴鏞雙聲，非是。

錢一　鈴、鏞非雙聲，段氏誤。

錢二　鈴、鏞，段說雙聲，非。

鎌　鎌

鍥　鍥

錢一　鎌、鍥等，今謂之鉤刀。

鎮　鎮

錢一　即碰和時之「莊子」也。引申為「鎮紙」等義。

鉆　鉆

錢一　鐵鉗也。

鏝　鏝

朱二　杇。本名詞，引申為動詞。汙漫意與杇槾相近。

鑽　鑽

錢一　引申為鑽入之鑽。

鑢　鑢

朱一　今厝刀。

錢一　即今厝刀。

錢二　即今厝刀。

銓 朱一 今秤陀。「權有氣勢」作權，古只作捲。

朱二 權非垂之假借，凡對轉必雙聲。權乃捲之借，或為縣、閎、銓之借，皆同部字也。衡乃橫之借。

錢一 今秤錘也。「權有氣勢」之權古只作捲。

錢二 權衡之權當係捲、縣、閎等字之假，銓與權亦同部。「捲有氣勢」也。權與垂非雙聲，故不可對轉。凡可對轉者，亦必雙聲也。

鋝 朱二 六兩大半兩之鋝與十一銖二十五分銖之十三異其數。

鍰 朱二 戴東原說甚塙。

錘 **鈞**

朱二 錘猶今之戥子，鈞猶今之秤。《漢書》引《詩》「秉國之鈞」，鈞訓三十斤，與捲同誼。

鑮 朱二 或稱大鐘，而韋注《國語》則云小鐘，亦不誤。最大為鏞鐘，則鑮鐘尚小。最小者為《爾雅》之棧鐘。

鎛 朱二 訓田器者乃別訓，非由鎛鱗引申。

錢一 鐘上鱗文也。鎛鐘＝鑮（？）。

鏓 朱二 凡中有直孔者皆从囪聲或悤聲。鏓即今手鏓字，《廣雅》銎、銃，即鏓之借字。引申為開洞為鏓。今之鎗亦當名鏓，明尚稱鳥鏓。

鏜 朱一 「擊鼓其鏜」，當从鼓。

錢一 「擊鼓其鏜」＝鼞。鏜，鐘聲；鼞，鼓聲。

錢二 「擊鼓其鼞」。

鑋 朱一 古人之磬只一邊，如ㄱ。踁，一足跳也。硜。俔，間見也。頃，偏也。皆偏一邊之意。

錢一 古人磬只一邊（丁）。轚訓一足跳者（即「轚而乘它車」之轚），即磬⊙之借。磬古文作硜，从巠聲同也。俔，間見也，即一邊見也，與磬古通（「俔天之妹」亦作「磬天之妹」）。頃，偏也。故磬、俔、頃皆有偏一邊之義。

錢二 古磬只一邊，如丁。轚訓一足跳者即磬字之假。磬之古文硜从巠可證。俔，間見（一邊見也）也，與磬古通。頃，偏也。

鐔

朱一 鐔與鱏意同，皆取鼻義。

朱二 劍鼻、印鼻等鼻乃開二孔以佩之，形似鼻，故名。

錢一 鐔，劍鼻也；鱏，長鼻魚也。義相近。

鏢

錢一 凡从票之字皆有末義。

鈗

錢一 銳、鈗雙聲，故《尚書》借用銳字為之。

鉈

朱一 文八鉈矛。

錢一 文八鉈⊙矛。

鉞

朱一 鉞鉞，今《詩》作噦噦；鉞今假作斧鉞（或作戉）。

朱二 段必欲改為从戌聲，實無據。

錢一 鉞鉞，今《詩》作噦噦（然正當作鉞）。斧鉞＝斧戉⊙。

錢二 鉞【彗】，今假作戉。

鈇

朱二 椹質也。鈇鉞乃斧之借。

鐺

朱一 酒鐺當作鬯。

錢一 酒鐺及鍋子曰鐺皆＝鬯⊙，段非也。

錢二 酒鐺＝鬯。

鎎

朱一 聲氣可〈可〉「作」鎎，亦可作愾。

朱二 「諸侯敵王所愾」，愾但當訓怒，若訓怒戰則此句不通。鎎為怒戰，引申為怒。氣為稟餼，气為雲气。呼息之氣當作眉，或作呬；呼吸大則作愾。怒戰則為鎎；今動氣字當作愾。然古止有氣字，其餘皆孳乳字。

錢一 生氣（發怒也）＝鎎◎或愾◎，均可。

錢二 生鎎（發怒）字作愾亦可。○「諸侯敵王所愾」，怒也。氣息（呼吸）＝眉、呬。生氣＝鎎。但最初有一氣字足矣。由雲氣引申為氣息，氣大則為生氣矣。

鋪

鋪 朱一 門上可加鎖者。《詩》「淪胥以鋪」，胥靡（讀磨）之切為鎖，率鎖加鋪，言加重也。

朱二 青瑣乃牆上畫成連環之紋。《詩》「淪胥以鋪」，鋪為株連，淪乃倫之借，亦為貫之借，胥為疋之借，或為瑣之借；鋪為貫瑣之鼻，所謂「拂首」。「淪胥以鋪」者，貫瑣以鋪也。

錢一 門上可加鎖者。《詩》「淪胥以鋪」，淪訓率，胥即胥靡（讀磨），其切音即鎖；鋪，環也。率鎖以鋪，言加重也。○「淪（率也）胥（胥靡，即瑣也）以鋪（環也）。」

錢二 「淪＝綸（率也）胥＝疋（瑣也）以鋪」為其本誼。

鈔 鍇 鉻 鐂

鈔 朱二 唐宋時「鈔票」之誼不知由何引申，古無其誼。

鍇 朱二 手部揩訓韜，即今手套。

鉻 朱二 火鉻印。胡子謹落四下，落即鉻之借。

鐂 朱一 姓劉當作貍，丹朱貍姓。俚、聊雙聲，《莊子》「執貍之狗」亦作留。

朱二 段說非。劉為鐂之或體是也。是出或體耳。或以漢人忌諱而掩之，亦非。《爾雅》鐂訓陳，凡殺與陳往往相近。「尸諸市朝」、「肆諸市朝」皆有殺誼，而尸、肆亦皆訓陳。

錢一　劉即其或體。劉姓，堯之後。丹朱（見《國語》），姓貍，其後有劉累，故今姓劉者，其本字實當作貍。（貍，劉也；猶俚，聊也），貍、劉本雙聲也。《莊子》「執貍之狗」，貍當作留。留、貍、劉、俚、聊皆雙聲字。虔劉乃劉之本訓。

錢二　劉當係鐂之或體。姓劉者當作貍，丹朱貍姓，俚，聊也。《莊子》「執貍之狗」，貍亦作畱。畱、貍，劉、貍，俚、聊皆雙聲字。○劉訓陳者，陳與殺二誼相成。如「肆諸市朝」亦作尸，肆尸本皆訓陳也，此又訓殺矣。

鉅

朱二　《墨子》訓為白，不可解。

鈋

朱二　謂稜角磨去變為圜。

錭

朱一　《莊子》「人謂我朱愚」即錭愚，今朱或又讀豬。

錢一　鈍也。《莊子》「人謂我朱愚」‖錭愚（周聲、朱聲聲近），今朱或又誤豬。

錢二　鈍也。周、朱聲近，《莊子》「人謂我朱愚」，朱即錭也。

銻

朱二　凡从弟聲者多由齊聲借之。齎，炊餔疾也；銻，利也。疾與利今皆稱快，古皆以齊借為此二字。

幵部

幵

朱二　象二干對構，上平、乂。今云兩邊斜牽，當作幵字。

勺部

与

錢一　賜与。黨與。

錢二　与，賜予也。黨與。

几部

几　几　朱一　居几也，即所坐之櫈。古坐不垂足，至後漢管寧坐榻，當膝皆穿，以跪而不坐也。長跪者，跪而伸長其腰也。

朱二　古稱小櫈為牀，即几也。凥字从几，可見古人坐用几。後桌子亦曰几。

錢一　居几也，即所坐之凳。古坐不垂足，後漢管寧坐榻，當膝皆穿，蓋跪而不坐也。長跪者，跪而伸長其腰也。

凭　凭　朱二　凴依字正當作凭。

錢一　凭⊙依。

凥　凥　錢一　處也，引申為居家。凥⊙處。蹲居⊙。

錢二　凥即居字。居，蹲也。

処　処　朱二　引申為所止之也。

且部

且　且　朱二　薦也。古人名詞、動詞皆可互用，段加「所以」二字，可不必。凡有藉意者多从且聲，俎、葙是也。古祖宗字皆作且，且加一層也。曾亦訓增，皆有重藉之意。古人字甫，上加以伯、仲、叔、季，甫即且字，亦藉薦上字之誼（案：「盧章之且」亦有重疊之誼）。「〈非〉〔匪〕且有且」乃徂之借。《爾雅》徂、存、在同訓，故且訓此者乃徂之借。

斤部

斤　斤　朱一　斫【石】，木斧也。

錢一　斫木斧也。

錢二　斫【石】，木斧也。

斦 朱二 斦也。段又加「所以」二字，可不必。

釿 朱二 非从金聲，从金會意。

所 朱一 伐木聲。借為處，處、所雙聲。

朱二 「予所否者」，倒語。予若有否處也。「所不與舅氏同心者」，若有不與舅氏同心之處也，亦倒語。

錢一 伐木聲也。訓處者即借為處，處、所雙聲。

錢二 伐木聲也。訓處者即處字，處、所雙聲。○「余所否者」，余不然之處。「所不與舅氏同心者」，與舅氏不同心之處，皆倒語。所即處之假。

斯 錢一 俗作撕。△

錢二 今俗作撕。

斷 朱二 「斷斷兮無他技」，斷斷乃嫥嫥之借，嫥嫥壹也。

𣃔 朱一 今有柄之𣃔頭即是。

朱二 今𣃔頭字。訓柯擊者，凡𣃔頭必執柯以朾也。

錢一 今有「𣃔【音郎】頭」。

錢二 今有柄之𣃔頭即是。

新 朱二 取木曰新，所取之木亦曰新，即薪字。引申初取木曰新。薪乃後起字。

斗部

料 朱一 量米者可知米之數，故稱量度，料與之同。《國語》「料民」者，可知民之數。引申為預備之物，如質料、顏料是也。

朱二 量也。量，度也。引申料亦訓度。

㪷

錢一　量米者可知米之數，故稱量度(?)。《國語》「料民」，查人數也。量米亦以知米數也。引申為預備之物，如質料、顏料等是(?)。

錢二　「料民」(《國語》)者，查人數也。

朱二　《月令》「角斗甬」，甬乃㪷之借，東侯對轉。「鬼臾區」或作「鬼容區」，其例同。

斡

朱二　斗柄也。古取水用「𤬏蠡」，即〈𤬏〉[斡]之借。寒部無入聲，轉入月，故亦音斛、揞。

錢一　从倝聲。寒部無入，假月部之入為之，故音滑。

錢二　斡【滑】。从倝聲。寒部無入聲，讀入聲即入月部，故音烏括切。

魁

朱一　羹斗也。斗古與丶通，或與𠂤(師、帥从此)聲通，或與顝(大頭)通。巨魁之義可从三義引申。

朱二　訓大者乃傀之借，訓大頭者乃顝之借。芋魁亦顝之借，今名芋頭。

錢一　渠魁之魁有三說均可通：(1)古丶與斗通，魁即丶也(「日中見斗」，孟喜《易》作「日中見丶」)。(2)魁借為𠂤(師、帥皆从𠂤)。(3)魁借為顝(大頭也，言大頭目也)。此說尤好。〇魁斗者，因星象羹斗也(?)。

錢二　羹斗也。巨魁字有三說：(1)古丶(即今主字)斗同，故魁可引申為巨魁。(2)斗與𠂤通(師、帥字皆从𠂤。)(3)巨魁字當作顝，顝，大頭也。此說尤妥。訓大者，傀之假。

𣂪

朱一　校讎當作𣂪。

朱二　計較、較量、角力皆當作𣂪，校讎亦當作𣂪，蓋由平斗斛量引申。大概，古亦作大較，亦作大推，皆當作𣂪。

錢一　校讎＝𣂪讎。

斟 朱二 在器曰勺，用器曰酌，所酌曰汋；在器曰斟，用器亦曰斟，所斟曰汁。

斜 朱一 抒（舒同）也，有斜意，故引申為衺正之衺。余、予音義皆同，斜、抒可算一字。

錢一 抒也。「大圭抒上」，抒上者，衺上也，故引申亦為衺正之衺。

錢二 抒也。「大圭抒上」，抒上，衺上也。故斜亦可引申為衺正字。斜、抒同，以余、予同故也。

⿰旁斗 朱二 此與膨字音義近。

⿸广斗 朱一 引申為⿸广斗臿。

朱二 「斛旁有庣」，謂旁有小斗也。今⿸广斗臿之⿸广斗亦以旁斗可以臿泥故名。

錢一 引申為⿸广斗臿。

升 錢一 升降＝登降。

錢二 升降字係登字之假。

矛部

矠 朱一 矠【䂍】。

錢一 矛屬。引申為刺也。俗作戳。

矜（矜 矜大徐）

朱一 引申為棍。又引申為倨（直）傲，即矜夸不曲，故云矜持也。又引申為表式，即矜式。矜寡之矜即今光棍字。

朱二 大亦謂之矜，音轉入聲為楬。古音同鰥，故鰥古亦作矜。木為棍子，引申獨立者亦曰矜，亦作矜。檮杌亦獨立之木，引申為凶惡；矜亦獨立之木，引申為惡徒，今名光棍。矜式亦為本字，檥表為立木，引申為人之檥表，矜式亦然。矜莊乃虔之借，矜夸亦虔之借，矯虔、虔黠是也。虔黠音轉為桀黠，亦可云由光棍之矜引申。矜矜，形容詞，無正字。

錢一　古音讀令，當改从令聲。矜訓憐者＝憐。矛柄曰矜，木柄亦曰矜，今作棍子。凡柄必直，故引申為矜持不屈也。又引申為矜誇（言倨直也，引申為倨傲）。矜式即表式也，植木為表。矜寡之矜，即光棍之正字也。

錢二　矜【令】【古音令】。引申為棍。棍形直，故引申為矜誇，猶倨直也，引申為倨傲。矜寡者，猶言光棍也。○矜之為入聲為楬，楬亦棍也。古音矜與鰥音近，故鰥寡字亦有作矜者，猶今言光棍也。矜式之矜亦棍之誼，猶儀表本當作檥表也。矜莊＝虔，讀若矜。

車部

軒　軒

朱一　「軒縣」，三面掛也。軒舉即軒縣。軒敞當作顯敞。

錢一　軒敞＝顯敞。「軒縣」，三面掛也（諸侯）。軒舉即軒縣（？），本義為曲輈藩車，引申為曲也（？）。

錢二　「軒縣」，三面掛也（諸侯）。軒敞當作顯。

輜　輜

朱二　衣車者，車有簾也。

輯　輯

朱一　段氏改訓車輿，誤。然和輯亦有本字，咠是也，或作集。輿、舁，舁論从此。

朱二　段據前人改訓車輿，非，妄改。惟訓斂者乃戢字，訓和者乃咠字。

錢一　段氏改訓車輿，非。然和輯亦有本字，即和輯＝咠或集。

錢二　和輯字當作咠或集。訓斂者＝戢。

輅　輅

朱一　古只作路。

朱二　訓迎者乃訝之借，訝古音與輅同。

較

錢一 大輅之輅古止作路⊙，以可行路故也。

錢二 輓車處也。「乘殷之輅」，古只作路，以其可行路也。訓迎者＝訝。

朱一 較即較，較量當作斠。辜榷、揚榷乃作較。

朱二 計較、校讎皆當作斠。

錢一 較量當作斠⊙。「揚榷＝揚斠，榷，擊也。」（？）「辜較、揚榷乃作較。」（？）

錢二 較量、計較當作斠。

輮

錢一 車輪外廓曰車网，亦曰輮。

輔

朱一 段氏說謬。輔，車旁，如面頰車曰酺是也。

朱二 人頰車也。「輔車相依」，輔謂人頰，車謂人牙車。段引《詩》謂車有輔，其說究未知孰是。

錢一 段氏說謬。輔，車旁，如面頰車曰酺是也（？）。此句不可解。輔車之正字為酺。酺，頰也。

錢二 輔車之正字為酺，酺，頰也。（有人解輔為頰，解車為牙車。輔之本誼未可知）。

載

朱一 禾熟曰稔，季亦从禾。一載或即埶之假借。

朱二 乘也。載與乘之蒸對轉，故誼相同。人乘車曰乘，車載人曰載，可以相轉。故記載謂以紙載字，又以字載紙，亦曰乘，「晉之《乘》」是也。《左傳》「今茲魯多大喪，明年齊有亂」。《孟子》「今茲未能，……以待來年」。古詩「何能待來茲」。《呂氏春秋》：「今茲美禾，來茲美麥」。茲皆訓年。一年、一稔、一茲，禾熟一回，草長一回，皆一年也。載訓年者，乃茲之借。鼒或作鎡，古音同部。載之入聲為則，「載馳載驅」，則馳則驅也。載訓事訓治，亦同音之借。

錢一 訓年者或即埶字⊙（見石鼓文？）。（如俗語云吃了一年的飯）。蓋年、稔皆从禾，以禾熟次數計算也。訓始，為才⊙之借。訓事者，因事、載同在支（之？）部，故可通借。

錢二　訓季者或即秊字（俗云吃了一季的飯），蓋季、稔皆从禾，以禾熟次數計算也。○載，乘也，之蒸聲轉。以人乘車曰乘，以車載人曰載，誼本相通。引申以紙載字曰載（記載），以事置之簡曰乘（晉之《乘》）。載訓年者＝兹，𪔂、鎡同字可證。稱年為兹者，猶稱年稱稔也。

軍

朱二　與營同誼，皆圜圍也。

軷

朱二　跋涉，段云軷涉之借，甚是。

範

朱一　《易》「範圍」，馬融作「犯違」，「犯違天地之〈道〉「化」而不過」，即抗天，所謂人定勝天也。

錢一　《易》「範圍天地之化而不過」，馬融本作「犯違」，所謂人定勝天也。

錢二　「範圍」，馬融作「犯違」，與天相抗也（《易經》）。

輸

朱二　《春秋》「鄭人來輸平」，輸乃渝之借。

錢一　《説文》無軒輊之輊，＝輖⊙。輖，重也。

輖

朱一　排比當作輩。排者，排擠也。

輩

錢一　排比之排＝輩⊙。排，擠也。

錢二　排比＝輩比。排者，排擠也。

朱二　車徹也，常訓。段説人多駁之。車徹即車轍，車迹也。

軌

錢一　車迹也。《説文》無踪△，當作𨋕⊙，或作從⊙亦可。

𨋕

錢一　抵也。亦可作軒輊之輊字用。

輂

朱一　古人以為曲。「匡坐」者，古人坐必曲足而跪也。

𨏥

錢一　車戾也。戾，曲也。《莊子》「𨏥坐」即曲脚坐也（古人坐必曲足而跪也）。

錢二　古人以為曲。「𨏥坐」者，古人坐必曲足而跪也。

軔 錢一 所以碍車也。發軔謂去碍者。

軵 朱一 軵【侯】，讀若茸【東】，對轉。
錢一 讀若茸者，因東【茸】、侯【軵】對轉也。
錢二 讀茸，係東、侯對轉。

轒 朱一 車蓋。
錢一 車蓋。
錢二 車蓋。

輂 朱二 音轉為轎，今轎子當作輂。

輦 朱一 即連字，此二字本一字，今人力車。
錢一 輦、連實一字，即人力車也。聯◎結。
錢二 輦、連實一字。聯結。

輓 錢一 从免，昏音，今作喉音。

斬 朱二 斬本車裂，引申為腰斬，又引申為刀斬頭，又引申為一切斬。
錢一 本車裂也。

𠂤部

𠂤 朱二 「追琢其章」，追乃雕之借，非𠂤之借。

官 朱一 即館字，俞曲園說，太官是也。
朱二 《儀禮》「館」，古文多作官，此字本誼恐即館字。漢「太官令」為煮館者。客館、館地皆言有吃飯之地。引申為文書所藏之處。藏財帛為藏，藏兵事為庫，藏文書曰官。又引申為吏事君，吏之長曰官師。古者官皆稱吏，今則書辦稱吏。

錢一　俞謂當訓館，是也（即館字）。从𠂤，衆也。「太官是也」（?）。

錢二　官即館字，俞曲園說。〇《儀禮》館作官，故吏事君之誼恐非本訓。漢宰膳稱「太官」，亦館之誼，否則宰膳而外豈非官，而獨稱膳宰爲官乎？《禮記》「在官言官」，藏文書之所曰官。再引申爲吏事君。

第十四篇下

𨸏部

陵 陵

錢一 夌越。侵夌。

陰 陰 陽 陽

錢一 今之陰陽＝侌昜。

陸 陸

朱一 又訓跳也。陸梁者，跳梁也。

錢一 陸梁者，跳梁也。

錢二 陸梁＝跳梁。

阿 阿

朱一 今引申為曲。「阿私所好」，即曲私所好。與宛同。

朱二 《詩》「阿然」訓美貌，乃旖之借。旖施亦作阿那。古人屋四下水，故中高而曲而阿。「阿保」乃娿之借。「阿私」之阿亦訓曲，乃引申誼。

錢一 今引申為曲，如「阿私所好」。屋棟曰阿者＝宛。宛，覆於上也。

錢二 今引申為曲，如「阿私所好」。屋棟曰阿係宛字。宛，覆於上也。〇阿然美貌＝旖。阿保＝娿。

陬 陬

朱二 正月為陬，誼不可知，段强解之，非。

陗 陗 陖 陖

朱一 陡【斗】絕曰陗陖，斜高曰坡坂，有鋒棱曰陗陖。今俊俏字當作此二字。

朱二 陗，陖也。斗直曰陗，古斗正方形也。

陋

錢一　斗絶而高者曰陗陖，故俊俏＝陖⊙陗⊙（俏，《説文》無），言有鋒楞也。斜高者曰陂阪。

錢二　斗直而高者曰陗陖，故俊俏【妻言】當作陗陖，言有鋒棱也。斜高者曰坡坂。

錢一　阸陜也。揚側陋＝㔷⊙。㔷，側逃也，猶言舉逸民也。

陜

朱一　陜隘今作狹，謬。《漢書》作陿。

錢一　俗作狹，《漢書》作陿。

錢二　《漢書》作陿，今俗作狹。

陷

朱二　自高而下也。段説非。

隤

朱一　從高下隊也。穨，髮下也。

朱二　與隊實一字。

錢一　從高下隊也。穨，髮下也（？）。

錢二　從高下隊也。穨，髮下也。

隊

朱一　即隤，本一字。一隊即一𠂤，師即一𠂤人也。隊本義即隤。

朱二　《説文》無隊[一]字而有䆒，《左傳》「以成一隊」乃兑之借，兑，成蹊也。

錢一　與隤當為一字。隊伍＝𠂤⊙伍。一隊＝一𠂤⊙。師，即一𠂤人也。

錢二　隊、隤即一字。隊伍字當作𠂤。○隊＝兑，成蹊也。《左傳》「以成一隊」，隊當訓道。

降

朱二　下也。夅，服也。古止有夅字，訓服。引申為下，故《漢書》某處夅，亦書某處下。

隉

朱二　與危雙聲。

錢一　法度也之訓＝臬⊙。

陁

朱二　古音墮。

[一] 原稿作隊，疑誤。似當為隧。《説文》無隧字，新附有之。

隓 隓 朱一 敗城曰隓，隓落當作陊。
朱二 阤、𡐦、陊三字實一字。
錢一 隓落＝陊⊙落。
錢二 隓落字當作陊。隓，敗城也。

頃 頃 朱二 與傾音義同。

隫 隫 朱二 古音洞，東侯對轉。

防 防 朱二 𥛱，門內祭也。引申為門，《爾雅》閍是也。正書作𥛱，亦作祊。又引申為里門。

隄 隄 朱一 唐（即塘，《說文》無塘字）也。唐，空也，佛經皆以為空解。堤唐中空。
朱二 《說文》無池字，古音池如隄，故隄即池之正字。「江有沱」之沱乃池之借。
錢一 唐也。唐即今塘字。《說文》無塘字。唐，空也。（唐本大言，引申為外有中空之義。）佛經以為空解，隄唐本中空也（四面土，中央水也）。
錢二 隄，唐也。唐即今塘字，《說文》無塘字。唐，空也。佛經皆以為空解，以隄唐中空也。

附 附 朱一 附婁，無松柏。附古讀重唇，故又作培。附益當作坿。
錢一 古讀重唇，故通借培。坿⊙益。
錢二 附婁，古重唇，故又作培（婁）。附益當作坿。

隱 隱 朱一 安穩字《說文》無，當作𤔌，唐人作隱。隱痛當作慇，或作㥯。
朱二 訓痛乃慇之借。隱、哀雙聲，亦可假借。安穩、隱几皆𤔌之借。
錢一 安穩（《說文》無穩），漢唐人作隱，正＝𤔌⊙（𤔌，有所據也；有所據則安穩矣）。
隱痛＝慇⊙或㥯⊙。
錢二 安穩字古亦作隱，《說文》無，當作𤔌。𤔌，有所據也；有所據則安，故可引申。
唐人作隱，亦非。訓隱痛者當作慇，或作㥯。

⿱臾𠂤　⿱臾𠂤　朱一　者、𠂤一字。

錢一　十四、五部韻最近，故从臾而讀遺。⿱臾𠂤、𠂤當是一字。

隃　隃　朱一　《漢書》假作遥，《説文》無遥字。

錢一　《漢書》借作遥(?)[一]此句不瞭。《説文》無遥字。

錢二　《漢書》假作遥，《説文》無遥字。

陼　陼　朱一　渚，古讀舌頭音，故與陼同音。

錢一　渚，古讀舌頭，故與陼同音。

錢二　渚，古讀舌頭音，故與陼同音。

陳　陳　錢一　行陳◎。

陶　陶　朱二　陶訓養乃保之借。保，養也。匋从缶勹聲，史篇匋古音如勹，勹與保音同。「陶陶」訓樂乃慆之借。《史記》「陶誕」乃雙聲連語，止有誕字而已（僅有誕義）。

錢一　陶土＝匋◎土。

阽　阽　朱一　「跕跕墮水中」，阽與跕同義，檐亦同聲。

錢一　危也。凡从占聲字皆有危意。馬援云：「跕跕墮水中」，跕跕有危意。

錢二　阽【𠂆】。凡从占聲字皆有危意，如「跕跕墮水中」，跕、阽同義。

除　除　朱一　塗、途《説文》皆無，宜作除字，舌上音歸于舌頭也。作涂者非水名也。涂道者，開也；乘除亦有開意。

朱二　山本斗峻，人開之而斜上，引申斜上之山坡亦曰除。又由減削之義引申為乘除。《説文》無塗字，除乃殿之道路。除地亦曰場，故除、場皆可訓道，魚陽對轉。

[一]《漢書·趙充國傳》：「百聞不如一見，兵難隃度。」顔師古注：「鄭氏曰：『隃，遥也。三輔言也』。隃讀曰遥」。

錢一 道涂之涂作途、塗者，皆俗字，古皆借涂為之，其正字＝除。除，直魚切，古舌上歸舌頭，本讀塗也。除道者，開道也（毛傳：除，開也）。乘除、除舊布新亦皆開也。本訓殿陛者謂殿陛之道，引申凡道皆可云除。

錢二 塗、途《說文》皆無，宜作除字，作涂亦非。除道者，開道也。乘除字亦有開意。乘除之除與場誼亦相轉。場，除地之誼，所謂壇場。○除，斜上之誼，故山陂亦可稱除。又引申為乘除。道途＝場（魚陽〔對轉〕）。

阼 阼

朱二 天子踐阼臨祭禮，故與胙、祚義皆同，皆从乍聲。

陔 陔

朱一 與垓聲近。《史記·天官書》「南戒北戒」，唐稱「山河兩戒」，似借為陔、為垓。

錢一 階次也。聲與戒近（垓與戒亦近）。天文（《史記·天官書》）有「南戒北戒」（唐稱「山河兩戒」），或為垓⊙及陔⊙之借。

錢二 陔、垓近。《史記·天官書》「南戒北戒」，唐稱「山河兩戒」，戒字當作垓。

隙 隙

錢一 引申為釁隙。

陪 陪

朱二 陪臣與曾孫皆取積累之義。

錢一 重土也。故陪城（?）即重城（?）。

陾 陾

朱二 段注非。數字不从疊韻而由雙聲相轉。

錢一 之第一部、蒸第六部對轉，故从而聲之字讀如乘切也。當从而聲，殆借耎為而耳。

錢二 陾从而聲讀人，係之蒸對轉（讀如乘切，為雙聲相轉）。

隍 隍

朱二 《易》「城復于隍」，復，覆。

阹 阹

朱二 《左傳》「千乘三去，三去之餘，獲其雄狐」。漢時校獵以木圍山闌獸也。古以車圍山，不以木。三去即三阹之誼。以三除千，終不能除盡，故其餘獲雄狐。

陲　陲　錢一　危也。垂，邊也。「千金之子，坐不垂堂」[一]者，謂不坐在堂邊也。二字義相引申。

院　院　朱一　訓堅。院落當作院，或作寏。

錢一　院落之院＝院◎（即寏之或體），與此不同。

錢二　院落字當作院，或作寏。

陯　陯　朱二　淪陷乃陯之借。淪，小波也。

𨺅部

厽部

厽　厽　朱二　其餘一切壘、垒、絫等字古止作厽。

錢一　此部之字皆有積累義。

絫　絫　錢一　增也。絫◎增，俗作累△。

垒　垒　朱一　當為厽之或體。

錢一　當為厽之或體，壘即此字也。

錢二　當作厽之或體。

四部

宁部

[一]《漢書·司馬相如傳下》「故鄙諺曰：家累千金，坐不垂堂。」《史記·越王句踐世家》「千金之子不死於市」。此涉兩處而意引之，非原文。

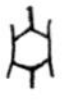

宁　朱二　辨積物也。辨即今辦字。

錢一　為一切積貯之總稱。

𡬷　朱一　今蒲包之類，即米袋之類。

朱二　幡也。今叉袋之類。古語「囊漏褚中」，褚即𡬷字，以小囊盛𡬷中，雖漏而仍在𡬷中也。

錢一　蒲包之類，米袋之類。

叕部

叕  綴

朱一　綴兆乃蕝之假借。

朱二　綴兆或云即蕝字，實則有行列者為綴，即今之煖閣耳。《周禮》帟、帷皆與綴近。

錢一　叕、綴當是一字。綴兆＝蕝°兆。綴疣＝贅（?）。

錢二　叕【醉】【則】、綴實一字。綴兆字有說係蕝【則】字之假。○叕或即今暖閣。蓋《周禮》君位有帟、帷[一]，帟、帷即今煖閣之幔。

亞部

亞　朱二　善惡當作惡，媄惡當作亞。

暓　朱二　疑此字即春夏之暓，从日與春同。夏為中國人，春、秋、冬三字皆特製，獨夏無正字，此其是乎。

錢一　或即春夏之本字。

[一]《周禮》卷六「幕人掌帷、幕、幄、帟、綬之事。」

錢二　或即夏（四時之夏）之正字。

五部

五　朱一　《周禮》之「午貫」當作㐅。

朱二　《周禮》「午貫」，《儀禮》「度[尺]而午」，午皆㐅之借。今所謂「十字花」，古僅作㐅字。

錢一　古文作㐅。《周禮》「午貫」＝㐅貫，即十字紋也。

六部

六　朱二　「从入从八」未必是，大約〈十〉[四]數以上之字不過為計數之碼而已。

七部

九部

馗　錢一　从首，首為道之借字。馗、龜古皆音求。

錢二　馗、龜古皆音求。

禸部

禸　朱二　古音與蟲同，故蟲類亦多从禸。

禽　朱一　獸足蹂地，故訓獸之總名。

錢一　因从禸，故訓獸之總名。後乃別為飛禽矣。

錢二　从禸，故曰走獸不曰飛禽。

离　錢一　螭鬽‖离鬽。螭，龍類，義别。

萬　朱一　漢碑有「万」，从一从人，千亦从人，此字似《說文》脱之。

朱二　十千作「万」，漢碑已有，非起唐人，但其字形不可解。

錢一　千萬之萬似當作万（漢碑已有万字，疑《說文》漏去也）。万从一从人，與千（千亦从人）、百之从十从一相類。

錢二　數之萬字，或即漢碑已有之万字。万从一从人，千亦从人可證。

禹　朱一　地蛹當為禹之假字，猶「豫」之借為蛹也。

朱二　《玉篇》云「知聲蟲蠁也（秋蟲也）」。[一]

錢一　《玉篇》「禹，蠁也」。郝疏《爾雅》曰：「山東謂之地蛹」（《廣雅》有地蛹?）。蛹、禹雙聲，故正當作地禹。《公羊傳》借豫為踊，其例也。

錢二　禹、蛹雙聲。地蛹字，蛹係禹之假，豫假為踊（逖本作蛹）可證。

嘼部

嘼　朱二　畜養，段云即嘼養，非也。

錢一　嘼牲。

獸　朱一　守備者也。因之管山林之官皆以獸為名，如虞衡等是也。

錢一　守備者也。因之管山林之官皆以獸為名，如虞衡、衡鹿等是也。

錢二　守備者也。故凡守山林之官多以獸名，如虞衡、衡鹿等是。

甲部

[一]《玉篇》原文作：「蠁，禹蟲也。《說文》云：知聲蟲也。」

甲　朱二　十干、十二支皆怪誕不可解。「會朝」訓「甲朝」，即《楚辭》「甲之鼂吾以行」。
大約甲乙等字多有本誼，而以五行說坿之，乃不可解。

乙部

乾　朱一　乾濕當作暵。
朱二　乾坤乃倝之借，日出光倝倝也。
錢一　乾濕＝暵。濕。
錢二　乾濕字或即暵字，乾坤＝倝。

亂　朱一　从乙，疑。
朱二　𤔔、𢿢、䜌皆有治、亂二誼，亂亦同。《詩》「四始」亦作「四治」。《楚辭》「亂曰」即終曰，始為治，終為亂。
錢一　从乙不可解。《說文》云「乙，治之也」，義不瞭。

九　錢一　九異者，出類拔萃之物，故从乙。乙，上出也。

丙部

丙　朱二　㔷，側逃也，从丙。丙古音傍【幫】，大約丙即古傍字。

丁部

丁　朱二　或云即今釘字。个，上為柄，下為鋒。鐘鼎丁作●，象个之背。《詩》「椓之丁丁」，敲丁之聲，其聲即丁丁也。朾从丁，即敲丁也。引伸為丁實，敲丁則最實也。變為个，孳乳為朾，引申為丁實、丁壯，又引申為成（丁壯、老成同），其本字皆可作丁。《爾雅》丁訓當，丁、當一聲之轉。

戊部

戊 朱一 古音从矛。

朱二 古文矛作𢦔，象相拘絞形，故或云戊即矛，音亦同。

錢一 或謂即矛字。

成 朱一 或即古之朾字。从戊（矛）从丁，朾讀丁聲。《呂氏春秋》「壹成」（用銅斗打死專諸）注：「一下也」。老成人之成乃丁字之假借，丁乃今之釘字。丁實者，以釘釘之，故堅實，即丁實也。貞亦讀丁，貞信，堅實可信也。人至丁年，一則取堅實，一則取耐朾。成人者，丁人也；老成人，老丁人也。亦有反稱者，《急就章》稱老復丁也。

朱二 就也。即丁字，以矛朾丁。盛衰古亦作成，實當作丁。「天子春秋鼎盛」，鼎盛二字皆為丁音，一誼也。盛之本誼為堆物于皿。

錢一 即朾字。古人擊、朾、刺皆曰朾。《呂氏春秋》「一成」，高誘注：「一成，一下也」，言打了一下也。丁訂牢之後便牢實，故引申為丁實。艱貞、貞節、貞信亦＝丁⊙，言牢實靠得住也。成年曰丁壯，蓋亦取丁實之義（由此引申可訓就）。成人＝丁⊙人。老成人＝老丁⊙人。《急就章》「老復丁」，言返老還童也，此則老成人與丁微異。

錢二 成从戊（戊即矛）丁聲，或即古之朾字。《呂氏春秋》「壹成」者，一下也。老成人、貞節字皆當作丁。「老復丁」者，返老還童也。○盛衰古亦作成 丁、鼎、盛聲同，鼎亦丁也。

己部

己　朱二　己即《說文》卩字，古音卩如己。人蹲曰卩，己為正，卩為衺形。巹，謹身有所承也，亦跪而不敢動也。與卩誼同。𢀺訓長居，誼亦同。卩形變為己，又作𢀺、跽，之蒸對轉為巹。古只作卩。

巹　錢一　合巹。

𢀺　朱一　長居（蹲）也。跪者，長跪也（不蹲）。然二字皆有曲意。久、己皆兩足着後也。故久、己音義皆同。

錢一　𢀺，蹲踞也。跽，長跪也。然無論如何，其脚必曲，故从己。己者，象萬物辟藏詘形也。己、久蓋皆𢀺之古文（兩字皆象兩足着後之形，玖、芑聲亦相近）。

錢二　𢀺、跽皆从己，以蹲與跪則足皆須曲故也。久、己皆即𢀺之古文。

巴部

𢄼　朱二　即今打𢄼掌之𢄼，當云从帚巴聲；从帚者打時如帚掠而過也，當从帚部。𢄼與拍音誼同。

錢一　琵琶當作此。巴掌亦當作此。从帚巴聲。

庚部

庚　朱二　古文兵作⿰亻庚，則庚即古文兵字，兵、庚今古皆同韻。庚即漢時更卒，引申為庚新，今作更新。由庚、《左傳》「夷庚」皆訓道路，皆為迒之借。獸迹為迒，人迹亦為迒，由迒成路。迒亦作⿰田亢作康，《爾雅》「五達謂之康」，皆迒之借。

辛部

辛　朱二　辛部字多說犯罪，則辛亦有罪誼，引申為辛苦。

辜

辜 朱一 殆（剖腹，見《周禮》）。法律有「保嫴」，即辜字。估較亦作嫴。

朱二 《周禮》「殺王之親者辜之」，辜乃殆之借。

錢一 《周禮》「殺王之親者辜之」＝殆⊙（破肚子也）。律有「保辜」＝嫴⊙。辜較（略知其大意也）亦＝嫴⊙（俗作估）。

錢二 注「辜之」之辜當作殆（剖腹也）。保辜、辜較（略知大數）字皆當作嫴，今俗作估。

辥

辥 朱一 罪孼當作此。媄孼當作孽。

朱二 罪孽乃辥之借。

錢一 罪辥⊙。妖孽⊙。孼⊙子。

錢二 罪辥。媄孽。

辤

辤 朱一 从辛者，說話也，故辭、辯皆从辛。

錢一 从受、辛。辛，言也。

錢二 从辛，辛者，說話也，辭言皆从辛可證。

辭

辭 朱一 辭訟，引申為文辭。

朱二 本訓辭訟，上斷曲直亦曰辭，故辭令亦作治令。治訟有詞，故文詞亦曰辭。

錢一 辭⊙訟。判案亦曰辭，引申為文辭⊙。

辡部

辡

辡 朱一 辠人相與訟。从二辛。古少說話，惟罪人多話，故言亦从辛。

朱二 辯論當作辡，辨理當作辯，古只作辡，其餘辯、辨、辮⊙皆孳乳字。

錢一 古人少說話，惟罪人多話，故言从辛，言有辛始言也。辡⊙難。辡⊙論。

錢二 辡論。辯事。

辯 辯 朱一 今之辦字，故訓治。

錢一 辯事，俗作辦，《漢書》尚作辯。

壬部

壬 壬 朱二 即裹妊字。負擔曰任，古當作壬，橫觀作巾。裹妊與負擔形同，皆有任重之誼。

後擔壬作任，裹壬作妊。

癸部

癸 癸 朱二 古人量地以弓，或以步；以步故从𣥠，从弓亦可以矢，故从矢。

子部

子 子 朱二 小徐云，貴人之子，腦已合，尚在襁褓之中，故一足。兒為賤者之子，腦未合，已不在襁褓之中，故見二足。方言「崽」即古文子之形省，𢀖省為崽，子、崽音近。

錢一 籀文作𢀖，因譌作崽。

孕 孕 錢一 乃聲，乃本讀仍。

字 字 朱二 生子在屋內。「女子十年而字」，女子嫁十年而生子也。

孺 孺 朱一 《左傳》「南孺子」，《禮記》有「孺人」，漢宮有「孺人」。蓋本訓乳子，因古人視女子甚小，故引申稱婦為孺，猶稱小童也。

錢一 乳子也，乳中之子也。引申為凡年幼之稱。古人視女人甚小，故又引申為女人之稱，如「南孺子」及「孺人」（見《禮記》）。漢朝後宮亦有「孺人」。又小童為夫人之自稱，皆小視女人也。

錢二 本訓孩子，引申為女子之稱，如「南孺子」、「儒人」。蓋古人視女子如小孩，夫人自稱小童，其證也。

孟

朱一 孟，明也；幼，幽也。長則明白，幼尚迷昧也。

錢一 孟，明也；幼，幽也，長則明白，幼尚迷昧也。

錢二 孟，明也；幼，幽也。以年長較明白也。

孽

朱一 孽子猶枝子也。

錢一 孽子與枝子義同。

孤

朱一 王者稱孤，以其無父也。稱寡人，猶余一人。「三公三孤（特出之意）」。皆非謙稱。

錢一 孤、寡、不穀者。孤，皇帝無父也；寡者，予一人也。故孤非謙稱。「三公三孤」之孤，言三公特出也，亦非謙詞。

錢二 孤有特出之意，故天子自稱。又「三公三孤」。

存

朱二 本恤問，引申為在。在引申亦為存問，故在訓察。

𡥀

錢一 放也。从子者，古多世業。

疑

朱二 《詩》毛傳「靡所止疑」訓定。《禮記》「疑立」即定立。《子虛賦》作儗，亦訓「定」，後乃作凝訓定矣。《說文》疑訓惑，非。疑，未定也，此為訓惑之正字。

了部

了

朱一 子在胞中，從背視之，如無手也。

朱二 手交，自後望之形也。了，在胞手交之形；巳在胞中象足交形。正相反也。大約了、已為一字，之蕭韻近，故已了曰了，亦曰已。

錢一 蓋子在腹中之形，自後觀之則無手，自前觀之則臂枹戾。
錢二 子在胞中，從背視之如無手也。

孑 錢一 以缺一臂，故引申訓特。
錢二 以缺一臂，故引申為特。

孨部

孨 朱二 音轉為菜，今云懦弱無用曰菜頭，即孨之借。

𠫓部

𠫓 朱一 寤生，子倒出，腳先出也。
朱二 生時倒出子也。引申為不孝子。
錢一 从倒子者，猶「莊公寤生」，倒生，腳先出來也。引申為不孝子。
錢二 倒出，即足先出也。引申為不孝子。

育 朱一 育子，今北京語變為妞子，福建人稱為養子。
朱二 本生育字，从肉聲，故徹字訓通，从育。今生育尚曰養，引申為養子使作善也。教育子，育子、稚子。
錢一 音變為妞，今北京人稱小孩曰妞妞（福建人稱養子）。育可訓稚（教育子，即教稚子也）。《釋言》曰：「育，稚也」。
錢二 育音變為妞，今北京人偁小孩曰妞妞。〇生育當為其本誼，徹从育訓通可證，疏从㐬亦一例。

疏 朱一 子倒生足先出，似不通，而竟出育則通矣。

朱二 从㐬（𠫓），亦訓通，與徹誼同。倒生不易通而竟通者，故訓通。

錢一 从疋，疋，足也。足先出則全身竟亦出（？），故訓通。

錢二 从疋，疋，足也。足先出則全身竟亦出，故訓通。

丑部

丑 丑 朱二 《說文》：杻，手梏也；丑，紐也，與杻意同。

羞 羞 朱一 乃忸字之借。羞，進獻也。

朱二 羞恥乃忸之借，《說文》忸作恧。

錢一 訓恥者＝恧。羞之本義為進獻也。

錢二 羞恥字當作忸（其本字為恧）。

寅部

寅 寅 朱二 《易》「列其夤」，亦作胂。《說文》又作肕，脊骨旁肉也。寅，上象頭，下象脊，與寅正相反。

卯部

卯 卯 朱二 象開門形。

辰部

辰 辰 朱二 上从刀，下从丏。《說文》：丏，雝蔽也。辰即娠也。

辱 辱 朱一 僕字作侲，辰即侲，故恥辱。

朱二　本誼為退縮。从長者，䧢蔽一也，有退縮意。引申為恥辱。

錢一　《西京賦》有「倀」字，奴僕也。《説文》無，蓋只作「镸」。辱从長者，言為奴甚恥辱也。

錢二　从長。倀，奴僕也。

巳部

巳　巳

朱二　《説文》包字下云：巳，象胎中子形。巳與㠯同聲，㠯加口為台，為胎。巳即古胞字。

㠯　㠯

朱一　「意巳實」者，即薏苡仁也。

朱二　賈侍中説「巳，意巳實也」，〈㠯實〉〔意巳〕即薏苢，食薏苢可生子。與薏同食可成胎，故㠯从巳反，形義實同。禹母食薏苢而生禹，故禹姓苢，今作姒。巳反巳當作巳（㠯）、胎、佀（古亦作巳）、嗣皆同，古只有巳字。能左右之曰㠯，蓋巳懷妊未有手曰巳，巳有手曰子。未有左右手不能用，而我能左右之，故㠯訓用。

錢一　「意巳實」者，即〈蕙〉〔薏〕苡仁也。段誤。

錢二　「意巳實」＝薏苡仁，藥名也。

午部

午　午

朱一　午（上聲），啎（去聲），古無去聲，皆讀上聲，故二字實即一字。

朱二　或云午即杵，啎从午是也。然午訓啎，啎訓屰，啎之入聲為屰，故啎、屰實一誼，然則午、屰同。一縱一横曰午，亦為乂之借。

啎　啎

錢一　午、啎實一字。

錢二　午、啎實一字。

未部

未　朱＝　即滋味之未（味）。味非專指美味，乃有齏碎義，故从未之字皆有分誼，制、𣙑等字是也。

申部

申　朱＝　申或即神祇之申。又云申即身，中象幹，臼象腰。引申為挺直。古文只作𢀳，小篆作申。因申用為曲申字，乃造身字；因有身，乃造伸字。故申又有重誼，乃伸之引申。

䡛　錢一　「應田縣鼓」之田＝䡛。

臾　朱一　束縛捽抴為臾曳。獄犯曰臾死，即拖死，今作瘐。
錢一　瘐死者，拖死也＝臾死。瘐，俗字。

酉部

酉　朱＝　象酒瓶，即酒也。丣為閉門。

酒　朱＝　古只作酉。
錢一　酉、酒皆就也，當是一字。
錢＝　酉即酒字，故皆訓就。

醞　朱一　醞藉宜作蘊藉。段說非。
朱＝　醞藉，《漢書》注誤，乃褽藉之借，即寬褽之意。
錢一　醞藉＝蘊藉。段非。
錢＝　蘊藉。

釃 釃

朱二 籭子亦从麗，故釃亦从麗。

醇 醇

朱一 不澆（澆，和水也；和水則薄，故澆引申為薄）酒也。

朱二 不澆酒也。故澆與醇反對，訓薄、厚。

錢一 不澆水之酒也。故澆字引申訓薄。

醲 醲

錢一 厚酒也。醲厚。

酤 酤

朱一 一宿酒也（醴酒）。酤酒（買酒）今作沽，非，實即賈之假借。

錢一 與醲同。酤酒、沽酒皆假借字，正作賈。

錢二 訓買，今亦作沽，其實當作賈。

醠 醠

錢一 挽水之酒也。挽水而猶有酒味，想見水少，故岷山醠觴由此引申。

酷 酷

朱一 酷虐當作嚳，急告也。

錢一 嚳虐。

醰 醰

朱二 醰，別言；覃，通言。

錢一 與配一字。

䣩 䣩

朱一 从酉，圯〔省〕聲。配偶當作妃。

配 配

朱二 與䣩實一字。配耦當作妃。

錢一 从圯省聲。配偶＝妃偶。

錢二 从圯省聲。配偶字當作妃。

醮 醮

朱一 古人借為水盡之潐字。

錢一 古亦借為潐字。潐，盡也。

酌 酌

朱二 酌，別言；吮〔音忍〕，通言。

醋 醋

朱二 本為醻醋，今以酢為醋，以醋為酢。

錢一 與酢字今互誤。

醻 錢二 醋、酢今倒用。
朱一 醻，主人進客也；醋，客敬主人也。今倒用。

酖 錢一 引申為酖樂(?)。

酺 錢一 布，聲訓。

醉 朱二 一曰酒潰也，即潰亂。

醺 錢一 醉醺醺。

䣘 朱一 䣘與酗對轉。
朱二 亦从凶聲者，東侯對轉也。
錢一 今變為酗。東（酗）、侯（䣘）對轉。
錢二 䣘轉酗，係東侯對轉。

醫 朱二 殹，擊中聲。最初之醫大約只有傷科。从酉，酒也。王育說是也。
錢一 「酒所以治病」之說是也。「醫之性然得酒而使」之說非也。

䣼 朱一 䣼，襍味。𤛘，襍毛。
錢一 「尨涼」可作此（或作𤛘）。「涼薄」亦由此義來（䣼訓襍味，襍則味薄，與澆訓薄同）。䣼，襍味；𤛘，襍色；義近。
錢二 牻𤛘字作䣼亦可。䣼薄字亦即此字。蓋䣼訓襍味，襍則味薄，與澆訓薄同。

酋部

酋 朱二 酉、酒、酋三字實一字。

尊 朱一 祭酒者，領班者，初獻之人也。
朱二 執酒尊最尊，故今尚有祭酒之官。
錢一 尊卑之尊係引申義。

戌部

戌 朱二即滅也。最初只有戌字，後孳乳爲威、滅。戌从戊，用以威人也。

亥部

亥 朱二小徐云當作[illegible]，即根荄，乃裹胎誼。亥、荄、核、孩古只作亥。「亥而生子，復從一起」，莊存與云《說文》即歸藏，不可信。

章太炎説文解字授課筆記

字頭索引

説 明

一、本索引收録《章太炎説文解字授課筆記》中正文部分所講解的3903個漢字字頭。

二、本書前單列《部首》講解，其字頭未收入本索引。

三、本索引以筆畫爲序，同筆畫者按《説文解字》部首順序排列。本書首有540部目次，可以參看。

四、本索引字頭筆畫以通行字體計算，如“礻”計四畫、“艹”計三畫等，與手寫體正文在字型、筆畫上或有出入，查詢時請注意。

五畫

十畫

十一畫

十二畫

十三畫

十四畫

十五畫

十六畫

十七畫

十八畫

十九畫

二十畫

二十三畫

二十四畫

二十五畫

二十六畫

二十七畫

二十八畫

二十九畫

三十畫

三十一畫

三十二畫

三十三畫

三十五畫

三十六畫